湖南省教育科学"十四五"规划课题
心理健康教育与小学学科教学深度融合研究成果

U0669903

主编／秦卫

心理健康教育与学科融合的

策略研究

· 学会沟通技巧
· 掌握处理人际关系矛盾与冲突的方法
· 促进自我价值的提升

黑龙江教育出版社

图书在版编目（CIP）数据

心理健康教育与学科融合的策略研究 / 秦卫主编.
哈尔滨 ： 黑龙江教育出版社，2025.2. -- ISBN 978-7
-5709-4943-4

Ⅰ．G444

中国国家版本馆CIP数据核字第2025X7D821号

心理健康教育与学科融合的策略研究

Xinli Jiankang Jiaoyu Yu Xueke Ronghe De Celüe Yanjiu

主编　秦　卫

责任编辑	李中苏	
封面设计	刁钰宸	
出版发行	黑龙江教育出版社	
	（哈尔滨市道里区群力第六大道 1313 号）	
印　　刷	哈尔滨圣铂印刷有限公司	
开　　本	787 毫米×1092 毫米　1/16	
印　　张	31.5	
字　　数	450 千字	
版　　次	2025 年 2 月第 1 版	
印　　次	2025 年 2 月第 1 次印刷	

书　　号　ISBN 978-7-5709-4943-4　　**定　　价**　128.00 元

序

　　唯楚有才,于斯为盛。宁乡,这片充满教育热情的土地,自古以来便流传着"宁乡人擅长养猪,宁乡人擅长学习,宁乡人擅长教学"的佳话。宁乡的教育人,在继承和发扬"心忧天下,敢为人先"的长沙精神方面,无疑表现得淋漓尽致。

　　宁乡西部流沙河的一所农村学校,经过持续不懈的探索与实践,成功推行了心理健康教育与学科教学相融合的教育创新举措,取得了显著成效,实属难能可贵。此举不仅为心理健康教育开辟了一个更为宽广的实践范畴,也为学科教育带来了变革的契机,切实体现了"以人为本"的教育理念。

　　中小学生正处于身心发展的关键阶段,易受多种内外因素影响,导致焦虑、抑郁等心理问题。心理健康教育对于帮助学生深入认识自我、理解自身情绪与行为具有至关重要的作用。通过这一教育,学生在面对挑战和压力时,能够维持积极态度,并有效克服困难。在心理健康教育的推进中,学生将学会沟通技巧,掌握处理人际关系矛盾与冲突的方法。这些技能不仅有助于他们在校园内建立和谐的人际网络,也为将来融入社会、适应职场环境奠定了坚实基础。心理健康的学生更能充分发挥个人潜能,积极参与学习和各类课外活动,从而促进自我价值的提升。此外,心理健康教育对于营造和谐的校园氛围、增强学生的集体归属感、提升学校整体教育质量也具有积极作用。

　　将心理健康教育与学科教学相融合,为学生创造一个更为宽松和愉悦的学习环境,进而促进他们的全面发展。这种综合性的教育方法不仅能够点燃学生的学习激情,还有助于他们综合素质的全面提升。学生不仅能够学习到学科知识,还能学会处理情绪问题,建立良好的人际关系,以及应对生活中的各种挑战。当教师拥有一定的心理健康知识和技能时,他们就能更深入地理解和关注学生的心理需求,从而更高效地进行教学,有效提升教学质量。这种教育的融合还能帮助教师识别和关注那些可能存在心理问题的学生,及时提供必要的帮助和支持。学生将更加勇于表达自己的观点,敢于尝试新事物,善于从不同角度分析问题,这有助于培养他们的创新精神和批判性思维能力。具备这样的能力和素质,对学生未来的学习与生活具有极其重要的意义。

本书是湖南省教育科学"十四五"规划课题"心理健康教育与小学学科教学深度融合研究"的重要研究成果,课题研究团队从心理学的视角审视学科教学,把心理健康教育与学科教学进行深度融合,根植于对心理活动的深入探究,重视个体在认知、情感、行为等维度的平衡发展,构建了心理健康教育与学科教学深度融合的基本模式、基本原则、基本内容、教育目标和教学范式,深入探索了"536"高效课堂教学模式和教学评价,使教师能够更深刻地理解学生的心理需求,并更精准地实施教育教学策略。

教育学科的理论基础强调,教育的核心目标是培养全面发展的人才,这不仅涵盖了知识的传授,还包括能力的提升、价值观的塑造,以及个性的培育。教育学科的研究成果为心理健康教育提供了关于教育目标、教学方法、课程设计等方面的理论支持,有助于将心理健康教育与学科教学紧密结合,促进两者的相互促进和共同发展。在教学设计方面,教师必须深入理解学生的心理特点和需求,依据课程标准,制订与学生心理发展相适应的教学目标。在教学实施过程中,教师应将心理健康教育与学科教学紧密融合,通过创造有趣且具有挑战性的教学环境,点燃学生的学习热情,鼓励他们积极参与课堂讨论和实践活动。在教学方法的选择上,教师应注重运用多样化的教学策略,如启发式、探究式、合作式等,以充分调动学生的积极性、主动性和创新性。同时,教师还应关注学生的个体差异,为不同学生提供个性化的指导和支持,帮助他们在课堂上体验成功,从而增强自信。在教学评价方面,教师应树立全面的评价观念,将过程性评价与终结性评价相结合,同时关注学生的综合能力和心理素质。教师应尊重学生的人格尊严,充分利用评价的诊断、反馈和激励功能,以促进学生的全面发展。

心理健康教育与学科融合的实施方略需要多方共同努力,通过教育教学改革,创新教育方法,关注学生心理健康,为学生全面发展提供有力保障。它不仅关注学生对学科知识的掌握程度,更重视学生在情感、态度、价值观等方面的全面发展。教师需要运用丰富多样的评价方式,这包括但不限于笔试、口试、课堂表现、作业完成情况、项目研究、实验操作等,全面地收集学生在学习过程中的数据信息。通过对这些数据进行深入分析和综合考量,教师能够对学生的学习状况有一个全面而深入的了解,在衡量学生知识掌握情况的基础上,亦将学生的技能提升、思维演进及情感与价值取向纳入考量范畴。这种全面而细致的评价方式,能够在很大程度上激发学生的学习兴趣,鼓励他们在学习过程中更加主动地参与和积极探索。这是对传统教学评价模式的一次深刻革新,不再仅仅依赖考试成绩这单一指标,而是采用了更为全面且多元化的评价标准,更贴近教育的本质和现代教育的发展趋势。

在教师培训的过程中,学校重点推动心理健康教育与学科教学的融合培训,以提高教师的教学质量和心理健康教育素养。教师们需要不断更新教育理念,丰富心理健康教育的知识储备,关注学生的心理状态,从而提升自身的教学技能。在家庭、社会与学校的合作方面,学校加强与家长、社会的沟通和联系,共同努力关注学生的心理健康,营造一个和谐的家、校、社共育的环境。教师指导家长留意学生的心理动态,帮助家长处理学生在家庭生活中遇到的心理问题,共同为学生打造一个有利于其健康成长的环境。

心理健康教育的重要性是显而易见的,它不仅关乎个体的内心世界和情感状态,还直接影响到人们的学习、工作和生活。将心理健康教育与学科教学进行深度整合,能够开创一条心理健康教育新路径。这种整合不仅有助于学生在学习过程中更好地应对压力、提升自我认知,还能培养他们的抗挫能力和人际交往技巧。通过这种整合,教师可以在日常教学中及时发现学生的心理问题,并给予适当的指导和帮助,从而为学生创造一个更加健康、和谐的学习环境。这种教育创新要求教师拥有较高的综合素养,特别是心理健康教育方面的理念与技术必须达到一定层次,并需投入更多的时间与精力去深入了解学生、关注学生动态,以及引导学生成长。然而,这代表着教育发展的必然趋势,值得我们进一步深入地探索和研究,并积极去实践,以期在教育领域实现更为显著的突破与进展。

"古之立大事者,不惟有超世之才,亦必有坚忍不拔之志。"(苏轼《晁错论》)

是为序。

(杨敏,湖南省教育科学研究院副院长、教育部基础教育教学指导委员会委员、湖南省政府特殊津贴专家、二级研究员)

杨敏

2025.2

目　　录

第一章
心理健康教育与学科融合的现实意义

　　心理健康教育与学科融合具有很强的现实意义,它关乎我们如何更全面、更深入地理解和把握青少年的心理发展,以及如何在他们的成长过程中提供有效的心理支持和引导。

　　将心理健康教育与学科教学相结合,能够为学生营造一个更加宽松和愉悦的学习氛围,从而促进他们的成长。这种综合性的教育方式不仅能够激发学生的学习热情,还有利于他们全面素质的提升。在这个过程中,学生不仅能够掌握学科知识,还能学会如何处理情绪问题,如何建立良好的人际关系,以及如何面对生活中的各种挑战。当教师具备一定的心理健康知识和技能时,他们就能更好地理解和关注学生的心理需求,从而更有效地进行教学,有效地提高教学质量。这种融合也能帮助教师识别和关注那些可能存在心理问题的学生,及时给予他们必要的帮助和支持。学生将更加敢于表达自己的观点,更加勇于尝试新事物,也更加善于从不同角度看待问题,有助于培养学生的创新精神和批判性思维能力。具备这样的能力和素质,对其未来的学习与生活具有极其重要的意义。

　　心理健康教育与学科教学的融合有助于构建一个更加和谐、健康的校园文化。当整个学校都重视心理健康教育,并将它融入学科教学之中时,这将有助于形成一个积极向上、关注个体发展的校园氛围。这样的校园文化不仅能够促进学生的健康成长,还能提升教师的幸福感和工作满意度。它不仅促进了学生的全面发展,也助力了教师的专业成长,进一步推动了整个学校的和谐发展。

第一节 学校心理健康教育的现状

在这个飞速发展的现代社会,科学技术日新月异,人们对教育的认识也在不断深化。在推崇和倡导全面素质教育的今天,大家开始提出并实践全面素质教育的理念。这意味着,我们要全方位地提升学生的素质,包括他们在思想道德、文化科学、劳动技能以及身体和心理等方面的素质。这四个要素相辅相成,缺一不可。在某种程度上,心理素质的提升是关键,因为它影响着其他各种素质的发展。更进一步,心理素质甚至在一定程度上决定了一个学生能否最终成长为社会的有用之才。因此,心理素质的提升对学生的全面发展具有至关重要的作用。

目前,我国的许多中小学都已经认识到了心理健康教育的重要性,并且已经开始积极开展相关工作。然而,由于心理健康教育对于大多数人来说还比较陌生,加上目前我国对于这项教育的具体内容还缺乏统一和规范的要求,因此,我们有必要进一步明确学校心理健康教育的目标和内容,为了促进学生心理素质的健全发展,以便他们能够在未来的学习和生活中更好地应对各种挑战,实现自我价值的最大化。

一、我国中小学生心理健康现状分析

在我国辽阔的农村地区,大量的家庭中,父母往往是家庭的中坚力量。他们不懈地奋斗在生活的第一线,承受着生活的压力。因此,他们的子女一般由祖父母或外祖父母抚养和培养。这种隔代教育方式,往往与孩子们的身心发展需求不相匹配,可能会对他们造成不利影响;又或者,有些家长的文化水平有限,教育方法可能并不恰当,这也会对孩子们的心理健康产生不利的影响。

一项由学校实施的问卷调查显示,约80%的小学生表现出一定程度的心理问题。首先,他们很容易愤怒。面对事情时,他们往往急躁不安,一旦事情不如他们的意,他们可能会采取过激的行为,如攻击他人、打架、骂人。他们在做事时往往不考虑后果,但事后又会感到后悔。其次,他们往往很任性。他们过分关注自己的需求,如果他们的需求得不到满足,他们就会大发脾气,纠缠不休。第三,他们常常感到自卑。面对学习和生活中的挑战与挫折,他们难以克服,久而久之,这种情绪可能演变成自卑心理。第四,他们往往心怀嫉妒。当他们意识到自己的条件或能力不及他人时,可能会滋生怨恨。在嫉妒的驱使下,他们不仅不会借鉴他人的优点,反而可能采取挖苦、讽刺甚至破坏的行为。第五,他们通常对学习感到厌倦。由于多种客观因素,他们对学习失去了信心,视学习为一种负担,甚至将学校视为地狱,渴望早日逃离。他们将老师视为最令人反感的存在,不愿与之交流。第六,他们常常表现出抑郁情绪。面对挫折,他们可能会过度悲伤,长时间无法自拔,对周围的人和事失去兴趣,情绪悲观,感到失望。

周建兵等在《"双减"背景下湖南省中小学生心理健康现状的调查与分析》(《当代教育理论与实践》2022 年第 14 卷)中指出:小学生中,有 38.8% 表现出身体症状的心理问题,30.3% 存在学习焦虑。他们面临的主要心理问题依次为:身体症状、学习焦虑、冲动倾向、对人焦虑、自责倾向、孤独倾向、过敏倾向和恐怖倾向。至少有 55.0% 的学生在这些方面表现出至少一种问题。初中生则面临焦虑、情绪不稳定、学习压力、强迫症状、抑郁、人际关系紧张和敏感等问题,其中 80.7% 的学生至少在一项因子上表现出轻度心理问题,而 14.9% 的学生至少一项因子上表现出较重的心理问题。焦虑和情绪不稳定是初中生中最显著的心理问题。高中生则在学习压力、焦虑、情绪不稳定、强迫症状、人际关系紧张与敏感、抑郁、敌对和偏执等方面存在心理问题,其中 84.7% 的学生至少在一项因子上表现出轻度心理问题,而 17.2% 的学生至少在一些因子上表现出较重的心理问题。学习压力是高中生最突出的心理问题。

在当前的教育环境中,我们可以观察到一种普遍现象,那就是中小学生的心理健康问题比较突出。具体而言,学生们在学业上承受着沉重的压力,这使得他们普遍面临高度焦虑的问题。小学生主要在身体症状上显现出心理健康问题,例如失眠、食欲减退等;而中学生则更多地表现出情绪上的不稳定性以及焦虑症状,如情绪波动、过度焦虑等。这些现象为我们直观地感受到中小学生的心理健康问题提供了明确的线索。进一步分析,我们会发现,相对于小学生,中学生的学习焦虑问题更为严重。这主要是因为,一方面,中学生正处于成长的关键时期,心理波动较为频繁;另一方面,他们也承受着升学考试的沉重压力。因此,中学生更易出现心理健康问题。

在"双减"政策的背景下,尽管国家教育部门已经多次颁布"减负""双减"的政策,并对学生的心理健康教育给予了高度重视,但学生的心理健康现状仍然令人担忧。值得注意的是,学生的心理健康问题在不同年级间存在显著差异。因此,我们应当依据各年级学生的特性,提供具有针对性的心理健康指导。特别是对于学业压力更为繁重的中学生,有效的心理健康教育显得尤为关键。在这一阶段,学生们不仅要应对繁重的学业负担,还需处理青春期所带来的困惑与迷茫。因此,我们需要对他们进行更加细致和专业的心理健康教育。

鉴于男女在生理上固有的性别差异,女性往往在性别角色上表现出更为细腻和内向的特质,不易被外界察觉。因此,教育工作者和家长应当给予女生更多的关注,特别是在心理健康方面,并提供更为有力的心理健康支持。当然,心理健康教育也应考虑到男女学生之间的差异,避免采取一刀切的方法。这样,我们才能更全面、更有效地解决中小学生的心理健康问题。

关于学生心理问题的成因,我们可以从以下几个方面进行深入的分析:

首先,心理健康问题,尤其是由学习压力引发的,占据了显著的位置。深入调查研究当前农村中小学生的情况,我们不难发现,在他们看来,学习是一场充满挑战和艰辛的脑力劳动。在学习的过程中,他们经常感到缺乏自信和成就感。此外,教师和家长对他们的高期望值,无疑加剧了他们的学习压力和心理负担。在这种背景下,一些学生会对学习产生抵触心理,表现出注意力不集中、情绪烦躁、心神不定等问题。同时,还有很多学生未能找到适合自己的学习方法和技巧,无法有效地平衡学习和休息时间,导致他们失去了享受童年和快乐生活的权利,这对他们的身心健康成长极为不利。

其次,心理健康问题在人际交往中同样不可小觑。尽管我们每个人都是独立的个体,但融入集体生活对我们而言是不可或缺的。对于中小学生来说,他们需要每天与教师和同学进行交往,这就很容易引发心理健康问题。实际调查显示,如果学生不能与其他同学正常交往,缺乏有效的交际技巧,无法满足人际交往的需求,那么他们很容易产生心理问题。如果学生不能得到同学们的接受和认同,他们就会承受巨大的心理压力,甚至有可能出现攻击同伴的行为。

第三,个性心理同样可能诱发心理健康问题。每个人的性格特质都是独一无二的,然而中小学生通常难以驾驭自身的个性,这可能引发一系列心理健康问题,例如合作能力不足、社交障碍、自卑感以及自控力薄弱等。这些问题均可能对中小学生的成长与进步产生不利影响。此外,随着生活水平的提高,许多家长溺爱孩子,这使得一些中小学生形成了以自我为中心的个性心理,他们不愿意接纳和帮助他人,在日常学习活动中表现出不合群、捣乱等行为。这种以自我为中心的个性心理不仅影响他们在学校的社交关系,也对其将来的社会适应能力构成挑战。具体来说,这些学生可能会在遇到困难和挑战时显得过于自我,不愿意向他人寻求帮助,也不愿意倾听他人的意见和建议。这种自我封闭的态度不仅阻碍了他们解决问题和克服困难的能力,也让他们在团队协作中显得格格不入。

此外,部分中小学生因溺爱的家庭环境而缺失了独立性和责任感的培养。他们习惯于依赖他人的照顾与呵护,对于自己应承担的责任与义务显得陌生且有所抗拒。这种心理状态,使得他们在面对生活与学习中的种种挑战时,容易感到迷茫与无措,进而可能萌生逃避或放弃的念头。

针对这些问题,家长和教育工作者需要共同努力,帮助学生建立正确的自我认知和人际交往能力。家长应当适度地给予孩子空间,使他们能够自主地应对生活中的难题与挑战,从而培养他们的责任感与自信心。同时,教育工作者也应注重培养学生的团队合作精神和沟通技巧,帮助他们建立健康的人际关系。总之,学生心理问题的成因是多方面的,需要我们从多个角度进行深入的分析和应对。唯有家庭、学校与社会携手合作,方能为学子们营造一个健康、和谐且充满活力的成长氛围。

二、学校心理健康教育存在的认识误区

在众多教育机构的普遍认知里,对心理健康的教育常常被简化为提供心理咨询服务。然而,根据我国教育主管部门的指导方针,我们可以看到,越来越多的教育机构开始设立专门的心理咨询场所。为了实现这一目标,这些学校不遗余力地投入了大量的人力和物力资源,积极派遣教师队伍外出参观学习先进的心理咨询经验,并期望教师团队能够迅速地适应新的角色,向学生和家长提供专业的心理咨询服务。然而,现实情况是,由于专业技能的限制、时间和精力的不足,许多担负心理咨询工作的教师感到难以胜任,承受着巨大的压力。实际上,心理咨询只是学校心理健康教育众多内容中的一部分,不应被误认为是全部。同时,众多学校将心理健康教育简化为仅开设与心理健康相关的课程。的确,通过每周固定的课时安排,心理健康教育在时间上得到了保证,并且有了一个稳定的平台来传授相关知识。但是,从目前学校开设这些课程的情况来看,仅仅依靠上课是无法确保心理健康教育达到预期效果的。特别突出的问题在于,众多学校普遍缺乏专业的心理健康教育教师队伍。通常情况下,这项工作是由班主任或其他教师兼任,这种做法虽然形式上存在,但实际上并没有采用专业的心理健康教育方法,而是转而使用思想政治教育的手段。具体来说,关于学校心理健康教育存在以下一些认识误区:

误区一:认为仅凭思想政治教育工作便能推动学生心理的健康发展。在学校管理层,一些学校非常重视思想政治教育工作,甚至错误地认为只要思想政治教育工作做到位,学生的心理健康教育问题就能迎刃而解,学生的

心理健康就能得到良好发展。然而,实际上,思想政治教育与心理健康教育在教学观念、方式、目标等方面都存在较大差异。因此,在今后的教育教学过程中,我们必须转变这一观念,重新审视和认识心理健康教育的重要性。

误区二:尽管学科教学在学校教育中占据核心地位,但在日常课堂教学中,心理健康教育往往被忽视。虽然课堂是学生学习的主要阵地,重视课堂教学本身是合理的,但这也意味着心理健康教育的重要性不应被低估。然而,心理健康教育同样需要在课堂上得到体现。现实情况是,很多科任教师对学生的心理健康教育的意识较为薄弱,认为自己的职责仅限于教授学科知识,心理健康教育应是心理辅导老师、班主任等相关教师的责任。因此,在学科教学中,他们不会主动、积极地开展心理健康教育,对学生在学习过程中出现的心理问题缺乏关注,对学生的心理需求也毫不在意。课堂教育严格遵循学科教学的标准,却难以深入探究学生的内心世界,理解他们的真实感受。这导致一些学生缺乏学习的积极性,甚至萌生了叛逆心理或抵触情绪,从而对初中生的心理健康和成长产生了不利影响。

误区三:认为掌握心理健康知识等同于对学生开展心理健康教育。目前,虽然很多学校已经开设了心理健康教育课程,但大部分课程仍停留在知识层面的传授,过于注重心理健康知识的灌输,而缺乏实际的心理干预。教学方法较为单一且枯燥,缺乏趣味性,这使得达到预期的教育效果变得困难。因此,学校迫切需要将心理健康教育整合到学生的日常学习和生活中,并对学生的心理问题进行有效疏导。对于心理问题较为严重的学生,学校还需制定有针对性的科学方案,进行心理干预,以确保他们能够健康成长。

误区四:心理健康问题是学生个人的问题,与学校教育无关。在学校教育中,往往存在一种误区,即认为心理健康问题是学生个人的问题,与学校教育无关。然而,事实并非如此。学生的心理健康问题往往与学校教育环境、师生关系、同伴关系等多方面因素密切相关。因此,学校在教育过程中应该承担起培养学生心理健康的责任,通过优化教育环境、加强师生沟通、促进同伴关系等方式,为学生提供一个健康、和谐、积极的成长环境。

误区五:心理健康教育仅被视为对有困扰学生的补救措施。还有一种常见的误区是,认为心理健康教育只是针对已经出现心理问题的学生进行补救的措施。然而,心理健康教育应该是一种预防性的教育,旨在帮助所有学生建立良好的心理素质,提高应对挑战和压力的能力。因此,学校应当将心理健康教育整合到常规教育体系,确保每位学生都能获得心理健康方面的教育。

误区六:认为心理健康教育仅依赖于专业心理辅导老师。虽然专业心理辅导老师在心理健康教育中起着重要作用,但心理健康教育并不仅仅依赖于他们。教师、家长、同伴等均能成为心理健康教育的关键支持者。因此,学校应当建立一个全面的心理健康教育体系,确保各方都能积极参与其中,共同助力学生的心理成长与健康发展。

误区七:将心理健康教育等同于举办心理讲座或活动。许多人误以为心理健康教育仅限于组织一些心理讲座或活动。实际上,心理健康教育是一项系统工程,它要求我们综合运用多种方法和手段。除了心理讲座和活动,它还涵盖课堂教学、心理辅导和家校合作等多种途径。因此,学校必须依据学生的实际状况和需求,制订出科学的心理健康教育计划,以确保心理健康教育能够取得实际成效。

误区八:忽视学生的个体差异,采用统一的教育方法。在心理健康教育中,每个学生都是独特的个体,他们的心理需求、性格特征、成长背景都存在显著差异。然而,一些学校或教师在实施心理健康教育时,往往忽视了这些个体差异,采用"一刀切"的教育方法。这不仅无法满足学生的个性化需求,还可能导致一些学生因为得不到适当的关注和支持而感到被忽视或无助。因此,学校应该充分了解每个学生的情况,制订个性化的心理健康教育方案,确保每个学生都能得到适合自己的心理健康教育和支持。

误区九:心理健康教育与学业成绩无关。有人错误地认为心理健康教育与学生的学业成绩无直接联系,因而对其不予重视。然而,事实上,心理健康状况与学生的学业表现密切相关。一个心理健康的学生往往能够更好地适应学习环境,保持积极的学习态度,有效应对学习中的压力和挑战,从而提高学习成绩。因此,学校应该充分认识到心理健康教育对学生学业成绩的重要性,将心理健康教育与学科教育相结合,共同促进学生的全面发展。

误区十:忽略了心理健康教育的持续性与系统性。心理健康教育应当是一个漫长而连贯的过程,它依赖于学校、教师以及家长等多方协作、共同努力。然而,一些学校在实施心理健康教育时,往往缺乏持续性和系统性,只是偶尔举办一些活动或讲座,无法形成有效的教育机制。这将显著削弱心理健康教育的成效,使其难以实现既定目标。因此,学校应该制订长期、系统的心理健康教育计划,确保心理健康教育的连续性和有效性。同时,我们还需强化家庭与学校之间的合作,共同关注学生的心理健康,为他们提供全面的支持与帮助。

误区十一:忽略家庭与社会环境对心理健康的潜在影响。家庭和社会环境构成了学生成长的关键背景,对他们的心理健康产生着深刻的影响。然而,一些学校在实施心理健康教育时,往往忽视了家庭和社会环境的作用,只关注学校内部的教育活动。这种做法是不全面的,因为学生的心理健康问题往往与家庭和社会环境密切相关。因此,学校应该加强与家庭和社会的联系,了解学生的家庭背景和社会环境,以便更好地开展心理健康教育。此外,学校亦应鼓励家长积极参与心理健康教育,给予必要的支持与协助,携手促进学生的心理健康成长。

误区十二:混淆心理健康教育与道德教育。虽然心理健康教育和道德教育都是培养学生良好品质的重要途径,但二者在目标、内容和方式上有所不同。心理健康教育注重培养学生的心理素质,帮助他们建立正确的自我认知、情绪管理和人际交往能力。道德教育致力于培养学生的道德观念与行为习惯,旨在引导他们确立正确的价值观和道德准则。因此,学校在实施心理健康教育时,应该明确区分心理健康教育和道德教育的不同点,避免将二者混为一谈。

误区十三:过度依赖心理测评工具进行心理健康教育。心理测试工具是心理健康教育的重要辅助手段,但过度依赖心理测试工具可能导致教育效果不佳。因为心理测试工具只是评估学生心理状态的一种手段,不能全面反映学生的心理健康状况。此外,不同的心理测试工具可能存在差异性和局限性,如果过度依赖心理测试工具进行心理健康教育,可能会忽视学生的实际情况和需求。因此,学校在实施心理健康教育时,应该综合考虑多种因素,采用多种方法和手段,确保心理健康教育的全面性和有效性。

误区十四:忽视心理健康教育的实践性。心理健康教育不只是单一的理论知识传授,它更关乎实践技能的培养。尽管如此,部分学校在开展心理健康教育的过程中,常常忽略其实践本质,仅仅着眼于理论知识的传授。这种做法难以真正提高学生的心理素质和解决问题的能力。因此,学校应该注重心理健康教育的实践性,通过案例分析、角色扮演、小组讨论等方式,让学生在实际操作中掌握心理健康知识和技能,提高他们的心理素质和应对能力。

误区十五:认为心理健康教育只是解决心理问题,不关注发展性需求。心理健康教育不只是针对现有心理问题的处理,它也致力于关照学生的成长性需求。学生的发展性需求指的是在成长过程中,他们面临的各种挑战、机遇以及自身潜力的挖掘与培养。然而,一些学校在实施心理健康教育时,过于强调解决心理问题,忽视了对学生发展性需求的关注。这可能导致学生无法充分发挥自己的潜力,错失成长的机会。因此,学校需改变既有看法,把心理健康教育融入学生的全方位发展之中。在关注学生心理问题的同时,也要关注他们的发展性需求,帮助他们建立自信心、提高自我管理能力、培养创新思维等,以便更好地应对未来的挑战。

误区十六:心理健康教育与校园精神文明建设的脱节。校园精神文明是学校风貌的核心反映,对学生心理状态具有显著的作用。然而,一些学校在实施心理健康教育时,忽视了与校园文化建设的结合,导致两者脱节。这不仅无法形成协同效应,反而可能削弱心理健康教育的成效。因此,学校应当将心理健康教育与校园文化建设紧密结合,通过营造积极、健康、向上的校园文化氛围,促进学生心理健康发展。同时,也可以利用校园文化活动作为心理健康教育的载体,让学生在参与活动的过程中提高心理素质和应对能力。

误区十七:专业心理健康教师队伍的缺失。拥有一支专业的心理健康教师队伍,对于开展心理健康教育至关重要。但在现实中,不少学校并未配备足够的专业人才,使得心理健康教育难以有效落实。这种状况不仅不利于学生心理健康的成长,还可能增加学生的心理压力。鉴于此,学校亟须强化心理健康教师团队的建设,增强教师们的专业技能和教学水平。可以通过引进专业人才、加强培训等方式,提高教师的心理健康意识和教育教学水平,确保心理健康教育的质量和效果。

第二节 学科融合是心理健康教育的重要途径

学校心理健康教育的根本宗旨,在于全面提升学生的精神面貌,促进他们在德育、智育、体育、美育等各方面得到均衡且持续的发展。心理健康教育不应仅仅局限于个别学生,而是应当覆盖到每一位学生,旨在预防心理问题的产生,及时发现并解决学生在成长过程中可能遇到的困惑和障碍,从而确保他们能够健康成长。因此,学校心理健康教育的内容应当秉承"全面关怀学生、积极预防潜在问题、通过教育引导塑造良好个性"的教育理念。

教育部颁布的《中小学心理健康教育指导纲要》(根据 2012 年修订版)明确指出:"学校有责任将心理健康教育贯穿到整个教育教学活动中,无论是课程设置还是课外活动,都应当体现心理健康教育的理念。全体教师都应当在教授学科知识的同时,积极地运用心理健康教育的理论和方法,根据学生的具体情况,把有针对性的心理健康教育内容巧妙地融入日常的教学过程中。"这表明,将心理健康教育融入日常教育教学中,是每一位教师的职责所在,需要每一位教师积极主动地去履行。无疑,为了更有效地推进心理健康教育,教师必须持续提高自身的专业素质和技能。这包括了解心理健康教育的最新理论和方法,学习如何有效地与学生沟通,如何识别和处理学生的心理问题等。同时,教师之间也需要加强交流和合作,共同构建一个全方位、多层次的心理健康教育体系。

学校需要为学生提供一个安全、舒适、和谐的学习环境,让学生感受到来自学校的关爱和支持。学校可以举办各种形式的心理健康教育活动,如心理讲座、心理咨询、心理测试等,帮助学生更好地了解自己的心理状态,学会自我调适和解决问题。同时,学校还需要加强对家长的心理健康教育指导,让家长了解心理健康对孩子成长的重要性,共同为孩子营造一个健康、积极的成长环境。

心理健康教育构成了学校教育的关键部分,它要求所有教师和家长的共同参与与努力。通过加强心理健康教育的实施,可以帮助学生更好地面对生活和学习中的挑战,促进他们全面且持续的发展。

一、心理健康教育与学科教学相辅相成

在孩子们成长发育的过程中,小学阶段无疑是塑造他们健康心理品质的一个至关重要的时期。在这个阶段,学科教学作为学校工作的核心,不仅承担着传授知识、培养能力的重任,更肩负着引导孩子们形成良好心理素质的使命。因此,将心理健康教育融入小学各学科教学中,已经成为深入开展学校心理健康教育的新趋势,同时也是最为直接且高效的方式。只要我们透彻领悟并掌握在小学各学科教学中渗透心理健康教育的关键要点,并且熟练地应用相关的基本策略,心理健康教育便能在小学各学科教学中取得有效开展和推广。

中小学心理健康教育的目的是和学科教学一起,互相支持。它的主要目的是帮助孩子们学会学习和生活,正确认识自己,提高解决问题的能力,让自己能更好地控制情绪,面对困难不轻易放弃,适应各种环境,培养出健

康的人格和好的心理素质。同时,新课程理念也强调,学科教学不仅让学生学到知识和技能,还要在情感、态度和价值观方面促进他们的成长。

首先,学习知识和掌握技能要跟着孩子们的心理成长来,要按照他们的心理规律来。心理健康教育就像是给学科课程打地基一样,特别重要。其次,学科课程的目标就是帮助孩子们全面发展、持续进步、和谐成长。这么看来,学科课程教学其实就是心理健康教育的一个平台。所以,小学心理健康教育和学科教学紧密结合,这才是学校心理健康教育最有效的方式,也是让情感和认知这两条轨道能够并行不悖的关键。

在教学的时候,要有意识地将学到的东西和心理健康结合起来。就是说,一边教学生知识和技能,一边帮他们变得更聪明、更有创造力,同时也要照顾到他们的心理健康。这样可以让他们更有学习动力,养成好的学习习惯,挖掘他们的心理潜能。我们的目标是让学生在课堂上能更高效地学习,情感上更投入,行为上更积极,还能提高他们适应社会的能力和自我成长的能力,最终培养出健康、全面的人格,提升他们的整体心理素质。这样,我们不仅能完成学科教学任务,更能为学生的心理健康成长奠定坚实的基础,为其未来发展铺就坚实的道路。

二、国外心理健康教育研究给予我们的启示

心理健康教育的问题,其历史根源可追溯至国外的早期发展。因此,我们需要深入探究国外心理健康教育的演变历程及其当前的状态,将国外的成功经验和做法与我国的实际情况有机结合,这对于推动我国心理健康教育事业的持续发展具有极其重要的意义。这种探索不仅可以帮助我们更好地理解心理健康教育的本质和内涵,还可以为我国的心理健康教育事业提供有益的借鉴和启示,从而促进我国心理健康教育事业的健康发展。

在对国外学校心理健康教育发展历程的深入探讨与研究中,一个普遍接受的观点是,有四个核心运动在推动这一进程方面发挥了至关重要的作用。这四项运动分别为心理测评运动、特殊教育运动、心理健康与心理卫生

运动,以及职业指导运动。这些运动不仅被众多从事心理咨询与心理辅导工作的专业人士所熟知,并且它们的理念和做法也广泛渗透到了学校心理健康教育的理论与实践活动中。这种普及程度表明,这些运动对于学校心理健康教育的形成和发展具有深远的影响。

心理评估活动在学校心理健康教育领域扮演了至关重要的角色,为学校心理健康教育的实施提供了不可或缺的手段与策略。通过心理测验,教育工作者和心理咨询师能够更准确地了解学生的心理状态和发展需求,从而为学生提供更具针对性的心理健康服务。

特殊教育运动在推动学校心理健康教育体系构建方面发挥了关键作用。特殊教育运动强调对学生个体差异的尊重和关注,使得学校心理健康教育能够更加注重学生的个性化需求,提供更加个性化的心理健康服务。

心理健康与心理卫生运动的推广,凸显了积极预防和促进学生心理健康的重要性。该运动引导学校心理健康教育方向发生转变,由原来的心理干预与治疗为主,转向更加重视预防和促进学生心理健康的全面策略。

职业辅导计划为学生提供了有关未来职业路径及发展的指导,助力学生更准确地认识个人兴趣与能力,为其职业决策及长远发展提供了关键性的参考。

这四项运动在促进学校心理健康教育的构建与发展中起到了至关重要的作用。它们不仅为学校心理健康教育提供了理论支持和实践指导,也为学生的心理健康发展提供了更加全面和专业的服务。

当我们深入探究历史发展脉络,可以发现国外学校心理健康教育的发展大致经历了三个明显阶段,每个阶段都展现了其独特的特征和重点。首先,我们回顾了19世纪末至20世纪40年代的初期阶段,这一时期可定义为心理健康教育的萌芽期或孕育期。在这个阶段,人们对于心理健康的认识尚处于初级阶段,因此心理健康教育的工作重点主要集中在心理测量和心理诊断领域,人们开始尝试通过量化的方法来理解和评估个体的心理状态。接着,我们步入了20世纪50年代至60年代末的中期阶段,这一时期相当于心理健康教育的童年期,开始呈现出更多样化和更深入的面貌。在这个阶段,人们逐渐意识到仅仅诊断心理问题是不够的,更为关键的是提供实际的帮助和干预。因此,心理咨询和心理辅导成为教育体系中不可或缺的一部分,学校开始设立心理咨询室,为学生提供情感和心理上的支持。最后,我们来到 20 世纪 70 年代至今的成熟阶段,这个时期可以被称为心理健康教育的繁荣期。学校心理健康教育不再局限于单一的辅导服务,而是演变为一个包罗万象、涵盖多个方面的综合性教育活动。教育者开始关注学生的全面成长,包括认知发展、情感管理、社交技能等各个方面。

在过去二十年里,我们可以看到国外学校心理健康教育的普及和深化,已经不再是少数专业人士的事务,而是扩展到了所有教师、家长,乃至学校行政领导、社会教育工作者和社区服务工作者。这种深入的参与和不懈的努力,共同营造了全社会共同关切的学校心理健康教育的良好环境。如今,心理健康教育已经成为教育体系中不可或缺的组成部分,它为学生的健康成长提供了坚实的保障,也为构建和谐社会贡献了重要力量。

现代学校心理健康教育的概念起源于美国。在英美等国家,这种教育已经有超过一百年的历史,并且已经形成了一个覆盖校内外的心理健康教育一体化网络。其发展现状主要体现在以下几个方面:首先,人才培养机制成熟,心理学师资队伍不断壮大。以美国为例,截至 2004 年 12 月,美国有约2.5 万名学校心理学家在学校系统中工作,而且每年还有 1000~2000 名新的毕业生加入到这个行列。在英美两国,心理学课程的设置全面而系统。以英国为例,如果想要获得特许咨询心理学家的资格认证,必须经过三年的专业培训,每周还要花费两天时间参与实践活动,以积累 450 小时的实践经验。其次,心理健康教育的内容架构健全,包含了心理疾病的预防、心理卫生保健、心理咨询、诊断性评估、行为干预、学习辅导以及职业发展指导等众多方面。再者,其推行手段和策略丰富多样。以美国为例,学校开展心理健康教育的方式涵盖了课程内渗透、青少年服务中心、校园生活融合、社区服务以及健康资料馆等多种形式。而在英国,牛津大学推出了学生之间的互助培训计划。在美国,还有"中间联系者""朋辈心理互助"等多种方式。这些多样化的实施途径和方法,使学校心理健康教育得以广泛且深入地进行。

除了以上所述的特点,英美的学校心理健康教育近年来还展现出了更多新的发展趋势和特色:

一是强调个性化教育。随着教育理念的更新和技术的进步,学校心理健康教育越来越注重满足每个学生的个性化需求。通过大数据分析和人工智能技术的应用,学校可以更加精确地识别学生的心理状态和需求,为他们提供量身定制的心理健康支持。

二是注重家校合作。家庭是学生成长的重要场所,家校合作对于促进学生的心理健康至关重要。英美的学校心理健康教育注重与家长沟通和合作,通过家长会、家长学校、家庭访问等方式,向家长传授心理健康知识,帮助他们更好地理解和支持孩子的成长。

三是推动社区参与。社区是学生日常生活中不可或缺的组成部分,同时对学生心理健康的塑造也起着关键作用。在英美,学校心理健康教育特别强调社区组织与专业人士的融入,旨在为学生带来更为丰富的心理援助资源。通过社区与学校的紧密合作,学生得以享受到更全面、更深入的心理健康教育。

四是强化预防意识。预防是心理健康教育的核心目标之一。英美的学校心理健康教育注重通过各种方式,如心理健康讲座、心理健康课程、心理健康活动等,提高学生的心理健康意识,帮助他们建立积极健康的心态和生活方式。

五是注重跨学科融合。心理健康教育是一个多学科交叉的领域,它需要与其他学科深入融合。英美的学校心理健康教育注重与其他学科(如教育学、心理学、社会学、医学等)的交叉融合,形成综合性的教育体系,为学生提供更加全面和深入的教育。

总体而言,在百余年的发展历程中,英美两国的学校心理健康教育已经建立了健全的教育架构和成熟的教育模式。未来,随着社会的不断进步和教育理念的不断更新,学校心理健康教育将会继续发挥重要作用,为学生的健康成长保驾护航。

在国外的心理学领域,众多学者和专家对心理健康教育进行了深入且广泛的探讨与研究,并在此基础上从理论层面提出了诸多具有创新性和实践性的教育模式。这些模式包含了发展性辅导模式、辅导-目的性行为模式、辅导-心理教育模式以及辅导-全面服务模式等,每一种模式均反映了国际心理学领域对心理健康教育领域的特别认识。

以美国为例,其中小学心理健康课程的目标体系严谨而细致,可以概括为三个层次:首先是健康,其次是优化,最后是发展。这一目标体系充分考虑了学生身心成长的规律,从最基础的层面开始,逐步提升,最终达到开发个体潜能、实现自我持续发展的目标。这种课程设计不仅有助于学生建立健康的心理状态,也有利于他们形成积极的生活态度和正确的人生观。

此外,国外中小学心理健康教育课程的内容也不是一成不变的,而是随着社会的发展不断调整和丰富,主要包括以下五个方面:

第一,科学的心理知识,包括心理的生物基础、心理健康、心理调节等。这部分内容重视研究方法的教育,提倡批判性思维和创新能力的培养。

第二,合力的心理服务,即调动学校、家长及社会的共同参与,形成一个全方位的心理服务网络,为学生提供全面的支持和帮助。

第三,全面的生活指导涵盖学生和社会各界人士的需求,包括但不限于职业规划、学术学习、健康管理、人格塑造、道德修养、心理调适、人际交往等方面,同时也提供考试策略和职业发展指导。这部分内容旨在帮助学生更好地面对生活中的各种挑战,提高他们的生活质量和幸福感。

第四,心理咨询服务涉及个体或团体形式进行的个人问题辅导,并为每位学生制订一份详尽且条理分明的累积档案,旨在对其心理健康状况进行长期的监测与评估。

第五,职业规划与辅导通常始于对学生进行全面的综合测评。随后,依据测评结果,专业人员会协助学生识别与其匹配的职业领域,并辅助他们明确就业目标,同时促进其职业潜力的挖掘。最终,这一过程将促成一份详尽的职业生涯规划方案。这一部分内容旨在帮助学生更好地规划自己的未来,实现个人职业发展的最大化。

三、学科教学是心理健康教育的重要载体

学校心理健康教育的根本宗旨是全方位提高学生的心理健康素质,助力每一位学生实现全面成长与发展。因此,其教育内容必须贯彻"注重全体学生、强调预防为主、重视教育引导"的核心理念。教育部颁布的《中小学心理健康教育指导纲要》(2012 年修订版)清晰地指明了方向:"学校应将心理健康教育始终贯穿于教育教学全过程,全体教师都应自觉地在各学科教学中遵循心理健康教育的规律,将适合学生特点的心理健康教育内容有机渗透到日常教育教学活动中。"这一指导原则凸显了一个不容忽视的真理:每一位教师都应自觉地在自己的教学实践中开展心理健康教育。

中小学阶段是孩子们形成健全心理品质的关键时期,而学科教学作为学校工作的核心,自然成为心理健康教育的主战场。在这个阶段,将心理健康教育融入各学科的教学中,不仅是对心理健康教育深入推进的必然要求,也是最直接、最有效的实施路径。只有深刻理解和把握中小学各学科教学中的心理健康教育的内涵,熟练掌握相关教育方法,我们才能在中小学教学实践中成功实施心理健康教育。

心理健康教育的目标与学科教学目标相辅相成。心理健康教育致力于帮助学生掌握学习方法、生活技能,正确地认识自我,提高自我帮助的能力,强化情绪调节、挫折应对、环境适应的能力,从而培养健全的人格和优秀的心理品质。与此同时,新的课程教育理念也强调,学科教学不仅要让学生掌握必要的知识和技能,更要在情感、态度和价值观上取得进步和发展。学科教学在传授知识和技能的同时,必须考虑到学生心理发展的需求,遵循心理发展规律,心理健康教育便是达成这一目标的重要基础。另一方面,学科教学的核心宗旨与最终追求是推动学生全方位、稳定且协调地发展,因此,学

科教学本身亦成为心理健康辅导不可或缺的基石与载体。进一步来说,将心理健康教育融入小学各学科教学,不仅有助于提升学生的学习效果,还有助于培养学生的综合素质。在语文学科的教学过程中,通过对文学作品的深入剖析,教师能够指导学生感悟和表达情感,进而增强他们的情感调控技巧;在数学学科中,可以通过解决复杂问题的过程,锻炼学生的逻辑思维能力和抗挫折能力;在英语学科中,通过跨文化交流的学习,帮助学生建立开放的心态和全球化的视野。

在实施心理健康教育的过程中,教师还需要注意方式方法,应该通过互动、合作、探究等教学方式,营造轻松、愉快的学习氛围,让学生在愉悦的学习环境中健康成长。另外,教师需重视学生之间的个体差异,采取差异化教学策略,针对每个学生给予个性化的辅导与协助。

在开展心理健康教育的实践中,学校必须构建起相应的支持系统。这包括组织专业的心理健康教育培训,为教师们提供所需的专业知识与技能;设立心理健康教育的评价机制,对教育成果进行评价与反馈;同时,强化家校合作,共同关注学生的心理健康问题,以形成教育的整体合力。心理健康教育不仅是学校教育的核心环节,也是促进学生全面发展的关键途径。通过将心理健康教育融入中小学各学科教学,可以为学生提供一个更加全面、更加健康的成长环境,帮助他们建立健全的人格和良好的个性心理品质。这需要全体教师的共同努力和学校的支持,共同推动心理健康教育的深入发展。

我们觉得,把中小学的心理健康教育和各科的学习好好结合起来,是学校心理健康教育最重要的方法。这种结合能让情感和认知两方面都得到发展,互相支持,一起帮助学生全面成长。老师在教学的时候,应该有意识地把学科知识和心理健康的内容融合在一起。这样,一边教学生知识和技能,一边还能照顾到他们的心理健康,让他们的智力和创造力都得到提升。

用这种教学方法,我们能让学生更有学习的动力,养成好的学习习惯,还能挖掘他们的内在潜力。在这个过程中,老师能帮助学生们提升在课堂上的认知、情感和行动能力,这样学生们就能更好地适应社会,还能促进自己的成长。我们相信,通过这样的教育方式,可以培养健全的人格,全面提高学生的心理素质。将心理健康教育与学科教学深度融合,不仅能够提高学生的学习成绩,还能够促进他们的心理健康,让他们在学习和成长的过程中得到全面的发展。这是我们对学校心理健康教育的期望,也是我们持续不懈追求的目标。

把学科教学和心理健康教育结合起来,其实就是让每个老师都参与进来,让教育覆盖到方方面面。这样一来,整个学校就能营造出一个特别有利于孩子们心理健康成长的好环境。如果仅仅将设立心理咨询室和开展心理辅导作为学校心理健康教育的核心手段,那么这种教育方式无疑是单薄的,其效果也难以得到全面的提升。因此,我们需要在遵循学生心理发展特点和身心发展规律的基础上,将心理健康教育和学科教学活动有机地融合在一起,从而使得学校心理健康教育工作得以深入、有效开展。

课堂教学目标的精心制定是一个涉及多方面的复杂过程,这一过程不仅需要教师对学科教学目标有深入的理解和掌握,还要充分考虑到学科教学资源中隐含的心理健康教育内容。通过这样的整合,教师能够设计出一种创新性的教学目标,这种目标将学科教学与心理健康教育深度融合,从而在教学过程中实现学生知识、技能的传授,智力和创造力的培养与心理健康教育的同步推进。在课堂教学的实施过程中,教师不仅要授予学生必要的知识与技能,更要致力于学生智力的拓展和创造力的激发。在此基础上,教师还应关注学生的心理健康,积极维护并促进其心理的健康发展。通过激发学生的学习动机,教师可以帮助学生培养出良好的学习习惯,进而有效开发他们的心理潜能。

此外,教师还需在课堂上引导学生提高对学习活动的认知水平,丰富其情感体验,并加强其在行为技能方面的锻炼。这样的教学实践不仅有助于学生社会适应能力的提升,更能促进他们在自我成长的道路上不断前行。通过这样全方位的教育引导,教师有意识地塑造学生健全的人格特质,从而在总体上提高学生心理素质的水平,为其未来的全面发展打下坚实的基础。

第二章
心理健康教育与学科融合的理论基础

心理健康教育与学科融合的理论基础,主要源于心理学科与教育学科的交叉渗透,以及对人的全面发展和心理健康重要性的深入认识。这一教学理念强调,在传授知识的同时,必须兼顾学生心理素质的塑造和心理健康的关键性发展。

从心理学的角度来看,心理健康教育与学科融合的理论基础建立在对人的心理活动深入研究的基础上,关注个体在认知、情感、行为等方面的协调发展。心理学的研究成果为教育提供了关于学生心理发展规律、学习动机、情绪管理等方面的理论支持,使得教育工作者能够更好地理解学生的心理需求,更有针对性地开展教育教学活动。

教育学科的理论基础则强调,教育的根本目的是培养全面发展的人,其中既包括知识的传授,也包括能力的培养、价值观的塑造和个性的发展。教育学科的研究成果为心理健康教育提供了关于教育目标、教学方法、课程设计等方面的理论指导,有助于将心理健康教育与学科教学有机结合,形成相互促进、共同发展的教育格局。

心理健康教育与学科融合的理论基础还受到现代教育理念的影响,强调以学生为中心,尊重学生的主体地位,关注学生的个性化发展。在这种教育理念下,教师需要从学生的实际出发,创设有利于学生自主学习、合作交流、创新实践的教育环境,从而促进学生心理健康与学科知识的同步发展。

心理健康教育与学科融合的理论基础是多学科交叉融合的产物,它为我们提供了一种全面、科学的教育视角,有助于提升教育的质量和效果,培养出具有健康心理和全面素质的现代人。

第一节　心理健康教育与学科融合的基本模式

将心理健康教育与学科教学巧妙融合,意味着教师在开展学科教学活动时,能够顺理成章地将心理健康教育的元素与学科教学资源相互融合。在向学生传授必要的知识、技能,并致力于发展他们的智力和创造力的同时,教师还致力于维护和提升学生的心理健康水平。这种整合旨在激发学生的学习动机,塑造他们良好的学习习惯,并进一步挖掘他们的心理潜能。通过这样的教学方式,教师能够帮助学生在课堂学习活动中全面提升其认知、情感以及行为技能,从而增强他们在社会环境中的适应能力,并促进他们的自我成长。这样的教育模式致力于培养学生的健全人格,全面提升他们的心理素质,使其在未来的学习和生活中更加坚韧不拔、充满活力。

一、环境熏陶

在当今的教育实践中,我们深刻认识到环境在培育学生心灵健康方面的重要作用。优良的教育环境就像一片沃土,能够潜移默化地滋养学生的心灵,促使他们茁壮成长。以辽宁省营口市健康小学为例,该校在环境建设上下足了功夫,其对"心理健康"主题的凸显可谓无处不在。他们精心编撰了校歌、设计了校徽、制定了校训,这些不仅是一系列象征性的标志,更是学校文化精神的体现,凝聚了全体师生员工的智慧与努力,充分诠释了心理健康教育的丰富内涵。为了进一步展示学生的心理健康风貌,学校还设立了专门的"心理健康"橱窗,这里展出了个人和班集体的风采,以及全校范围内的健康心理体验活动。这不仅是一个展示的平台,更是一个激励的源泉,激励着每一位学生不断追求更高的心理健康水平。

在营造自主学习和交流的空间方面,健康小学开设了富有创意的"健康走廊"和"微笑走廊",这些地方不仅是学生日常活动的场所,也是他们接受心理健康教育的重要空间。走廊中摆放的小黑板上,每周都会更新一句"心灵寄语",这些寄语都来源于学生们的真实心声,是他们对心理发展的一种自我警示和引导。学校还特别重视打开学生的心灵之窗,为此设立了"知心姐姐信箱"和"心理咨询室",为学生们提供了一个表达自己、倾听他人、获得心理支持的空间。这样的举措无疑为学生们的心理健康成长开辟了新的途径。健康小学还通过学生集会、校园板报、教室园地等多种渠道和阵地,不遗余力地向学生们普及心理健康知识,充分发挥了环境育人的功能,确保了学校心理健康教育的顺畅开展。

暨阳实验小学则以诗化、情意化、生态化的环境建设为核心,辅以改革评价策略,全面改善了学生心理健康氛围。在这样的环境中,学生们不仅能够更好地适应学习生活,还培养了良好的沟通与协调能力,从而大大增强了心理健康教育的实效性。通过这些措施,学校成功地营造了一种有利于学生全面发展的心理健康教育氛围,为培养健康、快乐、和谐的新一代做出了积极贡献。

二、寓教于乐

将寓教于乐的策略应用于心理健康教育,不失为一种高效的教学途径。例如,福建省永春县实验小学自1996年秋季开始,便开设了心理健康教育课程,并配备了专门的教师。在教学过程中,这些教师根据实践性和应用性的教学要求,结合学生的生理和心理特点,将心理健康教育的内容融入灵活多样、充满趣味的活动中。这些活动包括角色扮演、绘画、想象、辩论、演讲、表演、参观和调查等。

教师们巧妙地运用了各学科的特色,悄无声息地将心理健康教育融入日常教学之中。例如,在体育课的户外活动中,教师特别强调合作与竞争的重要性,并教导学生如何自我保护,同时锻炼他们的意志力;在自然科学课程中,教师引导学生进行实验,培养他们细心和耐心的品质。

学校将心理健康教育融入少先队活动、课外活动以及班级管理之中。

通过举行升旗仪式和开展"手拉手献爱心"等活动,学生在潜移默化中接受教育和熏陶;同时,也激励学生主动参与班级管理,使他们在这一过程中培养个性和才能。

通过这种寓教于乐的方式,学校心理健康教育得以全面深入地开展,不仅有助于学生形成健康的心理,还能促进他们全面发展。这种教育方式无疑为我国心理健康教育领域带来了积极的启示,值得在其他学校和地区推广和借鉴。

三、"自由呼吸"

心理学领域的研究成果昭示我们,对于学生而言,期望值若设定过高或过低,都将对他们产生负面影响。如果期望值设定得过高,学生将不断面临难以达到的挑战,这种情况持续下去,无疑会削弱他们的自信心,影响他们自尊心的建立与稳固;反之,如果期望值设定得过低,学生轻而易举就能实现目标,这样的设定将不足以激发他们的潜能,更谈不上自信心的培养与增强。只有当期望值保持在一个合理的区间内,即设定在学生需要付出一定努力才能达到的水平,这样的目标才能真正促进学生自信心的建立与加强。

以苏州市吴江区七都小学为例,该校教师制定了一套切实可行的教育目标体系,这包括每堂课的目标、每周目标、每月目标以及学期目标。在制订这些目标时充分考虑了班级学生的实际情况,教师不断进行调整和修订,确保这些目标既不过于遥远也不轻易可达,以此让学生在实现目标的过程中感受到成功的喜悦。这样的教育方法不仅让学生获得了成就感,而且有助于提升他们的自信心。在效果评估方面,学校改变了以往单纯以学习成绩为主的评价方式,而是全面考查学生在思想、道德、审美、学习、技能、情感、态度、价值观等方面的心理素质是否得到提升。学校建立了合理的评价机制和激励机制,以满足学生追求成功的心态,促使学生群体形成了"团结友爱、积极向上"的良好精神风貌。

为了更好地鼓励学生,学校在教室的"心理角"设置了一个特别的"荣誉树"。这不仅仅是一棵象征性的树,更是一个充满成就与荣誉的展示平台。在"荣誉树"上,每一个学生都能根据自己的进步,都能挂上代表他们成就的"果子"。这些"果子"象征着学生们在勤学好问、发明创造、关心集体、优秀实验、写作佳句、作业进步等方面的成就,使学生们能够直观地感受到自己的成长和进步,每个人都能在班级中获得展示自己的舞台,从而增强自信,享受成功的喜悦。这样的教育创新举措,不仅促进了学生个体的全面发展,也为班级营造了一种积极向上的良好氛围。

四、活动融合

常熟市实验小学非常注重学生思想品德的教育和心理健康的发展,在每学期的思想品德课程中,每个班级都会安排 3~5 节心理健康辅导课程。这些课程会结合班级的队活动,按照计划有针对性地开展各种心理健康主题的中队活动,旨在培养学生良好的心理素质和健康的心理状态。学校还会定期进行公开课教学,开展交流研讨活动,让教师分享教学经验和教学方法,进一步提高学科的教学质量和学生的心理健康水平。

通过这些举措,常熟市实验小学不仅提高了学生的学习成绩,更重要的是,学校关注了学生的心理健康,帮助他们建立了积极向上的心态,培养了良好的心理素质,为他们的全面发展奠定了坚实的基础。

五、跨学科融合

哈尔滨市香滨小学十分注重从学生丰富多彩的生活实践中汲取灵感,精心挑选出一系列既具备一定综合性质,又具有实践性和现实针对性的问题、事件和现象,以此来引导学生深入了解和思考。学校致力于通过开展一系列别出心裁的活动,如"小小英语乘务员""肯德基之行""银行知识知多少"等,为学生提供既宽广又自由的活动空间,以及充满无限可能的广阔活动背景。在这个开放式的活动中,学生可以自主、自由、灵活地选择自己感兴趣的活动主题或课题,并提出具体的活动计划和项目。在教师的专业引领下,学生们需精心设计活动方案,以保障活动的顺利开展。在这一过程中,学生们的实践技能得以提升,创新意识得以唤醒,道德情感也得以深化。

　　哈尔滨市香滨小学的这种教育方式,旨在让学生在真实的生活场景中,通过亲身体验和实际操作,去发现问题、解决问题,从而不断提高自己的综合素质。学校坚信,这样的教育方式能够有效地促进学生全面发展,使他们在知识、技能、情感、道德等方面都得到充分的成长。

第二节　心理健康教育与学科融合的基本原则

　　心理健康教育与学科融合的基本原则是在进行心理健康教育与学科教学过程中必须遵循的基本要求和规范,既要保证学科教学的有效性,又要提高学生的心理健康水平,促进学生全面发展。

一、科学性与教育性相结合的原则

　　科学性与教育性相结合的原则被视为中小学心理健康教育的基石。在推进心理健康教育的过程中,我们必须严格遵循学生身心发展的固有规律及其独特性,重视实践性与实效性的有机结合,致力于实现最为卓越的教育成果。具体到实际操作层面,我们应当主动、及时地处理和解决学生在学习过程中、日常生活以及参与社会活动时所遭遇的各种心理冲突和困扰,全方位关注学生的心理成长轨迹。在此基础上,我们还需从认知层面和情感层面两个维度,深入探究和理解学生的心理状态,以期在心理健康教育中做到全方位、多层次的关怀与引导。

　　心理健康教育的实施,需要我们根据具体情况做出积极而审慎的分析,我们要始终注重培养学生的积极进取精神,助力他们树立正确的人生观、价值观、世界观。我们要以严谨的态度引导学生正确看待生活中的问题,帮助他们解开心结,调整心态,以积极的态度面对生活中的挑战。同时,还要教育学生尊重他人,理解别人的不同观点和行为表现,求同存异,宽以待人,学会与人和谐相处,培养其良好的社交能力。通过对学生心理健康教育的深入实施,我们可以帮助他们建立健全人格,培养他们积极向上的精神风貌,使他们在未来的学习和生活中,能够更好地应对各种困难和挑战,实现自己的人生价值。

依据这一原则,我们可以有效地指导学生正确地审视问题,调整他们观察和处理问题的策略,并引导他们建立起积极向上的思维方式。通过这一过程,学生们将能更加自如地面对生活中各种挑战,更加深刻地理解社会运行的规则,更加和谐地融入社会生活。这种将科学性和教育性相结合的原则,不仅对学生的心理健康发展起到积极的促进作用,也有助于他们的全面发展。

二、针对性和整体性相结合的原则

在中小学教育阶段,心理健康教育是一项至关重要的工作,它需要我们以发展的视角来推进相关的教育工作。这意味着,我们需要建立一个融合"发展、预防和危机处理"三项任务的工作机制。在这个过程中,我们应该采用系统论的观点作为指导,重视心理活动的内在联系和整体性。这要求我们对学生的心理状况进行全方位的考察和深入的系统分析,以避免在教育工作中出现片面性的问题。具体来说,我们需要关注学生的心理状况,了解他们在不同年龄阶段的心理特点和需求。同时,我们还要关注学生的心理健康问题,包括焦虑、抑郁、自卑等,以及可能导致这些问题的外部因素。此外,我们还要建立一套有效的危机处理机制,以便帮助学生在遇到心理问题时能够及时得到支持和引导。

为了实现这一目标,我们需要加强师资培训,提高教师心理健康教育的专业水平。教师是学生心理健康教育的第一责任人,他们应该具备识别和处理学生心理问题的能力。此外,我们还需要加强与家长、学校和社会等方面的沟通,形成合力,共同关注学生的心理健康。我们需要以发展的视角来推进相关的教育工作,建立一个融合发展、预防和危机处理三项任务的工作机制。在这个过程中,我们应该采用系统论的观点作为指导,重视心理活动的内在联系和整体性,对学生的心理状况进行全方位的考察和深入的系统分析。通过这些努力,我们将更好地面对和解决学生心理方面的问题,促进他们的全面发展。

学校心理健康教育的根本宗旨,在于引导学生的人格向全面而和谐的境界发展,其终极目标在于全方位提升学生在心理层面的素质,以及学生在其他各个领域的综合素质。若从社会价值观的视角来考量,我们着重在道德、智力、体能和审美等方面,对学生进行综合性培育;而站在学生自我完善的角度,我们则着重强调学生在认知、情感、意志和行为等方面的和谐发展。

学校心理健康教育是一项全面的工作,它的对象是完整的人,其中包括学生的心理和生理两个方面。在教育过程中,我们需要从学生个体身心因素与外部环境的相互制约和协调性等多个方面出发,全面地把握和分析学生心理问题的成因。这需要我们对学生的个性、兴趣、习惯、价值观等方面进行全面了解,同时也要关注学生的家庭背景、社交圈子、学习环境等外部因素,制定出有效的教育与辅导策略,指导和引领学生及时、合理地解决问题。这是一种最有效的解决问题的方式,需要我们不断提高自身的专业素养,更新教育观念,积极探索和实践心理健康教育的新方法和新思路。

三、面向全体学生和关注个别差异相结合的原则

在心理健康教育与学科融合的过程中,我们必须坚持面向全体学生与关注个别差异相结合的原则。面向全体学生意味着我们的教育应当普及化、全面化,确保每一个学生都能接受到心理健康教育的滋养。我们要在学生中树立一种全局观念,即心理健康教育不是针对个别人的小范围活动,而是应当贯穿于整个教育过程中,覆盖所有学生,满足他们在成长过程中普遍面临的困惑与需求,比如自我认同、人际交往、学习压力等。

同时,我们也不能忽视每个学生都是独一无二的个体,他们由于遗传基

因、成长环境、教育经历等多方面因素的影响,存在着或多或少的差异。这些差异性要求我们在实施心理健康教育时必须采取个性化的方法,充分考虑每个学生的具体情况。例如,对于一些在学习上存在困难的学生,我们可能需要提供学习策略和动机激发的指导;而对于那些在人际交往中遇到问题的学生,我们则可能需要开展社交技能训练和情感沟通的指导。

在深刻理解和接纳每个学生所固有的个体差异的前提下,不应仅仅是简单地消除这些个体差异,而应当采取更为细致和有针对性的教育策略。这些策略旨在帮助每一位学生更深入地认识自我,洞察内心的需求和潜力,同时也要学会如何与他人建立和谐的关系,以及如何在集体中展开有效的合作与共处。这样的教育过程将极大地促进学生个性的全面发展,提升他们的心理健康水平。这种教育理念的确立,正是教育公平性和个性化理念的具体体现。它意味着学校教育应当尊重每一个学生的独特性,提供适合他们个人发展的教育路径,使得每个学生都能在充满关爱和支持的环境中,逐步探索并实现自我价值的最优化。这样的教育模式将学校构建成一个充满活力、尊重差异、鼓励创新的学习共同体,让每个学生都能在这个大家庭中找到属于自己的合适位置,从而在实现个人梦想的道路上迈出坚实步伐。

因此,将面向全体学生与关注个体差异相结合,既是我们开展中小学心理健康教育的原则,也是实现学生全面、和谐、持续发展的关键。通过这种教育方式,我们可以更好地挖掘每个学生的潜力,培养他们的独立性和创新精神,为他们未来的生活和学习打下坚实的基础。

四、教师的主导性与学生的主体性相结合的原则

在推行心理健康教育与学科融合的过程中,我们始终秉承着教师主导与学生主体相结合的原则,以此确保教育活动的有效性和质量。我们强调教师的主导作用,是因为在教育活动中,教师的引导至关重要,它直接关系到中小学心理健康教育和学科教学的成效。

我们要坚决维护学生的主体地位,这是中小学心理健康教育与学科融

合的有效途径。教育的根本目的是激发学生的潜能，帮助学生成长。因此，以学生为本，确保学生的主体地位得到充分体现，尊重他们的个性与选择，是教育成功的关键。在心理健康教育与学科教学融合中，我们应当充分尊重学生的主体性，让他们在教育活动中发挥出自己的主动性和创造性。

从本质上来说，心理健康教育是一种助人自助的教育活动。在这个过程中，"助人"只是手段，而真正的目标是让学生学会"自助"，即培养学生独立解决问题的能力。要实现这一目标，关键在于让学生以主体的身份积极参与到教育活动中来，通过实践和体验，真正实现自我成长。特别是在青少年时期，学生的自我意识和独立性快速发展，这是他们个性形成和发展的关键时期。在这个阶段，坚持主体性原则，不仅有助于发挥学生的主体作用，还能满足他们追求独立的内在需求。通过这样的教育方式，学生能够更好地认识自己，发展个性，为未来的成长打下坚实的基础。

五、发展性与现实相结合的原则

所谓发展性原则，指的是在确立教学目标时，必须充分考虑到学生心理发展的自然规律和内在需求。在不同的年龄阶段，学生心理发展的特点和需求各异，因此，课程教学目标应当与这些特点和需求相匹配，以便循序渐进地推动学生心理健康、和谐且全面地成长。例如，在培养学生关心他人、热爱他人的品质方面，我们需要根据学生从幼儿期到青少年期的成长轨迹，设定不同阶段的教学目标，并在难度上呈递进式分布：在幼儿期，重点在于培养孩子关心和照顾身边的人，如父母、老师和同学；进入小学阶段，教学目标应转向培养孩子对家乡的热爱和对集体的认同感；到了中学阶段，则应着重提升学生的社交能力，同时强化学生对祖国和人民的热爱意识。学校教育的根本宗旨是向社会输送符合时代需求的人才。

当前我们面临着一个普遍的现象，那就是绝大多数教育机构并没有配备足够的心理健康教育专职教师。这一现状要求各个学校在开展心理健康教育时必须充分考虑到自身的实际情况。这包括对校内教师的专业能力进行准确的评估,以及对学生的成长阶段和心理需求有清晰的认识。基于这些综合因素,学校应当有的放矢地挑选和定制一套符合自身特点的心理健康教学内容。

我们的教育对象不仅是满足当下社会需求的人才,更应该是能够适应未来社会发展的人才,他们需要具备前瞻性地适应不断变化的社会环境的能力。鉴于我们正处于快速变革之中,如果我们的教育视野过于狭隘,教育目标缺乏预见性,仅仅基于当前社会的需求,甚至是基于过去社会的需求来设定教育目标,那么我们培养出来的学生很可能无法适应未来社会的挑战。因此,我们需要将视野拓展到社会发展的未来,选择那些有利于学生未来适应社会发展的心理特征,将其设定为我们的教学目标。当代社会所需的诸如自主独立性、竞争意识、学习能力、创新精神等关键品质,都必须成为心理健康教育课程的教学目标,并在教育过程中得到重点培养。在心理健康教育课程中,除了注重培养学生的基础心理品质外,还应结合社会发展的需要,加强对学生创新思维和问题解决能力的培养。

我们可以引入多元化的教学方法,如角色扮演、小组讨论、案例分析等,让学生在实践中学习和体验,从而更深入地理解和掌握知识。这些方法能够激发学生的学习兴趣,提高他们的参与度,使教育过程更加生动、有趣。不同的学生有不同的心理需求和发展潜力,我们需要根据他们的实际情况,制定适合他们的教学方案,帮助他们充分发挥自己的优势,克服自己的不足。我们还应加强学校与社会的联系,让学生在实践中感受社会的变化和发展。可以组织学生参加社会实践活动、志愿服务等,让他们亲身感受社会的多元性和复杂性,培养他们的社会责任感和公民意识。我们需要不断评估和反思我们的教育效果,及时调整教学策略和方法。通过收集和分析学生的反馈意见和学习成果,我们可以了解教育的实际效果,找出存在的问题和不足,并采取相应的措施加以改进。

发展性原则要求我们不断更新教育理念和方法,关注学生的心理需求和发展潜力,加强学校与社会的联系,确保我们的教育始终走在时代的前列。

六、学科性与活动性相结合的原则

在实践性与应用性的指导下,当我们筛选并确定学校心理健康教育的内容时,必须强调以活动为核心的教学特色。我们需要将心理健康教育的内容巧妙地融入那些灵活多变、充满趣味性的学科活动中,充分利用活动的独特优势,并重视活动本身在教育过程中的教育意义。在学科教学的设计上,我们应该创造性地规划各种形式多样、内容丰富的活动,例如角色扮演、绘画创作、想象力拓展、辩论竞赛、演讲表演等。通过这些活动,让学生们不仅参与其中,更在亲身实践和体验中实现自身的成长与发展。

为了使学生能够更全面地理解和掌握心理健康的重要性,我们应当设计一系列既具有教育意义又充满趣味性的互动环节。比如,通过角色扮演活动,学生们可以在模拟真实社会情境中提升自我认识,学会换位思考和理解他人;通过绘画创作,学生们可以借助画笔表达自己的情感和内心世界,从而达到情绪调节和自我疗愈的效果;通过想象力和创意活动,可以激发学生的创造力和思维灵活性,培养他们的问题解决能力;通过辩论和演讲,可以锻炼学生的逻辑思维和公众表达能力,同时也能增强他们的自信心;通过表演艺术,学生们可以释放压力,提高情感表达能力和人际交往能力。

通过这些多元化的活动,学生们在参与和体验的过程中,不仅能够获得知识和技能,更能在实践中提升自我认知,培养良好的心理素质和积极的人生态度。学校心理健康教育的目标,就是通过这样一系列精心设计的教学活动,帮助学生建立健康的心理防线,为他们的全面发展和未来的幸福生活打下坚实的基础。当然,除了上述提到的活动外,我们还需要持续探索和引入更多新颖、有趣且富有教育意义的心理健康教育活动。我们可以结合学生的年龄特点和兴趣爱好,设计一些与学生日常生活紧密相关的心理健康主题活动。例如,针对初中生,我们可以组织"情绪管理小达人"活动,通过小组讨论、案例分析和情景模拟等方式,帮助学生了解各种情绪,学习如何有效管理自己的情绪，避免情绪失控对学习和生活造成不良影响。对于高中生，我们可以设计"压力应对大师"挑战赛，通过压力测试、放松技巧训练和应对策略分享等环节，帮助学生认识到压力的存在和危害，学习如何有效应对压力，保持身心健康和平衡发展。

此外，我们还可以结合学科实践活动和跨学科综合实践活动，开展丰富多彩的活动，营造积极向上的氛围，提高学生们的心理健康意识。在活动设计和实施过程中，我们还需要注重活动的针对性和实效性。我们需要根据学生的实际需求和反馈，不断调整和完善活动内容和形式，确保活动能够真正起到促进学生心理健康发展的作用。同时，我们还需要建立一支专业的心理健康教育师资队伍，为教师提供专业的培训和指导，提高他们的教育水平和能力。通过他们的引导和帮助，学生能够更好地参与活动，获得更深入的体验和成长。

第三节　心理健康教育与学科融合的基本内容

把心理健康教育的要素与学科教学结合起来，能够有效提升学生的整体素质及综合能力。教师可以根据学科特点和教学内容，有意识地融入心理健康教育元素，帮助学生在学习知识的同时，培养良好的心理素质和健康的人格。

一、小学阶段心理健康教育的主要内容

在前文提到的《中小学心理健康教育指导纲要》中明确了中小学心理健康教育的内容，涵盖六大方面，即认识自我、学会学习、人际交往、情绪调适、学会适应、升学择业，具体到小学各年级段大体如下：

（一）小学低年级

①帮助学生认识班级、学校、日常学习生活环境和基本规则；

②使学生初步感受学习知识的乐趣,重点是学习习惯的培养与训练;

③培养学生礼貌友好的交往品质,乐于与老师、同学交往,在谦让、友善的交往中感受友情;

④使学生有安全感和归属感,初步学会自我控制;

⑤帮助学生适应新环境、新集体和新的学习生活,树立纪律意识、时间意识和规则意识。

（二）小学中年级

①帮助学生了解自我,认识自我;

②初步培养学生的学习能力,激发学习兴趣和探究精神,树立自信,让他们乐于学习;

③树立集体意识,善于与同学、老师交往,培养自主参与各种活动的能力,以及开朗、合群、自立的健康人格;

④引导学生在学习生活中感受解决困难的快乐,学会体验情绪并表达自己的情绪;

⑤帮助学生建立正确的角色意识,培养学生对不同社会角色的适应能力;

⑥增强时间管理意识,帮助学生正确处理学习与兴趣、娱乐之间的关系。

（三）小学高年级

①帮助学生正确认识自己的优缺点和兴趣爱好,在各种活动中悦纳自己;

②着力培养学生的学习兴趣和学习能力,端正学习动机,调整学习心态,正确对待成绩,体验学习成功的乐趣;

③开展初步的青春期教育,引导学生进行恰当的异性交往,建立和维持良好的异性同伴关系,扩大人际交往的范围;

④帮助学生克服学习困难,正确面对厌学等负面情绪,学会恰当地体验

情绪和正确地表达情绪；

⑤积极促进学生的亲社会行为，逐步认识自己与社会、国家和世界的关系；

⑥培养学生分析问题和解决问题的能力，为初中阶段的学习生活做好准备。

二、学科教学与心理健康教育内容的融合

将心理健康教育的元素融入学科教学过程中，显然是一种一举两得、助力学生全面成长的教育手段。这样的融合不仅仅是简单地在课程中加入一些心理健康的知识，而是在每个学科的教学过程中，教师都能够结合该学科的本质特性和具体的教学内容，有目的地、自然地嵌入心理健康教育的元素。这样的做法能够让学生在掌握必要知识的同时，也得到心理素质的锻炼和个人品格的塑造。

在语文教学中，不应局限于字词句篇的解析，更应成为情感教育的重要载体。通过文学作品，教师可以引导学生探索情感的深度，培养他们的同理心和情感智慧，使他们在理解自我和他人的过程中，成长为更富有同情心、更具备处理生活挑战能力的个体。教师的角色远不止于传授语言知识，他们更是情感智慧的引导者和塑造者，通过教学提升学生情绪调节的能力，学会在面对挫折和困扰时，以更成熟、更健康的方式去应对。

在数学教学过程中，教师能够借助解决数学问题的活动，培养学生的逻辑思维与问题解决能力。面对数学难题，学生需要运用逻辑和推理，这个过程能够锻炼他们的思维。同时，在克服挑战和难关的过程中，学生的坚韧品格和耐心也会得到锻炼，这些品质的培养将进一步提升学生的自信心和自尊心。在科学教育过程中，借助实验与观察活动，能够显著提高学生的观察力和创造力。实验和观察不仅让学生学会如何获取和处理信息，更能在实践中培养他们的批判性思维和创新精神。同时，这也有助于提高学生的自我表达和沟通能力。

在科学教育中,教师扮演着至关重要的角色。他们通过深入剖析各种社会现象,不仅传授知识,还致力于培养学生对社会责任的感知和公民意识的提升。这种教育方式让学生在学习科学知识的同时,能够更好地理解社会的复杂性和多样性。通过分析社会现象,学生可以学会如何正确地理解社会的运作机制,如何敏锐地察觉社会问题,并能够从多个角度思考问题的根源和解决方案。这样的教育方式不仅丰富了学科教学的内涵,还为学生的健康成长提供了坚实的保障。学生在学习过程中,不仅掌握了科学知识,还培养了解决问题的能力和领导能力。他们学会了如何在团队中合作,如何在面对挑战时保持冷静和理性,如何在社会中发挥积极作用。这样的教育方式是实现学生全面发展的重要手段,帮助他们在未来的学习和生活中更好地适应社会,成为有责任感、有创造力和有领导力的公民。

在体育教学中,教师不仅仅是向学生传授各种运动技能和锻炼身体的方法,更重要的是,他们可以通过组织和指导团队运动,进一步培养学生的团队协作精神、公平竞争的意识以及面对挫折时的坚韧心态。通过积极参与各种体育活动,学生们能够逐渐学会如何在团队中发挥自己的优势,如何与队友们有效沟通、协作并实现共赢,同时还能学会如何在面对失败和挫折时保持积极向上的心态,不轻易放弃。这样的体育教学不仅有助于学生身体素质的提升,更能在心理素质和社交能力方面给予他们宝贵的锻炼机会。

在美术教学中,教师可以通过指导学生创作各种艺术作品,帮助他们找到表达个人情感和思想的途径。这种方式不仅能激发学生的创造力,还能促进他们想象力的发展。通过艺术创作,学生可以将内心的感受和思考转化为具体的视觉形式,从而更好地理解和表达自己。同时,创作艺术作品的过程本身就是一个复杂而细致的过程,它要求学生具备高度的耐心和专注力。在绘画、雕塑或其他艺术形式的创作中,学生需要不断地调整和完善自己的作品,这个过程可能会持续很长时间。在这个过程中,学生不仅学会了如何坚持和专注,还能够培养出一种对细节的关注和对完美的追求。艺术创作不仅仅是技巧的展示,更是心理素质的锻炼。学生在面对创作中的困难和挑战时,需要学会调整自己的情绪和心态,保持积极乐观的态度。这种心理素质的培养对于学生的全面发展具有重要意义。通过艺术创作,学生不仅能够提升自己的审美能力和艺术修养,还能在心理层面上获得成长和进步。

在音乐教学中,教师们通过精心设计的课程,引导学生深入聆听和演绎各类音乐作品,以此作为培育学生音乐素养的重要手段,同时也在无形中提高了他们的审美鉴赏能力。教师们不仅教授音乐的基础知识,还会通过分析音乐作品的背景、风格和情感内涵,让学生们对音乐有更加全面和深入的理解。在这个过程中,学生们学会了如何欣赏音乐的美,如何感受音乐带来的情感冲击,从而在音乐的熏陶下,逐渐形成自己独特的审美观。音乐作为一种深邃的情感表达方式,它能够帮助学生们更加深刻地理解和表达自己的内心情感。无论是通过演奏乐器,还是通过歌唱,学生们都能在音乐中找到情感的寄托,学会如何将自己的情感通过音乐的形式传达给他人。这种情感的体验和表达,对于学生的情感智力发展起到了不可或缺的作用。它不仅有助于学生更好地认识和管理自己的情绪,还能够促进他们与他人的情感交流,增强人际关系的和谐度。

在信息技术的教学中,教师能够通过引导学生运用各式各样的信息技术工具,从而显著提高他们的信息处理能力和问题解决能力。在这一教学过程中,学生需要掌握如何准确地获取信息、高效地处理信息以及有效地传播信息。同时,这一过程也要求学生培养批判性思维和创新能力,这对于他们判断信息的准确性以及创造性地运用信息的能力至关重要。具体来说,教师可以借助多种教学资源和手段,例如互动式电子白板、在线教育资源、虚拟现实技术等,来丰富教学内容和提升学生的学习体验。通过这些工具,学生能够更加深刻地理解信息技术中的抽象概念和复杂原理,从而提高他们的学习兴趣和学习成效。教师还可以设计实际操作项目,如软件开发、网络构建等,以增强学生的实践技能和解决实际问题的能力。此外,教师还应注重培养学生的自主学习能力。学生需要学会如何主动搜集和筛选信息,如何利用先进的信息技术工具进行数据分析和管理，以及如何有效地表达自己的观点和研究成果。这些技能对于他们在学术研究和未来职业生涯中取得成功具有重要意义。

在活动课程中，教师可以巧妙地设计并组织一系列富有创意的团队合作游戏和挑战活动。通过这些活动，学生们能够在亲身参与和体验的过程中，深刻感受到团队合作的重要性。他们会学习到如何在团队中找到适合自己的角色，发挥出自己的独特优势，从而为团队的整体目标贡献自己的力量。此外，这些活动还能有效地培养学生们在团队中的沟通能力、协调能力和领导能力。通过团队合作的游戏和挑战，学生们不仅能够增强团队精神，还能在面对各种困难和压力时，学会如何应对和调整自己的心态。同时，他们也会在解决团队内部的冲突和矛盾的过程中，提升自己的问题解决能力。这些能力的提升不仅对他们的学习生活有着积极的影响，更为他们未来在社会上立足打下了坚实的基础。

在社会实践中，教师可以积极引导学生参与各种形式的社区服务和志愿服务活动。通过这些活动，学生们不仅能够亲身投入到帮助他人的过程中，还能深刻体验到助人为乐的快乐和满足感。这种体验有助于培养学生的社会责任感和公民意识，使他们逐渐认识到自己作为社会成员的责任和义务。此外，参与社区服务和志愿服务还能让学生们更深入地了解社会的各个层面，包括社会问题、社会需求和社会资源等。通过与不同背景的人群接触和交流，学生们能够拓宽视野，增强对社会多样性的理解和包容。这种社会实践经历有助于提高他们的社会适应能力，使他们在未来的学习和工作中能够更好地融入社会，应对各种复杂的社会情境。

总之，心理健康教育在学科教学中的融合是一项长期而复杂的工作，需要教师、学生和学校的共同努力。只有当我们真正重视并有效实施心理健康教育时，我们才能够培养出真正具备健康心理和高素质的学生，为他们的未来发展奠定坚实的基础。

第三章

心理健康教育
与学科融合的实施方略

心理健康教育与学科融合,是将心理健康教育与各学科教学相结合,通过多元化的教学方法和手段,培养学生健全的人格,增强其心理素质,提高学生的心理健康水平。为了实现这一目标,需要深入研究心理健康教育与各学科教学的融合策略,从而在实际教学中达到提升学生的心理素质的目的。

在教学设计方面,教师需要充分了解学生的心理特点和需求,结合课程标准,制订符合学生心理发展的教学目标。在教学过程中,教师要将心理健康教育与学科教学有机结合,通过创设有趣、富有挑战性的教学情境,激发学生的学习兴趣,引导学生主动参与课堂讨论和实践活动。在教学方法上,教师应重视采用多元化的教学策略,例如启发式、探究式、合作式等,以充分激发学生的积极性、主动性和创造力。同时,教师还要关注学生的个体差异,给予不同学生个性化的指导和关爱,使他们在课堂上获得成功体验,增强自信心。在教学评价中,教师应确立全面的评价理念,将过程性评价与终结性评价相融合,同时关注学生的综合素质和心理素质。教师需尊重学生的人格尊严,充分利用评价的诊断、反馈和激励等多重功能,以推动学生全方位成长。

在教师培训工作中,学校需着重推进心理健康教育和学科教学的整合培训,旨在提升教师的教学质量及心理健康教育素养。教师们应不断更新教育理念和心理健康教育方面的知识,关注学生的心理状况,进而提高个人教学能力。在家庭与学校的合作层面,学校应当加强与家长的沟通与联络,共同致力于学生的心理健康关怀,打造和谐的家校共育氛围。教师要指导家长关注学生的心理变化,协助家长解决学生在家庭生活中的心理问题,共同为学生营造健康的成长环境。

心理健康教育与学科融合的实施策略需要多方共同努力,通过教育教学改革,创新教育方法,关注学生心理健康,为学生全面发展提供有力保障。

第一节 心理健康教育与学科融合的教育目标

心理健康教育与学科融合的实践,不仅极大地拓展了心理健康教育的实践领域,使其涵盖范围更加广泛,深入到教育的方方面面,同时也为学科教育带来了深刻的变革。这种融合使得学科教育不再局限于传统的知识传授和技能训练,而是能够更加全面地关注学生的内心世界和发展需求。在这样的教育模式下,学生不仅能够在知识与技能上得到提升,更能在情感、态度和价值观等方面得到充分的关注和引导,从而实现全面而和谐的发展。这样的教育方式真正贯彻了"以人为本"的教育理念,把学生作为教育的中心和核心,尊重他们的个性差异,关注他们的心理健康,促进每一个学生的全面成长和自我实现。通过这种融合,教育变得更加人性化、科学化,更符合当代教育发展的趋势和学生的实际需求。

一、优化能力结构,掌握学习策略,提升创新能力

心理健康教育与学科融合的目标是融合过程中的核心要素。在我们看来,心理健康教育与学科融合的焦点主要集中在学习过程上,也就是说,如何在课堂教学以及课外辅导的过程中,有效地帮助学生掌握学习的方法和技巧,从而促进他们的学习能力得到持续和深入的发展。这一融合过程不仅要求教师在教学过程中关注学生的心理健康,同时也要求他们在教学内容和方法上进行创新,以适应学生多元化的学习需求。通过这种方式,我们希望能够为学生提供一个更加全面和健康的学习环境,使他们在学习过程中获得更好的心理体验,从而提高他们的学习效果。

为了提升个人在学习与认知领域内的综合能力,我们需要对自身的能力结构进行深入的优化,这不仅涉及如何高效地掌握和应用各种学习策略,还包括如何提升我们的创新思维水平。这种优化是一个全方位的过程,它

要求我们在学习方法与智能技能上要有具体的掌握,例如,如何高效地处理和分析信息,如何运用不同的记忆技巧来加强知识的吸收和巩固。我们也需掌握元认知策略的学习,这涵盖了有效监控和调整学习过程的技巧、自我评估学习成效的方法,以及依据反馈优化学习策略的能力。

元认知策略的学习对于学会学习至关重要,它涉及我们如何理解自己的认知过程,包括我们如何思考、理解、记忆和应用知识。通过这种方式,我们可以更好地掌控学习过程,使之更加高效和有成效。在目前这个信息迅速增长的时代,仅仅依赖传统的课堂教学来获取知识是远远不够的。我们必须培养出处理海量信息的能力,能够积极地监控和调整自己的认知活动,这样才能满足社会发展的需求,适应不断变化的环境。

因此,在教育过程中,我们应当重视学生能力结构的优化,帮助他们掌握积极有效的学习策略,同时也要努力培养他们的创新意识和创新精神。这不仅是我们学科教育的目标,也是心理健康教育的核心组成部分。通过这样的教育,我们希望能够激发学生的潜能,引导他们成为具有独立思考能力和创新能力的高素质人才,为社会的发展和进步做出贡献。

二、形成积极学习心态,正确面对学业成败

一方面,一个人在学习的过程中应该对自己充满信心,能够充分发挥自己的优势,避免自己的短处。这就需要我们在学习过程中能够正确地看待自己,发现自己的优点并加以利用,同时也要正视自己的不足,不断地进行改进。在学习中遇到挫折和失败时,我们不应该气馁,而应该正确地对待它们,从中吸取教训,不断地提高自己。此外,我们还应该学会在学习中克服各种困难,无论是时间管理上的困难,还是知识理解上的困难,我们都应该积极地去解决。

另一方面,尽管学习心态并不直接介入认知过程,但它对于积极有效的学习发挥着至关重要的作用。在学习过程中,学习心态扮演了至关重要的角色。众多实验研究揭示,中小学生中普遍存在的学习心态不良是导致各

种学习问题,包括厌学情绪频发的主要原因之一。因此,我们可以认识到,培养良好的学习心态是实现从"苦学"到"乐学"转变的关键,是提升学习动机的基础,也是提高教学质量、确保学生"学有所获"的先决条件。因此,良好的学习心态自然成为学科教育和心理健康教育的核心目标。

无论是充满自信、发挥优势、正视不足,还是正确对待挫折与失败、克服学习困难,以及保持良好的学习心态,这些都是我们在学习过程中应该注重和培养的能力和态度。唯有如此,我们方能在学习上取得优异的成绩,达成个人的学习目标。

三、培养探究兴趣,激发认知动机

"学会学习"的动力性目标是教学过程中一个至关重要的组成部分。它具有多样化的层次和分类。从层次上来看,这一目标可以细分为三个主要层面。

首先是依附型动机。这是最基础的层面,这一动机类型的学生,他们的学习热情和兴趣主要来源于教师适当的奖励和支持。对他们而言,教师的认可与激励是他们投身于学习活动的最大动力源泉。

其次是自励性动机。这一层面的学生,他们的学习热情源自对自身能力的认可和对提升社会地位的渴望。他们通过学习来证明自己的价值,通过不断提升自己来获得社会的认可。

最后是求知性动机。在这个层次的学生中,他们的学习动力源自对世界的探索欲望以及对知识的深入追求。他们渴望了解世界的奥秘,对未知充满好奇,他们的学习是为了满足自己的认知需求,是为了不断探索和理解客观世界。

这三种不同层次的动机,在各个年龄阶段以及不同的学习活动中,均扮演着各自独特的角色。它们均能成为激励学生积极学习的强大力量。因此,我们的学科教育和心理健康教育,也应当涵盖对学生动机系统的恰当激发、引导和调控。我们需要探索有效的方法,以点燃学生的学习热情,引导他们正确地认识学习的价值,管理他们的学习动机,从而助力他们更有效地学习、更健康地成长。

四、养成良好的学习习惯,塑造积极的学习行为

这不仅涵盖了良好习惯的培养,也包括不良行为的矫正。从功能性的角度审视,良好行为习惯的培养不仅涵盖了学习活动本身所需的行为规范,还包括对学习活动提供支持的行为规范。这些习惯的形成不仅确保了学习成果的获得,而且促进了学习过程向良性、健康的方向发展。通过塑造行为来修养心灵,我们能够实现事半功倍的效果,这也正是心理健康教育与学科教育相结合、协调发展的目标所在。具体而言,良好习惯的养成是一个渐进的过程,它需要时间的积累和不懈的坚持。无论是日常生活中的整洁习惯,还是学习中的专注与坚持,都是逐步累积、慢慢形成的结果。这种习惯的形成,能够极大地提高我们的学习效率,使我们更加专注于学习本身,而不是被琐碎的事情所干扰。

不良行为的矫正在人生成长中是至关重要的。在学习过程中,我们可能会遇到一些不良习惯,如拖延、分心、过度依赖他人等。这些习惯不仅会影响我们的学习效果,还可能对我们的心理健康产生负面影响。因此,我们需要及时发现并纠正这些不良习惯,通过自我约束和积极调整,逐渐改变这些不良行为,使之向良好的方向发展。

在培养良好习惯和矫正不良行为的过程中,心理健康教育与学科教育需要相互协调、相互促进。心理健康教育能够帮助我们树立正确的价值观、人生观和世界观,增强我们的自我认知和自我调节能力,从而更好地应对学习中的挑战和困难。而学科教育则能够为我们提供丰富的知识和技能,帮助我们更好地理解和应用所学知识,从而更加自信地面对学习和生活。

因此,培养良好的习惯和纠正不良行为不仅是学习过程中的关键环节,也是心理健康教育与学科教育协同发展的目标。我们应该在日常生活中注重培养良好的习惯,及时发现并纠正不良行为,让学习成为一个充满乐趣和

成就感的过程。

第二节 心理健康教育与学科融合的教学范式

心理健康教育与学科教学深度融合的教学模式,是一种创新性的教学方法,它将心理健康教育深度融入学科教学的过程之中。这种模式的主要思想是将心理健康教育和学科教学紧密联系在一起,让两者在教学过程中能够相互影响、相互促进,以此达到既传授学科知识又提升学生心理健康水平的双重目的。这种教学模式不仅关注学生学科成绩的提升,更重视学生心理健康水平的提高,其最终目标是促进学生的全面发展。

在心理健康教育与学科教学深度融合的教学模式中,教师所承担的角色和所面临的要求都发生了深刻的变化。他们不仅需要具备深厚的学科知识,更要有跨学科的知识储备和教学能力,以便能够巧妙、自然地将心理健康教育的内容融入学科教学的各个环节。例如,在数学教学中,教师可以不仅仅局限于数学知识的传授,还可以将团队合作、问题解决等心理健康教育元素融入课堂活动中,让学生在解决数学问题的过程中,不仅提升了数学素养,还培养了团队合作精神和应对挑战的能力。在语文教学中,教师可以利用文学作品中的情感元素,引导学生理解和处理情感问题,提高学生的情感素养和审美能力。

这种教学模式要求教师在教学设计时,要充分考虑到学生的心理健康需求,通过创设丰富的教学情境,激发学生的学习兴趣和积极性,培养学生的自主学习能力和创新思维能力。同时,教师还需要关注学生的个体差异,因材施教,为有不同需求的学生提供个性化的指导和支持。

教师还需要注重课堂氛围的营造,建立和谐的师生关系,营造积极、宽松的课堂氛围,使学生在愉悦的学习环境中更好地发挥自己的潜能。这种教学模式不仅有助于学生全面发展,也有助于提升教师的教学水平和专业素养。

一、心理健康教育与学科融合的教学模型

将心理健康教育的内涵巧妙地融入各种学科的教学内容之中,使得学科教学资源与心理健康教育内容能够完美地结合在一起,共同构建起一种全新的课堂教学模式。在教授学生各种知识、技能的同时,穿插心理健康教育的内容,以此来实现学生智力、创造力等心理素质的全面提升。这种教学模式不仅能够帮助学生掌握必要的知识与技能,更能够关注学生的心理健康,使得学生在学习的过程中能够得到全面的发展。心理健康教育与学科融合的教学模式如下:

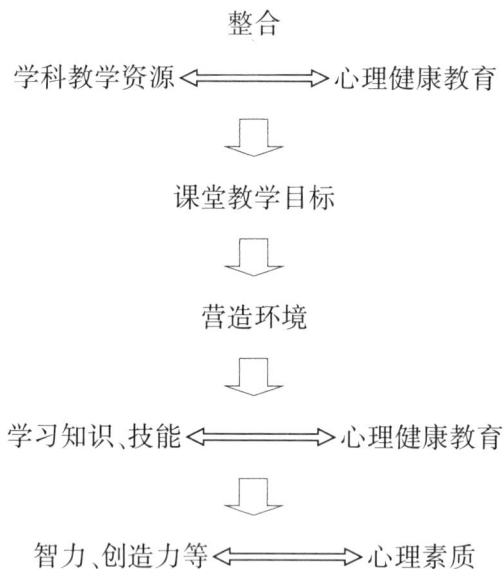

整合

学科教学资源 ⟺ 心理健康教育

⬇

课堂教学目标

⬇

营造环境

⬇

学习知识、技能 ⟺ 心理健康教育

⬇

智力、创造力等 ⟺ 心理素质

在心理健康教育与学科教学深度融合的教学模式中,教师需要将心理健康教育的内容和目标融入学科教学的各个环节中。例如,在教授学科知识的同时,教师可以引导学生了解和认识自身的情绪变化,帮助学生掌握情绪调节的方法,培养学生良好的情绪管理能力。同时,教师还可以通过设置合适的学科教学任务和活动,培养学生的团队合作能力、解决问题的能力等。心理健康教育与学科教学的深度融合要求教师密切关注学生的个体差

异,并依据学生的实际情况设计适宜的教学计划和方法。例如,面对学习压力较大的学生,教师应适时调整教学进度和难度,以减轻学生的学习负担,并协助他们树立自信。

心理健康教育与学科教学的深度融合,将心理健康教育与学科教学相结合,并相互促进。这种教学模式不仅有助于提升学生的学科知识掌握程度,还能促进学生的心理健康成长。

二、心理健康教育与学科教学融合的路径

心理健康教育与学科教学的整合主要体现在教学内容、教学环境以及教学方法等多个方面的有机结合。

(一)教学内容的融合

教学活动的核心在于深入探索和发掘不同学科教材的内在价值。在教育实践中,我们发现众多学科教材本身就具备极高的教育价值,不仅仅是学科知识的传授,还涉及心理教育的诸多方面。例如,语文教材不仅仅是传授语言知识,更是培养文学素养、审美情感和传承民族文化的载体;英语教材不仅教授语言技能,也融入跨文化交流和思维方式的培养;艺术教材旨在培养审美情趣与创造力;而体育课程在锻炼学生体魄的同时,也致力于培养他们的团队精神与竞争意识;思想品德教材更是直接关乎学生道德观念的形成和公民意识的培养。这些教材中蕴含了丰富的认识自我、认识社会、发展潜能、提高素质的心理教育元素,使得知识传授与心理教育两者的融合成为可能。

在实际教学中,我们也要认识到,某些学科内容与心理教育之间的联系可能并不紧密。在这种情况下,若强行将其结合,可能会导致教学内容的牵强附会,降低教学效果。即便如此,我们也不能忽视这种跨学科融合在整体教育架构中的重要性。教育工作者应当巧妙地设计教学活动,尽可能地在保持学科知识系统性的同时,自然而然地融入心理教育的元素,使得学生在

学习学科知识的同时，也能得到全面的心理发展，促进学生综合素质的提高。

(二)教学环境的融合

在深化教育教学改革、推进素质教育的今天，通过精心营造一个健康而安全的教学氛围，成为提升教育教学质量的关键所在。我们旨在通过这样一种环境的塑造，来培养学生树立正确的健康观念，养成符合社会主义核心价值观的学习习惯，并在此基础上，进一步培养他们积极向上、自主学习的能力，从而实现学生在身心愉悦中主动探索知识的愿景。

我们不难发现，学科教学大多采用班级授课制，这不仅仅是一种知识传授的方式，更是一种集体互动的学习形态。在这样的背景下，教学氛围对于每一位身处其中的学生来说，其重要性不言而喻。一个和谐的教学氛围，不仅能够直接提升学生的学习效率，更能在长远中影响他们的学习态度、认知发展以及行为模式的形成。因此，我们所说的良好教学氛围，是指那种既能保证学生个体的安全感和自由表达的空间，又能促进学生之间有效交流与合作的环境。它不仅是课堂学习中不可或缺的一部分，同时也是课外活动中持续追求的目标。在这样的环境中，学生们可以毫无顾忌地表达自己的观点，不会有任何因恐惧和不确定而引起的过度焦虑；他们能够积极主动地投身于学习之中，充分展示自己的才华；在这个过程中，他们的视野不断拓展，创新能力也得到了锻炼和提升；同时，信息的互动交流、资源的共享、协作的支持以及共同的发展，都将成为可能。

在目前对各种高效课堂教学模式的深入探讨中，对这种良好教学氛围的研究始终占据着核心位置。由于这一领域的研究涉及范围广泛、内容丰富，因此，它不仅是心理健康教育和学科教育融合的重要方面，更是构建全面发展的教育体系不可或缺的重要组成部分。

(三)教学方式的融合

教学改革是教育发展的重要推动力，它不仅体现在教学形式和方式上的更新,更是对传统教学观念的根本颠覆。通过这样的改革,我们旨在建立一种新型的师生关系,以及一整套全新的教育理念。这些改革措施旨在运用科学方法,培养学生的科学学习态度、策略、观念以及科学健康的人格特质。这是一场全方位的教育革新,其深度和广度前所未有。例如,研究性学习的兴起正是这种教育变革的直接成果。它改变了学生过去那种被动接受教师传授知识的学习方式,而是构建了一种开放式的学习环境,为学生提供了多种获取知识的途径,以及将所学知识综合应用于实践的机会。这种学习方法使学习真正转变为学生的自主行为,同时,它也促成了传统教学意义的深刻转变。

在这一创新的教学活动中,学生始终占据着学习的中心位置,享有宽松而自由的活动空间。与此同时,教师的角色转变为支持学生学习的辅助者。这种转变极大地激发了学生的学习积极性,帮助他们达到了"乐学""盼学""善学"的境界。这不仅从根源上预防了学习心理障碍的产生,还促进了学生创新精神和实践能力的全面发展,进而有助于健康人格的塑造。这种教学模式实现了学科教育与心理健康教育的深度融合,共同追求它们本质上的教育目标。

此外,我们积极探索并实践了包括创造性学习、网络化教学以及个性化学习等多种教学模式。这些教学模式的探索与实践,进一步丰富了教学互动的内涵,促进了教育领域的深度融合。这些都是教育改革的重要内容,它们为我们的教育事业注入了新的活力,也为学生提供了更加广阔的发展空间。

在教育实践中,各个教育要素和环节是彼此支持、协同合作的,它们共同构筑起一个协调一致、和谐发展的统一整体。这样的系统使得学校中的教育活动能够更加有序地进行,各个部分不再是孤立存在,而是相互联系、相互依赖的。这种协同作战的方式,不仅提高了教育活动的效率,也使得教育活动能够更好地满足学生的需求,促进学生全面发展。因此,构建一个相互支持、协同作战的教育体系,是实现教育和谐发展的关键前提和保障。

三、心理健康教育与学科融合的方式

心理健康教育与学科教学的融合,关键在于科学的教学设计和精准的课堂教学。以课题为引领,教师团队设计了符合学情、具有学校特色的学科融合的心理健康教育教案。这些教案在各个学科中融入了心理健康教育的要素,通过学科学习来促进学生的心理健康发展。全校老师将心理健康工作融入学科教学中,按照设计的教学活动进行教学实施,并对学生的学习情况和心理状态进行跟踪观察和评估。这有助于了解教学效果和学生的心理变化,并为进一步研究提供数据支持。

在教学设计与课堂教学中,从课前、课中、课后三个时段来看,大体可以选择铺垫、升华、拓展三种方式来进行心理健康教育与学科的深度融合。

(一)铺设

在开展具体学科的教学活动之前,我们有必要进行周密的心理健康教育工作,这种工作可以视为达成学科教学目标的基石。我们应当将心理健康教育深深地融入学科教学的每一个环节中,使其成为实现教学目标的重要保障。以操作演示类的学习为例,我们首先需要对学生进行有关规则、习惯等方面的心理健康教育,帮助他们建立正确的学习态度和行为模式。在此基础上,我们再进行操作演示的教学活动,这样就能够让学生在掌握知识的同时,也能够更好地理解和运用所学内容,从而使教学过程更加高效,使学生能够更加顺利地达成教学目标。这种以心理健康教育为前置条件的教学方式,不仅可以提高学生的学习效果,也有助于培养学生的综合素质,使他们成为更加健康、和谐的社会成员。当然,心理健康教育在学科教学中的铺垫作用远不止于此。它还能够帮助学生建立积极的学习心态,增强他们的自信心和抗压能力。在学习的过程中,学生难免会遇到各种困难和挑战,如果没有良好的心理素质,他们可能会感到沮丧、失落甚至会放弃。而通过心理健康教育,我们可以引导学生正确看待挫折和失败,教他们学会从失败

中汲取教训,从困难中寻求成长。

心理健康教育还能够促进师生之间的有效沟通,营造良好的教学氛围。在教学过程中,教师如果能够关注学生的心理状态,及时给予他们关心和支持,就能够让学生感受到教师的温暖和关爱,从而更加愿意与教师进行交流和互动。这种良好的师生关系不仅能够提高学生的学习兴趣和积极性,还能够使教学过程更加顺畅,教学效果更加显著。

我们可以说,心理健康教育在学科教学中的铺垫作用是多方面的、深远的。它不仅能够帮助学生更好地掌握知识、提高学习效果,还能够培养他们的综合素质,促进他们的全面发展。因此,我们应当高度重视心理健康教育在学科教学中的作用,将其贯穿于整个教学过程中,使其成为推动学科教学发展的有力支撑。

(二)升华

在教育教学过程中,我们应当致力于知识的深入挖掘与传播,同时,也不忘对学生的心理状态进行细致入微的健康引导。举例来说,当我们在课堂上共同学习古典诗词,如《望庐山瀑布》这样的佳作时,诗句中"飞流直下三千尺"的壮丽景象,不仅仅是对学生进行文学美的熏陶,更是对学生想象力进行刻意培养的绝佳时机。通过这样的诗句,教师可以引导学生展开丰富的联想,将学生的思维引向更为广阔的空间,激发他们内心深处的创造潜能,让学生在感受自然之美、文学之美的同时,也能体会到心灵成长的愉悦。在这样的教育环境里,学生不仅能够深入理解诗句的意蕴,更能通过想象将诗中的画面在脑海中具象化,增强对美的感知能力。同时,这种训练还能帮助学生提升对抽象事物的理解和表达能力,为他们在未来的学习和生活中打下坚实的基础。

除了对学生想象力的培养,这样的教学方法还能在无形中对学生进行心理健康教育。在面对学习中的困难和挑战时,学生需要有一定的心理韧性和抗压能力。而通过对古诗的深入学习,学生可以在欣赏美的同时,学会如何面对生活中的挫折和困难,培养积极乐观的人生态度。

教师在教学过程中应当注重将知识教育与心理健康教育相结合,通过具体的教学内容,如《望庐山瀑布》这样的古诗,对学生进行全方位的培养。这样不仅能够提升学生的学习效果,更能帮助他们成长为既有知识底蕴又具备健康心理品质的优秀人才。当然,深化这种结合式教学方法的应用不仅限于古典诗词的学习。在更广泛的教学领域里,我们同样可以发掘出这样的教育契机。

在数学课上,当讲解复杂的公式和定理时,教师可以引导学生理解这些知识背后的逻辑之美,以及解决问题的思考路径,从而培养他们的逻辑思维和解决问题的能力。同时,面对数学难题时,教师还可以鼓励学生保持耐心和毅力,让他们认识到,挑战和困难是成长的催化剂,通过克服它们,我们可以变得更加强大和坚韧。

在科学课上,教师可以利用实验和观察的机会,引导学生对自然世界保持好奇和探索的心态,从而培养他们的科学素养和批判性思维能力。同时,通过团队合作和分享,教师还可以帮助学生建立积极的社交关系,学会尊重他人、理解他人,以及如何在团队中发挥自己的作用。

在语言课上,教师可以通过阅读经典文学作品,引导学生理解人性、社会和历史,从而培养他们的文化素养和同理心。同时,教师还可以鼓励学生进行写作和表达,让他们学会如何将自己的思想和情感准确地传达给他人,从而提升他们的沟通能力和自我表达能力。

将知识教育与心理健康教育相结合,是现代教育的重要趋势。作为教师,我们应当积极探索和实践这一教学方法,让学生在获得知识的同时,也能得到心灵的滋养和成长。

(三)拓展

在确保教学目标得到基本实现和巩固之后,教师应巧妙地拓展教学的内涵,进而开展深入的心理健康教育。这样做可以在学生的知识结构中嵌入更全面、更健康的心理发展元素。以《伟大的友谊》一课为例，当这一主题的教学活动结束后，教师可以有意识地扩展教学内容，转而引导学生探讨和理解人际交往的艺术。这不仅仅包括朋友之间的简单互动，还包括与家人、同学、老师以及未来工作中可能遇到的各种人的交往方式。通过这种拓展，教师可以帮助学生建立起一套正确、健康的人际交往观念和方式，让他们在未来的生活和学习中，能够更深刻地理解并实践人与人之间应有的恰当互动，从而促进学生的人格全面发展和社会适应能力的提高。当然，拓展人际交往的教育并非一蹴而就，它需要教师精心设计、耐心引导。教师可以通过案例分析、角色扮演、小组讨论等多种形式，让学生在实践中体验和学习。比如，教师可以选取一些典型的人际交往案例，让学生分析其中的问题和解决方法，从而培养他们的观察能力和分析能力。同时，通过角色扮演，学生可以模拟真实的人际交往场景，学习如何有效地表达自己的观点和情感，以及如何倾听和理解他人的想法。

教师可以组织学生进行小组讨论，让他们分享自己在人际交往中的经验和困惑，共同探讨解决问题的方法。这样不仅可以促进学生之间的交流和合作，还能帮助他们形成更广泛的人脉关系，为未来的社交生活打下坚实的基础。

适时拓展教学内容，进行针对性的心理健康教育，是教学工作中不可或缺的一部分。通过拓展人际交往教育，教师可以帮助学生建立正确的人际交往观念，提高他们的社交能力和心理素质。

四、心理健康教育与学科教学融合的模式

要实现心理健康教育与学科教学的深度融合，我们需要在学科教学的过程中，注意挖掘和运用各个知识点中蕴含的心理健康教育内容。具体来说，我们可以在学科教学全程，利用合适的方法和途径，将原本的学科教学活动自然地过渡到心理健康教育活动中，使得学生在学习学科知识的同时，也能得到心理健康方面的教育和培养。这样一来，不仅能够提高学生的学

科学习能力,还能提升他们的心理健康素质,实现两者之间的良性互动和共同提升。总的来说,心理健康教育与学科教学的融合可以分为以下几种模式。

（一）引导式

引导,这个概念在教育领域中有着极其重要的地位,它是指通过特定的教学行为或情景设计,帮助学生达到一个新的学习高度。在这个过程中,引导者的角色是至关重要的,他们通常处于被引导者的前列,以各种形式领先于被引导者,这包括行为、动作、思想以及技术等多个方面。例如,在学习有关杰出人物或榜样的内容时,教师可以利用小学生爱模仿的心理特点,借助多媒体等教学工具,如图片、幻灯、录音、录像、电影、卡通片、文字说明等,让学生通过模仿学习的方式,进行有效学习。通过观察榜样的行为,学生可以得到强化,从而模仿榜样的言行举止,进而达到教育的目的。

在课堂教学中,教师可以通过展示公园中的生活场景,许多人都主动将果皮、纸屑等垃圾扔进垃圾箱,不踩踏草坪等行为,来引导学生,提高他们的模仿倾向。这种方法还可以让学生模仿身边的榜样,从日常生活做起。由于榜样是真实存在的,学生更容易集中注意力,因此这种方法适合小学各个年级段。从教育内容上来看,这种方法更适合于个性塑造、审美意识的培养、良好行为习惯的养成等方面。

在教授《朋友之间》这一课时,教师可以引导学生思考:哪些行为会伤害到朋友(或自己)？当你被伤害后,你的内心感受是怎样的？如何处理朋友之间的矛盾？让学生们先与同桌进行交流,然后再进行全班讨论。经过热烈的讨论后,学生们会一致认为,朋友之间的欺骗、背叛、虚伪、背后说人坏话、讥讽嘲笑、挖苦、落井下石、见难不救、误会等行为都是令人反感的;而感恩、多为别人着想、将心比心、有福同享、有难同当、以诚相待、信任、理解等品质则是朋友之间非常珍贵的。这样的课堂教学对于学生心灵上的洗礼是非常有帮助的。

（二）辨析式

辨析，它包含了辨别和分析的双重含义。在更深层次上，它甚至可以被理解为对价值观的辨析。换句话说，它是一种通过分析和区分来深入探讨和理解个体或集体价值观的过程。在教育领域，这种方法尤其重要，因为它有助于学生形成正确的价值观，从而指导他们的行为和决策。

在教师的引导下，学生可以通过讨论、辩论等多种形式，运用理性思维和情感体验，对自己的行为模式进行深入的审视，并将自己的行为模式与他人的进行对比，以解决可能出现的价值冲突。这样，他们就能更好地理解和接受社会所期望的价值观，并以此指导自己的言行。例如，教师可以针对某一具体问题，设置一个情境，并将学生分成不同的小组，每个小组成员都需要充分表达自己的观点，最后形成小组的共同意见。然后，各小组之间进行讨论或辩论，教师最后进行总结。在这一过程中，教师的主要任务是确保讨论的顺利进行，并引导讨论不偏离主题，同时鼓励每个成员积极贡献自己的观点。

辨析方法中还有一个非常经典的两难问题法。教师会提出一些假设的、设计的或真实的两难问题，让学生进行判断，从而引发学生内心的价值冲突，触动他们的心理认知结构，产生不满足感，以达到改变他们原有认知结构的目的，进而提升他们的心理水平。最经典的例子就是科尔伯格的道德两难问题，比如"如果爸爸妈妈同时落水，都不会游泳，你先救谁?"这样的问题。在学生的日常生活和教材中，也有很多类似的两难问题，教师应该引导学生积极思考，主动交流或辩论，作出自己的判断，寻找自己认为正确的答案。这种方法根据问题的设置，可以适用于不同年级的学生，尤其在个性塑造和品德形成等方面有显著效果。

还有一种头脑风暴法，这种方法允许学生对一个问题自由地考虑所有可能的方法。头脑风暴法的目的是在一种兴奋、有趣、安全且被接纳的氛围下，产生一般和非常规性的想法，鼓励学生真诚地贡献自己的意见，无论这些意见是否有价值,甚至包括那些开玩笑或引人注意的意见,都应该被接纳。特别应该鼓励有创意的学生积极参与。在讨论过程中,教师不进行评价,只在最后进行总结。这种方法适合于所有年级的学生,尤其在智力训练方面效果显著。

除了以上提到的方法,还有排序与选择、敏感性训练与倾听技术、歌唱与美术、游戏与刺激,以及个人日记等价值观辨析方法,在实际教学中可以根据需要灵活使用。这些方法都有助于学生更深入地理解和把握价值观,从而更好地指导他们的行为和决策。

（三）体验式

体验,这个词汇蕴含着深刻的意义,它指的是通过亲身参与和实地感受所获得的第一手知识与感受,这种方法相较于传统的知识传授,更能深入人心,是一种极具启发性的学习手段。在心理健康教学中,我们经常采用角色扮演的方式,让学生在模拟的情境中,通过模仿或者替代行为,从而对个体的心理过程产生影响。这样的教学方式不仅生动有趣,而且能够有效地提升学生的学习兴趣和参与度。

在实施角色扮演的过程中,我们会根据教学的具体内容,设计不同的角色,让学生们走进这些角色,进行现场演绎。在这个过程中,学生们不仅需要观察和体验,还需要进行深入的分析与讨论,从而达到教育的目的。此外,我们还会让学生们尝试扮演与自己现实角色不同的角色,从而让他们站在他人的角度思考问题,培养他们的同理心和同情心,进一步增进他们之间的相互理解。

角色扮演的形式多种多样,常见的有相声、哑剧、小品等表演形式,甚至还包括角色互换等。相声表演,既可以是一人的独角戏,也可以是两人的对口相声或者多人的群口相声。通过幽默风趣的语言,表演者能够向学生们传达心理学中的深刻道理。例如,在教授学生注意力的重要性时,可以让一名学生扮演"注意力"这个角色,进行自我介绍;在进行情绪调节的教育时,可以让学生们表演一段"我不生气"的对口相声。这种表演形式需要表演者具备一定的语言表达能力和表演技巧,因此更适合中高年级的学生。

哑剧表演则是一种非言语的表演形式。教师会根据教学内容,设计一些情境,让学生们通过肢体、面部表情和身体动作来传达情感和信息,从而学会非言语的交流方式。这种表演可以由一人或多人完成,如"同学见面""生气时""幸福时刻""等待"等情境。哑剧表演的难度相对较低,适合各个年级的学生。在教育内容上,它主要适用于情感教育和交往指导,也可以根据实际情况运用到其他教学内容中。

小品表演则是将幽默、讽刺或赞许的语言与滑稽的动作相结合,生动地展示生活和学习中的种种情景,让学生在欣赏表演的同时,也能从中领悟到道理和解决问题的方法。小品表演通常需要多个学生共同参与,以使表演更加贴近生活,情境更加真实,更具感染力。如"同学病了""同学来我家做客""给妈妈过生日"等主题的小品。这种表演形式相对较难,更适合中高年级的学生。从教育内容上看,它适用于自我意识、情感、个性、交往等方面的训练。

角色互换是一种让学生们分别扮演不同角色的表演形式,通过这种方式,让学生们体验不同角色的感受,从而增进彼此的了解,学会根据不同的角色采取不同的社会行为。每个人的言行都应该符合他所扮演的角色。这种表演可以由一人完成,也可以由多人配合完成,如"我来当教师""失败时的我""三人座谈""假如我是他"等。此类表演适合各个年级的学生。教育内容主要适用于自我意识训练、情感教育、个性塑造和交往指导。

（四）强化式

强化,是一种通过特定刺激增强某种行为的过程,它是教师运用强化手段来巩固学生的良好行为、消除不良行为的一种有效方法。所谓强化,是指任何能够增加机体反应概率的事件。强化手段通常包括正强化、负强化和惩罚。正强化是指施加某种影响,从而增加某种行为出现的概率;负强化是指移除某种不利的影响,从而增加某种行为出现的概率;而惩罚则是指通过减少或消除某种不良行为再次出现的可能性,以及在此行为发生后所跟随的不愉快事件。

在教育过程中,由于负强化和惩罚的效果可能不够稳定,甚至可能带来一些副作用,因此,教育工作者通常更倾向于采用正强化。奖励就是一种正强化,它是指在行为发生后,施以某种事物,以增加该行为再次出现的可能性。奖励可以分为社会性奖励、物质性奖励和活动性奖励。社会性奖励包括微笑、赞扬、拥抱、亲昵、抚摸等。这种奖励对低年级学生特别有效。物质奖励则是用可消费的物品作为强化物,如食物、音乐、玩具、图片、代币等。而活动奖励则是用一些学生喜欢的活动作为强化物,如自由活动时间、跳皮筋、踢球等。具体使用何种强化物,应根据学生的个人喜好来定,同时,还要注意引导学生学会自我奖励。奖励的行为应该是具体的,奖励的选择应遵循多次奖励仍不满足的原则,以鼓励学生自我奖励。

惩罚,是指为了减少或消除某种不良行为再次出现的可能性,在此行为发生后所跟随的不愉快事件。在学校教育中,教师通常会运用两类惩罚。第一类惩罚是在违反课堂纪律的行为发生后,施加某种痛苦或厌恶的刺激,以减少受罚行为再次发生的可能性,如批评、警告、记过,甚至开除学籍等处分。第二类惩罚是在不良行为发生后,取消学生喜爱的某种刺激,以减少受罚行为再次发生的可能性,如扣除行为得分、暂时收回某种奖励或暂时取消参加某种娱乐活动的权利等。此外,还要引导学生学会自我惩罚。在运用惩罚时,应注意避免不适当的惩罚,如体罚或变相体罚。惩罚应有很强的针对性,重罚其事,轻责其人。同时,惩罚应伴随说理教育,以提高惩罚的效果。应避免在惩罚后立即给予奖励。

强化不相容反应,这是一种不强化那个不合社会要求的反应,与强化另一个与不良行为相对抗的合乎社会要求的反应相结合的方法,以此来消除不良行为。例如,在课堂上,有的学生喜欢做小动作,不认真听讲,教师可以给予认真听讲的学生奖励,从而使不认真听讲的学生改掉做小动作的坏习惯,学会认真听讲。对于咬指甲的人,可以教他在任何时候,只要想到咬自己的指甲,就握紧拳头并将双臂交叉放在胸前,以抑制咬指甲行为。这种方法类似于"冷处理"。冷处理就是当学生做出不良行为时,不予理睬,使他得不到关注,久而久之,这种不良行为就可能消退。

上述几种行为强化法,主要是针对良好行为习惯的培养和不良行为的矫正,在心理教育过程中,可以适用于不同年级的小学生的行为塑造和矫正。

在各类学科的日常教学活动中,深入融合心理健康教育是一项极为复杂且任务繁重的任务,其内容之广泛涉及了多个层面,比如如何点燃学生的学习热情,如何塑造和培养他们良好的学习习惯,以及如何教授他们高效的学习方法等。因此,教师在开展教学工作的过程中,必须以极大的教学灵活性为基础,深入分析和理解教材内容,精确捕捉那些与心理健康教育紧密相关的教学要点。只有这样,我们才能确保学生在参与课堂教学活动的过程中,不仅能够掌握必要的学科知识,同时也能得到优质的心理健康教育和熏陶。这种双重教育目标的实现,对于学生综合素质的全面提升至关重要,是促进学生全面发展的关键。

第三节　学科教师心理健康教育能力的提升

教师的心育素养是"心育与学科教学融合"的关键。苏霍姆林斯基曾说,一个好的教师,是一个懂得心理学和教育学的人。心理学科特级教师董耘曾说:"一名好的老师首先是一个懂得学生心理的教师,一节好课应该是教学心理学和学习心理学指导的课,一节课的完整教学目标应该使心育成为它的有机组成部分,一节课的教学过程应该是一个育心的过程。"毋庸置疑,教师的心育素养成了"心育与学科教学融合"的关键。如果教师心理健康教育能力强,就能营造心理相容的课堂氛围,较好地把学科教学与心理健康教育深度融合,促进学生在掌握学科知识、形成能力和素养的同时,心理素养发展。

一、专业化培训引领

为了深化教育教学改革,进一步推动学校心理健康教育工作向更高层次发展,学校应当主动出击,积极邀请省、市、县级的心理学专家和积极心理学研究者来校进行面对面的指导。学校要充分利用这些心理学专家和积极心理学研究者的专业知识和丰富经验,开展一系列内容丰富、形式多样的教育心理学及积极心理学主题讲座。这些讲座要面向全体教职工,旨在通过高端的学术引领和专业的技能培训,提升教师队伍在心理健康教育领域的专业素养和实际操作能力,借鉴他们在心理健康教育领域的先进理念和成功经验,从而为学校的心理健康教育工作提供新的思路和方法,为教师提供一个学习、交流和成长的平台,使他们能够不断更新知识、提高技能,更好地为学生提供心理健康教育服务。

学校还要注重心理健康教育培训活动的实效性,可以组织一些实际操作环节,让教师在实践中学习和体验心理健康教育的技巧和方法。这不仅能够提高自己的专业素养,还能够增强自己在实际工作中解决心理健康问题的能力,确保教师在培训过程中能够真正学到有用的知识和技能。

学校要致力于心理健康教育与学科教学的深度融合,为教师们提供专业指导与支持,帮助他们深入理解心理健康教育的重要性,并掌握有效融入日常教学和班级管理的具体方法。要建立由专业教师组成的学校心理健康教育团队,并在各个班级设立班级心理委员会,旨在构建一个全员参与、全方位覆盖的心理健康教育网络。

学校要不断加大投入,强化心理健康教育教师的配备,构建心理健康教育的长效机制,以实现心理健康教育的经常化和长期化,使之成为学校教育的重要组成部分。设立专门的心理辅导中心,并配备专业的心理咨询师团队。他们不仅为学生提供个性化的心理咨询服务,还为教师开展心理健康教育培训,帮助教师识别学生的心理问题,提供专业的干预建议和支持。

　　学校要积极开展心理健康教育和宣传活动,倡导并营造"全员心育、全程心育、全方位心育"的良好氛围。通过举办心理健康讲座、工作坊等多种形式的活动,提高全体师生对心理健康的重视程度和自我保健意识,让心理健康教育真正融入校园生活的每一个角落。

二、沉浸式自我修炼

　　教师的心理素质对于心理健康教育在各学科教学中顺利融合起着决定性的作用。教师应当掌握基础的心理健康教育知识和技能,提高自身的心理素质。只有这样,他们才能对学生各种心理品质的发展规律有深入的理解,才能在教学过程中灵活地、创造性地设计教学融合心理健康教育。教师应该树立终身学习的理念,抓住各种机会补充心理学专业知识与技能,尤其要加强教育心理学、青少年发展心理学、社会心理学、学习心理学、常见青少年心理问题的识别与应对、心理辅导技能等的学习。

　　教师应该树立现代教学观,把学生看作学习活动的主体,注重以学生为本,一切为了学生。教师应该有正确的教学目标观,把促进学生身心的全面发展作为教学的终极目标,更加强调让学生形成积极主动的学习态度和树立正确的价值观念。教师应该树立正确的教学评价观,重视教学活动中的过程性评价和形成性评价,更多地去发现学生身上的闪光点,开发学生的潜能,健全其人格。教师应该树立正确的学生观,我们的教育是基于认识学生、理解学生、尊重学生和遵循学生独立的、不同于我们成人生活的逻辑起点的教育,必须珍视学生的世界和生活,把学生看作独立的个体,尊重其发展的需要和权利。

　　教师可以通过深入阅读心理学专著、参加在线心理健康教育培训课程、积极参与心理教育主题沙龙、定期参加心理课程等多元化的途径和方式,来系统地学习心理健康方面的知识,从而有效提升自身的心理教育素养和能力。各学科教师应当认真学习和掌握心理学相关的理论知识和实践技能,这样才能够自然而然地、有意识地"运用心理学的原理和方法",在向学生传授必要的知识和技能的过程中,同时注重发展他们的智力和创造力,维护和提升学生的心理健康水平,帮助学生塑造和培养健全的人格特质。

教师应当不断地自我反省与提升,努力在个人修养和专业知识上达到更高的境界。应致力于将所掌握的心理学原理与实践技能,巧妙地融入日常的教学和教育实践中。在实际工作中,这意味着教师要无时无刻不对学生展现出无条件的尊重,用心去理解学生的感受,对他们给予积极的关注,并且耐心地倾听他们的心声。通过这些细腻而有效的沟通技巧,教师能够与学生建立起一种和谐、信任的师生关系。

教师还应成为情感的引导者,构建起一个情感的"先行组织者"。这个组织者在学生学习新知识之前,通过讲述引人入胜的故事、设定激发动力的目标等多种方式,激发学生的学习热情和内在动力。这样做不仅能够有效提升学生的学习积极性,还能促使他们带着积极向上的态度投入到学习过程中,为取得更好的学习效果奠定坚实的基础。教师通过这样的方式,为学生营造了一个充满热情和动力的学习环境,帮助他们更有效地吸收和理解新知识,从而在学业和人生道路上不断进步和成长。

三、开放型同伴互助

向专职心理教师学习,我们可以看到心理教师系统地学习了心理学理论和技术,在心理学基础知识方面打下了扎实的基础。他们深入研究了先行组织者、最近发展区、元认知、自我效能感、习得性无助、学习迁移、有意注意和无意注意等一系列理论,这些理论都是他们用来指导学科课堂教学与心理健康教育融合问题的重要依据。他们对特定年龄段学生群体的心理特点有比较深入的了解,能够巧妙地将学科知识引入心理课程,从而增强心理课的趣味性和感染力。

向同伴学习,不仅体现在我们要主动去听其他学科教师的课程,更要在聆听的过程中深入思考,用心去感受和理解他们的教学方式和理念。通过这样的方式,我们可以在他人的课堂上发现自己的不足,同时也可以借鉴和完善自己的教学方法,从而使自己的教学基础更加坚实。正如著名作家罗曼·罗兰所言:"读书并非只是用眼去浏览文字,而是用心去感受、去体验,是在书中找到自己的影子,或是对自身的反思。"主动学习同事们优秀的课堂管理技巧、深入浅出的知识讲授方式以及巧妙的活动组织能力。通过积极参与交流与合作,我们可以用真实的教学案例来深入解析各种教学方法,从而有效提升自己的教学能力。这样的学习方式不仅可以让我们在教学道路上更进一步,也能够增强我们自身的教学创新能力。听完课后,我们还应该尝试从心理学的角度对所听课程进行深入解读。这样的解读可以帮助我们更好地理解教学内容,也可以让我们发现教学中可能存在的潜在问题。将这样的解读写成文章,不仅可以作为自己的教学记录,也可以分享给被听课的教师,从而促进教学相长,共同提高教学水平。这种积极的交流和分享,不仅有助于个人成长,也有助于整个教师团队的进步。

我们理应主动投身于教学研讨的行列之中,致力于构建一个学习共享的团体,同时也要关注学生心理健康的发展,打造一个"心理教育同盟"。通过这样的方式,我们能够在教学的道路上持续地取得进步,进而为学生提供更优质的教育。

四、针对性心理调适

教师的教育行为具有很强的示范性,如果教师的心理状态不佳、心理素质较差,那么他们难免会在不知不觉中对学生产生消极的影响。教师的心理素养,尤其是他们的个性品质,如性格、意志和情感等,都会以直接或间接、显性或隐性的方式对学生产生影响,这直接关系到教育教学工作的成功与否。

当前,我国基础教育教师面临的心理健康状况令人深感忧虑。因此,社会各界必须对教师群体的心理健康问题予以高度关注。我们之所以要重视教师的心理健康,不仅是因为他们肩负着教书育人的重任,需要得到社会的关爱与支持,更重要的是,教师的心理健康状况会直接影响学生的心理成长过程,对他们的个性形成和心理健康产生深远的影响。为此,我们必须采取切实有效的措施,包括但不限于为教师提供专业的心理健康辅导服务,以及定期举办针对性的心理素质拓展训练活动,从而在根源上提升教师的心理素质,帮助他们更好地应对职业压力,实现个人职业与生活的平衡发展。这样,不仅有助于改善教师的心理健康状况,也能够为学生们提供一个更加健康、和谐的成长环境。

我们理应主动和积极地推动对学校教师团队的心理健康咨询与辅导工作,助力他们提升自我调适能力。教师应提升对自身情绪和心理状态的认知,掌握自我心理调适的方法,充当自己的"心理医生",构建健全的社会支持体系,关心并提高自身的心理健康水平。通过这样的方式,他们才能在孩子的心目中塑造出深受欢迎的、拥有独特人格魅力的优秀教师形象。

第四节　家、校、社心理健康教育资源的整合

随着教育事业的不断发展和壮大,家校社共育已经逐渐成为我国素质教育不可或缺的组成部分。它强调的是家庭、学校和社会三者之间的紧密联系和相互作用,通过整合和开发各自的心理健康教育资源,实现资源的共享和互补,从而为学生的身心健康成长提供一个更加广阔和丰富的空间。

家庭是学生最初的避风港,父母则是孩子最初的导师。家庭教育的环境与方法对孩子的发展产生深刻的影响。学校则是学生学习知识、培养能力和塑造人格的主要场所,教师是引导学生成长的引路人。社会是一个大家庭,充满了各种人和事,是对学生进行社会实践和教育的重要场所。家校社共育的目标是通过家庭、学校和社会的共同努力,为学生提供一个全面、多元、开放的教育环境,让他们的身心得到全面发展。这不仅需要各方的共同努力,还需要有效的沟通和协调,确保各项教育措施能够得到有效实施和

推进。

家庭、学校和社会是个人成长的重要环境,其中心理健康教育资源的整合至关重要,不仅是心理健康教育工作的现实需要,更是学校推进心理健康教育与学科教学深度融合的重要保障。心理健康教育资源包括各种形式的教育资源,如教育课程、心理咨询服务、心理健康宣传等,这些资源能够帮助个人了解和应对心理问题,提高心理健康水平。

家庭、学校和社会应该共同参与,建立多元化的心理健康教育资源体系,包括各种形式的资源,如心理健康课程、心理咨询服务和心理健康宣传等。构建共享与交流平台,推动心理健康教育资源的互通有无,从而提升资源的使用效率。要不断提高心理健康教育资源的质量和水平,,以满足个人心理健康需求。要建立完善的监管和管理机制,确保心理健康教育资源的合理利用和可持续发展。这需要各方面的共同努力和不断完善,才能实现个人心理健康水平的全面提升。

一、整合心理健康教育资源是开展心理健康教育的现实需要

整合心理健康教育资源是心理健康教育的现实需要,这是因为心理健康教育在当前社会环境中具有举足轻重的地位。随着生活节奏的加快、生活压力的增大,心理健康问题逐渐成为影响人们生活质量的重要因素。因此,为了提高人们的心理健康水平,促进社会和谐发展,我们有必要对心理健康教育资源进行整合。

(一)整合心理健康教育资源有利于教育教学改革纵深推进

在当今教育教学改革不断深入中,尤其是心理健康教育和学科教学深度融合趋势下,我们特别需要心理健康教育资源的强大支持。我们可以看到,整合心理健康教育资源对提升整个教育体系的质量具有至关重要的作用。这种资源的整合使教育内容丰富化,让学生能够接触到更加多元化的知识;教育方式丰富多样,让孩子有更多途径去理解和学习;教育心态变得

更好,让孩子更积极地投入学习;教育成果更加深入,让孩子对知识理解得更透彻、运用得更熟练;教育评价不再单一,让孩子的特长和个性得到充分展现。

通过系统化的梳理与优化,我们可以使心理健康教育更加贴合学生的实际需求,更加适应社会的发展趋势,更加符合国家的教育政策。这样的整合工作,能让教育资源变得更有序,让有限的教育资源发挥出最大价值,让教育资源得到更充分的利用。教育工作者可以优化教育流程,减少重复劳动,可以更好地进行教育教学研究,为心理健康教育的发展提供有力支持。

更多的学生能够享受到优质的心理健康教育资源,从而提高他们的学习兴趣和学习效果,帮助他们建立积极向上的人生态度,培养他们的创新精神和实践能力,从而在根本上提高教育质量,提升学生的心理健康水平,为学生未来的全面发展奠定坚实的基础。这样的教育教学改革,将有助于培养出更多有理想、有道德、有文化、有纪律的新一代,为社会的发展和进步做出重要贡献。

(二)整合心理健康教育资源有利于实现教育公平

整合心理健康教育资源,是推动我国教育公平进程中的一个关键举措。心理健康教育资源的分布在我国呈现出一种不均衡的状态,这种不均衡主要表现在城市与农村,以及发达地区与欠发达地区之间。城市以及发达地区的学校,通常能够拥有更加丰富和全面的心理健康教育资源,这包括专业的心理教师、先进的教学设施,以及丰富的教学活动等。然而,对于农村和欠发达地区的学校来说,他们往往面临着心理健康教育资源匮乏的困境,这不仅限制了这些地区学生的心理健康发展,也在一定程度上制约了这些地区教育公平的实现。

我们需要通过整合心理健康教育资源,采取有效的措施,优化资源配置,加大对农村和欠发达地区心理健康教育的支持力度。无论是在城市还是在农村,无论是在发达地区还是欠发达地区,所有学生都能够获得平等的心理健康教育机会。这不仅对促进教育公平具有重要意义,也是提升我国整体教育水平的关键所在。

我们需要确保每一个学生,无论他们的家庭背景如何,无论他们所在地区的经济条件如何,都能够在一个良好的教育环境中成长。这意味着,他们能够享受到同等质量的心理健康教育,这不仅能够帮助他们更好地理解和应对生活中的各种压力,也能够促进他们的全面发展。因此,整合心理健康教育资源,实现教育公平性,不仅是对学生负责,也是对我国未来发展负责。

(三)整合心理健康教育资源有利于推动心理健康教育体系的完善

整合心理健康教育资源对于推动心理健康教育体系的健全和完善具有极其重要的作用。在整合过程中,我们有机会对现行的教育资源进行一次全面的梳理和深入分析,以此为基础,构建出一个更加科学和完善的心理健康教育体系,从而为心理健康教育的持续健康发展提供坚实而有力的支撑。这种整合不仅是对现有资源的优化配置,更是对心理健康教育体系未来发展方向的深思熟虑。

通过整合,我们可以确保教育资源得到更加合理的运用,同时也能够确保心理健康教育体系能够适应社会发展的需求,从而为广大学习者提供更高质量、更为全面的心理健康教育服务,帮助他们更好地应对生活和工作中的压力和挑战,使他们能够拥有更加健康的心理状态和更加积极的人生态度。这种整合的意义不仅在于优化资源配置,更在于为我国心理健康教育的发展提供有力支持,为广大学习者提供更好的教育服务,帮助他们培养健康的心理素质,以积极的态度面对生活和工作中的困难。

整合心理健康教育资源对于促进心理健康教育体系的健全和完善具有重要意义。我们需要充分利用整合过程,优化资源配置,构建完善的心理健康教育体系,为广大学习者提供高质量、全面的教育服务,帮助他们建立健康的心理素质,提高他们面对生活和工作压力的能力,从而使他们在面对挑战时能够保持积极的人生态度。这将有助于提升我国心理健康教育的整体水准,为培养具备健康心理素质的人才做出贡献。

二、校内心理健康教育资源的整合

对于校内心理健康教育资源的整合,实际上是一个全面、多层次、宽领域的系统工程。这种整合不仅涉及文化环境的整合,还包括教育理念的更新、课程内容的丰富、教学手段的现代化等多个方面。文化环境的整合是基础,它需要创造一个和谐、安全、有利于学生心理健康成长的环境。教育理念的更新则是对传统教育观念的挑战,需要将心理健康教育纳入教育教学的全过程,使其成为教育教学的重要组成部分。课程内容的丰富则需要将心理健康教育与学科教育相结合,通过不同学科的教学,帮助学生建立正确的心理健康观念。教学手段的现代化则需要利用现代科技手段,如互联网、大数据等,为心理健康教育提供更加便捷、高效的服务。

(一) 文化环境的优化

学校是进行心理健康教育最为关键和主要的场所,学校的各个方面,无论是从宏观的角度来看的校园景观设计、校规校训的制定,还是从微观的角度来看的教室装饰和布局,都对学生心理健康的发展产生着极其深远的影响。学校所倡导的校园文化的教育方式,并非是简单的知识传授,而是一种潜在的、悄无声息的影响和熏陶。学校应当结合当地的历史背景和风俗习惯,打造一种既符合学生心理健康发展需求,又充满活力的校园文化。学校应当充分利用环境育人的功能,将心理健康教育从课堂延伸到课外,让学生在更广阔的空间中接受教育。

校园人际关系的建设是营造良好的文化环境的重要环节之一。在校园生活中,师生关系是最为关键的人际关系,因为它直接影响到教育教学工作的成效。因此,每一位老师都应该站在学生的角度,去深入观察和理解学生的观念和行为,成为学生成长的观察者。只有这样,学生才能在愉悦的情感氛围中吸收知识,实现真正的心理成长。同时,同伴关系在学生的社会化进程中扮演着不可或缺的角色。学校应当引导学生建立良好的人际关系,开展丰富多样的主题活动,促进学生之间的交流与合作,为学生提供一个广阔的交流平台。此外,学校还应该注重培养学生的团队协作能力和沟通能力,使他们能够在未来的生活和工作中更好地适应社会,实现自我价值。

(二)教育理念的更新

教育教学的改革发展方向,主要是以培养学生的核心素养为目标,全面提高他们的综合素质。该教学模式涵盖了大单元和大概念的整合,以及主题式教学方法,旨在通过融合多种知识领域,助力学生构建起一个系统化的知识架构。同时,我们还要注重心理健康教育与学科教学的深度融合,以促进学生在身心健康方面的全面发展。此外,学习方式的变革是教育教学改革的关键领域,涵盖了自主学习、合作学习以及探究学习等多种模式。这些学习方法不仅能够激发学生的学习兴趣,提升他们的学习成效,还能够培养他们的创新思维和解决问题的能力。

在深入探索与积极实践现代教育理念的过程中,我们应当拿出勇气,摒弃那些可能已经不符合时代潮流、不再适应社会发展需要的教学模式。我们要倾力将心理健康教育渗透到学校教育的方方面面,无论是在课堂之内还是课堂之外,都要让心理健康教育成为学校教育中必不可少的一部分。通过这样的努力,我们有望逐步形成一个全新的教育理念,这个理念将促进学生身心健康作为教育的核心任务,强调在教育过程中,不仅要重视学生的智力成长,还要关注他们的情感、态度、价值观等多方面的全面发展。这样的全面教育观将有助于培养出更多综合性、和谐型的人才,为社会的发展和进步注入新的活力。

(三)课程资源的整合

心理健康教育的核心在于不断与其他学科领域进行深度整合,这种整合是其工作的一个重要方向。在实施教育的过程中,每一位教师都应该积极地探索和发现本学科教材中那些能够促进学生心理健康成长的元素,并主动地将这些元素融入教学活动中。例如,在文科教学中,教材本身就包含了大量的心理健康教育资源,教师可以紧密结合教材内容,自然而然地进行心理健康教育的渗透。以语文教材中的《背影》为例,教师可以引导学生从父子之间深厚而真挚的情感中领悟到感恩的重要性,从而确立心理健康教育的目标。

在理科教学方面,教师可以更多地关注学生意志力的培养。比如《天体运动》,当教师讲述到布鲁诺出身贫寒,却拥有坚强意志,他为了追求科学真理而不惜牺牲自己的生命时,这样的故事会对学生产生深远的影响。虽然这个故事与天体运动的知识并没有直接的关联,但它无形中激发了学生对科学学习的热情,增强了他们面对困难的信心,这对于实现本节课的教学目标同样具有积极的推动作用。

至于体育和艺术类课程,则可以通过游戏、角色扮演、情景模拟等多种形式的活动,让学生在参与中体验到丰富的心理感受。这样的教学方式不仅能够让学生在轻松愉快的氛围中获得知识,同时也能帮助他们更好地了解和认识自己的内心世界,从而在心理健康方面得到更好的发展。总的来说,无论是文科、理科还是体育、艺术类课程,都应当充分挖掘和利用教材中的心理健康教育资源,为学生提供一个全面发展的教育环境。

在当前这个信息化迅猛发展的互联网时代,除了传统的学科资源之外,网络课程资源所展现出的多样性和方便快捷的特点日益显著。学校充分利用网络平台,通过组织云班会、开设心理微课程、提供线上心理咨询服务,以及运营心理健康公众号专栏等多种形式,大力整合网络心理健康教育资源。这样的举措不仅为学生们提供了一个全方位、多角度的学习辅助体系,而且在很大程度上有效地缓解了学生在学习过程中遇到的难题,以及由学业压力引发的孤独、焦虑等不良情绪。通过专业的心理干预和指导,学生们能够学会如何自我调节情绪和压力,进而显著提升他们的学习效率和成绩。这种对网络教育资源的有效整合和利用,无疑为现代教育模式注入了新的活力,也为学生的健康成长提供了坚实的保障。

除此之外,我们还可以通过与重要的节日或者各地的习俗相结合,开发出具有价值的校本心理健康教育课程,以此拓展和延伸心理健康教育的发展空间。这样不仅能够使学生在特定的时间节点上更好地理解和关注心理健康的重要性,同时也能够让他们在参与各种传统习俗的过程中,更加深入地体会到心理健康教育的实际意义。我们应当积极探寻此类教育方法,以期望在心理健康教育领域获得更佳的成效。

(四)教学手段现代化

在积极探索和推进教育教学方式现代化的征途上,我们站在了一个前所未有的高度,能够充分利用当代尖端的信息技术,诸如高速发展的互联网、浩瀚无边的大数据资源,以及日新月异的人工智能技术,这些为我们拓展和深化心理健康教育的教学手段及内涵提供了强有力的支撑。具体而言,我们可以通过精心构建功能完备的在线课程平台,让学生摆脱传统的时间和空间限制,随时随地获取丰富多样的教育资源,享受到更为灵活和定制化的学习过程,从而提升学习的自主性和效率。

我们可以借助虚拟现实(VR)技术,让学生在虚拟的教学场景中实现沉浸式学习,提高学习的趣味性和互动性,这对于帮助学生理解和掌握复杂抽象的心理概念尤其有帮助。同时,利用大数据分析工具,教育工作者能够实时追踪和评估学生的学习进度及心理状态,深入挖掘他们在心理发展过程中的需求和潜在问题,从而提供量身定制的教育方案和心理干预,确保每个学生都能得到最合适、最有效的教育和关怀。

这种教学模式的转变,不仅提高了教育的效率和质量,也让学生在日益激烈的社会竞争中,能够更好地维护和提升自身的心理健康水平。在这个过程中,我们不仅要关注学生的学业成绩,更要关注他们的心理健康,帮助他们建立正确的心理健康观念,培养良好的心理素质,从而为他们的全面发展奠定坚实的基础。

三、家庭资源和学校资源的整合

在现今这个经济迅猛发展、社会变化日新月异的背景下,教育领域也在经历一场深远的变革,它正逐步从单一化走向多元化和综合化。在这个转型过程中,学校教育不能再将教育看作是一个孤立的存在,而应该将其视为一个统一的整体和系统。在这个系统中,家庭扮演着至关重要的角色,其地位和作用是其他部分都无法替代的。因为家庭不仅是学生在学校这个正规教育场所之外获取知识、培养能力、促进身心健康成长的另一个重要场所,而且在整个教育过程中具有无可争议的重要地位。因此,在进行心理健康教育时,我们必须充分利用家庭和学校之间的合作关系,通过实施家校共育策略,共同提升心理健康教育的质量和成效。

(一)整合家校健康教育资源,建立沟通机制

为了使家庭教育与学校教育相辅相成,达到最优的教育效果,必须构建一个沟通畅通、信息共享的桥梁。这个桥梁需要建立在家庭与学校对孩子成长过程中所面临的心理变化和需求的及时反馈与交流之上。为了达成这一目标,必须从两个方面着手:一方面,要开展针对家长的系统教育和专业培训,提升他们对孩子心理健康成长重要性的理解,以及增强他们在日常生活中对孩子心理需求的支持能力;另一方面,要充分利用和发挥家庭所具有的多样化资源,如家庭的文化氛围、父母的教养方式、家庭成员间的相互关系以及彼此的支持等,这些都是对孩子心理发展有着直接影响的宝贵资源。家长的育儿观念和对心理健康的认识水平,对孩子心理健康的发展起着非常重要的作用。家长不仅是孩子的亲人,更是孩子成长道路上的引路人、启蒙者和榜样,他们的言行对孩子产生深远的影响,这种影响有时甚至超越了学校教育的影响。

家庭与学校之间的资源整合,不仅能够实现资源共享和优势互补,还能够形成强大的教育合力,让孩子的心理健康得到更有效的促进。作为专业

的教育机构,学校应发挥其专业优势,为家庭教育提供必要的指导和支持。学校可以举办心理健康讲座,开展心理健康教育活动,并邀请家长参与,以此共同营造一个关注学生心理健康的家庭和学校环境。同时,学校还可以通过举办家长学校、家庭教育讲座等形式,把家庭教育的知识和技巧传授给家长们,帮助他们正确地教育孩子,端正孩子的学习态度,养成良好的生活习惯。此外,学校还可策划多样化的活动,邀请家长积极参与,以便他们更深入地理解学校的教育理念与方法,进而更有效地支持学校的教育工作。例如,可以设立"校长接待日""班主任开放日",全面推行"倾听一刻钟"行动,设置多种沟通渠道,以便在沟通交流中形成家校合力,增进学生与老师、学生与家长之间的感情。

(二)推广个性化健康教育模式,构建协调机制

每个学生的个性特点都有差异性,这种差异性也体现在他们的心理健康问题上。所以,学校在开展心理健康教育时,得充分考虑学生的实际情况,给他们量身定制心理健康教育模式。接着,通过学校和家庭的联手,实现更加个性化的教育。特别是那些留守孩子、重组家庭的孩子、独生子女、离异家庭的孩子等特殊群体,学校要和家长多沟通,一起制定因地制宜的辅导策略。比如说,针对留守孩子,学校可以组织感恩活动,让学生感谢父母,让他们在这种活动中感受到家的温暖和关爱。对于离异家庭的孩子,老师要带领全班同学给他们特别的关心,让他们充分感受到班级的温暖,用集体的爱来减轻原生家庭对他们心理的负面影响。对于心理素质较弱、敏感的学生,老师得想方设法和他们沟通,尽量和他们产生情感共鸣。

学校应继续优化教育协作体系。心理老师要了解学生的心理状况,和学生家长保持沟通,一起商量解决问题的办法,携手助力学生改正不良习惯,化解心理难题,提升家校合作的成效。这样的做法不仅有助于学生的心理健康成长,也有利于培养他们健全的人格,使他们在充满关爱和温暖的环境中茁壮成长。

（三）构建信息网络家校平台，打通互通渠道

毋庸置疑，信息技术的出现是社会发展的结果，它在推动社会不断向前这方面，一点都不含糊。自从互联网技术问世并普及开来，教育行业也跟着受益，迎来了前所未有的机遇和广阔的发展空间。现在，学校可以好好利用互联网这个利器，跟家庭进行无缝沟通。教师可以通过创建班级群来实现高效的家校沟通，还可以创建班级博客，以动态的方式记录学生在班级中的点点滴滴，家长只需随时查看博客，实时掌握学生的学习和生活状况，同时，家长可以提出自己的意见和建议。博客配备了评论功能，教师与家长能够实时交流互动，共同分析学生面临的问题。同时，学生亦可浏览这些评论，体验来自教师和家长的关怀与关注，进而激发他们的学习热情。此外，教师还可以建立微信群和 QQ 群，这是目前家校联系的重要方式。微信群和 QQ群消除了传统的时空界限，使得教师和家长能够根据学生的具体情况提出建议。特别是教师，他们能够掌握学生在家的表现，从而为家长提供定制化的指导策略，进一步提高心理健康教育的成效。

（四）积极组织课外实践活动，促进家校和谐

众多学术研究表明，综合性的实践活动对于学生成长起着至关重要的作用。这类活动不仅提供了诸多实践机会，而且让学生们得以在亲自动手中运用所学的知识，这不仅加深了他们对知识的理解与记忆，而且有效提高了他们的动手能力。参与课外实践活动，能够在学生内心深处培养出积极的学习自信心，这对于他们的长远发展有着积极影响。更为关键的是，通过参与课外实践活动，学生之间能够共同合作调查，参与社会生活，这不仅有助于他们对知识的深度理解，也能在实践中培养他们的团队协作意识、协调能力和社交技能。同时，这也能为他们提供与其他同学交流的平台，有助于纠正他们潜意识中存在的认知偏差，进而有助于他们人格的完善。

我们也需要看到，一些学习成绩较差的学生在学习上可能存在缺乏自信的问题，他们对学习的兴趣可能并不强烈，甚至可能出现抑郁、焦虑和厌

学等不良心理问题或行为。针对这部分学生,教师可以利用课外辅导来点燃他们对学习的热情,并树立学习的自信。教师的角色不应仅限于知识的传递者,更应成为正确思维的引路人,尊重并理解每一位学生的独特性。基于学生的具体情况,教师应提供恰当的心理辅导,协助他们清晰地规划未来的发展路径。

要构建一个和谐的家校合作环境,首要的步骤和核心就是对家长的充分尊重。当我们深入分析家长的年龄构成时,不难发现,他们每一个人都是具备独立思考能力和丰富人生经验的成年人。这就意味着,在处理与家长的关系时,我们不能将他们仅仅看作是被动接受教育信息的群体。如果我们采用严厉责问或是态度强硬的方式进行沟通,这种做法非但无法达到预期的教育效果,反而可能激起家长对教育工作者的抵触情绪,从内心深处产生对教师工作的不认同。这样的结果,无疑会对家校之间的合作带来不利影响,增加双方有效沟通的障碍,使得本应紧密合作的教育力量相互疏离,从而在一定程度上影响孩子教育的全面发展。因此,在家校互动中,尊重家长,理解他们的立场和需求,以平等和友好的态度进行交流,是建立和谐家校关系的重要基础。通过这种方式,我们可以更好地促进家校之间的理解和信任,共同为孩子们的成长和发展提供良好的环境。

家长与教师之间不存在地位的悬殊或身份的隔阂,他们之间的关系应当建立在友好、信任与合作的基础之上。教师应以平等和真诚的态度对待家长,唯有如此,才能赢得家长的信任,进而获得他们的支持与配合。当学校与家庭携手合作,形成合力时,将更有利于提升心理健康教育的成效,帮助学生以积极的心态面对学习,促进他们的健康成长。

四、社会资源与学校资源的整合

心理健康教育是当今社会教育体系中不可或缺的一部分,它关涉到每一个人的心理素质提升和心理健康维护。为了使心理健康教育能够更有效地发挥作用,我们需要对教育资源进行全方位的整合,特别是社会资源与学校资源的融合。

社会是学生生活的广阔舞台,这里充满了无数的可能性与机遇。如果能够让学生深入社会场所,诸如展览馆、少年宫、红色旅游景点等丰富多彩的活动场所向学校开放,那么这将是一个极佳的职业体验机会。有关机关、企事业单位、社会工作者可以发挥自身专业优势,配合学校与家庭共同开展教育活动。这种合作不仅能够弥补学校心理健康教育资源的短缺,同时提升教育的普及性,还能增强社会影响力。

虽然社会环境相对庞杂,对于心理健康教育来说尚缺乏系统性和专业性,但是我们不能忽视它所拥有的巨大开发潜力。这是一个充满机遇的市场,只要我们能够合理利用,定能创造出更多的价值。在这一环境中,学生们有机会接触形形色色的人群和事务,从而更深入地理解社会的运作,同时也能更深刻地认识自我。这种职业体验不仅能够帮助学生了解不同职业的特点,还能够让他们亲身体验到工作的乐趣和挑战,从而更好地规划自己的未来。同时,社会工作者、企事业单位等也可以通过这种方式,更好地发挥自己的专业优势,为社会做出更多的贡献。他们能够将自身的专业知识传授给学生,并且通过与学校的协作,增强自己的社会影响力。

在社会资源中蕴藏着大量的心理健康教育素材,这些素材包括专业心理服务机构、社区健康中心、文化服务机构等。这些机构拥有专业的心理咨询师和丰富的心理健康知识,能够提供专业的心理咨询服务,帮助人们解决心理问题。此外,它们还能举办心理健康讲座,普及心理问题防治知识,提升公众的心理健康意识。此外,它们还能够提供心理测评工具,帮助人们了解自己的心理状况,从而更好地进行心理调适。将这些资源与学校教育相融合,能够提升学校心理健康教育的专业化和社会化水平。学校可以邀请专业心理服务机构到校进行心理健康讲座,让学生了解心理健康的重要性,学习心理调适的方法。此外,学校亦可与社区健康中心携手合作,举办心理健康教育活动,使学生能在社区环境中接受心理健康方面的教育。学校还可以利用文化服务机构的资源,举办心理健康展览、心理健康电影等活动,丰富学生的心理健康知识。

　　当然,学校作为社会文化传承与发展的核心场所,具有不可替代的重要作用。它不仅为学生提供了接受教育的场所,还肩负着培养社会人才、推动社会进步的重任。因此,学校应当更加积极地向社会开放自身资源,充分发挥其社会功能。学校可以开放图书馆,让家长或附近居民有机会接触到丰富的书籍资源。这样一来,他们可以在闲暇时间充实自己,提高自身的文化素养。同时,开放图书馆还有助于培养家长和居民的阅读习惯,进一步推动社会阅读风气的形成。学校可向家长及周边居民开放体育设施。此举不仅能增进他们的身体健康,还能激发他们积极参与体育活动的热情。通过体育锻炼,人们可以释放压力,保持身心健康,从而更好地投入到工作和学习中。学校还可以将教室资源对社会开放,举办各类培训班、讲座等活动,邀请家长和附近居民参加。这样,他们可以在学校这个环境中不断学习、进步,提升自己的综合素质。学校作为社会文化的中心,应当充分发挥自身资源优势,为社会大众提供更多学习、提升的机会。这不仅有助于提高社会的整体素质,促进学校与社会的互动,实现资源共享,共同发展。

第四章

心理健康教育
与学科融合的教学策略

心理健康教育作为一种提升个体心理素质、促进心理健康的有效手段，在现代教育体系中占据着至关重要的地位。将心理健康教育与学科教学相融合，是一种创新的教学策略，它不仅有助于学生掌握学科知识，还能提高他们的心理素质，促进其全面发展。这种教学策略的核心在于将心理健康的理念和学科教学相结合，使学生在学习知识的同时，能够得到心理的滋养和成长。

在实施心理健康教育与学科融合的教学时，教师需要充分了解学生的心理特点，将其作为教学设计的重要依据。教师应根据学生的心理需求，将心理健康教育的内容有机地融入学科教学中，让学生在学习学科知识的同时，能够自然而然地接触到心理健康教育的内容，从而使他们在学习过程中，既能够获得知识，又能够提升心理素质。例如，在数学教学中，教师可以将团队合作、问题解决等心理健康教育的内容，融入数学教学过程中，让学生在解决数学问题的过程中学会合作、培养解决问题的能力，从而提升其心理素质。在语文教学中，教师可以利用文学作品中的情感因素，引导学生体验和理解人类的情感世界，提升其情感素质。

心理健康教育与学科融合的教学策略是一种以学生为中心、注重学生全面发展的教学模式。通过这种教学策略的实施，我们不仅能够提高学生的学科成绩，还能够提升他们的心理素质，帮助他们更好地面对生活的挑战，实现其人生价值。

第一节　心理健康教育
与学科教学融合的基本策略

心理健康教育与学科融合的课堂教学基本策略,是一种创新的教学模式,旨在通过将心理健康教育融入各学科的教学过程中,从而提高学生的心理素质,促进其全面发展。这种教学策略的核心理念是将心理健康知识与学科知识、技能的学习相结合,使学生在掌握学科知识的同时,也能培养良好的心理品质和健全的人格。

依据心理健康教育与学科深度融合的基本要求,遵循心理健康教育和学科教学的特点和规律,结合课堂教学改革的理念,提出心理健康教育与学科深度融合的高效课堂"536"模式,即"落实五项要求""把握三种技巧""优化六个环节",以期达成心理健康教育与学科教学深度融合的目标。

一、落实"五项要求"

为了实现心理健康教育与学科融合的有效实施,教师必须落实以下五个要求:

(一)明确教学目标

在构建教学计划的过程中,教师必须全面深入地考虑心理健康教育的目标,确保所设计的教学内容不仅能够涵盖学科知识的学习需求,而且能够有效地促进学生心理素质的提高。例如,当教师在讲授科学方面的知识时,应当巧妙地引导学生去探究人体生理机制与心理健康之间的内在联系,这样不仅让学生在掌握学科知识的同时,还能够对自己的心理健康有一个更加深入的理解和认识。通过这种方式,学生可以在学习科学的过程中,自然而然地培养起对自身心理健康的关注和保护意识,从而为他们的全面发展奠定坚实的基础。教师还可以利用科学实例来加强心理健康教育的效果。比如,在讲述神经系统的知识时,可以解释神经递质在情绪调节中的作用,引导学生理解心理健康不仅仅是心理状态的问题,还涉及生理机制的影响。这种跨学科的教学方式,不仅可以使教学内容更加生动有趣,更能帮助学生建立起全面的知识体系,认识到学科知识与心理健康之间的紧密联系。

教师可以通过课堂互动、小组讨论等形式,鼓励学生分享自己在学习过程中的感受和体验,进一步引导他们思考如何在学习和生活中保持良好的心理健康状态。通过这些活动,学生可以更加深入地理解心理健康的重要性,并学会如何在实际生活中运用所学知识来维护自己的心理健康。把心理健康教育和学科知识教学融为一体,让学生在学习知识的同时,也能全面提高心理素质。

(二)创设适宜的学习环境

为学生创造良好的学习环境是教师的重要职责。为了使学生在轻松愉快的氛围中吸收知识,教师必须致力于营造一个和谐而宽松的课堂气氛。这种气氛的构建要求教师首先要对学生的人格给予充分的尊重,这是建立良好师生关系的基础。每一位学生都是具有独立个性和尊严的个体,他们应当得到应有的尊重和理解。

在此基础上,教师还要深入关注学生的情感需求,了解他们在学习过程中可能遇到的困难和挑战,以及他们在课堂之外的生活状况。这样,教师才能在教学活动中更好地调整自己的教学策略,以适应学生的需求,帮助他们克服困难,提升学习效果。

教师在进行教学评价时,应当恰当运用多种方法。教学评价不仅检验了学生的学习成果,同时也是对教学策略的有效性评估。教师应当通过多种评价方式,全面考察学生的学习情况,包括他们的知识掌握程度、思考问题的能力,以及创新和实践的能力。评价应保持公正和客观,在赞扬学生优点的同时,教师也应适时指出他们的不足,并提供相应的指导与帮助。例如,在课堂讨论环节,教师应激励全体学生积极加入,勇敢地表达自己的见解。无论学生的观点是否正确,教师都应当给予充分的尊重,并对其中的合理成分给予肯定。这样,学生才能在课堂上感到自由表达的空间,他们的自信心和自尊心才能得到增强。通过这样的教学方式,学生将在一个充满支持和鼓励的环境中成长,这对于他们的全面发展和终身学习能力的培养具有重要意义。

(三)融入心理辅导技巧

教师可以将心理辅导技巧巧妙地融入教学实践中,以此来协助学生解决在学习过程中可能遇到的种种疑惑和难题。这涉及运用诸如倾听、理解、支持等心理辅导技巧,与学生建立起一种积极健康的师生关系,这样教师才能更深入地理解学生的内心需求,从而提供更为精准和有针对性的帮助。例如,当教师在回答学生的问题时,应当展现出极大的耐心,仔细聆听他们的疑惑,设身处地地从学生的视角去理解问题所在,进而提供切实可行的解决方案。不仅如此,心理辅导技巧在教学过程中的运用还能促进学生的自我认知和自我发展。教师可以通过观察和沟通,发现学生的优点和潜力,并给予积极的反馈和鼓励,从而增强学生的自信心和学习动力。同时,教师也可以引导学生学会自我反思和自我调节,帮助他们建立健康的学习态度和习惯。

为了更好地将心理辅导技巧融入教学过程,教师可以参加相关的培训和研讨,不断提升自己的心理辅导能力和专业素养。通过与其他教师交流和分享,教师可以相互学习、共同进步,为学生提供更加全面和专业的心理辅导服务。将心理辅导技巧融入教学过程是一项具有重要意义的工作。它不仅可以帮助学生解决学习过程中的困惑和问题,还能促进学生的自我认知和自我发展,提高学生的心理素质和综合能力。

(四)设计实践性活动

通过精心设计具有实际操作性的教学活动,使学生在亲自参与的过程中掌握心理健康知识,从而提升自身的心理素质。例如,在进行社会实践活动时,教师可以组织学生参与志愿服务和团队建设等项目。通过这些活动,教师能够帮助学生培养优秀的团队协作精神和社会责任感。在这些实践性的教学活动中,学生们不仅能够通过亲身实践深入了解心理健康的重要性,还能在团队合作中学会倾听、理解和尊重他人,从而提高他们的社交能力。例如,在志愿服务活动中,学生们将有机会走出课堂,直接参与到社区服务中去,与社区居民交流互动,帮助他们解决问题,从而培养出更强烈的同情心和爱心。

团队建设活动也是一个很好的锻炼机会。在团队中,学生们需要共同完成任务,这要求他们学会分工合作、相互支持,以及面对困难时保持积极乐观的态度。通过组织开展这些活动,学生们不仅能让自己变得更坚强,还能增强抗压力,提高解决问题的能力。通过设计富有实践性的教学活动,我们能够有效提升学生的心理素质,让他们在快乐中成长,成为更加有爱心、有责任感、有能力的社会公民。

(五)开展多元化评价

教师在教学中应采取多元化的评价方式,全面评估学生在学科知识和心理健康方面的进步。这需要教师在日常教学中注重观察、记录和分析学生的表现,设计具有挑战性的学习任务和活动,利用现代技术工具进行数据分析,以及与学生进行深入的交流和沟通。教学中也要注意适时评价,及时肯定成绩,当场指出问题,合理解答疑惑。只有这样,教师才能更准确地评估学生的成长轨迹,为他们提供有针对性的指导和帮助。

教学评价应当是多种多样的,全方位地评价学生在各个学科领域的知识掌握情况以及心理健康水平。这不仅仅涉及学生学科成绩的评估,更包括对他们在学习过程中的态度、参与度、合作能力以及应对挑战的心理素质等多方面的综合考量。例如,当评价学生的学科成绩时,教育者不仅需要关注学生对学科知识的具体掌握程度,还要深入观察和理解学生在学习过程中所经历的内心世界,包括他们的心理变化、情感成长以及解决问题的能力进步等,更加全面地反映学生的成长轨迹,帮助他们更好地认识自我,提升自我。

对于学科成绩的评估,教师可以采用更加细致和多元化的评价标准。除了传统的笔试和作业完成情况,教师还可以设计更具挑战性和创新性的学习任务,比如项目式学习、小组讨论、口头报告等,以观察学生在不同学习场景下的表现。同时,教师也可以利用现代技术工具,如在线学习平台、数据分析软件等,来跟踪学生的学习进度和表现,从而更准确地评估他们的学科成绩。

对于学习态度的评价,教师可以通过观察学生在课堂上的参与度、提问频率、作业完成情况等方面来评估。一个积极的学习态度不仅体现在学生对知识的渴望上,还体现在他们对待学习任务的认真程度和对待困难的坚韧精神上。因此,广大教师在日常教学活动中应密切关注学生的行为表现,及时给予积极的反馈与鼓励,以促进学生的全面发展。

针对团队协作能力的评估,教师应积极组织形式多样的团队活动和合作项目,通过细致观察学生在团队活动中的具体表现,全面考察学生的沟通协调能力、团结协作精神以及领导才能等关键因素。通过团队合作的评价,教师可以更好地了解学生的社交技能和团队协作能力,为他们未来的职业发展提供有益的指导。

对于心理素质的评价,教师可以通过与学生进行深入的交流和观察,了解他们的情绪状态、心理变化以及应对压力的能力等方面。一个良好的心理素质不仅有助于学生更好地应对学习中的挑战,还有助于他们建立积极的人生观和价值观。因此,教师应密切关注学生的心理健康状况,并为他们提供所需的心理支持与帮助。

总之,心理健康教育与学科融合的课堂教学基本策略,是一种注重学生全面发展的教学模式。通过实施这一策略,教师可以将心理健康教育与学科教学有效结合,为学生提供更加全面的教育资源,促进他们身心健康、和谐发展。

二、把握"三种技巧"

心理健康教育的融入,不应是机械的、勉强的过程,而应是一个充满生机、顺应自然规律的过程。这就要求我们在进行学科教学时,不能生硬地套用心理健康教育的模式和内容,更不能为了所谓的"全面性"而牺牲教学的连贯性和逻辑性。为了确保心理健康教育与学科教学紧密结合,我们需要根据各学科教学的实际情况,灵活运用相关理论和方法。这样,两者便能相辅相成,共同提升。为了达到这一目标,我们必须在教学实践中持续探索和经验积累,以提高我们的教学技巧,丰富教学手段,并增强教学的艺术性。我们应当在教授学科知识的同时,不着痕迹地完成心理健康教育的任务,让学生在掌握知识的同时,也能得到情感的陶冶、心理的锻炼,实现学科教学与心理健康教育目标的双重达成。

在教学设计中,既要考虑到学科知识的系统性和完整性,又要考虑到学生的心理需求和心理发展。我们需要在教学过程中创设有利于学生心理健康的情境,引导学生正确面对学习中的困难和挑战,培养他们的自信心和自主性,提高他们的情绪管理和心理抗压能力。我们必须重视学生的个体差异,实施因材施教,确保每位学生在教学过程中都能获得适合自己的成长与进步。心理健康教育与学科教学的融合,需要教师具备高度的教育教学素养和敏锐的洞察力,需要我们在教学实践中不断地学习、探索和总结,以实现我们的教学目标。

(一)灵活性

在将学科教学与心理健康教育相结合的过程中,我们必须特别重视其灵活性。这种融合应该能够根据学生的年龄、所处学段、班级的思想动态等多种因素进行调整。例如,对于小学生,我们可能需要选择一些更加简单、直观的心理健康教育内容,而对于高中生,则可以选择一些更加深入、复杂的内容。同样,我们在选择教学内容时,也需要考虑学科教学的具体内容,以便更好地进行融合。例如,在语文课上,我们可以通过讲解一些心理健康方面的文章,让学生在提高语文素养的同时,也能够了解到心理健康的重要性。

在教学时间上,我们需要保持灵活性。心理健康教育并不需要占用太多的教学时间,有时候1~2分钟,或者3~5分钟就足够了。我们可以将这些时间用于一些教学环节,比如课前导入、课后总结或者是课堂上的小插曲。通过这种方式,我们不仅能确保心理健康教育的品质,还能避免对学科教学造成干扰。将心理健康教育融入学科教学中,要求我们根据具体情况灵活调整策略,以实现教学效果的最大化。

心理健康教育与学科教学的融合,教师的角色至关重要。教师需要不断更新自身对心理健康教育的知识和理解,以便更好地将其融入学科教学中。教师可通过参与专业培训、研讨会或研读相关书籍,持续提升自身的专业素养。此外,教师还应密切观察学生的心理健康,以便及时发现并干预处理问题。学生的参与和反馈同样至关重要。在教学活动中,教师应积极促进学生参与心理健康教育,使其成为学习过程的主体。同时,教师应鼓励学生表达自己的观点和建议,以便持续改进教学内容和方法。这样可以让学生更加深入地了解心理健康的重要性,并在实践中不断提升自己的心理素质。

我们还可以借助一些现代化的教学手段来丰富教学内容和形式。例如,我们可以利用多媒体教学设备来展示一些心理健康方面的图片、视频等素材,让学生更加直观地了解相关知识。同时,我们还可以借助网络平台来开展心理健康教育活动,如在线讨论、问卷调查等,以便更好地了解学生的需求和反馈。

我们必须重视心理健康教育的持续性和系统性。心理健康教育并非一朝一夕之功,它要求我们进行长期且系统的投入,以期达到理想的效果。因此,我们应该将心理健康教育贯穿于学科教学的始终,让学生在学习学科知识的同时,也能够不断提升自己的心理素质。同时,我们还需要建立完善的心理健康教育体系,包括课程设置、教师培训、学生评估等方面,以确保心理健康教育的质量和效果。

(二) 自然性

在教学实践活动中,融入心理健康教育应当追求一种水到渠成的理想效果。这就要求教师在实施过程中要达到一种不留痕迹的高超境界,使得学生能够在不知不觉中接受和领悟到这种教育。这种教育方式绝对不能是僵硬的、刻板的,更不能通过强硬说教的形式强行灌输给学生,而应当是一种自然、温和、易于学生接受的过程。教师需要通过巧妙的设计和引导,让学生自然而然地认识到心理健康的重要性,让学生在生活和学习中逐渐认识到心理健康的重要性,从而达到提高学生心理素质的目的。

为了实现这一目标,教师在教学活动的策划与安排上,必须对学生的内在需求与心理特质有深刻而全面的把握,并能够根据这些理解灵活地调整教学方法和策略。比如说,教师可以采用课堂讨论的形式,鼓励学生积极参与,分享彼此的想法,通过角色扮演的方式让学生站在不同角色的立场上思考问题,或者通过案例分析的方法,让学生在具体的情境中学习和理解心理健康的重要性。这些教学方式因其高度的互动性和趣味性,能够有效吸引学生的注意力,激发他们的学习兴趣,从而让学生更主动地去思考和探索心理健康的相关问题。教师还应当关注学生的生活实际,将心理健康知识与学生的生活紧密相连,用生动的实例来阐释心理健康知识对于个人成长和发展的关键作用,以及它在日常生活中的实用价值。通过这种方法,学生不仅能够在理智上理解和吸收相关的知识内容,更能在实践中将这些知识内化于心,形成正确的行为规范和价值取向。这样,我们就能够培养出既具有扎实的心理健康知识基础,又能够在生活中正确应用这些知识的健康管理者。

在实施心理健康教育的过程中,教师不仅要关注学生的认知发展,更要深入他们的内心世界，重视他们的情感体验。这是因为，只有当学生从内心深处认识到心理健康教育的重要性，他们才会主动、热情地参与到相关活动中来。为此，教师应当巧妙地创设一些能够引发学生情感共鸣的情境，比如通过角色扮演、小组讨论等形式，让学生在具体的实践中感受到心理健康教育的魅力。同时，教师还可以通过讲述那些感人至深的故事，分享真实的生命经验，让学生在倾听和体验中领悟到心理健康的真谛，从而更加珍视并主动维护自己的心理健康。

心理健康教育的融合应当追求自然、温和、易于接受的效果，教师需要灵活调整教学策略，注重学生的情感体验，让学生在不知不觉中接受和领悟这种教育，从而达到提高学生心理素质的目的。

（三）科学性

心理健康教育的核心在于心理疏导，它包含了一系列专业技术。在教学过程中，我们需要特别重视运用心理方法对学生进行训练，这样才能把学科教学和心理健康教育有机结合起来，实现深度融合。这种融合不仅能够提升学生的学习成效，还能促进他们的心理健康发展。因此，我们需要在教学中注重培养学生的心理素质，帮助他们建立健康的心理状态，从而更好地应对学习和生活中的各种挑战。同时，我们还要关注学生的情感需求，尊重他们的个性差异，通过个性化的教学方法，让每个学生都能在心理健康教育中得到有效的帮助和指导。

心理健康教育在学科教学中的深度融合并不仅仅是一个简单的任务，它需要教师在日常教学实践中不断探索和创新。心理健康教育并非独立的课程，而是应该贯穿于各个学科的教学过程中。教师需要在课前做好充分的准备，了解学生的心理状况，将心理健康教育与学科知识相结合，设计出有针对性的教学方案。教师应重视培养学生的自我认知，这至关重要。通过引导他们进行自我反思与评价，我们能帮助学生认识到自身的长处与短板，进而建立自信，并激发他们对学习的热情。同时，我们应密切关注学生的情感波动,并适时提供情感支持与帮助,确保他们能体验到学习的愉悦与成就感。此外,培养学生的团队协作能力和社交技能亦不可或缺。通过安排小组活动和角色扮演等互动形式,学生能在交流中学习沟通、合作与分享的艺术,从而培养他们的集体意识和团队精神。这些能力不仅对学生的学习有帮助,也对他们未来的职业发展和社会适应能力具有重要意义。

我们必须持续地审视并优化我们的教学策略。心理健康教育是一个持续进步的领域,新的理论和实践方法层出不穷。作为教育者,我们应保持一颗开放的心,不断吸收新的知识和技能,以更有效地满足学生的需求。同时,我们还要关注学生的反馈和意见,及时调整自己的教学策略和方法,确保心理健康教育的有效实施。

三、优化"六个环节"

在心理健康教育与学科教学相互融合的课堂教学模式中,我们应当重点强调和实施六个核心环节,分别是学前反馈、目标导入、自主学习、合作交流、展示提升及反馈拓展,以实现高效课堂的构建。这六个环节并非孤立存在,而是相互联系、相互影响的一个整体。其中,学前反馈环节的主要目的是了解学生的学习需求和心理状态,为接下来的教学活动奠定基础;目标导入则明确本节课的学习目标和内容,帮助学生建立学习方向和心理预期;自主探究环节鼓励学生主动参与学习过程,培养其独立思考和解决问题的能力;合作交流环节则强调学生之间的互动与合作,通过小组讨论、分享等方式,促进学生之间的思维碰撞和知识共享;展示提升环节让学生将所学知识进行内化,并通过口头表达、板书等形式进行展示,提升其自信心和表达能力;当堂反馈环节是对整个教学过程的总结和反思,教师和学生可以通过这一环节及时发现教学中存在的问题并予以解决,为下一节课的教学活动提供参考。

为了保证心理健康教育与学科教学的有效融合,教师需要不断对这六个环节进行优化和调整,以适应不同学生的学习需求和心理特点。同时,教师还要关注学生的学习过程和心理变化,确保心理健康教育目标与学科教学目标得以顺利实现。通过这种教学模式,不仅可以提高学生的学习成绩,还能促进其心理健康的发展,实现知识与能力的全面提升。

（一）学前反馈

依据《导学案》的详细指导和学习组长们的反馈,我们将细心挑选出符合学生们目前学术水平和能力程度的题目,这些题目将具有适当的难度等级和题量。我们致力于确保学生们能够在 2~5 分钟的时间内高效完成这些任务。我们坚信,通过这种精心的设计和安排,学生们不仅能在轻松愉悦的学习氛围中完成学习任务,而且能够为即将到来的新课程学习奠定坚实的基础。

在这一过程中,我们将特别重视教师与学生之间充满关爱和尊重的互动交流。我们致力于营造一个既安全又受尊重的学习环境,使学生们能够更有效地适应新的学习内容,并激发他们的学习兴趣与内在动力。我们相信,通过这种互动和环境的营造,学生们将能够更加积极地投入到新课程的学习中,以期获得更加卓越的学习成果。我们期待学生们能够以更高的热情和积极性迎接新的学习挑战,取得令人瞩目的学业成绩。

（二）目标导入

教师需要详尽且精练地阐述本节课的学习目标,确保每一位学生都能清楚地理解即将学习的内容以及预期的学习成果。同时,教师应当努力营造一个积极而和谐的课堂氛围,让学生在这个氛围中感受到教师对他们的尊重和关爱,从而在一定程度上减轻他们的心理压力,使他们能够更加积极地投入到学习中去。在这种积极的学习环境中,教师还应该鼓励学生提问,培养他们的好奇心和探究精神。当学生遇到困惑或难题时,教师应耐心解答,帮助他们找到解决问题的方法,从而增强他们的学习信心和动力。

（三）自主学习

在学生明确了具体的学习目标之后,他们需要根据这些要求自行阅读教材或者学习材料,并且对遇到的不理解或者有疑问的地方进行标注,这一步骤是为了后续的学习做准备。与此同时,教师应该密切关注学生的情感变化和态度表现,不断鼓励他们去体验成功的感觉,以此激发他们的学习兴趣和动力。

教师要给予学生一定的自主探究的空间和时间,也要根据学生的实际情况,提供个性化的指导和帮助。针对学习上遇到挑战的学生,教师应提供额外的关注与激励,协助他们探索出一套适合自己的学习策略,从而逐步克服学习上的障碍。对于学有余力的学生,教师可以为他们提供更多的挑战和机会,让他们能够进一步拓展自己的知识视野和能力。

教师还需要了解学生的学习需求和困难,不断反思自己的教学方法和策略,根据学生的反馈和表现进行调整和改进,从而制定和推进更加符合学生实际的教学方案。

(四)合作交流

学生们被分成不同的小组,他们就自学过程中遇到的问题进行热烈的讨论,共同思考和寻找解决方案。在这一过程中,教师们会定期加入各个小组,为他们提供必要的指导和帮助。教师们通过这种方式,不仅传授知识,还着重培养学生的团队协作精神,帮助他们建立深厚的同学之间的情感联系,从而在解决问题的过程中,学生们能够更好地相互理解和支持,共同取得进步。在这样的学习氛围中,学生们逐渐领悟到团队的力量是无穷的。他们学会了倾听他人的观点,尊重不同的意见,并尝试将这些不同的声音融合起来,形成一个更加全面和深入的理解。当遇到难题时,他们不再孤单地面对挑战,而是携手并肩,共同克服难关。同时,这种团队学习和合作的方式也让学生们感受到了情感上的共鸣。他们共同经历了困难与挫折,也一同分享了成功与喜悦。这些经历让他们更加珍惜彼此之间的友谊,也让他们更加明白团队合作的重要性。

教师在这一过程中扮演着至关重要的角色,他们不仅是知识的传递者,更是学生心灵的导航者。凭借自身的经验和智慧,他们为学生照亮了前行的道路,并提供了细致入微的关怀与支持。在教师的引领下,学生们不仅掌握了学习的方法,还学会了人际交往的技巧,以及如何成为一个更优秀的人。学生分组讨论、自学问题、共同求解的过程,不仅是一个学习的过程,更是一个成长的过程。在这个过程中,学生们不仅汲取了知识,更收获了友谊和成长。这种团队精神和情感共鸣的培养,将对学生们未来的学习和生活产生深远的影响。

(五)展示提升

经过深入的合作与交流,每位学生都取得了自己的学习成果。这时,教师应当积极鼓励他们,让他们大胆展示自己的学习成果,对于遇到的疑惑也应当勇于提出来,以便于在展示的过程中构建起更为系统的知识网络。同时,教师还应当鼓励学生积极表达自己的看法,提升他们的自信心,从而实现情感的升华。这样,学生不仅能够在学习中获得知识,更能够在展示中获得成长,实现全面发展。

教师能够通过组织小组讨论、进行课堂展示以及指导报告撰写等多种方式,激励学生展示他们的学习成果。在这些活动中,学生们需要将自己的学习成果用清晰、准确的语言表达出来,这不仅能锻炼他们的表达能力,还能让他们更深入地理解自己所学的内容。同时,当学生在展示过程中遇到疑惑时,教师应及时给予指导和解答,帮助他们解决问题。这样,学生们不仅能够在疑惑中寻求答案,更能在解决问题的过程中加深对知识的理解和掌握。更重要的是,通过展示学习成果,学生们能够构建起更为系统的知识体系。他们能够将所掌握的知识点相互连接,构建起一个连贯的知识体系,进而更深入地理解并应用所学的知识。

教师还应致力于培养学生的自信心和表达能力。在展示过程中,教师应向学生提供充分的鼓励与支持,使他们勇于表达自己的想法和观点。同时,教师还可以通过点评和指导来帮助学生改进表达方式,提高他们的表达能力。这样的培养不仅能够让学生在学业上更加出色,更能够让他们在未来的生活和工作中更加自信和有魅力。

(六)反馈拓展

通过课堂上的即时检测或者学习成果报告,学生们能够迅速地认识到自己的学习进度和掌握程度,一旦发现自己在某些方面的理解不够深入或者掌握不够扎实,就能够及时地调整自己的学习计划和方法。这种自我发现和自我调整的过程,对于学生来说是非常宝贵的经验,能够有效地促进他们的学习进步。同时,教师也能够根据学生们在检测和成果报告中的表现,对后续的教学计划进行优化和调整,使得教学内容更加符合学生的实际需要,更加有效地促进学生的学习。在教学反馈环节,教师会注重引导学生进行深入的反思,鼓励他们从错误中学习,从不足中成长,同时也注重营造一个充满关爱和尊重的课堂氛围,让学生们在轻松愉快的环境中学习和成长。

在这个关爱和尊重的课堂氛围中,每个学生都被视为一个独特的个体,他们的想法、观点和问题都被认真倾听和尊重。教师鼓励学生积极发言,分享自己的见解和感受,这样的交流不仅能够促进学生自我表达和思维能力的提升,还能增进学生之间的了解和合作。此外,教师还可以通过各种方式激发学生的学习兴趣和动力,如引入一些生动有趣的案例,或者组织一些富有挑战性的学习活动,让学生在实践中学习和成长。这种教学方法不仅能够提升学生的学习成效,还能培养他们的创新思维和解决问题的能力。同时,教师需关注学生的心理健康和情绪状态。通过即时的课堂检测或学习成果报告,学生能够及时掌握自己的学习进度,调整学习策略,而教师亦可据此优化后续的教学计划。在反馈中,教师注重引导学生反思与成长,并营造出一个关爱、尊重的课堂氛围。该教学方法不仅能够提升学生的学习成效,还能培养他们的全面素质和人文素养。

根据学习内容和学情适当拓展是教育者的重要任务,深入理解教科书上的理论知识,关注学生的需求,调整教学策略,以满足他们的学习需求。

深入理解学习内容的广度与深度，构建一个全面的知识体系。洞察每位学生的学习进展、兴趣所在以及面临的挑战，适时拓展教学内容能够有效激发学生的学习热情和潜能。这包括引入相关的课外阅读材料，组织实地考察，或者开展项目式学习，让学生在实践中学习和应用知识。既要确保知识的传授，又要关注学生的个体差异，通过灵活多样的教学策略，激发学生的学习热情，培养他们的自主学习能力，以适应未来不断变化的世界。

诚然，我们不能机械地认为每一堂课都必须严格遵循六个环节，因为教育的本质是灵活多变的，它需要根据教学内容的深浅、学生个体差异、可用的教学资源，甚至教师的教学风格等多种因素进行个性化设计。然而，无论教学形式如何变化，这六个环节构成了以学生学习为中心的课堂教学的最基本框架。虽然每堂课的具体实施可能会有所不同，但这六个环节构成了一个以学生为中心，注重知识传授、技能训练和能力培养的完整教学流程。这样的教学设计，既尊重了教育的多元性，又确保了学生学习的深度和广度。

第二节　心理健康教育与语文教学的深度融合

语文课程旨在培养学生的综合素养，这包括学生通过主动参与语文实践活动积累和构建的知识与技能。这些素养在真实的语言应用场合中得以展现，它们是文化自信、语言运用能力、思维技巧和审美创造力的有机结合。心理健康教育与语文学科的融合，正是为了实现这一目标的创新性教学模式，旨在通过语文学科的教学，培养学生的心理健康素养，提高他们的心理素质，使他们在面对生活和学习中的压力时，能够保持良好的心理状态。这种教学模式强调在语文教学中，不仅要注重知识的传授，还要关注学生的情感体验，引导他们正确对待自己、对待他人、对待生活，从而达到提升心理素质、促进全面发展的目的。同时，心理健康教育与语文学科的融合，也有助于提高语文学科的教学质量,使语文教学更加生动有趣,更能激发学生的学习兴趣,提高他们的语文素养。

一、语文课程中的心理健康教育内容

在传统的教育理念中,语文课程往往被视为培养学生文学素养、语言表达能力和审美情趣的学科。然而,在现代教育理念的指导下,语文课程中的心理健康教育内容也得到了广泛的重视和发展。语文课程中的心理健康教育内容主要体现在以下几个方面:

(一)情感态度的培养

在语文课程的学习中,我们有机会接触到大量充满情感色彩的文章。这些文章不仅仅是对生活、人物或事件的简单描述,它们更是作者情感的深情抒发和深刻表达。作为教师,我们可以通过引导学生深入地理解这些作品中的情感,让他们在感受作者情感的同时,也能够激发和培养出自己的情感。这种情感的传递和交流,不仅能够帮助学生更好地理解自己和他人的情感,还能让他们在体验和感知中,逐渐形成积极健康的情感态度。在这个过程中,学生可以学会如何去体会生活中的点滴情感,如何去理解和关心他人,如何去面对和处理情感问题。如此等等,都是他们成长过程中非常重要的能力和素质。

语文课程中的情感教育,不仅仅是向学生传授知识,更是对他们情感的引导和塑造。通过这种教育,我们可以帮助学生建立起正确的情感观念,培养他们的情感素养,让他们在未来的生活中,能够更加懂得如何去感受、理解和运用情感,从而过上更加充实和有意义的生活。

(二)价值观的塑造

在语文课程的学习过程中,我们经常能够接触到各种各样的文章,这些文章不仅仅是为了传递知识,更重要的是它们蕴含着丰富的道德和价值观教育内容。这些内容是我们在成长过程中必不可少的精神食粮,能够帮助我们树立正确的世界观、人生观和价值观。因此,教师应当充分挖掘和利用这些资源,通过深入的分析和讨论,引导学生们理解和吸收这些文章中所蕴含的深刻哲理和正确的道德观念。

教师可以引导学生从多个角度去审视和理解文章中的道德和价值观教育内容,鼓励他们提出自己的看法和疑问,并通过讨论和思考找到解决问题的方法。这不仅有助于学生深化对文章内容的理解,还能促进他们培养独立思考和判断的能力。通过这种方法,学生能够更加深刻地认识到道德和价值观的重要性,从而在实际生活中做出正确的选择。在这个过程中,教师自己也需要有足够的道德和价值观方面的知识和理解,才能够有效地引导学生。因此,教师应当不断地学习和提升自己,使自己能够在教学过程中更好地完成道德和价值观教育的任务。总的来说,语文课程中的文章是道德和价值观教育的宝贵资源,教师应当充分利用,帮助学生形成正确的价值观。

（三）人际交往能力的提升

在语文课程中,我们会发现很多课文都涉及了人际关系的处理,这些文章通过各种生动的故事情节,向我们展示了人与人之间的相处之道。作为教师,我们可以充分利用这些课文,引导学生进行深入的分析和学习,从而帮助他们提升在现实生活中处理人际关系的能力。

我们可以让学生通过仔细阅读这些文章,理解其中的人物关系和矛盾冲突,分析人物在处理人际关系时的态度和方式。这样,学生可以从中吸取经验教训,学习如何在不同情况下与不同的人建立良好的关系。然后,组织学生进行讨论和交流,让他们分享自己在处理人际关系中的心得体会,以及遇到的困难和问题。通过此类互动,学生们能够相互学习,共同提升处理人际关系的技能。

教师可以利用现实生活中的实例,帮助学生理解处理人际关系不仅是一门艺术,也是一种实践。只有将所学知识应用于实际生活,学生才能真正提高自己处理人际关系的能力。要积极引导学生正确理解和运用课文中的知识，让他们在处理人际关系方面取得更好的成果。

（四）自我认知的提升

在语文课程中，写作与阅读这两种活动扮演着无可替代的核心角色，它们携手极大地促进了学生对于内在自我的深度探索，并在增强个人认知能力的过程中起到了决定性的作用。写作，作为一种独特的表达方式，它为学生提供了一个平台，使他们得以将内心的思考、深藏的感情以及独特的见解一一倾诉于笔端，这个过程无疑为学生开启了一扇认识自我内心世界的窗口。更为重要的是，通过不断地写作实践，学生们不仅能够磨砺自己的思维锋芒，还能在逻辑思维和语言组织方面取得显著的进步。这些技能的增强无疑为他们在自我认知的道路上提供了坚实的支撑，使他们能够更加稳健地前行。

在阅读活动中，学生有机会接触各种各样的文学作品和深奥的思想观点，这不仅有助于开阔他们的眼界，丰富他们的知识宝库，还能让他们在对比不同观点和深入思考的过程中，更全面地认识自我。阅读就像与作者进行一场深入心灵的交谈，让学生在汲取他人智慧精华时，也能对自己的观念和行为进行深入反思，这样就可以有效提高他们的自我认知能力。

语文课程中的写作和阅读活动，不仅有助于学生提升自我认知能力，还能让他们在不断学习和成长的过程中，更好地认识自己，找到自己的定位和价值。

语文课程中的心理健康教育内容丰富多样，教师可以根据学生的实际情况，灵活运用这些资源，为学生提供全面而有效的心理健康教育。

二、心理健康教育与语文学科深度融合具有独特优势

随着社会的不断进步和发展，我们面临着文化、行为和意识等多方面的变化，这些变化对中小学生的心理发展产生了越来越深远的影响，给他们带

来了越来越多的心理压力。语文教学,作为我国基础教育的核心学科,不仅传授了丰富的语言知识,还为心理健康教育提供了良好的平台和条件,是实现心理健康教育与语文教学融合的优质载体。语文教学与心理健康教育的深度整合,拥有其他教育方法所无法比拟的独特优势。

语文教材以及课程教学是一个深藏着丰富人文精神和内涵的宝库。这些深层内涵不仅对于提升学生的语文综合素养有着极大的帮助,而且也是学生在心理健康教育、塑造优秀品质以及提高心理素质方面的重要知识源泉。在教学实践中,教师可以充分挖掘并利用教材中蕴含的深刻思想性、浓郁的人文气息以及独特审美价值,对学生的心理健康教育起到积极的推动作用。语文教材中包含了大量文学经典,它们以真实而生动的生活为背景,丰富了学生的情感体验,增加了他们的人生阅历,同时也为他们的心理健康教育提供了丰富的教学素材。教师能够巧妙地将这些教材内容融入心理健康教育实践中,引导学生正确理解世界,以积极的态度面对生活,帮助他们树立健康而正面的情感态度和心理素质。

在语文教学的过程中,我们可以看到多种多样的教学形式。教师可以通过文本阅读,让学生深入理解文章的内容和作者的意图;通过课堂讨论,让学生展开自己的思想,提出自己的见解,增强他们的思维能力;通过作业练习,让学生巩固所学知识,提高他们的应用能力;通过作文训练,让学生运用语言表达自己的思想和感情,提高他们的写作能力。这些环节不仅可以帮学生掌握语文知识,还可以让他们在不知不觉中接受心理健康教育。

教师可以利用语文教学的内容,引导学生正确看待生活中的问题,培养他们的乐观情绪和积极心态;通过课堂讨论,学生能够学会尊重他人,并培养良好的人际关系;通过作文训练,他们得以表达个人情感,释放内心的压力。如此一来,在学习语文的过程中,学生亦能获得心理健康方面的教育。这种教学方式,不仅能够达到心理健康教育的目标,还能够激发学生的学习兴趣,让他们在愉快的氛围中学习语文。他们在学习的过程中,会自然而然地接受心理健康教育,从而达到寓教于乐的效果。这种教学方式既有助于学生的心理健康,也有助于他们的语文学习,是一种非常有效的教学方法。

在新时代背景下,我们应该充分认识语文教学与心理健康教育融合的重要性,充分利用语文教学的优势,为学生提供更加全面、丰富的心理健康教育,帮助他们培养健康的心理素质,成为具有全面素质和创新精神的新时代人才。

三、心理健康教育与语文教学深度融合的有效策略

(一)深挖教材,找准融合内容

在语文教材的广阔海洋中,蕴含着丰富多样的心理健康教育的教学素材,教师需具备敏锐的洞察力,在语文教学过程中深入挖掘并领会这些素材的精髓。

一是直取法。直取法就是直接提取的方法在语文教材中,有些课文的心理教育素材是显而易见的,就像明亮的灯塔指引着学生前进的方向。例如,在《为中华之崛起而读书》这篇课文中,周恩来的课堂回答就生动地展示了他强烈的民族自信心,这种自信心就像一股强大的力量,激励着一代又一代的年轻人为国家的繁荣富强而努力奋斗。

二是挖掘法。在语文教材中,还有些课文蕴含的心理健康素材并不是一目了然的,它们就像宝藏一样,隐藏在文字的背后,需要我们用心去寻找。这类素材对于培养学生健康的心理状态具有显著的教育价值。

三是拓展法。在教材课文中,有些地方的心理教育因素并不明显,这就需要教师在教学中进行适当的拓展和引导。比如说,《我的伯父鲁迅先生》这篇课文里,鲁迅先生开了个玩笑说:"撞墙撞多了,鼻子也给撞扁了。"这句玩笑话背后藏着的人生道理,就得老师带学生去挖掘和感受。

最后,语文教材中的那些小道理,也往往蕴含着深刻的心理健康教育的内涵。正如《我为你骄傲》这篇文章所描述的,那个不慎砸破了邻居老奶奶窗户的小男孩,最终用自己的积蓄通过卖报纸赚来的钱,为老奶奶修复了窗

户,并通过书信向她表达了歉意。这个小男孩的成长过程,就是一个自我反省、自我修正的过程,这个过程对于培养学生健康的心态具有重要的教育价值。

因此,语文教学与心理健康教育的融合,关键在于教师是否愿意去挖掘教材中的教育资源,是否能够把握住教育规律,从而在无形中展现优质的教学效果,帮助学生在学习语文的同时,也能够收获心理健康教育的滋养,成长为更加健全、更有担当的人。

(二)交流互动,学会正确表达

为了有效地引导学生进行交流互动,教师必须深入洞察学生的内心世界,悉心关照他们深层次的心理需求。其中包括对学生家庭背景、年龄特征等方面的信息进行细致的分析和评估,对学生心理素质的个性差异也要有一个全面而深刻的理解。教师应有意识地观察学生的外在行为,以此来评估他们的心理状态。例如,通过举办朗诵比赛等活动,可以细致地观察学生的表现。除此之外,教师还应该积极地与学生进行正面交流,倾听他们的心理诉求,从而更好地了解他们。另外,教师还可以设置一些特殊的交流环节,如"悄悄话时间",让学生能够放下心理负担,将自己平时不敢说或不愿意面对面表达的想法表达出来,从而让教师能够更深入地了解学生的内心世界。

在实际教学过程中,至关重要的任务是为学生提供机会进行口语练习和开展交流。教师需要提供一个充满情感表达的环境,让学生在表达自己的过程中感受到真情的力量。例如,在讲授《玩具柜台前的孩子》这篇课文时,教师可以提出问题:"尽管小男孩对汽车情有独钟,为何他却不愿让妈妈购买?"通过引导学生进行深入交流和讨论,帮助他们领会到小男孩的懂事和对妈妈的爱。他深知妈妈的辛劳,因此不愿意让妈妈为他购买玩具。随后,教师可以进一步引导学生表达他们如何关爱自己的父母,从而培养他们的亲情观。

设计好教学情境虽然是教学过程中的重要一环,但如何激发学生主动进行口语交际才是关键所在。教师应时刻留意并把握口语表达的时机,有针对性地评估学生的思想动态,并在恰当的时机向学生提出问题,激发他们主动探索并进行口语交流的欲望。这正是将心理健康教育有效融入教学实践的最佳途径。

(三)开展活动,锤炼心理品质

若要在社会中稳固立足,个人必须掌握融入集体的艺术,并与社会和谐共处。这就要求我们不仅要懂得如何与人相处,还要善于表现自己,展示自己的竞争力,并提高自己面对挫折的能力。在这个过程中,教师的角色至关重要,他们需要培养学生适应环境的能力,增强他们的竞争意识,以及提高他们面对失败的心理承受能力。

为了达到这个目标,教师可以利用丰富多彩的语文实践活动,将课堂延伸到生活实际中。在这一过程中,学生不仅能够磨炼自己的心理韧性,还能提升自己的社会竞争力。语文活动是一种极佳的手段,教师可以利用朗读、讲故事、书写和识字等多种方法,全面评估学生的能力,并对他们的竞争力有新的认识。通过参与这些活动,学生能够更深入地了解自己,识别自己的优势和劣势,进而扬长避短,借鉴他人的优点。他们将深刻体验到语文活动的吸引力,并更有效地增强自己的心理适应能力。因此,教师开展语文教学活动,并将其与教材内容相结合,是渗透心理健康教育最为迅速、最为有效的方法。

教师应该充分利用语文教学活动,培养学生的适应能力、竞争意识和心理承受能力,使他们能够在社会中更好地立足。同时,学生也应该积极参与这些活动,充分利用这个机会来提升自己,为自己的未来打下坚实的基础。这样,他们才能在激烈的社会竞争中立于不败之地,实现自己的人生价值。

(四)科学评价,提高健康水平

在现实的教学活动中,一个健全的评价体系能够促进教师与学生之间进行最为直接且深入的交流与对话。当教师对学生有了深入的理解和全面的把握之后，他们便能够对每个学生做出准确且恰当的评价，这样的评价不仅能够增强学生的自信心，还能够激励他们更好地学习和发展。在实施评价时，教师应当具备一双善于发现的眼睛，能够发掘每一个学生的潜力和亮点，并且应当在评价过程中注重评价的形式与内容的个性化，使每一个评价都贴合学生的实际需求。例如，面对那些平时课堂上声音较小、不敢积极表达自己的学生，教师应当给予他们更多的鼓励。当这些学生在教师的激励下能够自信地表达自己的观点时，教师应当及时给予他们正面的反馈和表扬。而对于那些在表达过程中出现错误的学生，教师可以用温暖且充满鼓励的语言进行安慰，如"别紧张，慢慢思考，然后再说出来"。这样的评价方式能够让学生感到安全和被理解。

在对学生进行评价时，教师应依据每位学生的独特个性进行差异化评估。对于那些缺乏自信的学生，教师应主要采取鼓励的方式，协助他们树立自信。而对于那些自我意识较强、喜欢独立思考的学生，教师则可以给予更多的期待性评价，比如"如果你能够进一步拓展你的思路，并与他人多交流讨论，你的成果会更具影响力"。该评价方式既尊重了学生的个性，又能够激发他们的潜能。

教师还应当鼓励学生进行自我评价，这不仅有助于学生对自己的学习过程有更深入的理解，还能够提升他们的自信心和创造力。在进行自我评价时，学生能够审视自己的学习策略、态度以及成绩，进而识别出进步的潜力。同时，教师也应当鼓励学生之间进行相互评价，但强调评价应当基于事实、公正和中肯，让学生能够在评价他人时，也能够对照自己，进行自我审视，这样的相互评价有助于学生在反思中不断进步。

（五）阅读教学，读出健康心理

阅读是一项极为重要的认知活动，它不仅是获取知识的有效途径，更是心灵得以熏陶、精神世界得以丰富的重要手段。通过阅读，我们可以体验到学习的乐趣,从而在愉悦的氛围中不断充实自我。尤其是对于小学生而言,绘本这种将教育与娱乐相结合的阅读形式,对培养他们的兴趣爱好和各项能力具有显著的效果。绘本中简洁的文字和生动的插画,不仅富含深刻的哲理,对孩子们的启蒙教育也起着至关重要的作用。优秀的绘本甚至能够对孩子们的性格和行为产生积极的塑造作用。以《逃家小兔》这本绘本为例,在教学过程中,教师应当引导学生深入感受兔妈妈与小兔子之间那充满奇妙的对话,让孩子们体会到母爱的伟大与无私。在引导学生进行阅读时,教师可以鼓励他们发挥想象力,比如想象小兔子和兔妈妈之间的对话内容,特别是在读到小兔子说"如果你来追我"这句话时,可以让学生想象小兔子变成溪水中的鱼,游向远方的场景。通过这样的想象,孩子们能够更加深入地理解故事情节,感受到其中的乐趣。此外,教师还应该指导学生思考兔妈妈的行为及其背后的原因。比如,为什么兔妈妈会采取这样的行动,她的做法背后蕴含着怎样的爱与智慧。通过深入探讨这些问题,学生不仅能够理解故事的表面意义,还能领会到更深层次的道理。

在推广阅读方面,教师应当鼓励学生阅读完整的书籍,而不是仅仅停留在片段或者选篇上。整本书的阅读能够帮助学生建立更完整的故事观念,培养他们的连贯性思维和综合理解能力。通过整本书的阅读,学生能够更好地把握作者的整体意图,从而在阅读中得到更为全面的知识提升和心灵滋养。总之,阅读是一种生活态度,更是一种追求知识和美好情感的生活方式。我们应该鼓励和引导孩子们充分利用绘本等阅读材料,去探索、去思考、去感受,从而在阅读的道路上越走越远,收获更多的智慧和快乐。

(六)作文教学,助力心理健康

叶圣陶曾形象地比喻,生活就是泉源,文章就是溪水,泉源丰富那溪水就流动不息。这揭示了作文和生活密不可分的联系。想要写出好文章,就要从生活中汲取营养。生活是丰富多彩的,比如观察大自然、参加团队活动、了解社会,这些都是生活的一部分。老师总是鼓励学生真实地做人、真实地思考。写文章的时候，学生们可以尽情表达自己，只要内容健康、积极向上，不管是春风阳光，还是风雨雷电，或者是草木人情，都可以尽情描绘。

学生要积极参与生活，抒发自己的真实感受。记住，想要写好作文，首先要做好人。在作文教学中，培养道德品质是很重要的。结合我国的国情教育和养成教育，引导学生树立正确的人生观和价值观。

学生的心理健康发展源于其内在的矛盾性，这是他们持续向前发展的根本动力。在作文心理方面，内在的矛盾性主要体现在旧有的作文心理结构和水平上，学生作文心理内部的矛盾也来自他们在生活实践中产生的新需求，这些新需求代表了学生心理发展中的新活跃面。这些新需求主要源自社会和教育对儿童的期望，涵盖了完成学业任务、避免作文成绩不及格、撰写调查报告、与他人分享感受以及渴望获得赞扬和尊重等方面。这些新需求促使学生在作文心理上产生新的矛盾，从而推动他们的心理发展。

心理学领域的专家通过深入研究指出，意志品质对于调节个体的内在心理状态以及外在行为表现具有显著影响，它是帮助人们实现既定目标、克服种种困难的重要力量。在作文教学领域，教师们应当注重培养小学生的专注精神和坚持不懈的态度，明确指出提升写作技能并非一蹴而就，而是需要经历一段不断克服种种困难的过程。学生意志品质的成长，依赖于他们的自觉性、持久性和自我控制能力，这些品质包括坚韧不拔、顽强不屈和坚持到底等，这些优点将使学生在未来的学习和生活中受益无穷。在作文教学中融入心理教育。写日记是一种非常有效的方法。坚持写日记能够促进学生的心理健康，帮助他们宣泄情感，克服各种不良心理状态，进而促进自我完善。教师们可以利用学生日记中的内容来了解他们的心理状况，这些信息将为开展思想教育工作提供重要的参考依据，有助于推动学生心理健康的持续发展。通过这样的方式，作文教学不仅仅是技能的传授，更是一种心灵成长的引导，这将对学生的全面发展和未来的生活产生深远的影响。

在语文学科教学与心理健康教育的深度融合过程中，语文教师需要不断进行深入的探索、研究和实践，这无疑对教师的教学能力和综合素质提出了非常高的要求。因此,语文教师应本着对学生高度负责的精神,倾注心力引导学生,以渊博的知识去感染并影响他们。在这个过程中,教师应确保学生在享受语文学习的同时,也能体验到心理健康教育的熏陶与滋养。只有这样,才能实现语文教学与心理健康教育的深度融合,从而全面提升语文教学的效率和质量。为了达到这个目标,教师需要不断努力,积极探索新的教学方法和策略,使语文教学与心理健康教育能够更好地融合在一起。同时,教师还需要关注学生的心理健康,及时发现和解决学生可能存在的心理问题,为学生的健康成长提供有力的保障。

语文教师在教学与心理健康教育的深度融合时,需要本着对学生高度负责的态度,用心去引导学生,用知识去感染学生,从而为学生创造一个健康成长的教育环境。实现语文教学的高效是一项长期而艰巨的任务。它需要我们不断探索和实践新的教学方法和手段,充分利用现代科技手段来丰富教学资源和教学手段;同时,它也需要我们关注学生的个性差异和心理健康,为他们营造一个健康、自由、受尊重的成长环境。只有这样,我们的语文教学才能真正实现高效,我们的学生才能在健康的环境中茁壮成长。

四、心理健康教育与语文教学深度融合教学案例

1.《两小儿辩日》第1课时(部编版六年级下册第五单元)

教者:喻丽雯(宁乡·玉潭街道中心小学)

教材分析:《两小儿辩日》是六年级下册第五单元中的一篇经典文言文,此单元精心编排了四篇课文,均以"科学精神"为核心,旨在引领学生深入体会文章如何通过具体实例来阐明观点,并培养他们勤于思考、勇于探索的科学精神。《两小儿辩日》一文,源自《列子·汤问》,讲述了孔子面对两小儿关于太阳距离远近的争辩而无法决断的故事。此例深刻体现了在认识自然、探求真理的道路上独立思考与勇于质疑的重要性。同时,它也向我们展示了宇宙的浩瀚无垠与知识的无边无际,强调了学习是一个永不停歇、永无止境的过程。通过学习本文,学生将进一步培养科学探究的精神,激发对未知

世界的好奇心与探索欲。

学科素养目标：第一，通过多种形式，正确、流利、有节奏地朗读课文，背诵课文。第二，通过伙伴互学，运用文言文学习方法，连起来说说故事的内容。第三，能了解两个小孩各自的观点，并知道他们是怎样说明观点。

心理融合目标：第一，树立攻克难题的坚定信心，积极主动地投身于学习之中。第二，在学习活动中，我们要培养勤于思考、善于表达、勇于质疑以及实事求是的科学态度和探究精神。

教学重点：背诵课文；运用文言文学习的方法，连起来说说故事的内容。

教学难点：能了解两个小孩各自的观点，并知道他们是怎样说明观点的。

教学过程	融合时机与策略
一、学前反馈 1.学生课前完成导学案。教师从每一小组的学习组长处收集整理组员在完成导学案过程中遇到的难题，并根据这些问题精心设计题目，确保解决学生疑惑。 2.齐读课文。 3.两小儿在争辩什么问题呢？ （"远近"） 4.谁能完整地跟大家讲讲这个故事？ 二、目标导入 1.情境创设 故事说得准确又连贯！两小儿的辩斗如此精彩，竟然让大圣人孔子都难以决断。正好，下周咱们班要举办一场辩论赛，这节课我们就一起穿越千年，学习辩斗技巧，争当金牌小辩手，在辩场上大放光彩！ 2.明确目标 要想学到真本领，我们得完成以下任务。请你浏览学习目标。	学前反馈环节，教师有针对性地设计问题，旨在让学生在学习新课前打下夯实的基础，有信心且积极地进入新课的学习。 创设情境，增加课堂趣味性，有效吸引学生的注意力，激发他们的学习兴趣，从而主动思考、主动学习。

教学过程	融合时机与策略
三、自主探究　合作交流　展示提升 任务一:学习辩斗,完善表格,理清观点 1.课题中写的是"两小儿",但文中却出现了四次"一儿曰",你能区分它们分别是谁说的吗? 2.男生读小儿甲,女生读小儿乙。 3.有那么点辩斗的意思了。两小儿各自的观点是什么呢? 请你完成任务一。 (1)独学计时8分钟。 (2)小组合作交流6分钟。师适时指导。 (3)小组将学习成果板书于黑板上,上台展示。台下同学认真倾听,可进行点评或提出疑问。教师在旁及时进行指导和点评。 任务二:辩出情趣,评选金牌小辩手 1.你们都是学习的高手。你们的讲述也是清晰明了有条理。两小儿正是有着能支撑自己观点的理由,才无法说服对方。(板书:观点+理由)习得了辩斗诀窍,我们就借着这个故事来辩一辩,看谁能舌战群儒,成为我们班的"金牌小辩手"。请你看到任务二。 (1)小组内自由辩斗,选出组内金牌小辩手。 (2)全班自由辩斗。 2.难怪孔子不能决也! 有理有据,掌声送给优秀的小辩手们! 从他们针锋相对的辩论中,你看到了怎样的两小儿? (板书:善于观察、积极思考、敢于质疑) 3.追问提升:是呀,他们这种敢于质疑和追求真理的精神,才是推动科学技术不断发展的源动力。这种精神就像我们单元导语页说的那样,齐读。(出示单元导语)	学生自学时,教师巡视课堂。对需要帮助的学生给予适当引导和启发,帮助他们树立攻克难题的信心。对提前完成任务的学生,在表扬的同时还可适当加大题目难度,激励他们不断向上,提升能力。 争夺金牌小辩手环节,为学生创设了一个趣味化的学习情境,让学生真正成为课堂的主人,引导学生发散思维,激发学生的表达欲望,培养实事求是的科学态度。

续表2

教学过程	融合时机与策略
4. 师小结:关于太阳与地球之间的距离,于今日而言,实属基础科学常识,难度并不大。然而,回溯至两千多年前,这一问题却成为棘手的难题。它不仅考验了两位喜好思考与辩论的孩童,也同样使伟大的思想家与教育家孔子感到困惑,从而招致了两个孩子的戏谑,出示:两小儿笑曰:"孰为汝多知乎?"(读) 5. 假如你就是孔子,听了两小儿的话,你会怎么回答? 点拨:知之为知之,不知为不知。 6. 咱们学习就是需要这实事求是的精神。为你们的博学睿智点赞! 四、当堂检测,背诵全文 1. 最后,我们完成一个小小的挑战:你能根据提示尝试背诵课文吗? 2. 挑战成功! 期望两位孩童所展现的独立思考与勇敢质疑的精神,以及孔子所秉持的实事求是与虚心好学的态度,能如同每日冉冉升起的太阳一般,给予我们光明与启迪,用智慧的光芒来启迪我们的心灵!	学生对两小儿的善观察、勤思考、敢质疑和孔子的实事求是精神的理解,既是对美好品格的切身感悟,也是对中华优秀传统文化的传承。 　　鼓励学生勇于挑战,培养自信心。
作业超市: 　　A. 背诵课文,完成《能力培养与测试》。 　　B. 在口语交际中选择一个辩题撰写辩词。	板书设计: 　　　　两小儿辩日 两小儿　善于观察 　　　　积极思考 　　　　敢于质疑 孔　子　实事求是

2.《元日》第1课时(部编版三年级上册第三单元)

教者:陈文婧(宁乡·流沙河镇中心小学)

教材分析:《元日》这首诗细腻地捕捉并生动展现了宋代迎接新春第一天的喜庆场景,字里行间洋溢着无尽的喜悦与焕然一新的气象。全诗贯穿了欢快愉悦的氛围和奋发向上的精神风貌,深刻体现了诗人对新的一年满怀希望的憧憬以及对生活的深切热爱。此诗乃王安石于就任宰相之初所作,正值他全力推行改革(即王安石变法)之际,旨在实施一系列新政以改善民生。王安石深信,他所倡导的革新能够扭转当时百姓贫困的困境,让广大劳动人民过上富足安康的日子,真正实现"千门万户瞳瞳日"的美好愿景。从表面上看,此诗描绘了宋代春节丰富多彩的民间习俗;而深入探究,则可发现王安石巧妙地借节日之由,寄托了他对改革事业的强烈渴望与坚定信念。

学科素养目标:第一,运用掌握的方法自主学习生字新词,流利朗读古诗。第二,查阅相关资料,借助注释,读懂古诗意思,描述古诗中的节日情景。第三,想象节日情景,感受节日氛围,了解节日风俗,感受传统节日的魅力。第四,体会作者的感情。

心理融合目标:第一,培养学生的学习能力,激发学习兴趣和探究精神,树立自信,乐于学习。第二,了解中国传统节日,增长知识,彰显文化,弘扬传统。

教学重点:借助注释理解诗句意思,描述诗中的节日情景。

教学难点:理解诗句意思,品味诗歌意境,激发学生对传统文化的热爱。

教学过程	融合时机与策略
布置课前作业: 1.搜集传统节日春节的习俗; 2.了解诗人王安石; 3.了解《元日》创作背景。 一、课前回顾,高效导入(8分钟左右) 1.默写《清明》。默写完后自己对照书本更正。(回顾)	

教学过程	融合时机与策略
2.出示"元"甲骨文,分析"元"字本义。 "元"(看甲骨文形状)本意是人头,引申出两重意思:第一个意思:为首的,重要的。例如元首、元帅。第二个意思:开始的,第一位的。例如第一名的人叫状元。农历新年第一天叫"元日"。 借助注释解诗题意思,区分元日及元旦。 3.由引申含义引出课题《元日》。 二、合作体验,生成新知(10分钟左右) 任务一:自主多种方式朗读古诗,读准字音,读顺诗句(可反复朗读来读顺诗句)。尝试画出古诗的节奏。 任务二:读古诗,了解重点字词意思。 1.个人展示朗读古诗。(多人) 2.学生评价。 3.学生讲解朗读诀窍。(让学生自己讲出古诗韵律划分方法。) 4.相机指导多种方式朗读。(读准字音,读出节奏。) 师生对读,男女对读等。 5.生字教学。 会认字由学生组词带读。 教师教会写字并投屏检测。 6.对学展示重点字词意思的理解。 教师重点点拨"新桃旧符"。 7.学生提问环节。 三、展示质疑,点拨提升(10分钟左右) 任务三:圈出古诗中宋代春节习俗并和小组中的伙伴讨论每一句古诗的意思。 1.小组汇报。(板书习俗) 2.古诗意思讲解。(落实重点词汇,语序)	通过"元"字发展历程,揭示中国汉字承载的深厚文化底蕴,感受祖先的智慧,中华文化的源远流长,增强学生文化认同及文化自信。 通过多个学生评价,让学生脱离绝对的对错判断,初步形成以心理共鸣为基准的审美标准。 在合作中懂得倾听,善于表达,善于沟通、敢于质疑。培养开朗、合群的健康人格。

续表2

教学过程	融合时机与策略
理解古诗的方法:借助注释、请教等方法理解重点字词,想象画面,结合生活、学习经验等。 3.拓展知道的其他春节习俗。 四、质疑检测,拓展巩固(8分钟左右) 1.了解诗人。 2.了解创作背景。 观看王安石变法视频。 3.巩固提升。 (字词注音、诗句默写、翻译、画面描述等)	通过了解诗人,了解古诗创作背景,体会诗人忧国忧民的崇高思想,引导学生爱国。
作业超市: 　A.背诵并默写古诗。 　B.搜集并积累王安石的其他古诗,并了解古诗背后的故事。	板书设计: 元日 王安石 习俗:爆竹 屠苏酒 换桃符 景象:热闹、万象更新

3.《小小"动物园"》第1课时(部编版四年级上册第二单元)

教者:陈亮(娄底·桥头河镇中心小学)

教材分析:《小小"动物园"》是四年级上册第二单元的习作课。新课标为习作教学构建了全新的训练框架,中年级学生已不再局限于单纯的语言训练,而是转向了更加深入的情感培养。具体而言,这一阶段应着重强化"段的训练",为高年级的"篇章训练"打下坚实基础。高年级学生则需进一步学会表达,并追求"自由表达"的境界。本单元的核心目标在于引导学生在阅读过程中,能够灵活进行多角度思考,勇于提出自己的见解与疑问。因此,在教学实施过程中,我们可以巧妙融合阅读提问策略,引导学生从外貌、性格、习惯等多个维度进行深入探讨;既可选择单一角度深入剖析,也可全面兼顾,灵活多变。为了激发学生的写作热情,我们可以鼓励学生运用新颖独特的比喻手法,将家人与动物巧妙关联,寻找并展现他们之间的相似之处。这样的创意构思不仅能够让学生享受到创作的乐趣,更能让他们深刻体会到"家庭动物园"这一独特氛围所带来的无限欢乐与温馨。

学科素养目标:第一,文化自信:组织语言文字,体会作品的独特价值。第二,语言运用:能抓住家人与动物的相似之处,写出家人的特点。第三,思维能力:能主动与家人分享习作,修改不通顺的句子。第四,审美创造:发现并理解生活中亲人的爱,感受到家庭的温暖和亲情的重要性,培养感恩和珍惜之情,写出真情实感。

心理融合目标:第一,引导学生以积极、乐观的心态去看待家庭成员之间的差异,学会欣赏和接纳他人的独特性。第二,引导学生通过观察家庭成员与动物之间的相似之处,感受家庭成员的独特性和多样性,从而在内心深处产生对家庭成员的认同感和亲近感。第三,鼓励学生在写作过程中表达自己对家人的爱和感激之情,促进家庭成员之间的情感交流和融合。

教学重点:发现"相似点",有创意地将家人比拟成某种动物。

教学难点:注意将家人与动物不同方面的"相似点"写清楚,写连贯。

教学过程	融合时机与策略
课前准备 　布置课前作业:观看《动物世界》视频,记录不同动物的特点。 　一、绘本导入 　1.导入:同学们,今天老师要给大家介绍一位小导游,他的名字叫——祥泰。(出示绘本故事:《我家是个动物园》) 　2.学生观察思考:故事中,小导游把(　　)比作了(　　)?为什么? 　3.教师小结:原来,人和动物之间有那么多相似之处啊!	引入绘本可以迅速吸引学生的注意力,营造轻松愉悦的学习氛围,为后续的作文教学做好铺垫。 　创设情境,帮助学生更好地感受家庭成员的独特性和多样性,从而激发他们的写作欲望以及内心深处产生对家庭成员的认同感和亲近感。

续表1

教学过程	融合时机与策略
二、展开联想 (一)创设情境,体会人物特点 1.创设情境:一天,小明、小红、小兰三个好朋友围在一起聊自己的家人,听听他们怎么说。 小明说:"我的爸爸胖胖的,憨憨的,像一头熊。" 小红说:"我的姐姐游泳特别好,在水里像一条灵活的鱼。" 小兰说:"我的爷爷很威严,就像一只威武的大老虎。" 2.引导:听了三位同学的介绍,你有什么发现? 3.师总结:是的,我们可以从人物的外貌、性格、特长等各方面来思考他与哪种动物相似,也就是找人与动物之间的相似点。 (二)构建思维导图 1.引导发现:明明说自己的妈妈好像一只绵羊,请同学们仔细观察这幅图,图中的妈妈和绵羊有哪几方面的相似点?(出示:妈妈绵羊图)(图略) 2.谁能尝试一下,通过这幅图介绍一下这位妈妈? 3.小组交流,完成思维导图:小小"动物园",希沃白板计时五分钟。 4.小组展示延伸的思维导图,其他同学评价是否合理。 三、例文引路 1.教师出示例文和绘本图片。 2.学生畅谈感受,想一想祥泰用了什么方法来介绍自己和家人。 3.引导学生结合"思维导图"进行段的创作,希沃计时五分钟。 4.现场解说,小组相互点评。	通过思维导图环节的设置,引导学生抓住每个家人之间的特点,加深对家人之间的了解。 通过小组合作的方式,增进学生之间的友谊和信任,培养更加良好的人际交往能力。 出示例文,引导学生感受例文中所传达的情感和价值观,促进家庭成员之间的情感交流和融合。

续表2

教学过程	融合时机与策略
四、布置任务,分享快乐 　同学们,每天生活在这样的"动物园"里,既能感受到快乐,又能收获幸福,请同学们将自己的习作补充完整,并带回家读给家人听一听,让家人评评写得像不像。	在课堂训练的基础上,补充习作内容,并与家人分享,营造温馨的家庭氛围。
作业超市: 　A.将习作补充完整。 　B.与家人进行分享。	板书设计: 习作:小小"动物园" 人 ⟺ 动物 相似点(外貌　性格　特长)

4.《手指》第1课时(部编版五年级下册第八单元)

教者:邹璐(宁乡·流沙河镇中心小学)

教材分析:《手指》是部编版小学语文五年级下册中的一篇课文,它在本册教材中占据着举足轻重的地位。这篇课文不仅是学生学习语言文字、深入理解文章内容的基石,更是培养学生敏锐观察生活、深刻感悟人生哲理的重要窗口。通过学习这篇课文,学生们不仅能够进一步掌握有效的阅读方法,提升他们的阅读理解能力,还能够学会灵活运用各种修辞手法,从而增强他们的语言表达能力。此外,这篇课文所蕴含的深刻思想,如团结合作的重要性以及珍视个人的独特价值的理念,都对学生的成长产生了积极而深远的影响。这些思想不仅能够引导学生形成正确的价值观,还能够激发他们积极向上的人生态度,为他们的未来发展奠定坚实的基础。

学科素养目标:第一,掌握文中重点字词及成语,能够准确朗读课文,流利表达每个手指的特点,并能用自己的话复述课文大意。第二,深入理解每个手指所代表的品质或寓意,并能结合生活实际举例说明。第三,能熟练运用比喻和拟人修辞手法进行简单的写作练习。

心理融合目标:第一,通过朗读、讨论、角色扮演等方式,培养学生的阅读理解能力、语言表达能力和团队协作能力。第二,导学生体会"团结就是力量"的人生哲理,培养学生的集体荣誉感和合作意识。

教学重点:理解五根手指各自的特点和作用,体会作者的表达方法。

教学难点:领悟"团结就是力量"的道理,并将之应用到实际生活中去。

教学过程	融合时机与策略
一、情境导入 　1.情境创设:教师手持一幅色彩斑斓的手部绘画,展示给学生看,并引导:"同学们,看看老师手中的这幅画,上面精心描绘了五根各具特色的手指。在我们的生活中,手是我们最亲密的伙伴,每根手指都承担着不同的任务。那么,你们有没有想过,如果它们能说话,会告诉我们什么故事呢?今天,我们就走进丰子恺先生的《手指》,一起去听听这五根手指的'心声'。" 　2.互动提问:"请大家闭上眼睛,想象一下,如果你是一根手指,你会是哪一根?为什么?"邀请几位学生分享他们的想象。 　学生评价: 　对积极参与想象并分享的学生给予"创意之星"的称号。 　对能准确表达手指特点或功能的学生给予"理解之星"的称号。	出示手部绘画作品既活跃课堂气氛,又自然引出课文主题,激发学生对课文的好奇心和探索欲望。
二、初读课文,整体感知 　1.预习汇报:将课文分成几个部分,学生分段朗读,要求读准字音,读通句子,注意停顿和语气。其他同学作为听众,仔细聆听并准备评价。 　2.大意概括:朗读结束后,请学生用自己的话尝试概括课文的主要内容,教师可以提供关键词或句式作为引导。 　学生评价: 　对朗读准确、流畅的学生给予"朗读之星"的称号。 　对能准确概括课文大意的学生授予"概括之星"的称号。	安排学生进行分段朗读,并请学生进行点评。鼓励学生大胆表达自己,同时提升语言表达能力。

续表1

教学过程	融合时机与策略
三、深入探究,理解寓意 活动一:小组合作,分析手指特点 1.任务分配:每组学生选择一个手指进行深入探究,通过查阅资料、讨论交流,找出该手指的特点、功能及其在文章中的象征意义。 2.成果展示:每组选派代表,通过汇报的形式展示探究成果。其他同学认真聆听并记录。 学生评价: 对合作默契、探究深入的小组给予"合作之星"的称号。 对展示成果清晰、有创意的小组给予"展示之星"的称号。	促进学生的主动学习和合作学习能力,增强他们在语言理解和应用上的能力。
活动二:角色扮演,加深理解 1.角色分配:学生自愿选择或抽签决定扮演的手指角色,准备简单的道具或服装。 2.角色扮演:在课堂上进行角色扮演,通过对话、动作等方式展现手指的特点和寓意。其他同学作为观众,观看并给出评价。 学生评价: 对能准确传达手指特点和寓意的学生给予"理解之星"的称号。 对表演投入、形象生动的学生给予"表演之星"的称号。	通过角色扮演,学生不仅能深入理解课文,还能培养表达能力和自信心。同时,分享个人理解和感受有助于拓展学生的思维视野和情感认知。
四、修辞手法学习与应用 活动一:修辞手法解析 1.例句分析:教师选取课文中的典型例句,引导学生识别并理解比喻和拟人修辞手法的运用。通过对比、讨论等方式,让学生感受修辞手法的魅力。 活动二:写作练习 1.创作指导:教师给出写作提示,"以'风'为例,运用比喻和拟人修辞手法写一段话"。学生独立创作。	鼓励学生勇于独立创作,大胆表达。

续表2

教学过程	融合时机与策略
2.作品分享:学生自愿或由教师邀请分享自己的作品,其他同学给予掌声鼓励并提出建议。 学生评价: 对能准确识别修辞手法并解释其作用的学生给予"识别之星"。 对作品运用修辞手法得当、表达流畅的学生给予"创作之星"。 五、总结回顾,拓展延伸 师生共同回顾本课所学内容,引导学生思考并讨论:"在我们的生活中,还有哪些事物或现象可以用到比喻和拟人修辞手法来描述?"鼓励学生大胆想象并举例说明。	学会分享,准确表达自己的观点,在鼓励中不断提升学生的自信心。
作业超市: A.完成本课练习题。 B.小小代言人:发现写法特点,仿照课文写五官。 我叫_____,五官中数我_____。你瞧,_____。	板书设计: 手指 大拇指——最能吃苦 食指——能干机敏 中指——养尊处优 无名指和小指——能力薄弱 团结就是力量

5.《猫》第2课时(部编版四年级语文下册第四单元)

教者:杨小燕(宁乡·南雅蓝月谷学校)

教材分析:这篇精心雕琢的课文,细腻而生动地刻画了猫咪那既古怪又迷人的性格,以及它在满月时展现出的淘气与可爱,字里行间无不透露出作者对猫咪深深的喜爱与宠溺。课文巧妙地从三个维度揭示了猫咪性格的复杂性:它时而温顺老实,时而贪玩成性,更能在贪玩之余展现出惊人的尽职;它的情绪如同天气般多变,高兴时与不高兴时的表现判若两猫;它似乎对一切都心存畏惧,却又能在关键时刻展现出惊人的勇猛。这些看似矛盾的性格特点,却都是猫咪真实而独特的存在,让人不禁感叹其性格之古怪。随后,课文又细腻地描绘了猫咪幼时的淘气模样:初满月时,即便腿脚尚不稳健,也已迫不及待地探索世界;随着年岁的增长,胆子愈发大,淘气之举更是层出不穷。这篇课文之所以引人入胜,得益于其两大鲜明特点。其一,是那份真挚而深厚的情感表达。老舍先生对家中的猫咪,如同对待自己的儿女一般,无论其性格如何古怪,行为如何淘气,在他眼中都是那么可爱与迷人。这种人与猫之间的深厚情感与相互信任,共同编织出一个温馨而美好的世界。其二是老舍先生那质朴无华、自然流畅的语言风格。在描绘猫咪的性格特点时,他并未过多地雕琢与修饰,而是将事实娓娓道来,使得猫咪的形象愈发鲜活生动,性格愈发鲜明突出,给读者留下了难以磨灭的深刻印象。

学科素养目标:第一,让学生继续感受人与动物和谐相处的美好意境,体会作者对生活的热爱。第二,引导学生感受作者用具体事例表现动物特点的描写方法。

心理融合目标:第一,培养学生的阅读能力,激发其合作探究精神,树立学生自信,乐于学习。第二,激发学生的好奇心和探索欲望,培养开放心态和认真学习的态度。

教学重点:了解作者是怎样写出猫的性格特点。

教学难点:在阅读中体会"猫的性格实在有些古怪"。

教学过程	融合时机与策略
一、导入 　1. 直接导入: 　2. 检测复习:说说课文的主要内容:大猫的古怪和小猫的淘气可爱。 　过渡:老舍先生在这篇文章中所要表达的感情是什么呢?(对猫的喜爱之情。)	通过复习回顾,让学生体验成功,激发学生学习的兴趣,活跃课堂气氛,增强学生的自信心。

续表1

教学过程	融合时机与策略
课文哪些地方体现出了老舍先生对猫的喜爱之情呢? 二、品读课文 (一)出示学习要求,学生自主学习: 读一读,选用自己喜欢的方式读课文,找到课文中能够体现出老舍先生对猫的喜爱的句子。画一画,拿出笔,边读边画记文章中给你印象最深刻的词语或句子,在旁边写上批注。说一说,读完以后和小组内的成员交流自己的读后感受。 过渡:接下来开始我们的分享之旅,谁愿意来说说你找到的是哪一自然段? (二)汇报交流: 1.第三自然段: (1)指名读——点评 (2)这一个自然段中哪些词句让你感受到了老舍先生对猫的喜爱呢? 引导关注课文旁边小泡泡里面的"小梅花"三个字,说说从这个"小梅花"中感受到了什么? (比喻修辞,喜爱之情) (3)指导朗读:读出喜爱之情。(读后点评) 过渡:孩子们,一千个读者就有一千个哈姆雷特,其他同学在读到这一段的时候,还有哪些词语或句子让你体会到了老舍先生对猫的喜爱之情? (4)感悟老舍先生对猫的叫声的描写:它还会丰富多腔地叫唤,长短不同,粗细各异,变化多端。再读这一段。 过渡:同学们,老师也很喜欢这一段,我反反复复读了好几遍。我关注到了这样一个字,你们看就是这个标红的"蹭"字,老师想把这个"蹭"字改一改,我想把它改成"触"或者"碰",你们同意吗?	引导学生互助互学,在交流中学会尊重,学会倾听,准确表达自己的见解,树立自信心。 点评学生,调动学生的学习兴趣,增强学生的学习自信。 将故事与学生的日常生活经验联系起来,学会辩证思维。

教学过程	融合时机与策略
品词析句： 　　学生各抒己见,老师归纳小结:同学们,"蹭"字能够表现出小猫对老舍先生的这种亲密和亲近的感觉,能够体现出老舍先生与小猫之间这种亲密的关系,足以看出老舍先生对猫十分喜爱。可见老舍先生平时写文章时用词之准确。(表扬孩子们会读书)孩子们,在今后的学习中,我们就要像老舍爷爷一样细心观察,细致描绘,才能写出如此的美文。让我们再来美美地读这么精彩的一段文字吧。 　　指名读——齐读。 　三、结课 　　同学们,今天我们通过品词析句,看到了一只调皮可爱的小猫,也感受到了老舍先生对猫的喜爱之情。那么文章还有很多处地方也写了老舍先生对猫的喜爱。我们下节课精彩继续。	品词析句,引导学生代入角色,亲身体验,身临其境,从而加深对内容的理解和情感共鸣,增强同理心。
作业超市： 　　选择自己最喜爱的小动物,用一两段话把这种小动物的特点写下来。	板书设计： 　　　　猫 　　　小梅花 　　　　蹭

6.《自相矛盾》第1课时(部编版五年级下册第六单元)

教者:喻丽嘉(衡阳·灶市完小)

教材分析:《自相矛盾》是部编版小学语文五年级下册第六单元中的一篇经典文言文。文章生动地描绘了一个卖矛与盾的商贩,他同时大肆吹嘘自己的矛无坚不摧与盾坚不可摧,结果却陷入了自相矛盾的尴尬境地,无法自圆其说。这一寓言故事深刻地告诫我们,在言语与行为上应当保持一致性,坚持实事求是的原则。本文不仅是一个富含哲理的寓言,更是一个旨在锻炼学生思维能力、引导他们理解生活哲理的佳作。

学科素养目标：第一,正确、流利、有感情地朗读课文。第二,理解课文内容,结合生活实际明白寓意。第三,了解人物的思维过程。弄清"其人弗能应也"的原因。

心理融合目标：第一,着重培养学生的自主学习能力,激发他们的学习兴趣和探究精神,帮助他们树立自信,使他们能够乐于学习,享受知识的乐趣。第二,提升学生分析问题和解决问题的能力,为他们即将步入的初中阶段的学习生活奠定坚实的基础,使他们能够从容应对各种挑战。

教学重点：理解课文内容,结合生活实际明白寓意。

教学难点：了解人物的思维过程,弄清"其人弗能应也"的原因。

教学过程	融合时机与策略
一、开门见山,直接导入 1. 出示"矛""盾"的甲骨文:哪个是矛,哪个是盾? 2. 这节课咱们一起看看思想家、哲学家韩非围绕这两种兵器写了一个什么故事。我们一起来学习第 15 课《自相矛盾》。跟老师一起书写课题。再读课题 二、读准字音,把握停顿 1. 好文不厌百回读,请孩子们借助拼音自由朗读课文,努力做到字字准确,句句通顺。 2. 请五个学生依次读课文,一人读一句。 3. 连句成篇,谁来挑战? 4. 读书就是要字字咬准。谁再来试试,读出它的停顿。 5. 读小古文啊诀窍就一个字:慢。慢点儿读,把音拖长韵味就有了。跟着老师的手势读一遍(教师缓慢打节拍)。 请生读,全班读。 6. 真是书读百遍,其义自见,看得出通过刚才的反复诵读大家对这篇小古文已经有了大致的了解。	随着一遍一遍读,难度也在逐渐增大,极具挑战性,这能激发学生的学习兴趣。

续表1

教学过程	融合时机与策略
三、理解意思，渗透方法 　1.学习文言文，不仅要读准字音，读通句子，更要读懂意思。正所谓不动笔墨不读书，请大家快速梳理每句话的意思，难懂的字词在旁边及时做好批注。 　2.课文讲了一个什么故事？ 　3."誉"的意思是什么？你是怎么理解的？（点拨：联系上下文） 　4.小试牛刀，请你用联系上下文的方法理解这两个字。 　出示：其人弗能应也。　不可同世而立。 　（出示3处"之"字相关语句）这三句话中都有"之"，在每一句话中意思都不一样。谁来揭开它的第一层面纱？ 　6.脑筋转得真快！咱们一起读一读第三句。这是一种典型的文言句式。瞧，我敢肯定你绝对答得出。 　吾花之（　　），蜂蝶皆爱也。吾树之（　　），众鸟皆爱也。 四、深入理解，情景再现 　1.请你找出与故事的起因、经过、结果相对应的语句。 　2.具体发生了什么事呢？让我们一起回到楚国的街市瞧一瞧。这里可真热闹啊，听，一个卖盾和矛的人为了招揽生意，大声吆喝——（出示句子：吾盾之坚……），请生读，指导生带上动作和表情读。（单个读，小组读） 　3.谁用白话文吆喝吆喝？ 　4.光是听着就很心动啊！咱们一起来吆喝吆喝。（读"吾盾之坚……"回到课文） 　5.按道理，这人把矛和盾夸得如此之好，东西应该畅销而空才对呀。但是他的结果如何？（弗能应也）	学习迁移，在课堂中习得方法，运用方法，培养学生分析问题和解决问题的能力。 　激励性语言及时肯定学生，增强学生自信。 　创设真实情境，让学生在模仿商人卖货自吹自擂的过程中自然而然地理解"其人弗能应也"的原因。学生学得快乐，学得轻松。

续表2

教学过程	融合时机与策略
6.为什么会"弗能应也"呢？ 7.如果"以子之矛攻子之盾"，会有什么样的结果？请你拿出学习单，小组合作完成表格。 8.生汇报。 五、结合生活，理解寓意 1.如果一个人说的话、做的事互相抵触，就是自相矛盾。孩子们，你在生活中有没有遇到过自相矛盾的事情呢？ 2.所以，《自相矛盾》这个故事流传至今就是想告诉我们什么道理？ 3.看来孩子们感受颇深。原来《自相矛盾》不仅是一篇小古文，还是一个寓言故事。好，让我们再次读一读这篇极具意义的文言文。	
作业超市： A.背诵《自相矛盾》，将故事讲给家人或朋友听。 B.调查并探究生活中"自相矛盾"的情况，并写一份简单的研究报告。	板书设计： 自相矛盾 吾盾之坚　吾矛之利 其人弗能应也。

7.《火烧云》第1课时(人教版三年级下册第七单元)

教者:胡跃(宁乡·流沙河镇中心小学)

教材分析:《火烧云》是一篇细腻描绘自然景致的佳作,它详尽地刻画了火烧云从初现至消逝的全过程,其色彩与形态的万千变化。教材之所以精选此文,意在引领学生深入领略大自然那令人叹为观止的奇妙与壮丽。文章语言流畅而富有诗意,巧妙地运用了比喻、排比等多种修辞手法,为学生们构建了一个丰富多彩的语言宝库。在教学过程中,引导学生细细品味文中的词句,深刻体会作者对火烧云生动细腻的描绘,进而学习并借鉴作者的写作技巧。此外,这一过程还能有效锻炼学生的观察力与想象力,激发他们对大自然的无限热爱与向往,从而在潜移默化中提升他们的语文素养与审美能力。

学科素养目标:第一,精准无误、流畅连贯且饱含情感地诵读课文,同时掌握并认识"檀""喂"等生字。第二,深入理解并掌握火烧云的独特特征及其丰富多变的过程,学习作者按照事物发展变化的顺序进行描绘的巧妙手法。第三,满怀情感地朗读第三自然段,并注重积累描述色彩的词汇,深刻体会并欣赏火烧云色彩变化所带来的美妙与魅力。

心理融合目标:第一,着重培养学生的敏锐观察力和丰富想象力,积极引导他们在日常生活中主动探寻自然现象的奥秘,以此丰富其内心世界,拓宽思维视野。第二,借助小组讨论等多元化活动形式,有效增强学生的沟通交流能力和团队协作精神,引导他们学会耐心倾听他人的见解,并自信地表达自己的观点,进而提升个人的自信心和自我认同感。

教学重点:了解火烧云的颜色变化特点,让学生体会其丰富多样。掌握作者描写这些变化的方法和技巧,如排比和比喻手法,为学生的写作积累素材和经验。

教学难点:学习作者观察事物和积累素材的方法,并能学以致用,鼓励学生在日常生活中运用这些方法去观察和描写其他事物,提高写作能力。

教学过程	融合时机与策略
课前准备 课前作业:课前查找有关火烧云的资料及预习生字。 一、游戏导入 1.希沃小游戏,完成选择题,检查学生搜集的成果。 (1)火烧云最常出现在一天中的哪个时段?(A) A.傍晚　B.清晨　C.中午　D.深夜 (2)以下哪种颜色在火烧云中较为少见?(C) A.红色　B.橙色　C.绿色　D.金色 (3)火烧云的形状通常像以下哪种动物?(D) A.马　B.狗　C.狮子　D.大象	当学生进行火烧云相关选择题抢答时,教师可以观察学生的参与积极性和竞争心理表现。例如,对于抢答速度快且正确的学生,及时给予肯定和鼓励,强化他们的自信心和成就感;对于答错的学生,用温和的语言引导他们不要气馁,培养他们对挫折的承受能力。

续表1

教学过程	融合时机与策略
(4)火烧云形成的主要原因与以下哪种因素关系最密切？（A） A.太阳光折射　　B.大气湿度 C.风速　　　　　D.季节 (5)以下哪位诗人曾在作品中描写过火烧云？（B） A.李白　　　　　B.萧红 C.王维　　　　　D.孟浩然 2.板书课题《火烧云》。 3.理解"火烧云"的概念，请学生介绍火烧云的形成原因、常见天气情况等。 二、有滋有味读 1.学生自由朗读课文，初步熟悉课文内容，并掌握字词的读音与含义。 2.在学生朗读结束后，教师提问：课文按照什么顺序写火烧云的？重点写了火烧云的什么变化？ 3.简要概括课文内容 (1)教师引导学生按照事情发展的顺序，即火烧云上来了、变化和下去了这一过程，来梳理课文内容。 (2)请几位学生简要概括课文的主要内容，每位学生发言后，教师可以引导其他学生进行补充和评价，通过学生之间的互动，加深对课文内容的理解。 (3)根据学生的描述，教师进行总结和梳理，明确火烧云的出现是在特定的时间和地点。 三、深入探究 1.研读段落与词语标注： 教师引导学生仔细阅读第3自然段，并要求学生画出表示颜色的词语，感受火烧云变化颜色之多。 2.小组讨论并完成任务：	在学生自由朗读课文并圈出生字词时，教师可以鼓励学生克服阅读中的困难和对陌生字词的恐惧心理，培养他们的自主学习能力和解决问题的能力。 研读描写颜色变化的段落并进行小组讨论时，教师可以引导学生学会与他人合作交流，共同探讨问题，培养他们的沟通能力和团队协作精神。

续表2

教学过程	融合时机与策略
出示任务： （1）课文中描写火烧云颜色变化除了多以外还有什么？从哪些词句感受到的？通过四个"一会儿"和句中使用的顿号可以感受火烧云颜色变化之快。 （2）句型练习：模仿文中"一会儿"的句型，进行仿写。 （3）文中这些颜色给你一种什么样的感觉？ （4）小组讨论，并给形容颜色的词语分类。 ABB式　半××半××并列式　事物+颜色比喻式 （5）小组展示，教师补充及点评。 3. 多媒体展示： 教师通过多媒体展示火烧云颜色变化的图片或视频，让学生更直观地感受火烧云颜色的丰富与美丽。 4. 小练笔 写作练习：用所学习到的三种表示颜色的方法，仿照文中例句形容一处事物，写出颜色的变化。 四、课外拓展 （1）向学生简要介绍火烧云形成的科学原理，即它是由于太阳的光线在穿过大气层时，经过折射、散射等作用，使得云层呈现出特殊的颜色和光泽。 （2）查阅相关资料，预习火烧云的形态变化，为下一节课打好基础。	在拓展知识环节，培养学生的探索精神和对科学的兴趣，让他们学会关注身边的自然现象，培养热爱大自然的情感。 　　鼓励学生大胆写作，充分表达自己的感受。 　　引导学生用科学原理理解文本，培养严谨的科学态度。
作业超市： 　　A. 书写小达人：抄写课文中的生字词，每个抄写三遍并组词。 　　B. 观察小能手：和家人一起观察一次晚霞或其他自然现象，并用文字详细地记录下来，包括观察的时间、地点、景象特点以及自己的感受等。	板书设计： 　　　　　　火烧云 上来了　变化　下去了 　　　　　颜色 红彤彤　半紫半黄　葡萄灰 金灿灿　半灰半百合 茄子紫　绚丽多彩

8.《跳水》第1课时(部编版五年级下册第六单元)

教者:章可(宁乡·流沙河镇中心小学)

教材分析:《跳水》叙述了一个扣人心弦、惊心动魄的故事。在一艘环游世界的豪华游轮之上,孩子的纯真与好奇在水手和猴子的戏弄下被推向了极致。他奋力追赶那只调皮的猴子,却不慎走上了桅杆顶端那狭窄的横木,陷入了前所未有的险境。就在这千钧一发之际,船长挺身而出,他的眼神中透露出坚定与果敢。他毫不犹豫地举起手枪,以冷静而威严的姿态,迫使孩子跳入海中,从而挽救了孩子的生命。这一举动,不仅彰显了船长在危急关头超乎常人的沉着冷静与机智果断,更深刻地展现了他那伟大而崇高的人格魅力。通过这个故事,我们深刻体会到:在紧急时刻,保持冷静的头脑,善于根据当时的具体情况进行迅速而准确的判断,并果断地采取相应的行动,是我们应对危机、化险为夷的关键所在。

学科素养目标:第一,重新审视整个故事的核心内容。第二,将焦点对准"跳水"这一关键情节,深入探究船长在此情境下的具体行动与言辞,以期全面理解其应对方式。第三,力求以客观的角度分析局势的演变,并尝试通过推理还原船长的思维轨迹,从而深刻理解为何"跳水"成为解决危机的最佳方案,并在此过程中深刻感悟船长所展现出的丰富经验、机智、勇敢等卓越品质。第四,为了进一步提升思维能力,建议拓展阅读小说《鲨鱼》,通过不同的故事情境,继续锻炼和强化自身的思维过程。

心理融合目标:第一,培养学生的学习能力,激发学习兴趣和探究精神,树立自信,乐于学习。第二,培养学生分析问题和解决问题的能力,为初中阶段的学习生活做好准备。

教学重点:聚焦"跳水"情节,了解船长是怎么做、怎么说的。

教学难点:能客观分析形势发展,尝试还原船长的思维过程,明白"跳水"这个办法好在哪里,感悟船长富有经验、机智、勇敢等品质。

教学过程	融合时机与策略
一、回顾导入 1.同学们,我们学习了《跳水》这篇课文,请回忆一下课文讲述的内容。请一位同学来说一说。 2.指名回答。 二、聚焦跳水情节,感知人物形象 1.通过学习,我们知道了在孩子处于生死攸关之际,船长出现了,他的表现看起来很简单,我们来读一读这段话。 2.教师引读船长说的话。 3.研究语言。 ①细心的你发现船长说的这两句话有什么特点? ②文字有温度,标点知冷暖,作者为什么一连用了七个感叹号呢? ③请你读读这句话。请你来评价一下他的朗读。 ④指名读。 三、探究智救方法,推测思维过程 1.“立刻瞄准”说明了船长在做这个决定和举动时完全没有犹豫,这说明船长是随便作出决断的吗?面对自己的儿子处于这样的处境,他应该比任何人都要担心,可他为什么要逼迫自己的孩子跳水呢?他就不怕儿子有危险吗?接下来请同学们完成学习任务一中的思维导图。 2.学生自学。 3.检测学习成果。相机进行指导。 (1)跳水会面临哪些危险? (2)我们所担心的这些危险情况可以避免吗?用你从课文中找到的关键信息来说一说。 (3)看起来“跳水”这个办法确实比较可行,可老师不禁想问,怎么确保孩子就一定会听父亲的命令跳水呢? (4)现在请你再将你的思维导图进行完善。	船长是故事中化险为夷的关键人物,品读船长在危急时刻的语言,初步感知人物的机智、果断,也在此过程中让学生明白面对危险时不能慌张,应该沉着冷静。 引导学生自我认识,克服心理障碍,在关键时刻能够果断决策。

教学过程	融合时机与策略
4.小结:通过推测船长的思维,我们知道了孩子当时所处的情境十分复杂,以常规的救人方法,孩子极有可能摔在甲板上。结合当时的各种情况,用枪逼孩子跳水是唯一可行的办法。 5.在危急时刻,船长表现出许多值得我们学习的品质,请你说一说。 6.带着对船长的敬佩再读第五自然段。 四、拓展阅读,训练思维 1.这样的好作品是谁写的? 我们来读读另一部作品。 2.出示《鲨鱼》的前半部分,引导学生读故事。 (1)读后说说当时的紧急情况。 (2)在这样危急的时刻,老炮手会如何解决危机呢? 请你和同桌交流交流。 3.小结:以后我们在生活中遇到问题,先观察,再分析,最后选择合适的办法去解决,你也可以成为思维超常的人。 4.托尔斯泰还有好多这样的文章,让我们见识到思维的力量。思维火花,它能够化险为夷、转输为赢、戳破漏洞,愿同学们未来常开启思维之旅,擦出更多思维的火花,下课!	透过人物的言行推测人物的思维,从课文的细枝末节中寻找线索和依据,激发学生的学习和探究兴趣,培养学生分析问题和解决问题的能力,从中领悟到面对危险,要临危不乱,为学生的初中学习和生活打下基础。 学会正确的思维方式,养成勤于思考的习惯。
作业超市: 　　A.抄写本课生字,做到字字正确,字字美观。 　　B.生活练笔:你有没有经历或看到过类似的紧急情况? 事情是如何发展的? 最后的结果又是怎样的? 动笔写一写吧。	板书设计: 　　跳水 　　船长——临危不乱 　　沉着冷静 　　机智果断

9.《小毛虫》第1课时(部编版二年级下册第七单元)

教者:刘琦(长沙·青园梓枫小学)

教材分析:课文细腻地描绘了一只小毛虫历经结茧至破茧羽化的奇妙旅程,其间洋溢着浓厚的人文情怀与纯真的童趣。全文由七个自然段精心构建,遵循事物发展的自然脉络,结构严谨而清晰。从开篇小毛虫在绿叶间笨拙地蠕动的场景,到它勤勉结茧的努力,直至最终破茧而出的瞬间,每一环节都扣人心弦。课文巧妙地运用了对比手法,以凸显角色形象的差异对比。开篇即以"趴"卧不动的小毛虫与那些"欢歌、跳跃、奔跑、飞翔"的各类昆虫形成鲜明对照,生动地刻画了小毛虫初登场时的平凡无奇与笨拙之态。而结尾部分,则以充满喜悦的笔触描绘了小毛虫破茧后展现出的"敏捷"与"飘逸",与前文中"笨拙"的形象形成强烈反差,深刻地展现了小毛虫的成长与蜕变。此外,文中穿插的两处独白式心理描写,不仅寓意深远,直指文章核心主题,更使得小毛虫的形象变得更为立体与饱满,令人印象深刻。

学科素养目标:第一,积累"昆""怜"等15个生字,读准多音字"尽"。第二,通过朗读课文,了解小毛虫一生的变化。第三,明白小毛虫成长中的困难,联系生活受到启迪。

心理融合目标:第一,能够在自主合作的学习活动中,形成团结协作、互帮互助的团队合作能力。第二,受到故事内容的启迪,能够拥有不怕困难、坚韧勇敢的乐观心态。

教学重点:认识"昆""怜"等15个生字,积累生字词。

教学难点:明白小毛虫成长中的困难,联系生活产生启迪,形成积极乐观的心态。

教学过程	融合时机与策略
一、初读课文,走进故事 1.图片导入,激发兴趣。 (1)出示蝴蝶图片,激发学生兴趣。 (2)出示小毛虫图片。思考:小毛虫是怎么变成蝴蝶的呢?今天,我们就来跟随课文,一起去揭开这个秘密吧! 2.初读课文,识字读词。 (1)自由读课文,读通读顺,初步认识生字新词。 (2)出示生字,小组合作,交流识字方法。 ①偏旁归类识记:怜、愉、纺、织;抽、挪、挣。 ②形近字识记:纺一仿,竭一喝。 小组展示读词语:小老师带读、小组轮读、小组齐读。 二、梳理情节,话说"成长" 1.再读词语,发现规律。 (1)分组读词语,说说你有什么发现。 (2)根据学生汇报板书。(小毛虫、茧、蝴蝶) 2.小毛虫在成长过程中经历了哪些变化?再读课文,圈画出关键词句。 3.结合插图,对照小毛虫的成长过程,再读课文。 4.结合插图,用自己的话说说小毛虫成长的三个阶段。 三、朗读指导,聚焦"成长" 1.这是一只怎样的小毛虫呢?自由朗读课文第1-2自然段,并画出相关句子。 小毛虫的"可怜",行动迟缓,与其他动物生机勃勃的状态形成对比。 ①朗读感知小毛虫慢慢吞吞才挪动一点点的艰难。 ②结合插图想象蚂蚁、瓢虫、蜜蜂开心地唱歌、跳舞的情景。	图片激发学习兴趣,提升学生的求知欲。 学生在小组合作中,展现出良好的团结协作意识,个人积极发表想法,贡献智慧。成员之间互相帮助,出现错误及时订正,同时,伙伴之间也不吝啬赞赏。 上台讲述的环节,学生需要克服害怕、紧张等心理因素,此环节增强了学生的抗压能力,形成良好的心理素质。

教学过程	融合时机与策略
2. 小毛虫没有悲观失望,是怎么想的? 又是怎么做的? (1)学生交流。 (2)联系上下文理解词语"尽心竭力"。 指导朗读,抓住重点词句"一刻也没有迟疑""它织啊,织啊"。想象小毛虫是怎样尽心竭力地工作的。 (3)朗读指导。 抓住重点词句"尽管如此""一刻也没有迟疑""尽心竭力""织啊,织啊"。	在朗读、想象等多样的学习活动中,学生感受到了学习的快乐,心理愉悦,心情放松。
3. 精读感悟,体验"坚持"。 (1)小毛虫接下来是怎么想的? 又是怎么做的? (2)理解句子"每个人都有自己该做的事情"。 ①小毛虫该做的事情是什么? ②其他小昆虫该做的事情是什么? (3)理解句子"万事万物都有自己的规律"的意思。 (4)朗读指导,体会小毛虫的勤奋与坚持。 (5)此时,你觉得这是一只怎样的小毛虫? (坚强,不悲观失望,不羡慕别人,尽心竭力地做好自己的事情的小毛虫)	在重点字词的品读中,学生逐渐深入文本,体会故事中的智慧,增强学习自信心。
4. "化茧成蝶",感受美好。 过渡:万事万物都有自己的规律,小毛虫变成蝴蝶就是小毛虫成长的规律。	
5. 联系生活谈感想:你有没有像小毛虫一样遇到困难,默默坚持的经历? 你是怎么做的? 小结:这节课我们学习了小毛虫的故事,知道它一生中发生的有趣变化,它明白:每个人都有自己该做的事情,万事万物都有它的规律。同样的,小毛虫的经历也给了我们启发,希望大家以后面对生活、面对困难,能像小毛虫一样,坚持下来,最终破茧成蝶!	学生从小毛虫的经历中受到启迪,明白如何面对生活的困难,能够勇敢面对、耐心等待,帮助学生形成积极乐观的心理素质和坚韧不拔的人格品质。

续表2

教学过程	融合时机与策略
作业超市： 　　A.书空本课生字，和家人说一说小毛虫的故事。 　　B.请你给这个故事画一张宣传海报，就像电影宣传海报一样，结合图片和有吸引力的文字，彰显故事魅力。	板书设计： 板书设计： 小毛虫 小毛虫　茧屋　飞蛾

10.《揠苗助长》第1课时(部编版二年级下册第五单元)

教者：钟意阳(宁乡·南雅蓝月谷学校)

教材分析：《揠苗助长》是一则脍炙人口、短小精悍的寓言故事。对于二年级的学生而言，他们接触到的寓言故事相对较少，因此，首要任务是引导他们深入了解寓言的体裁特色及故事内容。然而，寓言故事的学习不应仅仅局限于对故事情节的掌握，更应充分利用文本的独特之处，着重培养学生的口头表达能力和审美鉴赏能力，这些核心素养对于他们的全面发展至关重要。鼓励学生将《揠苗助长》这则寓言故事生动形象地讲述出来，在班级故事大会上展现他们的风采。同时，在语文课堂的精心组织下，我们应鼓励学生从多个维度出发，积极表达自己的情感与见解，培养他们的批判性思维和多元表达能力。这样的学习过程，不仅能够加深学生对寓言故事的理解，更能在潜移默化中提升他们的综合素养。

学科素养目标：第一，会读"揠、焦、筋、疲、喘、截"等生字，理解"巴望、焦急、筋疲力尽"等词语的意思。第二，能读好寓言故事，能做到正确、流利、有感情地朗读。第三，能感悟并理解故事内容，并能利用关键词语，讲好文本中的故事；其次是能联系生活进一步明白道理。

心理融合目标：第一，积极培养学生主动探究和深入思考的精神，让他们深切地感受到自己是学习过程中的主导者，通过不懈的努力能够体验到成功的喜悦，从而建立起坚定的自信心。第二，让学生深刻感受中华优秀传统文化的魅力，从而培养他们的文化自信。

教学重点:利用文本内容,引导学生学会讲《揠苗助长》故事,能讲生活中的《揠苗助长》故事。

教学难点:指导学生学习把故事讲得有序、有趣。

教学过程	融合时机与策略
一、创设情景,走近寓言 1.谈话导入,揭示寓言。 引入严文井先生关于寓言的定义。 2.复习回顾,创设情境。课件出示寓言故事图片。 (让学生回顾总结寓言故事道理)师:同学们想不想听更多的寓言故事呢? 今天,老师就带领大家一起去寓言王国看一看,让寓言国王为大家介绍有趣的寓言故事吧! 3.展示情景动画。 寓言国王:小朋友们,大家好呀,欢迎来到我的王国。在我的王国里发生了许多有意思的故事,每个故事都发人深省。 看,这是"狐假虎威",当时这只狐狸可神气了! (引导学生看课本插图) 还有,守株待兔,瞧,那个农夫到现在还守在那呢! 小朋友们,今天让我们走入新的寓言故事,我把它叫做"揠苗助长",你想不想听一听发生了什么有趣的事? 走,跟着国王我去看看! 二、走近故事,整体感知 1.播放《揠苗助长》寓言故事动画。 师总结,板书。(板书:揠苗助长) 【学习任务一:生字我会读】 1.提出要求: (1)自由朗读课文,读准字音,遇到不会读的生字先做上记号。 (2)边读边思考:课文讲的是什么故事?	通过贴合儿童心理的情境的创设,激发了学生内心对于寓言故事的兴趣,鼓励学生回顾旧知,畅所欲言地表达,课堂氛围和谐而热烈。

续表1

教学过程	融合时机与策略
2.出示课文生字词 (1)出示拼音,教师领读,学生跟读。 (2)去掉拼音,学生再读。 【学习活动2:故事我来说】 1.把生字放入课文,读流利,读准确。 2.概括故事内容。 3.明确题目重要性。 　　学习课文,标题很重要:题目是文章的眼睛,可以巧妙借助标题,细致分析题目,发现题目中隐藏的关键信息,了解课文的大致内容。 　　三、细读感悟,体会故事寓言 【学习活动3:故事我会读】 1.根据故事内容说一说"揠"的意思。 　　预设:揠和拔都有一个提手旁,表示和手有关,人们也经常把揠苗助长说成拔苗助长。 　　"揠"通"拔"(板书:揠——拔) 2.探究问题1:为什么故事里这个人要把禾苗往高处拔呢?说明什么呢? (1)因为他希望禾苗长高一点、快一点。 (2)体会关键词——"巴望",体现心急。 (巴望就是眼巴巴地望着,表示十分渴望、盼望的意思。) (3)自读课文第1自然段,还有哪些词句可以体会到他巴望的心情呢?找一找关键词句,划出来。 　　预设:我从天天去田间看,看出他的心急。 　　预设:我从他在田边焦急地转来转去,看出来他心情很焦急。(板书:焦急) 2.探究问题2:他每天巴望的禾苗到底有没有长高呢?	通过多种学习活动方式展开教学,真正体现"以学生为主体"的教学理念,将课堂的主动性交还给学生,让其在学习活动中主动探究和思考,让学生感受到自己是学习的主人,通过努力让学生感受到成功的快乐,帮助他们建立自信心。

教学过程	融合时机与策略
（1）学生自由发表自己的看法，阐述理由，只要对，就认可。（可能长高，可能没长）	
（2）教师补充：禾苗其实是长了的，因为变化不大，所以我们的眼睛看不出来，故事里的农夫因为心急就更看不出来了。	
（3）关键词——"焦急"。	
①"焦急"，这个词此时充分地体现了他的心情。	
②这个词去掉，对比读一读两个句子，是什么感觉呢？	
他在田边转来转去。	
他在田边焦急地转来转去。	
（第二句读起来更强烈，更能体现出种田人内心的焦灼，而不加焦急显得很平常，所以不能去掉焦急。）	
3. 教师小结：正是有了农夫的内心焦灼，所以有了故事的起因，接下来让我们走进故事的发展。	
4. 探究问题3：他想了什么办法让禾苗长高？	通过朗读、角色扮演和游戏等多种互动方式，积极激发学生对学习的热情和主动性。
（1）课件出示（办法）：	
"一天，他终于想出了办法……把禾苗一棵一棵往高里拔……弄得筋疲力尽。"（板书：办法——拔）	
（2）他是怎么拔的？	
（一棵一棵地往高里拔。）	
（3）理解"筋疲力尽"的意思。	引导学生深入观察汉字的构字特点，深刻感受汉字的形体之美与意蕴之深，领悟中华汉字所蕴含的丰富美学价值，从而油然而生对中华民族传统文字的由衷自豪与热爱之情。
【学习活动3-1：生字我会写】	
5. 生字随堂教学——"筋、疲"。	
教师书写指导。	
（1）说部首、说结构，注意各部分占位。	
（2）师范写，生书空。	
（3）练习本上练习书写。（板书：筋疲）	
师：同学们，到这里，课文向我们描绘了这个人拔苗的原因和过程，那故事的结果是怎样的呢？	

教学过程	融合时机与策略
6.探究问题4:禾苗真的长高了一大截吗? (1)禾苗都枯死了。 (2)怎么会这样呢? 引导学生发散思维,思考禾苗枯死的原因,鼓励学生大胆表述自己的想法。 7.教师总结: 不同的植物都有它们不同的生长规律,禾苗生长得比较慢,如果我们硬要把它拔高,结果根都拔断了,没有了根禾苗怎么生长呢? (引导学生讲出道理,师总结) 四、联系生活,感悟道理 1.接入情景: 寓言国王:小朋友们!现在大家都明白这个故事的寓意了吧!这小小的故事教会我们办任何事情都不能急于求成,要一步一来。那么你想想你的生活中做过或见过的揠苗助长的现象呢?和国王我说说看。 要求:小组交流举一个生活中拔苗助长的例子,全班分享。 五、拓展延伸,课外阅读 1.出示寓言故事图片(国王介绍)。 2.推荐课外阅读:《伊索寓言》。 师:谢谢我们热情的寓言国王!相信同学们都很愿意继续探索呢!请同学们课后去阅读《伊索寓言》,感受寓言故事中充满智慧的故事和话语。	通过情境问答,提高学生的参与度,让学生在轻松愉快、充满挑战与思考的氛围中学习。 让学生从寓言故事中感受到寓言故事产生新的美学意义,从而感受到中华传统文化的源远流长和经久不衰的醇香魅力,产生对中华文化的民族自信。
作业超市: A.我能写漂亮:将新学的"筋""疲"二字端端正正写在书法纸上。 B.我能讲动听: (a)将"揠苗助长"故事讲给身边亲近的人听。 (b)阅读《伊索寓言》相关寓言故事,选取喜欢的在班级"故事分享会"和同学分享。	板书设计: 揠苗助长 焦急 拔 枯死 不急于求成

11.《我们家的男子汉》第1课时(部编版四年级上册第六单元)

教者:戴勇(宁乡·玉兴小学)

教材分析:《我们家的男子汉》通过王安忆的细腻笔触,娓娓道来小外甥自诞生至四岁这一纯真年华的趣闻轶事,生动勾勒出一个独立自强、勇敢无畏的小小"男子汉"形象。本文作为略读课文,独具匠心地以多个小标题划分章节,于诙谐风趣的字里行间深入剖析人物性格,品味语言的精妙绝伦,此为本课教学的核心要点。同时,课堂上我们强调知识的拓展与深化,旨在引导学生深刻领悟"男子汉"精神的真谛,进而塑造他们积极向上的人生观与价值观,激励学生从心灵深处受到触动,努力成为一位勇敢、坚韧且独立的"男子汉"。

学科素养目标:第一,能够迅速而安静地默读课文,并有效地利用文中的小标题深入理解课文的主旨。第二,深刻体会"男子汉"身上展现出的难能可贵的特点,同时细腻感受作者对小男孩怀有的深厚情感。

心理融合目标:第一,增强学生的共情能力和表达能力,帮助他们树立学习自信,从而在学术和社交领域都能游刃有余。第二,鼓励学生培养坚忍不拔的品质,引导他们成为一个独立自主、勇敢坚强的人,面对困难和挑战时能够坚持不懈、勇往直前。

教学重点:能快速默读全文,结合小标题理解课文内容。

教学难点:从具体事例中感受"男子汉"形象,体会作者对其的赞赏之情。

教学过程	融合时机与策略
课前学习 　布置课前作业:熟悉课文,认识生字,利用字典查找释义,并找出文中的多音字和形近字,进行记忆。 　一、游戏导入 　1.同学们,提到"男子汉",你都会想到哪些词语呢?	

续表1

教学过程	融合时机与策略
我们用"节奏游戏"的方式回答。游戏规则是：双手击打节奏，第一句"小小男子汉"重复，后用两个你认为符合男子汉特点的词语用"和"字连接，例如：（双手击掌或拍桌等）小小男子汉，坚毅又勇敢。 2. 教师引导：今天我们一起走进王安忆笔下的"男子汉"，看看他与我们平常所见有什么不一样吧。 二、精读课文，把握内容 1. 快速默读课文，思考作者笔下的男子汉是谁？文章从哪几个方面介绍了这位"男子汉"？ 2. 作者列举了三个小标题，从三个方面描写了小外甥，围绕小标题，分别描写了哪些具体事例？ 3. 小组交流：《他对食物的兴趣》部分，作者都讲了小外甥的哪些事情？（利用希沃计时器进行五分钟计时，并关注学生分享的内容，鼓励学生大胆发言。） 4. 小外甥对食物有很大兴趣，展现了他的天真可爱，除此之外，他对独立也有自己的要求。请阅读第二部分，说一说为什么称小外甥是"男子汉"？体现了作者怎样的情感？（请多个学生分享自己的理解） 5. 在这一部分，作者通过对小外甥的动作、语言、神态描写，让我们感受到他的心理活动和情绪的变化，体会到了小外甥对于独立的渴望。而作者通过对自己心情的交代，也让我们感受到他对小外甥的喜欢、疼爱，以及理解。这部分中还有哪些具体的描写带给你体会和感悟？（学生补充分享） 6. 独立在我们成长过程中，是必须要面对、经历的、伴随着无尽挑战的，并不会一帆风顺，相信大家也有过类似的经历，我们也要像他一样，勇敢尝试，独立执着，获得优秀的男子汉品质。 7. 那在《他面对生活挑战的沉着》中，又展现了他哪些"男子汉"的特点？请你找出文中"沉着"表现在哪？（学生分享）	以游戏导入，激发学生的学习兴趣：节奏游戏既考验了学生对"男子汉"品质的认识，又激发了学生参与学习的兴趣，活跃了课堂氛围。 小组交流：群体交流促进学生流利表达、乐于表达，培养学生开朗、合群、主动交往的健康人格。 阅读提炼，自信表达：在培养学生良好的阅读习惯的同时，鼓励学生自信地表达，提升学生的心理素质。

续表2

教学过程	融合时机与策略
8.文中的小外甥,面对生活中必要的挑战,他不再做无效的挣扎,坦然接受现实,还很快地适应了环境,这就是一个了不起的男子汉拥有的沉着和坚强啊!回想我们在读幼儿园的情景,是不是也有类似的情况出现,不愿意去读但又必须去,我们也一样沉着、坚强地面对过生活中的挑战。 三、结合课文,体会情感 1.在文章最后的描写(课件),两个"一点儿一点儿",结合前面我们所学习的内容,谁愿说说,作者对"男子汉"有着怎样的感情? 2.作者对小外甥成长过程中细致入微的关注,让读者感受到了她的喜欢和疼爱,看着小外甥一点儿一点儿地长大,她喜爱、自豪的同时,又彰显着对他的赞赏。你家中有一位对你有着赞赏之情的家人吗?请结合具体事例分享。 四、课堂总结 在本堂课中,我们通过阅读深刻感受到了小外甥身上的"男子汉"品质,体会到作者对他的喜爱之情。其实男子汉并不一定要做出什么惊天动地的大事情,也不一定要有多大的年纪、多高的身高,在成长中能够拥有天真可爱、执着独立、沉着坚强、坦诚勇敢的品质,敢于迎接生活中的各种挑战,不断让自己变得越来越好,你就是一个真正的"男子汉"。	通过作者对小外甥情感的分析,联合实际,感受和领悟家人对我们的关注和赞赏,提升感悟爱的能力。 情感态度价值观提升:总结回顾"男子汉"的特殊品质,启迪学生培养坚毅的品质,成为一个独立自主、勇敢坚强的人,培养健全人格。
作业超市: A.字词巩固:认真抄写本课生字、多音字词、形近字词一遍,要求字词正确,字迹工整美观。 B.相信在你们的成长中,也遇到过许多苦恼的、有趣的、具有挑战性的事情,你是怎么面对的?怎样才能让自己成为一名真正的"男子汉"?请你用笔记录下来吧!	板书设计: 我们家的男子汉 品质:天真可爱 独立执着 沉着坚强 情感:喜爱、赞赏、自豪

12.《示儿》第 1 课时(部编版五年级上册第四单元)

教者:曾婧(宁乡·大田方小学)

教材分析:这是人教版小学语文教材第四单元,其中的一篇重要讲读课,即第 12 课《古诗三首》中的开篇之作——陆游的《示儿》。本单元的核心人文主题为"爱国情怀",旨在引导学生深入体会这一伟大情感。在语文要素方面,本课要求学生能够结合相关资料,深刻领悟课文所蕴含的思想感情。《示儿》是陆游在 85 岁高龄、临终之际写给儿子的绝笔之作。这首诗不仅凝聚了诗人一生的心事与企盼,更深刻地表达了他对南宋统治者屈辱求和、苟且偷安的极度愤慨,以及对收复失地、统一祖国的渴望。作为陆游的一首遗世之作、一份深情的遗嘱,这首诗无愧于诗人辉煌的创作生涯,更彰显了他一生矢志不渝的爱国情怀。全诗字里行间,无不透露出诗人内心深处的悲愤与渴望,情感真挚而动人。它不仅是陆游个人情感的抒发,更是对全体国民乃至后世子孙的一份深情呼唤,呼唤着大家共同铭记历史、珍惜和平、追求统一。整首诗读来令人动容,展现了诗人深厚而真诚的爱国之情。

学科素养目标:第一,反复诵读古诗,读通读顺,能背诵。第二,准确把握关键字词,读懂古诗。第三,借助资料,走进文本,加深理解,感受诗人的爱国情怀。

心理融合目标:第一,培养学生热爱祖国传统文化的思想感情,由诗人的人格魅力影响自我的"三观",立志做一个有责任、有担当的好少年。第二,充分尊重学生独特的体验感,提高学生的诗歌鉴赏水平,增强学生的自信心。

教学重点:借助注释,结合资料理解这首诗的意思,培养学生对古诗的阅读能力。

教学难点:体会诗人所表达的强烈爱国情怀。

教学过程	融合时机与策略
课前准备 布置课前作业:利用网络查找并记录作者生平以及创作背景,收集作者相关的诗词作品。 一、感受古诗语言魅力,吟诗导入 1.同学们,唐诗宋词是中华文化的精髓,大家已经积累了不少古诗词名句了,现在我们来对读一下诗句! 老师吟出上句,请大家吟出下一句。(出示诗句) 同学们积累得可真多! 你们可知,这些诗都出自哪位诗人的笔下吗?(生分享课前搜集的有关陆游生平的资料,师补充陆游生平资料,生齐读补充资料) 2.揭示诗题 ①"示儿"是什么意思?(示:告诉,告之;示儿:是写给儿子看的诗) ②质疑:看了诗题,你有什么疑问? 你有提出了哪些问题? 诗人想告诉儿子什么? 什么时候告诉的? 为什么告诉儿子? 二、初读古诗,整体感知 1.自由朗读古诗,出示要求:读准字音,把诗读正确,读通顺,读出节奏感。 2.结合书中所给注释,试着说一说诗的大概意思。 3.小组交流探讨:陆游想要告诉儿子什么? 三、疏通诗意,理解内容 1.理解古诗的内容 ①有人说这首诗是一份遗嘱。你怎么看?(理解"家祭无忘告乃翁""祭"是什么意思) 祭:祭祀、祭奠逝去的先人,寄托自己的哀思。(说明这首诗正是他临终的绝笔,是向儿孙交代身后之事啊。)	了解作者和写作背景,培养学生养成搜集资料的好习惯。 师生共同合作完成吟诗,营造出和谐轻松的课堂心理氛围,创造生动活泼的学习任务情境,让学生感受到自己是学习的主体,是教学活动的参与者和推动者。 鼓励学生提出问题,充分尊重学生独特的体验,能激发学生的想象和联想力。 鼓励学生在读中感悟,抓住关键词句,结合时代背景,通过小组合作探究等形式使学生对词作者产生钦佩之情,在潜移默化中关注学生情感与态度的形成与发展,培养其团结合作、善良、有大爱等心理品质。

教学过程	融合时机与策略
②既然是遗嘱,85岁的诗人就要走完坎坷多难的人生旅途了,他肯定有许多话要叮嘱儿孙,肯定有许多事让他牵肠挂肚,有许多美好事物让他恋恋不舍,是这样的吗?(只牵挂一件事,只叮嘱一件事,理解:王师北定中原日) ③伤别离,作者满心的悲伤缘何而生? ④理解整首诗的意思。(小组合作) 四、拓展延伸,升华情感 1.出示第二首古诗《秋夜将晓出篱门迎凉有感》(陆游68岁)(配乐) 请学生闭上眼睛想象画面:你仿佛看到了怎样的情景?听到了什么?你的心情怎样? 2.体会作者的情感,有感情地朗读古诗。孩子们,请你们再读诗句,你能读出一个什么字?(悲!)为什么悲?(为国土沦丧而悲,为苦难百姓而悲……) 3.出示第三首《题临安邸》: 追问:王师的军队到底在哪?那些权贵、皇帝在哪?他们究竟在干什么?(读) 你们此时有什么感受?(气愤) 你能体会到陆游一颗怎样的心?(焦急、祈盼、同情、悲愤) 4.请全班再有感情地读诗。 五、总结 这位伟大的爱国诗人,临终也没有看到祖国的统一,可以说,死不瞑目!让我们怀着深深的遗憾和不舍,再次朗读这首绝笔之作《示儿》,并说说,你学完这首古诗后的感受。	读懂诗中作者的悲悯爱国情怀。启发学生反思自己,培养学生热爱祖国传统文化的思想感情,让学生受到诗人的人格魅力影响,从而树立正确的"三观",立志做一个有责任有担当的好少年。真正达到"以文载道,以文育人"的目的。 迁移拓展,理论联系实际,培养学生运用所学知识解决实际问题的能力,让学生学有所获,发展其思维的独立性和批判性。 总结的过程中,净化了他们纯洁的心灵、陶冶了他们高尚的情操、健全了他们道德的人格,增强了爱国主义教育的使命感、责任感。

续表2

教学过程	融合时机与策略
作业超市： 　A.记忆达人：背诵《示儿》 　B.小小书法家：誊写《示儿》 　C.透古通今，你能搜集阅读一些现当代的爱国主题文章吗？选择一篇印象最深刻的，写写阅读感受吧！	板书设计： 　　　　示儿 南宋　陆游 　悲　盼 不见　北定 九州同　中原日 爱国　忧民

13.《王戎不取道旁李》第1、2课时(部编版四年级上册第八单元)

教者：文悦(宁乡·云起实验小学)

教材分析：《王戎不取道旁李》一文，源自南朝文学巨匠刘义庆等人编纂的《世说新语》，全文虽仅四十九字，却细腻勾勒出一个年仅七岁的孩童王戎的非凡智慧。他以敏锐的观察与缜密的推理，断定路边李树上的果实苦涩难咽，故而未予采摘。此文语言凝练，布局严谨，王戎非但未随波逐流，反而在众孩童争相摘果之时，坚守自我，展现出不随波逐流的独立精神。通过鲜明的对比(即众孩童竞相奔走取果，唯王戎岿然不动)，王戎的睿智与冷静更显突出，令人叹服。此文意在启迪世人：面对纷扰世事，首要之务乃细心观察，广集信息，以奠定后续推理与判断的坚实基础。同时，王戎那不受表象迷惑、不盲目跟风的理智推断，亦为我们树立了典范，教会我们在复杂多变的环境中，应如何运用逻辑思维，求得真知灼见。

学科素养目标：第一，正确、流利、有感情地朗读课文。第二，运用所学方法自主掌握本课的生字词，借助注释理解课文意思。第三，体会文中王戎善于观察、善于分析的品质，用自己的话复述故事。

心理融合目标：第一，培养学生的学习能力，激发学习兴趣和探究精神，树立自信，乐于学习。第二，培养学生的观察力、注意力、逻辑思维和推理能力。鼓励学生在面对问题时，能够运用所学知识进行独立思考和判断。第三,培养学生的文化自信,激发学生的民族自豪感。

教学重点:理解课文意思,掌握理解文言文的方法。

教学难点:体会文中王戎的善于观察、善于分析的品质,用自己的话复述故事。

教学过程	融合时机与策略
一、回顾导入,解读课题 1.出示课件,创设"古籍文化传承人"评选情境。 2.同学们,我们已经学过了《司马光》《守株待兔》《精卫填海》。这几篇课文都是文言文。他们短小精悍,言简意深,今天咱们再来学习一篇文言文——《王戎不取道旁李》。(板书课题) 指导生字"戎"的书写。"戎"是一个古老的字,它的短横、竖撇代表着盔甲,而戈则代表着古代的武器。戎不仅仅指的是军队,更代表了一种勇敢的精神,王戎的名字也因此显得非常豪迈。齐读课题。 提问: (1)王戎不取道旁李说的是什么意思呢? (2)这路边的李子随手可摘,为何王戎不取? 二、初读课文,整体感知 1.自由地朗读课文,读准字音。 2.出示课件。课文中有 5 个生字,请学生带读。 3.请学生分别读课文,指导读好重点句子的停顿。 (1)指导学习"看道边李树多子折枝" 结合插图,你知道"多子折枝"是什么意思吗? (李子挂在树上,树枝都被压弯了。) (2)引导学习"树在道边而多子"。 (3)引导学习"尝与诸小儿游"。 这个"尝"字在课文当中是什么意思?是经常吗?你怎么知道的?(通过书上的注释和教师板书)	激发学生的学习热情,通过赋予学生"古籍文化传承人"的角色,并模拟古籍文化传承的情境,让学生在心理上与学习内容产生更深的联系。这种角色代入有助于学生更加投入地参与到学习中来。 培养学生的学习兴趣,体验学习汉字的乐趣:通过边写边了解字义,激发学生对中国汉字的喜爱之情。 引导学生感受古代文化的韵味,增强对文言文学习的兴趣和感知力。

教学过程	融合时机与策略
总结:在阅读文言文时,我们可以根据其含义来判断词语之间的停顿。 　　5.出示课件。生完整练读整篇课文。 　　6.加深朗读。同学们,刚刚我们读了课文,读好了停顿,而在一百多年前,文言文是这样呈现的。 　　(1)出示竖排文字课件。请生读。 　　(2)在古书当中,文言文是没有标点符号的。(出示课件)这样,谁还会读? 　　师及时表扬、鼓励。 　　【情境衔接】通过传承人考核第一关:正确、流利地朗读课文。 　　三、细读课文,理解文意 　　同学们,王戎不取道旁李是一个有趣的小故事,要是我们能用自己的话讲出这个故事来该多好呀! 　　1.出示课件(竞走、唯、信然)。课文中的这些词语是什么意思? 请生答。 　　(引导学生注意看注释)注释读得很认真,一下子就理解了词语的意思。真不错。 　　2.出示课件"尝与诸小儿游"。 　　你们在哪些词语当中见过这个"诸"字? (诸葛亮,诸侯,诸位,诸多)出示课件。除此之外,还有春秋战国时期,各个学术流派总称为——"诸子百家"。它们就和诸小儿的"诸"是同样的意思。字"诸"的意思是——许多,那么诸小儿的意思就是——很多小孩子的意思。 　　3.引导学习"之"的用法。 　　这三个"之"分别指什么? 　　【情境衔接】通过传承人考核第二关:借助注释,理解古文意思。	展示竖排文字课件之初,学生往往会被这种新颖的排版方式吸引,激发好奇心。 　　培养学生的观察力、专注力。当学生已经能够较为流畅地朗读带有标点符号的文言文后,适时引入无标点的版本,可以激发学生的挑战欲,促使他们更加专注地理解和分析文本。 　　教师应当及时给予学生肯定与鼓励,通过正面的反馈来增强学生的自信心与学习积极性。

续表2

教学过程	融合时机与策略
四、捋清脉络，复述故事 要想成为一名合格的古籍文化传承人，我们必须努力通过接下来的考核，达到最终的通关目标——复述故事。 1.捋清故事脉络，完整复述故事。 (1)该怎么讲好《王戎不取道旁李》这个故事呢？ 生汇报，师相机出示课件，批注"起因""经过""结果"。 (2)同桌之间用自己的话相互讲一讲这个故事。请生展示。 评价标准：做到语句通顺，过程完整。 2.了解前因后果，清楚复述故事。 要想讲好故事，把过程讲完整还不够，我们还要将故事的内容讲清楚。 课件出示第三关要求。 (1)通过"唯"字，感受王戎与其他小儿的不同。 当看到道边李树多子折枝时，王戎与诸儿的表现有什么不同？默读课文，并完成学习单。 请生答。师相机板书：诸儿、竞走取之，王戎、不动。 小组讨论："唯"字可以去掉吗？ 总结：一个"唯"字（板书：唯），将王戎与诸儿的不同表现进行了鲜明的对比。（板书：对比） (2)师引读，想象画面。 在这一动一静的对比中，感受王戎与其他小儿的不同。 当诸小儿一窝蜂去摘李子时，王戎什么反应？读—— 当诸小儿叽叽喳喳地去摘李子时，读——	 在合作中善于表达，善于沟通。培养开朗、合群的健康人格。 在合作中培养学生的辩证思维能力，学会听取他人意见，培养包容的健康人格。

续表3

教学过程	融合时机与策略
当诸小儿争先恐后地去摘李子时,再读—— 王戎一动不动,和诸小儿的反应形成了鲜明的对比。 3.了解"道边李树多子折枝,此必苦李"的原因。抓住"必",读好王戎说的话。 (1)"必"是什么意思?(必定,一定,必须。) (2)如果是你,你会用什么语气来读好这个字? (3)设置朗读情境,请学生表演情节(角色:诸儿中的甲、乙,路人,王戎)。 预设: 甲问:王戎,你为什么不去摘李子? 王戎答曰:树在道边而多子,此必苦李。 师评价:淡定从容的王戎。 乙问:王戎,你为什么不去摘李子? 王戎答曰:树在道边而多子,此必苦李。 师评价:笃定自信的王戎。 路人问:王戎,你为什么不去摘李子? 王戎答曰:树在道边而多子,此必苦李。 师评价:胸有成竹的王戎。 总结(课件相机出示文字):的确如此,当看到道边李树多子折枝时,王戎就开始思考了。如果这个李子是甜的,那么人们——(竞走取之),那么树上——(树必无李),可是如今——(多子折枝),这说明(人们不摘,由此断定,这李子肯定是苦的)。你们的思维很清晰。 4.用上"如果……就……"或者"因为……所以……"这样的连接词,把王戎的思考过程想清楚说明白。动动笔,先在学习单上写下来。 评价标准:语句通顺、过程清楚、用上关联词。	在对话中提升学生的逻辑思维和推理能力。通过思考分析,理解王戎的内心想法,学习主人公善于观察、分析的品质。

续表4

教学过程	融合时机与策略
5.谈话感悟,体会人物品质。 听了刚才王戎的解释,我可真佩服他。你有什么话想对王戎说的吗? 小结:正是他善于观察,(板书:善于观察)又联系自己的生活经验,通过自己的思考,(板书:独立思考)。才得出了这样一个准确的结论。 6.合议评价标准,多样复述故事 刚才,我们捋清了故事脉络,明白了"此必苦李"的原因,要想成为一名正式的古籍文化传承人,将古籍中的故事用自己的话讲给别人听是必不可少的能力。 (1)出示任务要求: 结合注释、插图,用自己的话讲一讲《王戎不取道旁李》这个故事。 (2)学习单上的评价标准是空的,它等待着你们开动脑筋,集思广益,共同选出最合适的评价标准呢! (师生共同制定评价标准,并现场修改课件。) (3)小组合作,复述故事。 情境衔接:今天,你们团结协作,通过了道道考核,用自己的话讲述了古籍《世说新语》中的故事。恭喜你们,现在已经是一名合格的古籍文化传承人了! 五、总结感悟,拓展提升 1.幼时的王戎,他不取道旁李的故事代代相传。多年以后,王戎也成了著名的"竹林七贤"之一,青史留名。他智慧的故事影响着一代又一代人,而在《世说新语》中,像这样的故事比比皆是。 (播放视频)	培养学生的团队协作能力和团队精神。在共同制定评价标准的过程中,学生需要相互讨论、协商,这一过程促进了团队合作精神的培养,同时也让学生感受到自己是班级或小组中不可或缺的一员,增强了归属感。 培养学生的批判性思维和自我评价能力。同伴之间的反馈也能够为学生提供多元化的视角和建议,促进他们相互学习和成长。 培养学生的文化自信和民族自豪感。通过生动地讲述和视频展示,与古人对话,感受传统文化的魅力。激励学生向古人学习,追求智慧与品德的提升,让学生相信自己能够成为传统文化的传承者和创新者。

续表5

教学过程	融合时机与策略
2.希望孩子们在课下能继续品读,老师更希望,大家能以本节课为起点,打开中国古典书籍的大门。几千年来,我们的祖先一直在记录我们的历史,讲述我们的故事。 　朝气蓬勃的中华少年,希望你以新的方式,读懂典籍,让书写在古籍里的文字,活起来。日积月累地读下去,到那时,你们才能真正体会第八单元导读页上的这句话,(齐读)——时光如川浪淘沙,青史留名多俊杰。 　这节课就上到这里,下课!	在合作中培养学生的合作意识,逐步提升合作能力。 　鼓励学生多读书、读好书,养成良好的读书习惯。
作业超市: 　A.借助插图,背诵课文。 　B.用自己的话和家人讲一讲《王戎不取道旁李》的故事。	板书设计: 　王戎不取道旁李 　诸儿　竞走取之　对比 　戎　　不动 　善于观察　独立思考

14.《威尼斯的小艇》第2课时(部编版五年级下册语文第七单元)

教者:文海燕(宁乡·资福镇中心小学)

教材分析:课文生动描绘了威尼斯的独特风土人情,这一内容无疑对学生具有强大的吸引力。在学习课文的过程中,我们将借助学习任务单的清晰指引以及多媒体资料的丰富补充,让学生仿佛置身于威尼斯的迷人风光之中,从而激发他们的学习兴趣,点燃他们主动探索的学习热情,培养他们积极进取的学习精神。五年级学生已经具备了较为坚实的阅读和理解能力基础。本单元的语文教学重点在于"深入理解并体会静态描写与动态描写的表达效果"。五年级上册的教材内容已经初步引领学生领略了课文中的静态描写与动态描写之美,学生对此已有一定的认知基础和学习经验。在此基础上,进一步引导学生深入探究这两种描写手法的独特表达效果。

学科素养目标:第一,通过学习任务单的引导,了解威尼斯小艇的特点、船夫的驾驶技术及小艇同威尼斯的关系。第二,有感情地朗读课文,感受比喻的妙处,体会动态描写和静态描写的表达效果。第三,学习动静结合的描写方法,尝试进行场景仿写。

心理融合目标:第一,激发学生的学习动机,在自主学习、合作探究中激发学生的学习兴趣。第二,通过个人展示和小组展示等环节,丰富学生对"王戎"这一人物的认知,培养学生的观察能力、思维能力,培养学生倾听、思考与表达等能力。

教学重点:了解小艇的特点和小艇对威尼斯水城的重要性。

教学难点:体会动态描写和静态描写的表达效果,尝试运用动静结合的描写方法。

教学过程	融合时机与策略
一、字词检测,复习导入 1.创设情景,走进威尼斯 在之前的课文学习中,我们一起欣赏过很多中国的风景名胜,大千世界,美妙绝伦,今天让我们跟着课本来到威尼斯旅行,感受异国风光。 2.字词检测,分类归纳 希沃游戏:自主读一读词语,尝试给词语分类。 二、感受特点,品味表达 1.默读课文,思考威尼斯小艇的特点。 (1)思考威尼斯小艇有什么特点? 在文中圈出关键词。 (2)比较写法,品味修辞。比较两种关于小船特点的表达,你更喜欢哪一种? 同桌交流讨论。 小结:原文运用 3 个比喻句,将小艇的特点更加生动形象地呈现在我们眼前。 2.学习第 4 自然段,体会船夫驾驶技术好。 (1)师生共读,感受画面。	风景名胜的引入,极大地提升了学生的学习热情,有效地激发了他们对知识的浓厚兴趣。 倡导学生之间进行积极的交流,相互表达见解,同时也要学会耐心倾听他人的声音。

教学过程		融合时机与策略
师	生	
行船速度极快,来往船只很多,	他操纵自如,毫不手忙脚乱。	
不管怎么拥挤,	他总能左拐右拐地挤过去。	
遇到极窄的地方,	他总能平稳地穿过,而且速度非常快,还能急转弯。	

小结:通过朗读直观地感受到船夫高超的驾驶技术。

(2)体会衬托的表现手法

"两边的建筑飞一般地倒退,我们的眼睛忙极了,不知道看哪一处才好"

小结:利用周围的景物来衬托行船速度快,船夫技术高,正面描写与侧面描写相结合的表现手法。

三、感悟意境,学习方法

1.学习第 5 段,学习小组讨论交流,完成学习活动四。

书本第 5 段:我看到 ＿＿＿＿＿＿＿＿＿＿＿＿＿。

展开想象:我还看到 ＿＿＿＿＿＿＿ 向我们走来,他正准备去 ＿＿＿＿＿＿＿

教师小结:与日常生活息息相关,形形色色的人,日常生活都离不开小艇。

2.体会动静结合,感受对比。

(1)用一个词语来形容白天的威尼斯:喧闹、活力……

(2)通过朗读训练,感受夜晚的威尼斯。

夜深了,小艇累了,休息了,当人们都回到了家,艇也停止工作时,夜晚的威尼斯又是怎样的? 我们看到——(学生齐读"水面上渐渐沉寂……")

融合时机与策略:

引导学生自主学习、合作探究,用贴切的插图充分激发了学生的想象能力、思维能力。教学过程以学生为主体,尊重学生的个性化表达。

引导学生找到描写的具体句子,用抓关键词句的方法,引导学生还原场景,想象自己可能的做法,仔细观察、独立思考、准确判断,培养学生的思维能力。

续表2

教学过程	融合时机与策略
(3)体会写作手法。 师:白天热闹的威尼斯与夜晚沉寂的湖面这里运用了什么样的方法? 小结:运用动静结合的方法,这一动一静形成了鲜明的对比,也可见小艇对人们生活的有多么重要。 (4)朗读指导。 师:第6自然段先动后静,读的时候,先明快后舒缓。 男女生合作读第6自然段,男生读动的部分,带着欢快的心情读出热闹的场景;女生读静的部分,读出安宁、静谧的夜晚。 3.方法运用,练笔动静结合场景。 (1)结合第6段戏院散场后的热闹与人群散开后寂静的场景,运用动静结合的方式写一写放学时校门口的场景。 (2)同桌互评小练笔。 (3)班级展示交流。 四、回顾拓展,课后阅读 1.情景感受,加深印象。 观看游玩威尼斯的视频,加深对威尼斯的美好印象。 2.课后阅读。 课后请大家自主学习阅读链接,感受其他作家笔下的威尼斯是什么样的。	通过个人展示和小组展示等环节,丰富学生对王戎这一角色的认知,培养学生的观察能力、思维能力,培养学生尊重、倾听、思考与表达等能力。 通过动静结合的写作手法,让学生展开联想,学会表达。

续表3

教学过程	融合时机与策略
作业超市： 我是风景推荐官： A.世界文化遗产推荐官。 欢迎来自世界各地的游客，我是世界文化遗产威尼斯的推荐官_____，今天就由我来为大家介绍这座名城，威尼斯(水城)_____。威尼斯的小艇，_____，你们坐进船舱里，_____。船夫的驾驶技_____小艇为威尼斯人的生活增添了无尽的情趣。白天，_____。夜晚，_____。威尼斯是一座风光独特的城市。 B.家乡风景推荐官。 足下万里，寰宇纷呈万花筒。马克·吐温笔下威尼斯的有着无限魅力，吸引了世界各地游客前去游玩。我们家乡也有许多风景名胜，请你尝试运用动态描写、静态描写向游客介绍我们家乡的美景吧。	板书设计： 威尼斯小艇 长窄深翘　快挤窄 白天喧闹 轻快灵活　技术高超 夜晚寂静 (动静结合、比喻) (正面、侧面描写) (动态美、静态美)

15.《狼牙山五壮士》第2课时(部编版六年级上册第二单元)

教者:严思(邵阳·邓元泰镇中学)

教材分析:《狼牙山五壮士》是一篇脍炙人口的经典课文。文章详细叙述了在抗日战争的烽火岁月里,八路军某部七连六班的五位英勇战士,为了掩护群众和连队的安全转移,机智地诱敌深入,以无畏的勇气和坚定的信念,与敌人展开了殊死搏斗。最终,他们成功地将敌人引至狼牙山的巍峨顶峰,面对绝境,毅然决然地选择了跳崖,用生命谱写了一曲壮丽的赞歌。这一壮举,不仅彰显了五壮士对祖国和人民的深情厚爱,更体现了他们对敌人的刻骨仇恨和勇于牺牲的崇高革命精神与英雄气概。

学科素养目标:第一,正确、流利、有感情地朗读课文,理解课文内容,了解五壮士痛歼敌寇、壮烈牺牲的英雄事迹。第二,抓住重点语句,体会五壮士不怕牺牲、舍生取义的英雄气概,并从中受到感染,弘扬民族精神,激发爱国热情。第三,学习作者运用动作、神态、语言等手法刻画人物形象的方法,提高表情达意的能力。第四,通过移情和榜样示范,感受作者强烈的爱国情感,激发学生为了中华崛起而积极进取的精神。

心理融合目标:第一,着力培养自主学习的能力,激发深层次的学习兴趣,培育探索未知的探究精神,树立坚定的自信心,从而乐于投身学习之中。第二,灵活运用情境渲染法实施情感教育,通过情感教育的深入渗透,不断提升自身的理解能力与情感共鸣能力。第三,积极倡导并促进亲社会行为的形成,逐步深化对家国情怀的理解与认同,培养强烈的爱国情感和社会责任感。

教学重点:理解描写五壮士痛歼敌人、英勇跳崖的语句,体会五壮士伟大的奉献精神以及忠于党和人民的崇高品质。

教学难点:第一,理解描写五壮士痛歼敌人、英勇跳崖的语句,体会五壮士伟大的奉献精神以及忠于党和人民的崇高品质。第二,激发热爱祖国,维护祖国团结统一的民族精神。

教学过程	融合时机与策略
一、游戏导入 1.小地雷游戏。(随机出现词语,读正确则安全,读错则"地雷爆炸") 2.出示游戏过程中的所有词语。(详见课件) 二、回顾旧知,铺垫情感 1.读完这些词后你有什么发现?(一组描写我军战士,一组描写敌人) 2.默读课文,回忆课文的主要内容,完成五壮士的歼敌路线图。 三、壮哉,狼牙山五壮士 (一)受命于存亡之际,奉命于危难之间——豪壮 1.请同学们齐读第一自然段,抓住关键词体会情感。 2.在这段话中,描写敌人的是哪个词?(大举进犯)描写七连的呢?(英勇奋战)	通过趣味小游戏激发了学生的学习兴趣,营造了轻松愉快的心理环境,让学生以相对轻松的状态参与学习,提高其参与的主动性。

教学过程	融合时机与策略
3.聚焦"大举进犯"和"英勇奋战" (1)"大举进犯"是什么意思?(率大军大规模地侵犯) (2)体会"大举进犯":日军纠集三四千人的兵力,进犯狼牙山地区。这就叫大举进犯。这条长长的行军队伍,一眼望不到头,这就叫大举进犯。 (3)从"大举进犯"中,你体会到了什么? 4.面对敌人的"大举进犯",我党是如何做的?(英勇奋战、毫不退缩,顽强地同敌人进行战斗。) 5.说说你对英勇奋战的理解。(战士们非常勇敢……) 6.小结:但是,寡不敌众,我党还是决定转移了,在这紧急关头,我们七连勇敢地接受了任务,这就是受命于存亡之际,奉命于危难之间。 (二)相率中原豪杰还我河山——猛壮 1.快速默读第二自然段,找出描写五壮士和敌人进行战斗的句子。 "班长马宝玉……射击。" 2.请五位同学相互配合有感情地朗读。 3.全班齐读。 4.五位壮士是怎样与敌人进行战斗? 5.狠狠地打,满腔怒火地打,竭尽全力地打,全神贯注地打,这就是——痛击。 板书:保家卫国 (三)虽千万人,吾往矣——悲壮 1.齐读第四自然段,思考:摆在战士们面前的是哪两条路?选这两条路分别意味着什么? (1)选择第一条路意味着什么?(有生的希望,可以很快追上连队但容易暴露人民群众和连队主力。)	情感是构成人格稳定而独特的心理因素,既受环境的影响,也受他人情感的感染。因此,在教学活动中体会文章所蕴含的情感就显得尤为重要。在课堂中抓住了"大举进犯""英勇善战"两个关键词体会作者对于日寇和我军战士两种截然不同的情感,以文本教材为依托,对学生进行了积极的情感教育。 在合作中善于表达,善于沟通。培养开朗、合群的健康人格。

续表2

教学过程	融合时机与策略
(2)选择第二条路意味着什么?(不会暴露人民群众和连队主力,但会丧失生生的机会。) 2.走第一条路或者是走第二条路,这不是一次简单的选择,是生与死的抉择。可是在这样的生死抉择面前,五壮士却丝毫没有犹豫地选择了第二条,你从哪里看出来? 3.出示语句:为了保护……斩钉截铁地说……绝路。 (1)斩钉截铁是什么意思? (2)你从"斩钉截铁"中读出了什么?(马宝玉的坚决和不怕牺牲……) 板书:舍生取义 (3)创设情境引读:班长斩钉截铁地说了一声"走!" 4.面对班长的决定,五壮士是什么态度?(热血沸腾、紧跟) (1)为了什么而热血沸腾?——为了把敌人引上绝路(反问三次) 5.虽千万人,吾往矣! 这是何等的悲壮! (四)乱石穿空,惊涛拍岸,卷起千堆雪(血)。 1.课件出示:他刚要拧开盖子……砸去。 2.马宝玉为什么要留住最后一颗手榴弹?(为了等下一波敌人走近,最大限度地杀伤敌人……) 3.你们见过磨盘吗? 磨盘:是以前的人们用来磨米磨面等的一种工具,一个就有一百多斤,一般人很难举起来。 4.让五位壮士举起这些石头的是什么?(五位壮士的决心和中国人民的仇恨……) 5.砸向敌人的仅仅只是磨盘吗? 还是什么? 6.从"像雹子一样"中,你体会到了什么?(五位壮士砸得又快又狠……)	学生在学习课文文本内容的同时,教师积极创设情境渲染情感,使学生在学习语文的过程中潜移默化地受到教育,为这些革命英雄而骄傲。在骄傲的同时也荡涤着他们内心,使学生也涌动着爱我祖国、爱我中华的澎湃激情,使语文教学从以课本为本升华到对学生精神世界的洗礼。

教学过程	融合时机与策略
7.日寇在我国犯下了滔天罪行。 播放日寇侵略我国资料视频,教师讲述故事。 读完这些资料,你心里有怎样的感受? 9.小结:这一个个英勇无畏的五壮士正如诗中所言——巍巍燕山高,潇潇易水寒。英雄五壮士,威震狼牙山。 (五)风萧萧兮易水寒,壮士一去兮不复还——壮烈 1.终于,最后一颗子弹也在敌人中间炸开了花;终于,生命最后的时刻来临了,让我们聚焦这最壮烈的一幕——五位壮士屹立在狼牙山顶峰……深谷。 (师范读) 2.马宝玉冲向的是哪里? (是悬崖,是死亡……) 3.他难道不怕死吗? (怕)但他更怕的是什么? (成为敌人的俘虏,更怕的是在日寇面前丧失共产党员的尊严……),正是因为这种"怕",所以, 创设情境领读:像每次发起冲锋一样,第一个纵身跳下深谷。 (六)风萧萧兮易水寒,壮士一去兮不复还——悲壮 1.他们有没有犹豫?有没有害怕?因为他们为了保家卫国而舍生取义! 2.现在你们知道为什么是狼牙山五壮士而不是狼牙山五战士了吗? (因为他们具有为了保家卫国而舍生取义的英雄气概……) 3.这是一群怎样的壮士? (同学们一个接一个相继回答) 4.一个接着一个,这就是相继;没有丝毫犹豫,没有丝毫畏惧,昂首挺胸,义无反顾,这就是视死如归! 让我们聚焦这壮烈的一幕! 5.播放五壮士跳崖视频。	通过听老师讲故事和观看视频,学生进行情感换位,体会侵略者的凶残。 以爱国主义和学习革命先烈的精神为主题,深入挖掘课文的心理健康教育资源,抓住人物行为,进而感悟伟大行为中的心理能量。

续表4

教学过程	融合时机与策略
6. 此时狼牙山上只留下了他们壮烈豪迈的口号声—— "打倒日本帝国主义!" "中国共产党万岁!" 7. 小结:同学们,让我们永远铭记这悲壮的一幕,让五位壮士为了保家卫国而舍生取义的英雄形象永远地留在我们的心中! 四、壮哉!中华儿女! 1. 中华民族是一个苦难深重的民族,千百年来,内忧外患从未断绝,尤其是鸦片战争之后一百余年的历史,更是一部屈辱辛酸的民族史,但是,中华民族之所以一直没有被打倒,被消灭,乃是因为在国难家仇面前,始终有一些舍生忘死的中华脊梁存在着,支撑着。(出示革命烈士图片) 2. 正是有狼牙山五壮士这样的中华脊梁存在,所以,我们中华民族才在一次次生死存亡之际苦苦支撑,重新崛起。 3. 小结:同学们,让我们永远铭记这些革命志士,铭记他们的功勋,铭记他们的德行。同学们,我们普通人,也许不能成为中华的脊梁,但是,我们可以努力,当祖国的血肉,让我们的每一个人的优秀,把祖国装点得更美丽。	树立榜样,促进学生的亲社会行为:以榜样的爱国之情感染学生。理解革命先辈伟大的奉献精神以及忠于党和人民的崇高品质。激发热爱祖国,维护祖国团结统一的民族精神。
作业超市: A. 摘抄、积累文中自己喜欢的词语和句子。 B. 如果要给狼牙山五壮士写一段颁奖词,你会怎么写?	板书设计: 狼牙山五壮士 保家卫国 舍生取义

16.《在天晴了的时候》第 1 课时(部编版四年级下册第三单元)

教者:王欣媛(岳阳·经济技术开发区白石岭小学)

教材分析:《在天晴了的时候》是著名诗人戴望舒创作的一首动人心弦的现代抒情诗篇。该诗巧妙运用拟人手法,以生动的动态描绘,赋予泥路、小草、小白菊与凤蝶儿等平凡景致以鲜活的生命力与深邃情感。全诗脉络清晰,自然划分为若干诗节,每诗节均承载着独特的主题与情感韵味。开篇第一部分,诗人细腻地刻画了雨后小径的幽美与清新,宛如一幅淡雅的水墨画卷,引人入胜。随后,第二节诗人深情呼唤,引领我们踏上小径,亲近自然,共同体验雨后世界的无限畅快与惬意。第三部分,诗人笔锋一转,进一步描绘了雨后初晴时的新阳、潺潺溪水与悠然云朵,这些元素共同交织出一幅清新脱俗的自然景象,使得整首诗更加饱满而富有生命力。此外,该诗还蕴含着丰富的象征意义。诗中"小草""小白菊"等柔弱而坚韧的自然生命体,不仅象征着希望与新生,更深刻地表达了诗人对祖国未来美好图景的热切期盼与坚定信念。

学科素养目标:第一,正确、流利、有感情地朗读、背诵诗歌。第二,通过学习课文,激发学生热爱生活、热爱大自然的思想感情,并由读到写,学会描写一种景物。第三,培养学生的审美鉴赏能力,让学生能够欣赏和理解诗歌中的美,提高学生的艺术修养和文化素养。

心理融合目标:第一,通过诗歌的朗读和欣赏,体验雨后天晴时的清新和愉悦,从而培养学生对自然美景的热爱和情感体验的能力。第二,通过诗歌中对自然美景的描述,鼓励学生培养积极乐观的心态,学会在面对生活中的困难和挑战时保持乐观和希望。

教学重点:逐层次理解重点字词、关键句子,体会诗歌中所包含的思想感情。

教学难点:引导学生感悟自然美,激发学生热爱生活、热爱大自然的思想感情。

教学过程	融合时机与策略
一、导入新课(5分钟) 1.引入"天晴小世界"情境:教师描述一个晴朗的日子,阳光洒满大地,万物生机勃勃的场景,并引导学生想象自己身处其中。 2.提问学生:"如果现在是一个晴朗的日子,你们会做些什么? 感觉怎么样?"激发学生的想象和兴趣。 3.心理健康分享:通过分享一些关于自然与心情的小故事或观察,引导学生认识到自然对心情的积极影响。 二、朗读感知 1.教师示范朗读课文,配以与"天晴"相关的图片或短视频。 2.学生跟读,模仿教师的朗读技巧,并尝试将自己的情感融入其中。 3.学生自由朗读,并尝试想象自己身处天晴的大自然中。	通过在教室里模拟"天晴小世界"的情境,让学生在有限的空间内体验自然之美,为整节课的教学奠定良好的基础,促进学生的全面发展。将心理健康的引导与课程的导入部分紧密结合,可以迅速抓住学生的注意力,激发他们的学习兴趣。
三、理解探究 1.分组讨论,探讨诗歌中描绘了哪些景物,天晴后的景物有何特点。(复习拟人的修辞手法) 2.小组汇报,教师点评。 四、情感体验 1."天晴画卷"活动:分组进行绘画活动,每组选择一个场景(如公园、田野、河边等),用彩笔在纸上描绘出天晴后的景象。 2.在绘画过程中,引导学生用诗歌中的语言来描述所画的景物。 3.心理健康引导:引导学生们认识到自然之美的治愈力量。鼓励学生们在日常生活中多接触自然,让自然成为他们心灵的疗愈之地。 五、拓展思维 1.自然导师体验:同学们扮演"自然导师"的角色,向其他同学分享你所了解的自然知识或经验。	鼓励学生以小组合作的形式参与天晴画卷活动,通过集体创作的方式培养学生的团队合作精神和沟通能力。在合作过程中,学生可以互相学习、互相帮助,共同完成任务。教师可以通过提问、讨论等方式引导学生深入思考晴朗天气对心情和生活的影响,以及如何通过绘画来表达自己的情感和想法。

教学过程	融合时机与策略
2.心理健康引导:在探索的过程中,我们不仅学到了知识,更收获了心灵的成长。我们学会了尊重自然、爱护环境,更懂得了将这份对大自然的热爱传承下去。我们与同伴们分享了自己的发现和感受,让更多的人了解到了大自然的魅力。 　　六、总结提升 　　1.颁奖仪式:天晴小世界的荣誉使者 　　现在,让我们举行一个特别的颁奖仪式,表彰在天晴小世界中表现出色的同学们。 　　最佳自然观察奖:颁给那些能够细致入微地观察自然,并用生动语言描绘自然之美的同学。 　　创意无限奖:颁给在"天晴画卷"创作中展现出无限创意和审美能力的同学。 　　知识小达人奖:颁给在"自然导师体验"中分享丰富自然知识,回答同学们问题最多的同学。 　　2.总结:通过今天的颁奖仪式,我们感受到了同学们对自然和生活的热爱。希望这些"天晴小世界的荣誉使者"能够继续保持这份热爱与热情,在未来的学习和生活中继续传递热爱自然、热爱生活的正能量,影响更多的同学。	进行颁奖仪式,以此作为对整个学习过程的总结与表彰。这样不仅能够激发学生的学习动力,还能让他们感受到努力后的成就感。在学生对自然之美的体验达到高潮,对自然和生活的热爱之情油然而生之时,进行颁奖仪式,可以加深他们的情感体验。
作业超市: 　　A.有感情地朗读《在天晴了的时候》给父母听,并让父母根据朗读情感充沛程度给出1~5颗星的评价。 　　B.画一幅主题为"美好生活"的绘画作品。	板书设计: 　　在天晴了的时候 　　泥路(凉爽、温柔) 　　小草(炫耀) 　　小白菊(不胆怯) 　　凤蝶儿(闲游) 热爱大自然,热爱生活

17.《"诺曼底"号遇难记》第2课时(部编版四年级下册第七单元)

教者:戴雪强(宁乡·流沙河镇中心小学)

教材分析:《"诺曼底号"遇难记》作为四年级下册第七单元的课文,围绕"人物的品质"这一人文主题展开。文中详细叙述了"诺曼底号"邮船在夜幕笼罩、大雾弥漫的航程中,不幸与"玛丽号"相撞,导致船体破损的惊险一幕。在船只即将沉入深渊的生死存亡之际,哈尔威船长展现出了非凡的冷静与勇气,他从容不迫地指挥乘客们安全撤离,而自己却选择了与船共命运,英勇牺牲。依据阅读要素的要求,本篇课文巧妙地通过丰富的语言描写与逼真的环境刻画,推动了故事情节的紧凑发展,成为课堂深入研读的核心内容。这一过程不仅有助于学生深刻体会人物的高尚品质,更能在他们心中种下对英雄精神的崇敬与向往。通过哈尔威船长那震撼人心的英勇行为,我们引导学生去感悟他那难能可贵的高贵品质与美好心灵,让这份精神力量成为他们成长道路上的宝贵财富。

学科素养目标:第一,有感情地朗读课文,感受"诺曼底"号遇难的惊险场面。第二,学习画情节曲线。第三,仔细品读危急时刻的场面与人物语言、动作、神态等重点段落,领悟人物形象,感悟哈尔威船长的高贵品质。第四,通过移情和榜样示范,能从哈尔威船长在"诺曼底"号遇难时的英雄壮举中,对"生命"有思考和体会,逐步理解"小我与大我"、个人与国家的取舍关系。

心理融合目标:第一,培养学生自主探究和小组合作学习的能力,培养学生的探究精神,有助于学生提升自信,激发学习兴趣。第二,通过深入分析人物形象,体会哈尔威船长临危不惧、舍己为人的高贵品质和美好心灵,树立榜样示范,完善人格。

教学重点:通过朗读重点段落,品析关键词句,感受人物的高贵品质。

教学难点:学习塑造人物形象的基本方法。学习对比手法的运用,体会在危急时刻人们的失魂落魄及船长镇定自若,体会船长的高贵品质。

教学过程	融合时机与策略
一、复习导入，激趣导学 1. 课件出示"诺曼底"号邮轮的图片，让学生讲述对这艘邮轮的印象后引出有关它的故事。 2. 回顾课文主要内容。 （点拨：可按事情发展的顺序讲述，能说出故事的起因、经过、结果） 3. 让学生谈谈对哈尔威船长的印象，引出文中作者对哈尔威船长的评价。（课件出示：第44段） 4. 质疑：为什么这么说？哈尔威船长做了什么？ 过渡：让我们走近这艘美丽的邮轮，了解哈尔威船长的英雄壮举。 品味语言，感知灾难的可怕。 1. 就在一刹那间，玛丽号撞上了诺曼底号，（听音频） 感知：你听到了什么？仿佛看到了什么？ 学生自由回答。 2. 学生自主探究，找出人们逃生的相关段落。（独学）希沃白板计时三分钟。 思考：危急时刻，诺曼底号船上是一番怎样的情景？你从书中哪个词语看出来的？（板书：一片混乱） 哪个字更能体现当时情境的可怕？ 自由读，读出你的感受。你会重点强调哪些词语？从中你体会到什么？ 3. 学生汇报。 （1）课件出示句子："震荡可怕极了。……" （2）播放当时的场景。（视频+朗读） （3）配乐齐声朗读。 4. 融情想象：假如当时你乘坐了"诺曼底"号，遇到这种场景，你会怎么做？ 过渡：人们从"乱得不可开交"眼看天灾和人祸都要发生，可最后却是成功获救，是谁拯救了这一船的生命？引出哈尔威船长（板书：哈尔威船长）	通过回顾课文内容，能引起学生对课文内容和人物形象的回忆，激发学生感悟人物的品质，将学生迅速带入本节课的学习。 启发学生质疑，激发学生的探究欲望。 养成良好的时间管理意识，提升心理素质。计时能让学生更好地集中注意力，更快地完成任务。这不仅能提升学生的自主时间管理能力，还能促进学生形成健康的身心以及良好的学习秩序。

续表1

教学过程	融合时机与策略
三、研读课文,领悟人物形象。 1.小组合作学习:(希沃白板计时8分钟) 再次默读课文,思考: "诺曼底号"与大轮船"玛丽号"相撞,情况危急时,哈尔威船长做了什么? 请用双引号画出描写哈尔威船长的语言、动作、神态的句子,并在旁边写写自己的感受。说说你从中感受到船长怎样的品质。(课后习题第2题) 2.小组内讨论、勾画并批注。 汇报方式建议: 请大家看到第____页的第____段(有感情地读出相应的句子),我发现这一段抓住人物的_____进行描写,让我感悟到哈尔威船长有着_____的精神。 3.汇报交流。 汇报: (1)感悟哈尔威船长的镇定自若,舍己为人。 课件:第 13 段,这一段抓住了人物的动作、语言描写: 关键词句:"大声吼喝""必须把 60 人救出去!" 读句子,谈体会。 探究: A.理解"吼喝",冷静的船长与混乱的人群形成了鲜明的对比,这是一位镇定自若的船长(板书:镇定自若) B.真的只有六十人吗? 他把谁忘了? 这是一位舍己为人的船长。 (2)学习哈尔威船长的临危不惧。 课件出示:简短的对话部分。 A.指导:如何读好对话? B.小组分角色朗读。(分别饰演船长、机械师、大副) C.师生合作读对话部分。	小组合作探究,旨在培养学生合作学习的习惯和能力。培养开朗、合群的健康人格。让学生在交流分析中深入体会人物形象。 通过模拟情境,学生进行情感换位,理解哈尔威船长临危不惧的品质。

续表2

教学过程	融合时机与策略
(3)学习哈尔威船长的忠于职守。 1.过渡:二十分钟到了,船沉没了。船上的60人都安全地转移了,只有我们的哈尔威船长与轮船同在。(音乐响起) 2.教师深情配乐朗读。课件出示:(第42段) 3.学生带着对船长的无限敬意齐读。 4.讨论:你们认为哈尔威船长有机会和大家一起逃生吗?如果有,他为什么会选择与"诺曼底号"一起沉没?你认为他这样做值得吗? 小结:相机板书:忠于职守 5.拓展:此时,你就是船上某一位被救的乘客,你一定有很多话想对哈尔威船长说。请把它写下来吧! 学生练笔,教师巡视后,学生展示。 四、感悟升华 正因为哈尔威船长是一个如此伟大的人,所以作者雨果这样评价他。课件出示:(第44-45段) 1.生齐读这段话: 2.怎样理解第44段这句话?说一说其他海员不能与他相提并论的地方。 在英伦海峡上,他　镇定自若 舍己为人　临危不惧 忠于职守 没有任何一个海员能与他相提并论。 3.说一说:哈尔威船长的英雄壮举,让你对生命有了怎样的体会?(课后习题第3题)结合课文内容或生活实际谈谈自己的理解。 (点拨:可围绕"生命的价值"说说船长的英雄表现。) 五、配乐朗读,升华情感 1.师生合作配乐朗读。	通过品词析句,理解"英雄的壮举",哈尔威船长的形象逐渐丰满,在学生心中高大起来。 　学习榜样,以榜样的爱国之情感染学生。理解"小我与大我"、个人与国家之间的联系。 　探讨对生命的感悟,领悟生命的价值。陶冶情操,学习哈尔威船长忠于职守、舍己为人的品质。

续表3

教学过程	融合时机与策略
2.总结课堂,升华情感。 出示诗歌《英雄》,学生诵读。 让我们再次呼喊我们的英雄——哈尔威船长。	*《英雄》的诗歌诵读,呼唤英雄,情感升华,让学生心灵受到震撼,激发学生学习英雄的高贵品质。*
作业超市: 　A.把这篇课文讲述的故事讲给家长听,说说你的感受。 　B.课外阅读雨果的其他作品,如巨著《悲惨世界》《巴黎圣母院》。	板书设计: "诺曼底"号遇难记 一片混乱→井然有序 镇定自若　舍己为人 临危不惧　忠于职守

18.《小马过河》第2课时(部编版二年级下册第五单元)

教者:张云佳(长沙·双桥小学)

教材分析:《小马过河》是一则描绘小马为母亲驮运半袋麦子前往磨坊途中的寓言故事。在行进中,小马遭遇了一条湍急的河流,面临无法独自渡过的困境。此时,小马向智慧的老牛求助,老牛以它的经验告知河水并不深,可以安全通过。然而,随后出现的松鼠却惊恐地表示河水深不可测,危险至极。面对这两种截然不同的意见,小马感到困惑不已,最终决定返回家中向母亲老马寻求解答。老马并未直接给出答案,而是鼓励小马亲自去尝试,通过实践来找到真相。最终,小马鼓起勇气,成功地渡过了河。整篇故事以事件发展的自然顺序娓娓道来,情节紧凑且充满波折,巧妙地设置了多个悬念点,引人入胜。同时,文章的语言风格简洁明快,生动有趣,充满了儿童特有的纯真与想象,让读者在轻松愉快的阅读中感受到深刻的道理。虽然故事情节简单,但其中蕴含的人生哲理却引人深思,令人受益匪浅。此外,本篇故事中角色众多,对话内容丰富多彩,每个角色的语言都极具个性,生动地展现了他们各自的特点。通过对话的深入展开,读者不仅能够感受到河水深浅这一核心问题的复杂性,还能够随着故事的发展逐步领悟老马所传授的深刻道理。全文的对话紧密围绕河水深浅这一主题展开,推动了故事的进程,也深化了主题。

学科素养目标:第一,通过结构分类、观察比较的方法学写生字"突、该、伯、刻、掉"。第二,根据对话内容、提示语等,分角色朗读课文,体会人物语气的不同,读出恰当的语气。第三,借助词语支架,按故事发展的顺序重新排列词语,复述故事。第四,通过多种形式的朗读,感悟课文内容,体会遇到事情要自己动脑筋思考、亲自去尝试的道理。

心理融合目标:第一,提高学生的学习能力,激发学习兴趣和探究精神,培养其自信大方、热爱学习的积极心理。第二,感受引导的力量,培养优秀的心理品质,明白人生路上需要听取别人的意见,但更要亲自体验的道理。

教学重点:根据对话内容、提示语等,分角色朗读课文,体会人物语气的不同,读出恰当的语气。

教学难点:通过多种形式的朗读,感悟课文内容,体会遇到事情要自己动脑筋思考,亲自去尝试的道理。

教学过程	融合时机与策略
一、读透故事,辨析观点 1.入情入境,辨析观点。 (1)小马被一条河挡住了,怎么办呢? (2)对比朗读,探究老牛和松鼠的不同看法。 (3)抓关键词深入体会松鼠的心情,找出表示松鼠动作和表情的词语。 (4)读透故事,发表观点。 读完故事,你觉得河水深不深?还是浅呢?说说自己的想法。 2.听了老牛和松鼠的话后,小马是怎样做的? (1)交流想法。 (2)自由读句子。 (3)你觉得这是一匹怎样的小马?	导入时提问将学生带到故事情境当中,把学生的注意力调动起来,激发学生的学习兴趣。同时引导学生关注故事,将松鼠的动作、表情提取出来,对学生进行语文学习能力的培养。

续表1

教学过程	融合时机与策略
（4）反馈：对于别人说的话，小马盲目听从，自己没有动脑筋思考。 （5）注意语气，读好小马的自言自语。 3.分角色读第1-6自然段。 二、聚焦对话，了解结果 1.小马回到家后，妈妈是怎样帮助他的？ （1）朗读第7自然段，把小马说的话用"——"画出来，把妈妈说的话用"～"画出来。 （2）找到小马说话的提示语，联系上文的"为难"理解"难为情"的意思，读出小马说话的语气。 （3）理解老马说的话。 ①学生齐读这几句话。 ②小组合作，讨论交流：妈妈的话是想告诉小马什么？ （4）分角色朗读：同桌合作读小马和妈妈的对话。 2.了解结果。 （1）听了妈妈的话后，小马怎么做？结果如何？ （2）学生齐读第八自然段。 （3）领悟故事中的道理。 （4）小马成功过了河，心情如何？他会对妈妈说什么？ （5）再读妈妈的话，牢记妈妈的话。 三、搭建支架，复述故事 1.体悟明理：学完了这个故事，你明白了什么道理？你以后遇到困难会怎么做？ 2.借助词语，复述故事。 （1）出示字词，学生认读。 （2）借助词语支架，复述故事。 （3）按照故事情节发展顺序，对故事进行复述。	对老牛和松鼠的话进行认真研究，促使学生主动思考，到底谁说的是对的，培养学生思维能力。鼓励学生大胆说出自己的想法，培养学生的自信心，并能大方地发表自己的观点。 学习方式符合学生心理，在合作中表达自己、倾听他人，表现自己也能欣赏他人，培养学习能力，构建与同伴的良好社交关系。 明白了在人生道路上，需要听取他人的建议，但更要亲身体验。面对未知的境遇，要勇敢地迈出第一步，才知道其中深浅，达到成功。

教学过程	融合时机与策略
3.角色再现。 分角色朗读。请学生根据自己的体会读出人物的话,完整展现故事。 四、学写生字,评价提升 1.出示"该、伯、刻、掉"。 2.观察结构,交流要点。 3.比较"该、刻",引导学生从字形、结构、位置特点观察。 4.范写生字。 5.学生练写。 6.展示评价。 7.总结:这个故事告诉我们,别人说得是对是错,必须自己动脑筋,思考后去尝试,才能得出正确的结论。	读完故事,学生知道了小马成功过河的原因,学生知道以后遇到这种情况可以听取别人的意见,但更要亲自去体验,积极乐观地去面对。学生从故事中感受正面的引导力量,培养优秀的心理素质。
作业超市: 　A.书写本课要写的生字,熟悉"立刻""突然""麦子""愿意"等词语。 　B.根据关键词语讲述《小马过河》这个故事,把懂得的道理说给家长听。	板书设计: 小马过河 该、伯、刻、掉

19.《猫》第1课时(部编版四年级下册第四单元)

教者:周丛(宁乡·玉潭街道中心小学)

教材分析:《猫》这篇作品的创作者乃是中国文学史上杰出的文学巨擘老舍先生。他以细腻入微的笔触,精妙绝伦地刻画了猫的独特性格——既古怪又充满魅力,以及那些刚满月、活泼好动、顽皮可爱的小猫们,字里行间洋溢着对猫咪深深的喜爱与赞赏之情。本文精心构思,分为两个部分。第一部分聚焦于猫的"古怪"性格,引人入胜;第二部分则转而描绘了小猫们的"淘气"模样,妙趣横生。而"满月的小猫们就更好玩了"这一句,恰似一座桥梁,巧妙地将前后两部分紧密相连,使整篇文章浑然一体。老舍先生的文笔既生动又传神,充满了无限趣味,让读者在品味文字的同时,仿佛目睹了那些活泼可爱的小猫们的一举一动。他对小猫们的深情厚谊,也在字里行间自然而然地流露出来,让人倍感温馨与亲切,百读不厌。

学科素养目标:第一,正确认读 8 个生字,会写 15 个字。第二,正确、流利地朗读课文。第三,整体感知课文,理清文章结构。

心理融合目标:第一,培养学生的学习能力,激发学习兴趣和探究精神,树立自信,乐于学习。第二,树立集体意识,善于与同学、老师交往,培养自主参与各种活动的能力,以及开朗、合群、自立的健康人格。

教学重点:分析文章结构,把握课文内容。

教学难点:理清课文层次,把握课文内容。

教学过程	融合时机与策略
一、关注单元,激发兴趣 同学们,可爱的小动物都是我们的好伙伴。你瞧它们无论是奔跑、飞舞,还是驻足、凝望,都非常有意思。这一单元,我们将认识哪些动物朋友呢?有老舍先生笔下的《猫》《母鸡》,还有丰子恺先生所写的《白鹅》,就让我们一起去体会这两位作家是怎样表达对动物的感情的吧。我们先来认识第一位朋友——猫。 二、检查预习,知整体 1.学课文之前,我们先来了解一下老舍先生。 老舍,原名舒庆春。我国现代小说家、著名作家、杰出的语言大师、人民艺术家。主要著作有《骆驼祥子》《四世同堂》,剧本《茶馆》。 让我们来看看这位了不起的作家养了一只什么样的猫吧! 请同学们大声朗读课文。 2.同学们读得很认真。那我来考考你们,你们能准确地认读这些词语吗?	四年级的孩子非常喜欢小动物,也乐于亲近小动物。以结交动物朋友为契机导入新课,激发学生的学习兴趣,引发学生的好奇心。

续表1

教学过程	融合时机与策略
第一组词语:贪玩　尽职　勇猛　蹭腿　稿纸　无忧无虑　丰富多腔　屏息凝视 　　第二组词语:玩耍　跌倒　彼此　开辟　遭殃　枝折花落　生气勃勃　天真可爱 　　3.聪明的孩子肯定找到了里面的两个多音字,谁来给大家讲解? 　　4.同学们,在平时的学习中,我们可以根据词语的不同意思来选择多音字的正确读音。我们把多音字送回句子中读读吧! 　　出示句子:可是它听到老鼠的一点儿响动,又是多么尽职。……非把老鼠等出来不可。 　　5.“一点儿响动”猫都能听到,为了抓住老鼠,可以等上好几个钟头,可见猫非常认真,由此我们可知“屏息凝视”就是屏住呼吸认真地看。你能带着理解再读一读这句话吗? 　　6.联系上下文是理解词语的好方法。你能运用这种方法说一说“枝折花落”“生气勃勃”的意思吗? 　　7.你们真是学习小能手。现在。我们来看看本课要写的生字。你能根据生字的结构进行分类吗?哪个字需要特别注意呢? 　　三、再读课文,理结构 　　1.老舍先生写了长大后的大猫和满月时的小猫。请你默读课文,思考:课文哪些段落分别介绍了大猫和小猫呢? 　　2.会读书的同学能够将很长的内容读成一句话。请你用横线分别画出能够概括大猫和小猫特点的句子。 　　3.那课文围绕大猫的古怪和小猫的淘气分层写了哪些内容呢?请你圈出关键词,小组合作来画一张思维导图吧!	以肯定的语言增强学生的自信心,让学生当小老师给同学讲解多音字,体验学习成功的乐趣,从而更加喜欢语文,热爱学习。 　　学习迁移,初步培养学生的学习能力,激发学习兴趣和探究精神。 　　在合作中善于表达,善于沟通。培养开朗、合群的健康人格。

续表2

教学过程	融合时机与策略
（猫的脾气古怪体现在：虽老实但贪玩，说它贪玩吧又很尽职。高兴时温柔可亲，不高兴时却一声不出。有时很胆小，有时又很勇猛。满月时的小猫淘气体现在：它们腿脚还不稳，却要个没完没了。经常还弄得院子里枝折花落。） 4.你们的学习能力真强！瞧，你发现本文的结构特点了吗？（1~5自然段是总分总的结构，第6自然段是总分。）课文围绕两句总起句进行了具体描述，结构清晰、层次分明。以这样的结构来写文章，能清楚明白地呈现文章内容，使读的人一目了然。 四、课堂小结，明学法 同学们，这节课，我们运用联系上下文的方法理解了词语。通过抓总起句、抓关键词理清了课文结构，把握了主要内容。这节课我们就上到这儿，同学们再见！	
作业超市： 　A.完成《能力与测试》第23页《猫》这一课的第一、二、三题以及第五题的第1小题。 　B.观察自己喜欢的小动物并用思维导图的方式将它的特点记录下来。	板书设计： 猫 性格古怪：贪玩　尽职 　　　　　　　勇猛 淘气可爱：枝折花落

20.《中国民间故事》第1课时（整本书阅读）

教者：张俊（宁乡·城郊街道中心小学）

教材分析：《中国民间故事》收录了包括汉、傣、白、纳西、黎、回、瑶、彝、布依、侗、羌、苗、藏、蒙古等民族在内的数十篇民间故事。从中可见不同民族的不同历史和文化风貌。这些故事包含了丰富的历史知识、深厚的民族情感，作为中华文化不可或缺的一部分，它们有着永恒的艺术魅力。中国民间故事蕴含着英雄主义、乐观主义、人道主义等崇高的思想与美德，给人以知识、教诲、鼓舞和希望。对青少年读者来说,阅读中国民间故事,阅读《中国民间故事》,对传承民族文化、启迪智慧、拓宽文化视野有着积极有益的作用。

学科素养目标:第一,通过与课本中的《猎人海力布》《牛郎织女》进行对比阅读,初步建构对比阅读的思维方法。第二,通过观察封面、前言,让学生进一步了解民间故事的特点,对本书有一个初步的整体感知。第三,通过图文对比阅读,激发学生阅读《中国民间故事》的兴趣,培养学生的思维能力。

心理融合目标:第一,激发学习兴趣,树立学习自信,乐于学习,以整本书阅读来丰富语文素养,培养探究精神。第二,学会以点带面,训练比较思维。第三,培养自主参与各种活动的能力,健全开朗、合群、自立的人格。

教学重点:图文结合、课内外结合、对比阅读的思维建构。

教学难点:延伸阅读的思维发散。

教学过程	融合时机与策略
(一)歌曲导入 孩子们好,有一首歌是这样唱的:一个呀和尚,挑呀挑水喝。会唱的请接着唱:两个呀和尚呀,抬呀抬水喝。三个和尚没水喝,没呀没水喝呀。孩子们熟悉的《三个和尚》这首歌呀,其实来自于民间故事。 课前播放的纯音乐是马头琴演奏的《梁祝》,如此优美的旋律也是自民间故事《梁山伯与祝英台》,马头琴这种乐器是怎么来的呢,也可以从民间故事中找到答案。今天这节阅读课就让我们一起走近特别的《中国民间故事》吧。 (二)观察封面、封底,捕捉关键信息。 1.拿到一本新书,我们先来看看封面和封底。你看到了什么? 发现了什么? 2.学生自由回答,老师简要点评。 3.王昊只是编者,创作者是广大劳动人民。 4.猜一猜这幅画,讲述的是一个什么民间故事呢? (牛郎织女)	用歌曲和音乐愉悦学生的心情,从而激发学生的学习兴趣,引发学生的好奇心和学习欲望。

续表1

教学过程	融合时机与策略
5.口耳相传的艺术,遗落民间的珍宝。请齐读! 你理解吗? 6.在封底,台湾最有天分的作家张大春说的这段话就是很好的解释。民间故事一代代口耳相传下来,来之不易! (三)默读序言,了解民间故事。 1.要了解一本书,前言特别重要。请细细地默读第1页的前言,"不动笔墨不读书",用横线画出关键的词句,读完后请用端正的坐姿和闪亮的眼神告诉我。 2.读了前言,你知道了什么呢? 明白了什么呢? 相机板书:口耳相传、内容丰富、增长智慧。 3.我们知道了民间故事是人民群众创造的、口耳相传,内容丰富,可以增长我们的智慧,孩子们,这就是前言的作用,读前言多么重要呀! (四)细读目录,猜测故事内容。 1.接下来请细细地浏览目录,哪个故事一下子跳入了你的眼帘,为什么呢? 2.你最想看哪个故事呢? 先来猜一猜人物、情节。 3.看插图猜民间故事。 4.你最熟悉的是哪个故事呢? (五)小组交流,对比阅读。 1.故事书里大家比较熟悉的《猎人海力布》《牛郎织女》,在语文书第三单元里学过了吧,有些什么不同呢,请分组读一读,想一想? (85、86页的《猎人海力布》,与语文书第三单元的第9课。) 2.同样的《猎人海力布》,语文课文里就出现了龙王,而故事书里龙王就没有出场。同样一个故事,因为口耳相传,所以在流传过程有所变化,但肯定是大同小异的。	从序言的学习,引导学生学会整体书阅读的方法,养成从整体把握入手的学习习惯和思维方式。 激发学习兴趣,初步培养学生探究精神。 在比较阅读中学会抓重点,在人物分析中培养开朗、合群的健康人格。

教学过程	融合时机与策略
3.15 到 22 页的《牛郎织女》,与第 10 课,只比较 15 页开头,语文书是 35 页和 22 页结尾,语文书是 42 页。 4.语文课文里是写牛郎开头,而故事书里是写织女开头。 5.结尾不同。一个简洁,一个生动。 (六)倾听故事,激发兴趣。 1.这些属于劳动人民智慧、美德的故事,你现在最想听到哪一个呢? 2.头朝左边伏在桌上休息好,老师要变魔法了。 3.你们知道老师是怎样变出魔法的吗?原来每一个故事都有一个专属的二维码,当你眼睛看累了的时候,可以听一听,听完了再看一看,加深印象。 (七)小结下课 1.这本传奇的《中国民间故事》,你喜欢吗?那就送给大家吧! 2.《中国民间故事》中有很多优秀民间故事,凄美浪漫的、歌颂美德的、讴歌智慧的,流传至今的优秀民间故事等待着大家去品读、传颂。 3.你大概多长时间可以读完呢?有怎样的收获呢?欢迎大家写信、打电话与我分享! 欢迎孩子们到宁乡去玩!	训练学生倾听的习惯,用故事激发深入学习的兴趣和对整本书的阅读欲望。
作业超市: 　　有计划地阅读《中国民间故事》。	板书设计: 中国民间故事 封面、封底 序言 猎人海力布 牛郎织女

21.《葡萄沟》教学实录

教者:姜文倩(宁乡·麻山小学)

教学目标:第一,正确、流利、有感情地朗读课文,积累课文中的好词好句。第二,会认"沟"等11个字,会写"吾"等12个字。第三,领略葡萄沟的风土人情,理解课文内容。第四,产生对葡萄沟的向往和对维吾尔族人民的喜爱之情,知道葡萄沟是个好地方,增强学生对祖国的热爱之情。

教学过程:

一、创设情景,激情导入

1.导语:孩子们,我们的祖国幅员辽阔,物产丰富,塞北江南更是风光各异、景色宜人,让无数的游人流连忘返。今天,老师就要带大家到一个神奇、美丽的地方,那里风光秀丽,盛产水果,最有名的就数葡萄了,你们知道这是什么地方吗?(生答)对,这就是新疆吐鲁番的葡萄沟,请孩子们齐读课题。(出示课题,师正音)

让我们一起走进这块富饶的土地,走进美丽的新疆,去看看有名的葡萄沟。"葡萄沟"这几个字都是生字,我们应该怎样记住它们呢?请大家看老师是怎样写的,看看谁的小眼睛最亮,看得最仔细,记得最清楚。(板书课题,并口述生字写法,提醒应注意的地方)

2.葡萄简介。葡萄是地球上最古老的植物之一。我国栽培葡萄甚古,品种也多。葡萄多分布于温带至亚热带地区,全世界约六十种,我国约二十五种。葡萄产量约占全世界水果总产量的四分之一。葡萄是当今世界上人们喜食的第二大果品,在全世界的果品生产中,葡萄的栽培面积一直居于首位。其果实除作为鲜食外,主要用于酿酒,还可制成葡萄汁、葡萄干和罐头等食品。吐鲁番葡萄的种植面积和总产占全国的20%左右,全疆的50%左右。由于环境适宜,这里所产葡萄的品质远远高于地中海沿岸地区。吐鲁番葡萄品种资源丰富,有600多个品种。

3.介绍葡萄沟的地理位置。

【融合效果与反思】让学生在充满趣味和生动的情境中沉浸于学习之

中,特别是他们感兴趣的内容,此举能够极大地激发学生的学习热情,并促使他们产生强烈的学习欲望。

二、初读课文,扫清障碍

1. 出示生字"沟",与形近字"钩"区别认记。

2. 书写"沟"字。

3. 在课文中圈出带有生字的词语,读准字音。重点指导读准多音字。

(hǎo)好地方　　(gàn)干活　　(fēn)分开　　(dīng)钉子

(hào)好客　　(gān)葡萄干　　(fèn)水分　　(dìng)钉着

4. 指导书写。

同偏旁:搭—摘。

同结构:上下结构——吾、季、留、杏;左右结构——坡、搭、摘、钉、够。

够:右边的"多"字中,两个"夕"要上下排列,提醒学生不要写成左右并排。

摘:再次强调右边的同字框里是"古"。

5. 提问:葡萄沟在哪? 是个怎样的地方呢? 大家想不想知道? 那就快打开书自由朗读吧!

6. 学生自读课文感悟:

(1)回答"葡萄沟在哪?"(在新疆吐鲁番)

课件展示地图,学生依次找到新疆、吐鲁番、葡萄沟,明确三者的关系。认读生字卡片上的"新疆""吐鲁番""葡萄沟"。

(2)"葡萄沟是个怎样的地方?"教师板书:是个好地方。

师:想知道葡萄沟究竟是怎样的吗? 请同学们小声地自由朗读课文,希望你们能读准字音,并勾画出生字词语,同时标出自然段。

读了课文,你们能不能用手势告诉我这篇课文一共有几个自然段? (生出示手势)究竟对不对呢? 我们这样来检查,一、二、三组的孩子分别读一、二、三自然段,课文剩下部分全班孩子一起读一读。

师:真能干! 看来孩子们都数正确了。课文里有一句话是夸咱们葡萄沟的,是哪句呢?赶快到课文中找找,用自己喜欢的符号把它勾画出来。

生:葡萄沟真是个好地方!

师:(板书句子)既然是夸葡萄沟,我们应该怎样读呢?再试着读一读。
(生有感情地齐读)

三、细读课文,整体感知

为什么说葡萄沟是个好地方呢?请你们细细地读读课文第一段。

1.学习第一段。

(1)学生读第一段,边读边悟,你从这段中知道了什么?

(2)这里都出产哪些水果呢?(课件出示图片"杏子""香梨""蜜桃""沙果")

(3)结合图片识记"蜜""杏"。

(4)形近字对比识字"蜜""密"。

"蜜""密"书写指导:第一笔"点"起笔要高,写在竖中线上;中间的"必"字尽量写扁,一撇不能漏掉。

(5)葡萄沟既然出产那么多种水果,为什么不叫水果沟?(让学生明白葡萄沟虽然出产多种水果,但是葡萄最让人喜欢。)

(6)怎样读这段才能表达出人们对葡萄沟的喜爱?

指导朗读:五月有杏子,七月有香梨、蜜桃、沙果,到了九、十月份,人们最喜爱的葡萄成熟了。

(7)学生互读互评。

(8)小结:葡萄沟出产许多水果,其中葡萄最惹人喜爱,所以说葡萄沟是个好地方。(学生说)

2.学习第二段。

师:让我们去看看秋天这里的葡萄园是什么样的吧!(放录像)

(1)学生四人小组合作学习。

A.朗读第二段,并讨论:从这段你知道了什么?

B.小组读句合议。"你觉得哪句最美,为什么?"先讲给小组的同学听,再有感情地读读句子。

(2)重点指导学生有感情地朗读第三句。

A.指导学生看图,抓住重点词语"一大串一大串""五光十色",使学生领悟:葡萄沟的葡萄产量高、颜色美。(板书:多、美)

B.讨论:"五光十色"能不能换成"五颜六色"?(进一步体会葡萄的可爱,并感知在读表示颜色的词语时,语调要抑扬顿挫)

C.小结:读了这句话,老师眼前浮现出葡萄沟那又大又美的葡萄,难怪人们说葡萄沟是个好地方。

(3)师范读:"要是你这时候到葡萄沟去,维吾尔族老乡准会摘下最甜的葡萄,让你吃个够。"

A.出示维吾尔族老乡的图片,结合认字"维""吾"。

B.抓住"最甜""吃个够"指导朗读。(教师板书:老乡、热情好客)

C.识记"够",注意其与"沟"发音相近但声调不同。

(4)看图练习口语。

图2画的是维吾尔族老乡正在接待远方的来客。你若是图中的老乡,面对客人,你会做些什么,说些什么?你若是这位客人,又会怎样说呢?

四、精读课文,深入感悟

1.引读第一自然段。

师:葡萄沟真是个好地方,它好在哪儿呢?请孩子小声地自由朗读第一段,读完后告诉大家你从这段中知道了什么?

生:我知道了新疆有个美丽的地方叫葡萄沟。

师:好,我们一起到中国的版图上去找找它。(出示课件)看,在祖国的西北部,我们找到了新疆维吾尔自治区,接着我们又看到了吐鲁番,美丽迷人的葡萄沟就坐落在吐鲁番市。孩子们,你们找到了吗? 生:(兴奋地回答)找到了!

师:赶快读给老师听听。(生齐读句子)

师:真能干! 你们还知道些什么呢?

生：我还知道新疆的葡萄沟盛产许多水果，有杏子、香梨、蜜桃、沙果等。

师：是的，咱们葡萄沟出产的水果可多了。(出示课件)瞧，葡萄沟五月有又酸又甜的(生看课件回答：杏子)，七八月有黄澄澄的香梨、水灵灵的沙果，到了九、十月份，人们最喜爱的葡萄成熟了。多丰盛的水果啊！我们一起把这些诱人的水果读给大家听听。

生：读句子

师：难怪人们都说葡萄沟是出产水果的胜地，孩子们，我们赶快用一句话夸夸葡萄沟吧！

生：葡萄沟真是个好地方！

【融合效果与反思】在语文课堂上，针对学生的词语训练并非孤立存在，而是应巧妙地融入整个语文教学流程之中。因此，当学生们谈及葡萄沟这一地区盛产水果的情境时，我们可以适时借助多媒体课件，开展词语搭配的实践练习。这一举措不仅将词语的学习与课文内容的理解紧密相连，还切实地将语言文字的训练贯穿于教学始终，使学生在循序渐进的学习过程中逐步增强学习自信心。

2. 充满感情地朗读第二自然段。

师：人们最喜爱的葡萄是什么样子的呢？请孩子们自读第二段，并找找自己喜欢的句子美美地读一读。

师：谁来告诉大家你喜欢的句子？

生：我喜欢"茂密的枝叶向四面展开，就像撑起了一把把绿色的大伞"。

师：这把遮阴的大伞多大啊，在炎炎的夏季，这里一定是人们最好的避暑胜地。还有哪些孩子也喜欢这一句？我们一起来读读。

师：听了你们的朗读，老师仿佛已经置身于这茂密的枝叶下，看到这向四面展开的枝叶像一个个绿色的凉棚，又像一把把撑开的大伞，真多啊！孩子们，赶快去练练，看看谁能用朗读让我们都能感受到葡萄枝叶的茂盛。

生：自由练读。

师：好，我们一起来试试。

生:齐读句子"茂密的枝叶向四面展开,就像撑起了一把把绿色的大伞"。

师:可是我怎么没有感觉到枝叶的茂盛呢?看来还不够茂盛,再试试吧。

生:有感情地朗读。

师:当我们站在山坡上,远远望去,漫山遍野茂密的枝叶向四面展开,就像是撑起了一把把绿色的大伞,真多啊!(板书:多)葡萄枝叶不仅多,还很美呢。再美美地读读这句话,让我们和所有听课的老师一起来感受葡萄枝叶的美。

生:美美地朗读。

师:听了孩子们的朗读,老师眼前似乎已经看到了这一个个枝叶茂盛的凉棚,不时有阵阵凉风袭来,真美啊!(板书:美)如果这时我们走进凉棚,抬头看去,会看到些什么呢?孩子们赶快到课文里去找找。

生:走进凉棚我会看到"葡萄一大串一大串挂在绿叶底下,有红的、白的、紫的、暗红的、淡绿的,五光十色,美丽极了"。

师:还有哪些孩子也喜欢这个句子,我们一起来读一读。

生:起立,齐读。

师:(引读)瞧,到了秋季,葡萄(一大串一大串)挂在绿叶底下,有(红的、白的、紫的、暗红的、淡绿的),五光十色,美丽极了。葡萄沟最有名的就要数葡萄了,那里的葡萄又多又大,可是老师从你们的朗读中还没能感觉到,孩子们赶快去练练,看看谁把葡萄的多读出来了。

生:自由练读。

师:老师想听听孩子们读得怎样了,谁愿意读给大家听听?

生一:(有感情地朗读)葡萄一大串一大串挂在绿叶底下,有红的、白的、紫的、暗红的、淡绿的,五光十色,美丽极了。

师:孩子们,他读得好吗?(好!)赶快学着他的样儿读一读。

生:有感情地齐读。

师:真能干! 咱们葡萄沟的葡萄不仅多,而且还有各种美丽的颜色,书上用了一个什么词来形容? 赶快把它勾出来。(五光十色)我们一起来读一读。

师:多美的葡萄啊! 孩子们,快抬头看,想象这些五光十色的葡萄就挂在你的头顶,(想象读并加上动作)有红的、白的、紫的、暗红的、淡绿的,五光十色,美丽极了。

师:看着这一串串水灵灵的葡萄,老师真想吃上一口啊! 如果这时我们到葡萄沟去,热情好客的维吾尔族老乡会拿什么来款待我们呢?

生:他们准会摘下最甜的葡萄,让你吃个够。

师:多么热情的维吾尔族老乡啊! 让我们用自己的朗读让所有的人都能感受到老乡的热情。

生:(有感情地朗读)如果这时我们来到葡萄沟,热情好客的维吾尔族老乡准会摘下最甜的葡萄,让你吃个够。

师:葡萄沟不仅风景美、葡萄多,老乡的热情好客也给我们留下了深刻的印象。孩子们,赶快用一句话夸夸它吧!

生:葡萄沟真是个好地方!

【融合效果与反思】让学生在多种多样方式的品读中去感悟理解词语的意思,要让学生体会到葡萄枝叶的茂盛,体会葡萄的大、多、美,在教学时不是让学生去抓住词语孤立地识词解词,而是让学生通过反复地读,不同层次地读去体会到"茂盛""一大串一大串""五光十色""热情好客"等,学生通过读自然而然就理解感悟到了语言文字的魅力,大大提高学习兴趣,增强学习自信。同时,着重训练学生思维的层次性、逻辑性,培养学生的想象力、理解力和表达力。

3. 自读自悟第三自然段。

师:摘下这些最甜的葡萄,热情的老乡会让你吃个够。吃不完的葡萄,有的运到城市去,有的运到晾房里去制成葡萄干。葡萄干是怎样制作的呢? 请孩子们自由读课文第三自然段,一边读一边找找答案。

生:自由读课文。

师:(出示课件)瞧,这就是人们晾晒葡萄干的晾房,它是什么样的呢?赶快找找课文中是怎样描述的。

生:介绍晾房的样子。

师:谢谢你的介绍,我们一起来看看书上是怎样写的。

生:齐读句子。

师:新鲜的葡萄被运到这里以后,又是怎样变成葡萄干的呢?请同桌相互读课文,仔细看看葡萄干是怎样制成的。

生:介绍葡萄干的制作过程。

师:他介绍得对吗?我们一起来读一读。

生:齐读句子。

师:原来驰名中外的新疆葡萄干就是这样诞生的。这么有名的葡萄干味道怎样呢?请同学们一起读读。

生:葡萄沟出产的葡萄,颜色鲜,味道甜,非常有名。

师:(板书:色鲜、味甜)看,咱们迷人的葡萄沟不仅葡萄又多又大,老乡热情好客,出产的葡萄干也色鲜、味甜,所以我们怎能不夸葡萄沟——真是个好地方!

【融合效果与反思】让学生通过品读感悟到葡萄沟景色美、葡萄又多又大,葡萄干颜色鲜,味道甜,维吾尔族老乡热情好客,从各种形式的读中体悟到"的确是个好地方",每学完一个部分都回到中心句,时时刻刻强化中心句,也让学生初步感知了分总结构的文章布局。同时注重培养学生表达能力的培养,而这一训练要结合教学内容,抓住语言的空白点进行拓展训练,让学生自己来介绍晾房是什么样的,新疆的葡萄干是怎样制作的,既帮助学生提高了学习兴趣,理解了课文内容,又训练了学生的语言表达能力。

五、课堂总结:

1.今天我们参观了葡萄沟,你们对葡萄沟有了哪些了解,有什么感受?请同学们互相讨论。

2.你喜欢葡萄沟吗？为什么说葡萄沟是个好地方？

（葡萄沟出产水果，特别是葡萄，长得又多又好，制成的葡萄干颜色鲜，味道甜美，非常有名，而且这里的老乡热情好客。）

22.《望天门山》教学片段实录

教者：喻丽雯（宁乡·玉潭街道中心小学）

教学目标：1.抓住"断、回、出"来感受天门山山水的雄壮浩荡。2.感受诗人的豪壮激情，激发学生对自然山水的热爱、向往之情。

教学过程：

师：孩子们，这节课，让我们继续跟随李白，一起去《望天门山》。（生齐读课题）

师：这首诗，谁能大声地读给我们听听？

学生举手，师指名生1读。

师：我觉得你的声音特别好听。不过老师想给你一个小建议，如果你能读得更慢一点儿就更好听了。跟着老师手势再读读第一句好不好？

生1再读第一句。师用手势打节奏，读到"断"字时用力劈下去，示意学生重读"断"。读到"开"时，师慢慢把手往旁边推，示意学生延长"开"音。

【融合效果与反思】在学生1读完古诗后，我先赞美其声音动听，再用鼓励性语言和手势引导学生1掌握朗诵古诗的技巧。在这个过程中营造了尊重、平等、赞赏的健康心理环境，有助于学生积极愉快地投入到课堂的学习中来。

师：你的"断"字读得短促有力有气势！古诗读得有快有慢，听起来就有韵味了。瞧，这是"断"的小篆写法，中间是一把刀，把这束丝全都剪断了，右边是一把锋利的斧头，就这个"断"字，你能想象到天门山是怎么断开的吗？

生2：天门山是被一把大刀砍断的。

师：那这把大刀是什么？

生2摇头。

师：（拍拍他的肩）我相信你的脑海里已经有了一幅画。谁来帮他解惑，这把大刀是什么？

生3：两座山被楚江隔离了。

师：原来这把锋利的大刀就是楚江水！这是多么有力量的水啊！

师板书：水冲山断

【融合效果与反思】在学生未答出来时及时给予了他鼓励，消除了学生对回答问题、答错问题的恐惧。让学生想象天门山是怎样断开的，激发了学生的想象欲望，培养了学生的想象力，提升了学生看问题、思考问题的深度和广度。提问"大刀"是什么，培养了学生捕捉信息的能力。

师：任你雄山陡峭，滔滔江水依然可以把你从中间生生断开！谁能读出这种气势？

生举手，师指名生4读。生读得较为平淡。

师：我觉得气势还可以再强一些，再来试试。

师用手势引导，学生读得更有气势了。

师：你的悟性真高！谁也想读一读？

生举手，师指名生5读。

师：多么磅礴的气势呀！我们一起读——天门中断楚江开。

师：让我们乘风破浪继续前行，又看到——（生齐读）碧水东流至此回。是谁有如此的能耐让这滔滔江水至此回呢？

生6：天门山。

师：你从哪个字感受到了天门山的气势？

生6：回。

师：真聪明。通过查字典，我找到了"回"的三种解释。你认为在诗中，它应该是哪种意思？

出示"回"的三种意思：①回旋　②回转改变方向　③返回

出示下图辅助理解。

生7：我认为是第2个意思：改变方向。因为楚江水遇到山不能往前走了，只能改变方向。师：说得好，请坐。楚江水向东流，被天门山（生齐说）挡住了,只好转变方向(生齐说)。

出示:楚江水向东流,被( )挡住了,只好( )。

【融合效果与反思】出示字典中"回"字的三种解释,山阻水回的图片以及理解诗句的支架,给学生搭了一把梯子,帮助学生突破难点逐步理解了诗句,消除了畏难情绪,获得了积极的情绪,树立了信心,享受了获得成功的快乐。

师:据史籍所载,天门山两座峰峦之间横亘数公里之遥,江面由此展宽至逾五千米之广。如此辽阔的江域,水流澎湃,波澜壮阔。令人叹为观止的是,天门山以其巍峨之势,竟能令这浩渺江水改道北去,展现了自然界中力与美的奇妙交融。(板书:山阻水回)你觉得天门山怎么样?

生8:高大的。

生9:雄伟的。

师:是呀,就如一个巨人一样屹立着。这样的力量,这样的气势,谁愿意来读一读?

生举手,师指名生10读。

师:"回"字读得好,但是气势还不够。谁再来读读?

生11读。

师:非常好,一起读。

生齐读。

师:在波涛中,李白的小船继续前行着,他又看到了——两岸青山相对出(生齐读)。

师:假如这个同学是青山,(抬手示意这个同学起立)谁是与他相对的青山?(相对的同学起立。一连站了三对)天门山呐,你们站得这么笔直,排列得这么整齐,一对一对出来,是准备做什么?

生静默

师:(师启发)李白是远道而来的客人,那天门山是来?

生12:是来迎接李白的。

【融合效果与反思】让学生两两起立,两两相对,明白了什么是"两岸青山相对出"。通过模拟情景,学生切身领悟到了天门山的热情,李白的喜悦、激动之情,在情感上与诗人产生共鸣,获得了不一样的生命体验,拓宽了生命的宽度。

师:多么热情的天门山啊！李白喜不自胜,这就乘着船来了,读——孤帆一片日边来(生齐读)。

师:山水雄壮,又如此热情。李白心中不免豪情万丈,挥笔就写下了这首诗。让我们再来读一读。

师播放音乐,生齐读古诗。

师:哎呀,美极了！我们祖国幅员辽阔,风景名胜数不胜数,各美其美。有机会,我们当亲自领会。好,这节课咱们就上到这儿,下课！

【融合效果与反思】在配乐朗读中,学生感受到了古诗的音律美和情感美,培养了文化自信,提高了审美情趣,自然激发了学生对祖国风光的好奇探索之心和骄傲自豪之情。

第三节　心理健康教育与数学教学的深度融合

新课标就像是一盏明灯,照亮我们数学教育的方向。它告诉我们,数学课不只是学几个公式、做几道题目那么简单,而是要真正以学生的发展为中心,培养他们的核心素养。这就意味着,学生不仅要掌握数学的基础知识与基本技能,还要理解数学的基本思想,积累数学的基本活动经验。更重要的是,我们要帮助学生发展运用数学知识和方法解决问题的能力,让他们在面对问题时能够游刃有余。同时,我们也不能忽视学生的情感、态度和价值观的培养,让他们在数学学习中感受到乐趣,形成积极向上的心态。总的来说,就是要让学生学会用数学的眼光去观察世界,用数学的思维去思考问题,用数学的语言去表达自己的想法。而随着学科教学与心理健康教育的深度融合,这种全新的教学理念正在逐渐渗透到我们的课堂中,为全面贯彻落实数学课程标准提供了有力的支持。

一、数学课程中的心理健康教育内容

在当前的教育环境中,数学课程不再仅仅局限于代数公式、几何定理和统计分析,也逐渐承担起促进和维护学生心理健康的重要责任。数学课程中的心理健康教育内容,旨在帮助学生建立自信心、提高抗压能力、培养创新思维,以及建立积极的人际关系,从而构建一个更加全面的教育体系。

(一)帮助学生建立自信心

数学教育,这个看似冰冷严谨的领域,实则蕴含着强大的力量,能够塑造学生的自信心,激发他们的内在潜力。数学,以其独特的抽象性和复杂性,常常成为许多学生学习生涯中的"拦路虎"。面对复杂的公式、难以理解的概念,学生们可能会经历无数次的挫败感,这种负面情绪不仅可能影响他们对数学的热情,还可能蔓延到其他学科,降低他们的自我效能感,即对自己能力的信念。

教育的本质并非仅仅是传授知识,更在于引导学生如何面对挑战,如何在困难中找到解决问题的方法。教师在这个过程中扮演着至关重要的角色,他们可以通过精心设计不同难度级别的数学问题,为学生搭建一个逐步挑战自我的阶梯。基础问题可以帮助学生巩固基础,而更复杂的问题则可以激发他们的探索精神,让他们在解决问题的过程中体验到成就感。

心理学家 Carol Dweck 的"成长心态"理论认为,人的能力并非固定不变,而是可以通过努力和学习来提升的。当教师将这种理念融入数学教学中,学生就会理解,错误并不是失败,而是学习和成长的机会。他们将不再害怕犯错,而是愿意勇敢地面对数学挑战,因为每一次的错误都是他们向更高理解层次迈进的一步。例如,教师可以鼓励学生在遇到困难时,采用"错误分析法",即不是简单地纠正错误,而是深入研究错误的原因,找出理解的盲点。这样,学生不仅能解决当前的问题,还能提高自己分析问题和解决问题的能力,从而在数学学习中建立起更强的自信心。

教师可以巧妙运用同伴辅导、集体讨论等教学手段,使学生在相互扶持中实现知识与能力的共同提升。这种合作学习的方式不仅可以减轻学生的压力,让他们在轻松的环境中学习,还能让他们体验到同伴的支持和鼓励,进一步增强自信心。

数学教育远不止于传授数学知识,它更是一个塑造学生自信心、锻炼其解决问题能力的过程。通过创新的教学方法,引导学生以积极的态度面对数学挑战,我们可以帮助他们建立起对数学的热爱,以及对自我能力的坚定信念。

(二)提高抗压能力

数学课程,这个在许多人眼中充满挑战和压力的学科,实际上可以被巧妙地转化为培养抗压能力的重要工具。在面对复杂的数学问题时,学生不仅需要理解和应用数学原理,更需要在压力下保持冷静的头脑,这无疑是对他们心理素质的极大锻炼。同时,他们还需要学会如何有效地管理时间,以在有限的时间内找到问题的解决方案,这种时间管理能力在日后的学习和工作中都将发挥重要作用。

数学学习中的失败是常见的,但关键是如何从这些失败中吸取教训,调整策略,甚至转变思维方式。这种从挫折中学习的能力,是抗压能力的重要组成部分。例如,当学生在解决一个难题上遇到困难时,他们可能会尝试不同的解题方法,或者寻求同学或老师的帮助,这个过程就是他们学习如何适应和克服挑战的过程。

为了更有效地利用数学课程培养学生的抗压能力,教师可以设计并执行一系列创新的教学活动。比如,可以设置团队项目,让学生共同解决一个开放性问题,这将模拟现实生活中可能遇到的压力环境。在这种情况下,学生不仅需要处理数学问题,还需要学会与团队成员有效沟通,协调不同的观点,共同达成目标。这样的团队项目不仅锻炼了他们的抗压能力,也提升了他们的团队合作和问题解决能力。以一项研究为例,美国哈佛大学的一项研究发现,参与解决复杂问题的学生在应对压力和挫折时表现出更强的韧性,他们的自信心和自我效能感也有所增强。这进一步证实了数学课程在培养抗压能力方面的潜力。

数学课程不仅可以帮助学生掌握抽象的数学概念和技能,更可以作为培养他们抗压能力的有效途径。通过面对和解决数学问题,学生可以在挑战中成长,学会在压力下保持冷静,从失败中学习,从而更好地应对生活中的各种压力和困难。

（三）培养创新思维

数学作为教育体系中的重要组成部分,对于培养创新思维和批判性思维具有不可忽视的作用。数学往往被误解为一种机械的、寻找唯一正确答案的学科,然而实际上,它更是一个充满探索、假设和验证的动态过程。这个过程鼓励学生跳出常规思维,挑战既定的规则和理论,从而激发他们的创新精神。

在数学课堂上,教师的角色不仅仅是知识的传授者,更是引导者和启发者。他们可以设计开放性的问题,鼓励学生尝试不同的解题路径,甚至挑战现有的数学定理。这种教学方式不仅能够锻炼学生的逻辑推理能力,也能培养他们的创新思维,让他们敢于质疑、敢于创新。例如,教师可以介绍费马大定理的历史,让学生看到数学是如何在"无路可走"的困境中,通过不断地挑战和创新,最终被证明的。

将数学史融入教学也是一个有效的策略,通过讲述数学家们如何在探索未知领域中遭遇困难,如何通过创新思维找到解决方案,可以激发学生对数学的兴趣,同时让他们理解到,创新和挑战是数学发展的核心驱动力。例如,欧几里得在几何学上的突破,或者高斯、黎曼在复数和非欧几何领域的创新,都是数学史上的重要篇章,可以给学生带来深刻的启示。

数学教育的目标不应仅仅是让学生掌握公式和定理,更应培养他们敢于挑战、善于创新的思维品质。通过鼓励探索、激发疑问、引入历史案例,我们可以将数学教育转化为一种培养创新精神和批判性思维的有力工具。

(四)建立积极的人际关系

数学,这个被许多人视为抽象和孤立的学科,实际上在培养学生的社交能力和团队协作能力方面发挥着至关重要的作用。在数学课程中,教师常常设计一些需要小组讨论或合作学习的活动,这些活动鼓励学生跨越思维的边界,理解和接纳不同的观点,从而构建一个更加包容和理解的社会。

在小组讨论中,学生有机会听到不同的声音,这要求他们学会倾听,这是一种在快节奏、信息爆炸的时代中至关重要的能力。他们需要理解,每个人的观点都是有价值的,即使这些观点与自己的理解相悖。这种尊重和接纳不同的思维方式,是培养开放心态和批判性思维的基础,也是构建和谐人际关系的关键。

学生需要清晰、准确地表达自己的想法,同时也要有能力理解并回应他人的观点。这种沟通技巧不仅在学术环境中至关重要,而且在职场中也起着决定性的作用。根据美国劳工统计局的数据,2019 年有超过 80% 的工作需要中等或高级的社交技巧,包括沟通、协作和团队合作。更重要的是,通过这些互动,学生也在学习如何解决冲突和分歧。在面对数学问题的挑战时,他们可能会有不同的解决方案,这需要他们学会协商、妥协,找到一个能被共同接受的答案。这种冲突解决的能力在他们的日常生活和未来职业生涯中都将大有裨益。

因此,我们不能仅仅将数学视为一种计算或逻辑推理的工具,而应认识到它在培养学生的社交技巧和团队协作能力方面的重要作用。数学课堂,实际上是一个微型的社会环境,它为学生提供了实践和提升这些重要生活技能的机会。通过这种学习方式,学生不仅能够更深入地理解数学,还能更全面地认识世界以及自己在其中的角色。

数学课程的心理健康教育内容是教育改革的重要方向之一。通过将心理健康教育融入数学教学中，我们可以培养出不仅在学术上，而且在情感、社交和心理上都全面发展的学生，以更好地适应21世纪的挑战。

二、心理健康教育与数学教学深度融合的基本思路

心理健康教育与数学教学的深度融合，意味着将心理健康教育的理念与数学教学的内容、方法和评价体系进行全方位、深层次的融合。这种融合旨在实现心理健康教育在数学教学中的融合，使学生在学习数学知识、技能的同时，能够得到心理健康教育的滋养，从而促进学生全面发展。

（一）精细教学设计

在整个教学设计的过程中，我们必须进行深入的探讨和充分的思考，以掌握学生心理特征。我们将学生置于教学活动的核心位置，以学生为中心，将学生的需求和利益置于首位，细心关注他们的情感需求，为他们营造一个有利于其心理健康发展的教学环境。我们要全面了解和把握学生的学习状况，这包括他们已经积累的数学基础知识、掌握的基本技能、形成的数学基本思想以及积累的数学活动经验。对这些情况的深入了解，是为了能够在学生已有知识和能力的基础上，促进他们的进一步发展和提升，实现知识的深化和能力的增强。

为了激发学生的学习热情，我们需要精心设计一些能够引起学生兴趣的教学内容和活动。引入课题的方式应该是吸引学生主动参与的，特别是对于数学这门学科，只有学生产生了浓厚的兴趣，他们才会自发地投入学习中去探索和发现数学学科中的无尽奥秘。例如，在"面积"这一课题的教学过程中，我们可以设计一些实际操作的活动，让学生们以小组的形式合作，去测量教室的尺寸、课桌的面积、书本的大小等等。通过这些实践活动，学生们可以亲自动手操作，将所学的数学知识与实际生活相结合，从而更加直观和深刻地理解及掌握"面积"的概念。我们的教学目标是培养学生运用数

学知识和方法来发现、提出、分析和解决问题的能力。在这一过程中,教师需要引导学生学会如何运用数学的思维方式去观察世界,如何利用数学工具去解决实际问题,进而帮助他们形成积极向上的学习情感、正确的数学态度以及健康的价值观。通过这样的教学方式,我们不仅是在教授数学知识,更是在培养学生的综合素质,为他们的全面发展奠定坚实的基础。

在教学设计中,我们必须深入思考并充分关照学生之间的个体差异,应当精心挑选并设计一些基础且易于掌握的教学内容,以便那些学习上存在困难的学生能够顺利地完成这些任务。通过这种方式,我们能够助力这些学生逐渐树立起对自己学习的信心和自我效能感。在学生的学习旅程中,遇到困难和挑战是不可避免的。对此,教学设计应当充分考虑到这一点,并准备一系列的策略,以向学生提供必要的鼓励和支持。我们应当避免任何可能对学生造成打击或批评的行为,而是要通过及时的肯定和鼓励来强化他们的积极面,这样学生在遭遇学习难题时,才能够保持一种乐观和向上的心态。通过这样的教学策略,我们能够为学生营造一个充满信心和支持的学习环境,从而有助于他们克服困难,不断前行。

(二)优化教学过程

在教学过程中,教师应当积极地掌握并熟练运用各种心理健康教育的方法,这包括但不限于情感教学、合作学习、启发式教学等策略,以此来有效地引导学生主动地参与到数学学习中来,进而培养学生独立学习的自主能力。在此过程中,教师需要特别重视对学生数学思维方式的培养和发展,使其能够形成一套适合自己的学习方法和解题技巧。

教师应当充分认识到每个学生都是独立的个体,他们在学习过程中会展现出不同的能力和特点。因此,教师需要关注每一个学生的个体差异,尊重他们的个性发展,给予他们充分的关注和适时的支持。无论是成绩优异的学生,还是成绩一般或者较差的学生,教师都应当给予他们同样的关爱和鼓励,帮助他们找到自己的优点和潜力,使他们在数学学习中能够体验到成功的喜悦,从而提升他们的自我价值感和自信心。

教师应当营造一个积极向上的学习环境,使学生能在轻松愉悦的氛围中学习和成长。通过设定合适的学习目标,提供具有挑战性的学习活动,引导学生主动探索与思考,从而激发他们的学习热情和内在动力。同时,教师还应该注重培养学生的团队合作精神和沟通能力,使他们能够在合作学习中相互帮助、共同进步。通过运用多种教学方法和策略,激发学生的学习兴趣,培养他们的自主学习能力和数学思维,使他们在学习中感受到快乐和成就感,从而提升他们的自我价值和自信心。这样一来,学生们不仅能考出好成绩,还能全面成长,成为具备独立思考能力和创新能力的优秀人才。

(三) 多元教学评价

在当今的教育环境中,教师在进行教学评估时,应当主动求变,摒弃那种以学生的分数作为唯一评价标准的传统模式。他们应当将更多的注意力放在学生学习过程中的实际表现和所取得的进步上,关注学生综合素养的全面提升。这就要求教师在对学生进行评估时,要全面考虑学生的个人情况,包括他们的学习态度、付出的努力以及所展现出来的潜力等。这样的评估方式,不仅能够使评价结果更加公正和合理,而且对学生的心理健康和情感发展起到积极的推动作用。

课堂学习评价是教学过程中不可或缺的一个环节,它是对学生在课堂学习过程中的表现、态度、能力和成果等方面进行全面评估和反馈。这种评价不仅有助于学生了解自己的学习状况,明确自己的优势和不足,从而有针对性地调整学习策略,提高学习效果,而且对教师而言,通过评价可以深入了解学生的学习需要,发现教学中的问题,进而改进教学方法,提升教学质量。因此,课堂学习评价是促进教学相长和师生共同发展的有效途径。教师应当重视评价的公正性、客观性和全面性。公正性要求评价标准对所有学生一视同仁,不偏袒任何一方;评价结果应以学生的实际表现为依据,确保客观性,避免主观臆断。全面性则要求评价应涵盖学生学习的各个方面,如知识掌握、技能运用、思考能力、团队合作等。为了提升学生的自信心，教师应当适当调整教学用语，避免采用命令性的措辞或灌输式的教学方法。例如，"我告诉你……"和"你听不懂吗？"这类语言应当避免使用。教师应当以平和的语气引导学生，并对他们的表现给予正面的、积极的评价，这样他们才能明白如何进步，从而实现自我教育。此外，评价还应具有动态性，即能够反映学生学习的进步和变化，以便教师和学生都能及时调整教学和学习策略。

为了提高课堂学习评价的有效性，教师可以采用多种评价工具和方法，如课堂提问、作业批改、小组讨论、角色扮演、项目研究等。这些方法不仅有助于学生更深入地理解并应用所学知识，还能激发他们的学习热情，培养创新思维和实践技能。同时，教师应当鼓励学生积极参与评价过程，成为评价的主体，进而增强他们的自我认知和自我提升能力。学生作业评价应当采取面对面的方式进行，以便及时解答学生的疑问，并提供个性化的指导。以鼓励为主，通过正面积极的评价来增强学生自信心，激发他们的学习热情和动力，这不仅有助于学生掌握知识，还能促进他们形成积极向上的学习态度和正确的人生观。当然，在布置学生作业时，教师应当遵循科学的原则，确保作业的数量和难度适合学生的实际能力，并考虑到他们的个体差异。作业的设计应具备分层性，以便学生能在各个能力层次上获得相应的锻炼与提高。

（四）提升专业素养

教师的专业素养、教育教学方法的丰富性、与家长和同事的沟通合作，以及对学生心理健康的关注，都是为学生创造良好教育环境、促进其全面发展的关键因素。作为一名教师，必须重视提升自身的专业素质和能力，这是为学生提供高质量教育的前提。在当今教育领域，心理健康教育和学科教学的有机结合日益受到重视。教师应当积极探索心理健康教育与数学教学相融合的有效策略，并深入研究如何在教学实践中将二者自然地结合起来，以促进学生在知识技能和心理素质方面的全面提升。这不仅要求教师在数学教学过程中关注学生的情感态度和心理变化,还要求其能够灵活运用各种教学方法和手段,使心理健康教育与数学教学相互促进、相得益彰。

教师应当持续不断地更新自己的教育理念和教学技能,通过参加专业培训、阅读教育书籍和文章、交流教学经验等方式,丰富个人的教育教学方法。这样,教师才能够在课堂上更好地满足学生的学习需求,激发他们的学习兴趣,从而提供更加优质的教学资源,帮助学生在数学学科上取得更好的成绩。

在关注学生学业成绩的同时,教师更应致力于学生的心理健康发展。在教育活动中,教师应时刻关注学生的情感需求,及时发现并解决他们在学习和生活中遇到的困惑和问题。通过开展心理健康教育活动,如团体辅导、个别咨询等,教师可以帮助学生建立健康的心理素质,学会自我调适,形成良好的学习和生活习惯。

心理健康教育与数学教学的深度融合,需要教师在教学全过程充分关注学生的心理需求,运用心理健康教育的方法和策略,创设有利于学生全面发展的教学环境。这种融合不仅有助于提高学生的数学学习效果,更能促进学生身心健康、和谐发展。

三、心理健康教育与数学教学深度融合的基本策略

心理健康教育与数学教学深度融合的基本策略,是在数学教学过程中将心理健康教育理念和内容有机融入其中,以提高学生的心理健康水平和数学素养。需要教师在教学过程中关注学生的心理健康,创设良好的教学氛围,引入心理健康教育内容等,培养学生的心理健康水平和数学素养,促进他们全面发展。

(一)构建和谐关系,营造健康环境

在积极探索和推进学生全面而均衡的发展过程中,我们不难发现,心理

素质的作用是举足轻重的。为了让学生能够在成长过程中形成良好的心理素质，我们必须付出极大的努力，去营造一个宽松、和谐的学习氛围和环境。这样的环境有利于学生学会如何调节自己的情绪，如何面对生活中的困难和挑战，这对于他们形成独特的个性品质和健全的人格具有重要的影响。因此，教师在数学教学过程中应着力加强课堂环境的建设，使得心理健康教育在不知不觉中渗透和加强，让学生在掌握知识的同时，也能收获心理的成长和进步。

一是要构建和谐的师生关系。教师应该保持与学生的良好沟通，通过定期的师生交流会议、课堂互动、课后辅导等方式，教师可以了解学生的学习情况和需求，及时解答他们的疑惑，帮助他们解决学习中遇到的问题。同时，教师还应该鼓励学生表达自己的观点和想法，尊重他们的个性和差异，创造一个包容和开放的学习环境。通过引导学生制订学习计划、掌握学习方法和技巧、提供丰富的学习资源等方式，教师可以帮助学生建立起自主学习的意识和能力。在学习和生活中，学生可能会遇到各种挑战和困难，需要得到教师的关心和支持。教师可以通过关注学生的情感变化、倾听他们的心声、给予积极的反馈和鼓励等方式，让学生感受到教师的温暖和关爱，建立起师生之间的信任和亲近感。为了构建和谐的师生关系，教师必须在多个层面付出努力。通过保持与学生的有效沟通、培养学生的自主学习能力以及关注学生的情感需求，教师能够营造一个和谐、愉悦的学习环境，从而促进学生的全面发展。

二是要营造健康的学习环境。为了构建一个有益于学生心理健康和成长的学习环境，我们必须认识到这样的环境对于学生心理状态调整和优化的重要性。在这个环境中，学生能够在学习的过程中体验到成功和满足，这对于他们的学习动机和自信心的培养有着深远的影响。以"简易方程"这一章节的教学为例，教师首先应当对章节中的难点和重点内容进行深入浅出的讲解，确保学生能够理解并掌握关键概念。此外，教师可以将这些讲解制作成一系列短小精悍、内容丰富的微视频，这样学生在课前预习时可以随时观看,以便对即将学习的内容有一个初步的了解。在正式的课堂上,教师应当鼓励学生积极提出在预习过程中遇到的问题和困惑,这不仅能帮助学生梳理自己的思维,还能让大家共同参与到解决问题的过程中。教师可安排学生开展小组合作探究活动,通过交流与分享,激发学生的思考并引导学生寻找到解决问题的策略。这种教学方法不仅显著提升了学生的学习成效,而且更重要的是,它让学生在学习过程中体验到愉悦和成就感,进而进一步点燃了他们的学习热情。通过这种方式,学生不仅能够掌握"简易方程"这一章节的知识点,更重要的是,他们在学习的过程中培养了自主学习的能力,学会了如何与他人合作,提高了解决问题的能力。再如教授"统计与可能性"这一课程时,如果只是简单地按照教材内容进行讲授,不注重教学方法和学生的实际需求,那么学生很可能会感到枯燥乏味,难以集中精力去听讲和理解复杂的统计概念。然而,如果教师能够巧妙地利用不同的教学情境和实例来引入新知识,创造一个充满趣味和挑战的学习环境,就能够有效地激发学生的学习兴趣,帮助他们更好地理解和运用统计学原理。这样的学习环境不仅有助于学生知识的积累,更有助于他们全面发展。

三是要不断优化心理环境。为了营造一个更加和谐与健康的心理环境,教师应当解放思想,大胆放手,给予学生更多的自主空间,让他们自己去积极尝试和深入探索。在这个过程中,教师需要充分尊重每一个学生的个性和选择,信任他们的能力,相信他们能够通过自己的努力找到问题的答案。比如,当教师在讲解"圆柱和圆锥体积"这一数学概念时,可以设计一个互动性强的"装沙实验",让学生们以小组合作的形式进行实验。通过亲自动手操作和细致观察实验过程,学生们可以更直观地理解圆柱与圆锥体积的计算公式,并自行推理和分析,最终得出结论。在实验过程中,教师应该在课堂中巡视,密切关注每一个学生的操作过程和思考过程。对于学生们的正面表现,教师应当及时给予肯定和表扬,这不仅能够鼓励他们继续保持良好的学习态度,还能在一定程度上增强他们的自信心,使他们更加积极地参与到课堂讨论和活动中去。这样的教学方式,不仅有助于学生对知识点的理解和记忆,还能在实践中培养他们的探究精神和团队协作能力,真正实现素质教育的目标。

(二)强化科学引导,发展思维能力

每个学生都拥有独一无二的成长背景,他们先天的遗传因素与后天的环境相结合,塑造了他们千差万别的思维方式和思维背景。正是种种因素的交织,让学生们展现出了各自独特的参与欲望和学习状态。有的学生因为思维反应相对迟缓,难以跟上教师的授课节奏,导致成绩逐渐下滑。而有的学生则因为思维敏捷,能轻松地与课堂内容融为一体。为了充分激发学生的学习热情,活跃他们的思维,教师需要精心设计各种游戏活动,确保每位学生都能积极参与其中,同时保证活动的合理性和有效性,防止反应较慢的学生产生厌学情绪。

在现代教育活动中,教师扮演着至关重要的角色,他们不仅要传授知识,更要确保每一位学生都能深入参与到学习过程中,帮助他们深入理解和有效解决问题。例如,在开展"小数加法和减法"这一课时的教学时,教师可以通过精心设计一个贴近生活实际的超市购物情境,让学生们身临其境地投入到角色扮演中,以此激发他们的学习兴趣和参与热情。在这个超市情境中,教师可以让学生们扮演不同的角色,如顾客和售货员,每个角色都有其独特的任务和挑战。思维敏捷、计算能力强的学生可以扮演顾客,他们需要根据自己的需求,计算出购买商品所需支付的金额。而反应稍微慢一些、计算能力有待提高的学生则可以扮演售货员,他们需要根据顾客购买的商品计算出应收金额,并在找零环节练习小数减法的实际应用。通过这种情境模拟的方式,学生们可以在轻松愉快的氛围中感受到知识探索的乐趣,同时也能在实际操作中加深对小数加法和减法运算的理解和记忆。通过角色扮演的活动,学生们在沟通、团队合作以及解决问题方面的能力得到了显著的锻炼和提高。这不仅有助于提高学生的学习效果,也能有效提升教学的整体质量。教师还可以设计更多类似的教学活动,如模拟真实的购物场景,

让学生们在实际操作中掌握小数运算的知识和技巧。同时,教师要关注每位学生的学习进度和情感需求,给予他们及时的指导和鼓励,帮助他们建立自信心,充分挖掘自身的潜能。教师与学生携手共进,共同体验知识探索的欢乐。

在教学过程中,教师应当充分关注学生的心理健康问题,需要通过细致的观察,深入理解学生的当前心理状况和可能存在的问题。在班级中,那些思维反应相对较慢的学生常常会发现自己跟不上课堂的节奏,随着时间的推移,这些学生可能会逐渐丧失对学习的热情和主动性。在这种情况下,教师需要采取一些有效的策略来吸引学生的注意力,比如通过游戏、提问或者表演等方式,激活学生的思维,让学生始终保持活力,重新激发他们对学习的兴趣,重新融入学习的状态。教师要对学生心理健康状态进行合理的干预,确保教学活动中的态度和行为都是平等的,不能给学生贴上不平等的标签,这是我们在教学中必须坚守的原则。教师需要用健康和合理的理念来进行教学,确保心理教育和数学教育能够有效地融合,从而提升教学效果,让每一个学生都能在健康和谐的环境中学习和成长。

(三)推行合作学习,加强交流互助

合作学习对于学生的全面发展具有极其重要的促进作用,它不仅能够在课堂上点燃学生对学习的热情,而且能够有效拓展他们的知识视野,使他们形成持久而深刻的知识记忆。在这一学习模式中,学生需要涉及诸多方面的技能,诸如人际关系的协调,同时也可能会接触到各式各样的学习策略和观点的交流。通过深入的合作学习,学生的交流技巧、集体责任感以及合作意识都得到了显著的增强,每个学生都能展现出极高的学习热情和主动性。

在学习的过程中,教师需要用心选择那些具有争议性、研究性和启发性的问题或主题,引导学生以小组的形式进行深入探索和学习。不论学生的学习进步速度有多快,教师都应当及时给予他们正面的反馈和鼓励,帮助他们建立起学习的成就感和自信心。此外,教师还需要激发每位学生的求知欲望,重视他们应变能力和探索精神的培养。教师应激励学生积极思考、主动提问,以培养他们的创新精神和解决问题的能力。同时,教师还应当关注学生的个体差异,因材施教,为每位学生提供合适的学习资源和指导。教师应当营造积极的学习氛围,鼓励学生互相交流、合作,培养他们的团队合作能力和沟通能力,引导学生将所学知识与实际生活相结合,提高他们的实践能力和应用能力。

在合作交流的过程中,每个学生都处于平等的地位,他们通过集思广益共同解决问题,这样的学习方式极大地提高了学习效率和质量。通过这种互动和合作,学生们能够在知识的海洋中遨游,共同进步,实现个人和集体的双赢。

(四)实行分类引导,助力自我突破

性格内向的学生在日常生活和学习中,常常会表现出缺乏自信的行为和特质。因此,教师需要为他们创造充足的自我表达机会和途径,帮助他们突破自我,减轻自卑心理和羞涩性格所带来的负面影响,让他们能够建立起自信心,为他们的未来发展提供必要的帮助和支持。

在课堂上,性格内向的学生面对教师的提问时,常常会感到畏惧。他们在尝试回答问题时,往往显得犹豫不决,难以与教师形成有效的互动。因此,教师应当为这些学生提供更多的发言机会,并通过练习来提高他们的表达能力。在教学互动中,教师提出的问题,学生可能已经知道答案,也可能未知。无论答案是否已知,性格内向的学生往往缺乏发言的勇气。在这种情形下,教师的鼓励显得尤为重要,它能够帮助学生克服恐惧,勇敢地参与课堂讨论。通过深入的交流和沟通,让学生有机会表现自我、表达自我,从而提高他们的交流能力和应变能力。

另一方面,对于班级中性格外向的学生,他们通常在学习中表现出非常活跃的特点。当然,过度活跃的行为在许多场合可能会扰乱课堂秩序,影响到其他同学的学习。在这种情况下,教师的引导显得尤为重要。教师需要帮助性格外向的学生理解尊重他人的重要性,并引导他们学会以更恰当的方式表达自己的意见和观点。这样,既能够保持课堂秩序,又能让性格外向的学生充分发挥自己的优势,实现个人成长。

(五)加强活动体验,促进情感发展

在教学过程中,我们应当精准地捕捉合适的时机,将情感教育策略性地融入其中,旨在促进心理教育与数学教育的深度融合。具体而言,在日常的教学活动安排中,教师应当积极展现数学的审美维度,包括其对称性所蕴含的美、表述的简洁之美以及逻辑转换的灵动之美,以此激发学生的审美心理潜能,引导他们去感知并创造数学之美。

以"多边形面积计算"这一教学单元为例,教师可以设计教学环节,鼓励学生利用几何画板这一工具,根据个人兴趣和创造力,自由拼接出多样化的图形,并进行面积的计算。此过程不仅使学生在学习过程中获得愉悦的体验,更能够增强他们的审美感知能力,使他们深刻领悟到数学学科独有的价值魅力。

这种教学模式的采纳,不仅在提升学生的学习兴趣方面具有显著效果,也有助于学生在心理层面进行积极调节,进一步培养他们的审美鉴赏力和创新创造能力,为他们的全面发展奠定坚实的基础。

将情感教育与数学教育有机融合,旨在使学生在深入学习数学知识的,亦能获得心灵的滋养与成长。此种教育模式彰显了人性化的教学理念,能够有效激发学生的学习热情与自主性,进而促进其审美心理的提升与创造力的培养。同时,它也使学生能够更深刻地感受到数学学科的独特价值与魅力。对于学生的心理调适与全面发展而言,此教育模式具有不容忽视的重要意义,值得我们深入探索与实践。

四、心理健康教育与数学教学深度融合教学案例

1.《圆柱的表面积》第 1 课时(人教版六年级下册第三单元)

教者:张苗(宁乡·流沙河镇中心小学)

教材分析:《圆柱的表面积》是在学生已经掌握了面的旋转知识,深入理解了点、线、面与体之间的关联,并且对圆柱、圆锥的基本特性有了充分认识之后,精心设计的一节探索实践课程。此课程旨在通过引导学生细致观察、丰富想象、动手操作等一系列活动,运用知识迁移的规律,使学生熟练掌握圆柱侧面积及表面积的计算方法,并能够灵活应用于解决实际问题。深入掌握这部分内容,不仅有助于进一步增强学生的空间想象力,还为学生后续学习其他几何知识奠定了坚实的基础。

学科素养目标:第一,理解圆柱表面积的意义。第二,经历"圆柱展开""卷成圆柱"的过程,知道圆柱的侧面展开后可以是长方形。在独立思考、动手操作、合作交流中感受圆柱体侧面展开的推导过程,掌握圆柱的侧面积、表面积的计算方法,达到正确计算的效果。第三,灵活解决生活中的实际问题,体会数学与生活的联系,丰富对空间的认识。

心理融合目标:第一,树立集体意识,培养学生自主参与各种活动的能力。第二,在自我探究的成功体验中激发学生学习数学的兴趣。

教学重点:能运用圆柱的表面积计算公式解决实际问题。

教学难点:推导圆柱的侧面积、表面积的计算方法。

教学过程	融合时机与策略
一、学前反馈 学生课前完成导学案,对子互查;课上请中等生、潜能生回答问题,全班订正,以检验上节课知识掌握情况。 二、明确目标 1.情境导入 老师要给好朋友送一个玩偶做生日礼物,想给玩偶做一个圆柱体包装盒,至少要用多大面积的包装纸呢?	

教学过程	融合时机与策略
2.明确目标 要解决这个问题实际上是求什么？ 这节课我们就一起来学习圆柱的表面积。请课代表为我们指明本节课的学习目标。 三、自主探究、合作交流、展示提升 1.知识回顾，引出问题 （1）什么是物体的表面积？圆柱的表面积是什么呢？ （2）你遇到困难了吗？困难在哪里？ 生：圆柱的侧面是一个曲面，怎样计算曲面的面积呢？ 师：提出如此有深度的问题，可见你的思考非常独到！大家有什么好方法吗？ 师：你的想法不错。你为什么想到要剪开呢？圆柱的侧面展开可能会是一个怎样的图形呢？ 2.动手实践，验证猜想 实践见真知，大家的猜想是否正确呢？进入我们的探究阶段！任务如下： （1）剪一剪，圆柱的表面展开会得到哪些图形； （2）想一想，每个图形面积怎样计算； （3）说一说，圆柱表面积的计算公式。 3.小组展示，深入思考 老师看到每个组都在积极地讨论并已经有了初步结论，哪个小组愿意跟大家分享你们的小组成果？ 师适时追问并引导思考： （1）你如何发现圆柱的侧面展开后是长方形的？怎样展开是长方形？能不能是别的形状？ （2）有没有不同的展开方式？不同的展开方式有什么共同点？	《新课程标准》指出：数学教学要紧密联系学生的生活经验，从学生已有的知识出发。学前反馈环节能够增强师生互动和生生互动，使学生们能够以更高的热情和积极性，迎接新的学习挑战。 在积极的学习环境中，教师应该鼓励学生提问，培养他们的好奇心和探究精神。当学生提出有价值的问题时，教师要及时表扬，从而增强他们的学习信心和动力。

续表2

教学过程	融合时机与策略
（3）用什么方法计算侧面积比较方便？为什么？ （4）如果老师不小心剪出歪歪扭扭的曲线，侧面展开是一个不规则图形，你们还会求它的面积吗？ 4.教师小结 集体的力量真是大，方方面面都想到了！ 沿着圆柱的高剪开，可以得到一个长方形和两个圆，长方形的长是圆柱的底面周长，宽是圆柱的高，因为长方形的面积等于长乘宽，所以圆柱的侧面积等于底面周长乘高。 板书：$S_{侧} = ch = \pi dh = 2\pi rh$ $S_{表} = S_{侧} + 2S_{底} = 2\pi rh + 2\pi r^2$ 思考：圆柱的侧面展开后可能是正方形吗？ 四、当堂反馈 相信大家现在对圆柱的表面积有了深刻的认识，接下来到了检验大家真才实学的时候了，请大家翻到导学案当堂反馈部分，先独立完成再对学互查，开始吧！ 五、课堂小结 师：通过今天的学习，谁想说一说你有什么收获？ 结束语： 同学们，其实真正的数学课是从走出教室开始的，老师希望你们带着课上的热情、思考、收获，用发现的眼睛看一看，生活中还有哪些地方可以用到我们今天所学的数学知识？下节课，我们再一起进行分享！	教师和学生通过不断深入地追问，让学生的思考变得深刻，逻辑思路更加清晰，表达更容易让全班同学理解。如果学生出现新的想法和问题，教师可适当鼓励学生根据自己的思考来表达出来，提升他们的自信心，从而实现情感的升华。这样，学生们不仅能够在学习中获得知识，更能够在展示中获得成长，实现全面发展。 在当堂反馈环节中，要注重引导学生进行深入的反思，鼓励他们从错误中学习，从不足中成长，同时也注重营造一个充满关爱和尊重的课堂氛围，让学生们在轻松愉快的环境中学习和成长。
作业超市： 　A.基础巩固作业：教科书第21页做一做。 　B.拓展拔高作业：教科书第23页第12题。	板书设计： 　圆柱的表面积 　长方形的面积＝长×宽 　圆柱侧面积＝底面周长×高 　$S_{侧} = c = \pi d = 2\pi rh$

2.《平均数》第1课时(人教版四年级下册第八单元)

教者:王帅(宁乡·流沙河镇中心小学)

教材分析:《平均数》作为"统计与概率"领域的核心内容之一,是在学生已经扎实掌握平均分概念和除法运算原理的基础上进行教学的。平均数这一"虚拟"数值,凭借其直接、简明的特性,能够有效地概括和表示一组数据的整体情况,因此在现实生活中具有广泛的应用价值。深入学习并掌握平均数这部分内容,不仅能够增强学生的数学素养,还能够为他们未来学习更加复杂的统计知识奠定坚实的基础。

学科素养目标:第一,理解平均数作为统计量的意义。第二,掌握求平均数的方法。第三,感受其在生活中的作用以及平均数的虚拟性和代表性。

心理融合目标:第一,激发学生的乐学情绪、学习兴趣和探究精神。第二,培养其自信、开朗、懂得接纳自我的健康人格。

教学重点:理解平均数的实际意义,掌握求平均数的方法。

教学难点:感受平均数在生活中的作用以及平均数的虚拟性和代表性。

教学过程	融合时机与策略
一、情境引入 情境:学校男女体操队进行广播体操比赛(出示图片) 教师告知:学校男女体操队各有四位队员,要举行单人广播体操比赛,为了公平起见,邀请五位评委进行打分,每个动作满分为10分。 二、新知探究 (一)男生队比赛——引出概念。 1.小华跳完广播体操后。评委亮分:9,9,9,9,9。 问:你认为最终得分应该为几分? 2.小刚跳完广播体操后。评委亮分:9,7,9,6,9。 问:小刚最终得分应该为几分?	创设情境,利用情境来激发学生数学学习兴趣和探究精神。

教学过程	融合时机与策略
（1）展现学生观点。一般就是9分、6分、7分、8分等情况，教师请学生说理由。 （2）组织学生讨论，哪个分数更合理？ （3）反馈分析。 　　教师课件呈现条形统计图，一条代表分数的线依次停留在9分、6分上，让学生感受这两个分数的不合理。 　　师：为什么选8分而不是7分呢？（教师把课件中的分数线上移到7分那里，再引导学生观察） 　　师：那么，难道8分就好了？我发现根本没有一个评委打8分的呀？8分为什么合理？教师将课件中的红线上移到8分，引导学生再观察，得出"移多补少"的说法。 　　师：用8分作代表，不多不少正好。除此之外，8分还有什么好的呢？ （4）揭示概念。 　　师：8分这个分数跟每位评委的分数都有关系，可以通过移多补少得来，反映的是这一组数据的整体水平。像这样的数，我们就叫做是这组数据的平均数。（揭题，板书课题） 3. 尝试练习。 　　呈现另两位男生的得分，要求学生求"最终得分"。 （二）女生队比赛——巩固认知。 　　呈现女生队参赛信息：小虹、小慧、小芳、小丽。因小虹身体不适，不能参加，因此女队只有三名选手参赛。 　　呈现打分表，引导学生通过观察利用移多补少快速口答平均分（如果能够通过观察得到平均数也是很棒的）。 （三）小组讨论男女队成绩比较——强化理解。 　　1. 小结比赛情况，呈现男女队成绩单，引发思考和质疑：哪个队水平更高？学生讨论并回答。	倡导学生勇于尝试，积极面对并克服挑战，摒弃畏惧困难的心理。 　　通过小组讨论交流，让学生经历自主解决问题的过程，学会独立思考，在活动实践中积累经验。

续表2

教学过程	融合时机与策略
请学生口算平均数,得出男女队都是 8 分。 2. 如果小虹参赛,你希望她是几分? 为什么? 3. 如果小虹最终得分 9 分,为什么不算就知道是女生队赢? 三、知识运用 1. 生活中的平均数,先请学生列举生活中常见的平均数,再出示 PPT。 2. 王老师身高为 167cm,想去德国旅游,却担心到了德国会是那边最矮的,由此而担心犹豫,同学们说说看王老师有没有必要担心? 3. 现在有一家宾馆想订购一批新床,如果按照旅客的平均身高来订购的话,合理吗? 为什么? 四、总结 我们今天学了什么? 你认为平均数是一个怎样的数?	适时引导身高问题,培养学生开朗、自信、懂得接纳自我的健康人格。 进行德育渗透:平均数是一个公平公正的数,我们也要像它一样做一个公平公正的人,培养他们健全的人格。
作业超市: A. 基础巩固作业 教材课后习题 1、2、3 题。 B. 拓展拔高作业	板书设计: 平均数 平均数代表一组数据的整体水平 移多补少 求和均分

3.《分数的初步认识》第 1 课时(人教版三年级上册)

教者:王可珂(宁乡·流沙河镇中心小学)

教材分析:《分数的初步认识》作为人教版小学数学三年级上册的重要章节,它不仅是学生从整数学习迈向有理数学习的关键一步,也是后续深入探究分数四则运算、小数及百分数等概念的基石。本课精心设计了一系列直观操作环节与生活实例,旨在通过这些生动的教学方式,引导学生深入理

解分数的内涵,扎实掌握分数的基本读写技巧,并学会进行简单的分数比较
与计算。同时,本课程还致力于培养学生的逻辑思维能力与数学抽象能力,
为学生数学素养的提升奠定坚实基础。

学科素养目标:第一,学生能够初步认识分数的概念,理解分数各部分
的名称,会读写简单的分数,并能进行简单的分数比较。第二,通过动手操
作、观察比较、合作交流等学习方式,培养学生自主探索、合作学习的能力。
第三,激发学生对数学学习的兴趣,感受数学与生活的紧密联系,培养学生
的数学应用意识和创新意识。

心理融合目标:第一,增强学生的自信心,通过成功解决数学问题提升
自我效能感。第二,培养学生的耐心和毅力,面对分数学习的难点时能够保
持积极的心态。第三,促进学生的社会情感发展,通过合作学习增强团队协
作能力和沟通能力。

教学重点:分数的概念及读写方法;分数各部分名称的理解。

教学难点:理解分数的意义,尤其是"整体"与"部分"的关系;进行简单
的分数比较。

教学过程	融合时机与策略
一、学前反馈与情境创设 1. 学前反馈 教师:"同学们,你们喜欢过生日吗？过生日时最期待的是什么？"(引导学生回答"蛋糕") "如果我们有一个大蛋糕,但是有 3 个小朋友要分,每人能得到多少呢?"(引出平均分配的概念) "如果蛋糕不能完整地分给每个人一个,我们该怎么办呢?"(引发学生思考) 2. 情境创设: 展示多媒体课件,画面呈现分蛋糕的场景。蛋糕平均分成了三份,3 个小朋友每人一份,我们怎么来表示其中一个小朋友分了多少蛋糕呢? 根据学生回答谈话导入课题。	通过询问学生是否喜欢过生日及过生日最期待什么,巧妙地引入蛋糕作为话题,随即提出分蛋糕的情境,激发学生的兴趣和好奇心。此时,利用多媒体动画展示分蛋糕的情景,直接而生动地引出分数的概念,让学生在情感共鸣中自然进入学习状态。

续表1

教学过程	融合时机与策略
二、目标导入与自主学习 1. 目标导入: 教师明确本节课的学习目标:"今天我们要一起认识分数,了解它的意义,学会读写简单的分数。" 2. 自主学习: 分发圆形纸片和彩色笔,让学生尝试将圆形纸片平均分成两份,并标注出其中的一份为1/2。 鼓励学生边操作边思考:"我是怎么得到这个分数的? 它表示什么意思?" 3. 教师巡回指导,对遇到困难的学生给予个别辅导,同时观察学生的操作情况,以便后续教学。 三、合作交流与深入探究 1. 小组活动: 学生分组,每组选择一个分数(如1/3、1/4、2/4等)进行研究。小组内讨论该分数的意义、表示方法以及如何在图形中表示。 使用条形图或圆形纸片进行实际操作,验证讨论结果。 2. 汇报展示: 每组选一名代表上台展示学习成果,包括分数的意义、读写方法以及在图形中的表示。 四、展示提升与科学评价 1. 展示环节:利用电子屏或黑板,展示学生分组学习的成果,引导学生对比不同分数的异同点。 通过提问和讨论的方式,加深学生对分数概念的理解。 2. 科学评价:鼓励学生之间相互评价,培养他们的批判性思维和客观评价能力。	在学习目标明确后,立即分发圆形纸片和彩色笔,让学生亲自动手尝试将圆形纸片平均分成两份,并标注出1/2。这一过程不仅培养了学生的自主学习能力,还通过即时反馈和思维引导,让学生在动手操作中深刻体会分数的意义,增强他们的自信心和探索欲。 小组合作学习的环节,是学生交流思想、碰撞智慧的宝贵时机。通过分组选择一个分数进行研究,学生在团队中共同探讨其意义、表示方法及图形表示,不仅促进了团队合作,还培养了他们的批判性思维和语言表达能力。汇报展示时,学生的成功体验进一步激发了他们的学习动力,增强了自信心。

续表2

教学过程	融合时机与策略
五、反馈拓展与实际应用 1.课堂练习:学生独立完成练习后,教师进行批改并反馈结果。对答对的学生给予表扬,对答错的学生给予鼓励和引导。 2.实际应用: 引导学生将所学知识应用到生活中去。例如:"如果你有一个苹果,要平均分给两个朋友吃,你会怎么分? 用分数怎么表示?"鼓励学生举出更多生活中用到分数的例子,并尝试用分数来描述它们。 3.拓展: 小游戏:"分数接龙"。学生轮流说出一个分数,并解释它的意义或来源。游戏过程中,教师要注意观察学生的情绪变化,及时给予鼓励和支持。 六、教学总结 教师对本节课的学习内容进行总结回顾,强调分数的意义、读写方法以及实际应用的重要性。鼓励学生继续探索分数的奥秘,发现更多生活中的分数现象。	课堂练习和实际应用环节,通过及时反馈和拓展应用,帮助学生巩固所学知识并运用到实际生活中。小游戏"分数接龙"的加入,不仅激发了学生的学习兴趣,还通过游戏化的方式巩固了分数的读写方法和意义。教师在这一过程中密切关注学生的情绪变化,及时给予鼓励和支持,确保每位学生都能积极参与。
作业超市: A.观察生活中哪些地方用到了分数,并尝试用分数来描述这些场景,如一块蛋糕被分成了几份,每份是多少等。 B.给出几组分数,让学生比较它们的大小,并说明比较的方法。	板书设计: 分数的初步认识 平均分成两份,1/2 1/3、1/4、2/4

4.《10000以内数的认识》第1课时(人教版二年级下册第七单元)

教者:丁婷(宁乡·流沙河镇中心小学)

教材分析:在学生已扎实掌握100以内数的基础上,我们进而拓展到对万以内数的认知。通过深入剖析 1000 以内数的内涵,我们旨在引导学生逐步拓展视野,对更大的数值有更深刻的理解,并深化其对数位顺序及数的构成的把握。教材在设定教学目标时,明确指出了利用生活实例使学生亲身体验万以内数的实际应用,以建立直观的感性认知,进而发展学生的数感,并深刻理解大数值的实用价值。在教学过程中,我们尤其注重新计数单位"万"的引入与学习,着重讲解相邻计数单位之间的紧密关系,同时帮助学生牢固掌握数位顺序表的核心意义及其在数学体系中的重要地位。此外,教材设计还从情感态度与价值观层面出发,鼓励学生体会大数据在日常生活中的广泛渗透,以此激发学生对数学学科的兴趣与热爱,深化其对数学价值的认识。

学科素养目标:第一,使学生能够理解并掌握 10000 以内数的计数方法,明白 10 个一千等于一万,并认识新的计数单位"万"。第二,通过动手实践,学生能清晰地认识数位顺序,加深对十进制计数法的理解,增强数感。第三,结合生活实际,让学生感受数学与生活的紧密联系,培养学生的应用能力和爱国情怀。

心理融合目标:第一,数学思维培养:通过举例、练习等方式培养学生的数学思维能力,包括观察问题、解决问题的能力。第二,自信心建立:通过小组合作、教学互动等方式,增强学生在数学学习中的自信心,培养积极参与的态度。第三,学习习惯养成:促进学生养成良好的学习习惯,如积极思考、勤奋学习、主动思考问题和形成自学的能力。

教学重点:理解 10 个一千等于一万,认识新的计数单位"万"。

教学难点:掌握数位顺序,能够正确地进行数的读写和数的比较。

教学过程	融合时机与策略
一、导入新课 1.展示大型体育场的图片,学生估测体育馆容量。 2.展示湖南第一长桥——沪昆高铁湘江大桥的图片,并告知学生这座大桥的长度超过了一千米,引导学生思考如何表示这样的数。	

教学过程	融合时机与策略
3.板书:万以内数的认识。 二、探究新知 1.自主学习,完成学习单。 (1)学生独立阅读材料,尝试理解并记忆新知识。 (2)教师巡视指导,解答学生自学过程中的疑问。 2.合作探究: 每组4~5人,每组提前准备计数器或算盘和数字卡片。 (1)小组内讨论并练习10000以内数的读写、数的顺序和大小比较。 (2)完成设计小组任务,如"用计数器表示出5321这个数,并说明每个数位上的数字代表什么"。 (3)小组内合作完成任务,记录讨论过程和结果。 (4)每组选派一名代表汇报讨论成果,其他组进行点评和补充。 3.完善知识 (1)一千一千地数数 ①利用课件展示,让学生跟着课件一起数,从一千数到一万,感受十个一千是一万的过程。 ②让学生动手使用计数器,亲自体验一千一千地数的过程,并在计数器上拨珠表示。 ③提问学生:"为什么我们说十个一千是一万呢?"引导学生理解十进制计数法。 (2)数位顺序表 ①通过计数器,让学生明确各个数位所表示的意义,理解个位、十位、百位、千位和万位之间的关系。 ②让学生整理出数位顺序表,并在表中填入相应的计数单位。	呈现沪昆高铁湘江大桥及相关数据,让学生感受到生活中经常用到万以内的数,产生认识万以内数的需要,培养学生学习兴趣,同时激发学生热爱家乡的情感,活跃课堂气氛。 学生在小组内合作讨论、完成任务,引导学生养成良好的学习习惯和学习方法,也有助于培养学生的团队合作意识和社交情感。 在小组汇报环节中,学生需要展示自己的想法和成果,这有助于培养学生表达自信和自我肯定的能力。

教学过程	融合时机与策略
③通过练习,让学生熟练掌握数位顺序表,并学会根据数位顺序表读写数。 三、练习巩固 1.应用与实践 (1)展示生活中的一些大数据,如南京长江大桥的长度、珠穆朗玛峰的海拔、人民大会堂的座位数等,让学生感受万以内数在生活中的应用。 (2)让学生尝试用今天所学的知识,表示和比较这些大数据。 2.拓展应用 "小明有8000元零花钱,他想买一个价值5200元的玩具,他还剩下多少钱?"。 (1)学生独立思考并解答问题,教师巡视指导。 (2)小组内交流答案和解题思路,共同完善答案。 四、课堂小结 1.总结今天学习的知识点,强调10个一千是一万,以及数位顺序表的重要性。 2.鼓励学生在日常生活中多观察、多思考,用数学的眼光去看待世界。	激发学生的好奇心,促使他们主动参与,培养学生对数学的情感体验,让学生在实际操作中巩固和运用所学概念,促进认知的全面发展。 促使学生将所学知识融入日常生活实践中,培养他们的实践行动和将知识应用到实际的能力。
作业超市: A.基础巩固作业 尝试用计数器或算盘表示出家长给出的一个10000以内的数,并说明每个数位上的数字代表什么。 B.拓展拔高作业 思考并分享一个与大数据相关的故事或挑战经历。	板书设计: 10000以内数的认识 <table><tr><td>万位</td><td>千位</td><td>百位</td><td>十位</td><td>个位</td></tr><tr><td>1</td><td>0</td><td>0</td><td>0</td><td>0</td></tr></table> 读作:一万 5321<6432 1000+2000+3000+4000 =10000

5.《折线统计图》第 1 课时(人教版五年级下册第七单元)

教者:文静怡(宁乡·流沙河镇中心小学)

教材分析:本课的核心涵盖了对单式折线统计图的初步认识及其显著特点的深入理解。鉴于学生先前的学习经历,他们已对统计量的基本概念,尤其是平均数,有了初步的认知,并且掌握了单式与复式条形统计图的相关知识。因此,在编排本课内容时,教材巧妙地借助了这些已有的统计知识基础,旨在通过知识间的关联与衔接,助力学生更加顺畅地掌握本课的学习要点。

学科素养目标:第一,初步认识单式折线统计图,会绘制折线统计图,能读懂折线统计图的数据变化信息,并能根据数据变化进行简单的分析和合理的推测。第二,通过比较、分析,初步了解条形统计图和折线统计图的联系和区别,能根据实际情况选择合适的统计图。第三,在数据统计和分析中,发展数据分析观念,初步体验到数据与生活的密切联系,体会数据分析的价值。

心理融合目标:第一,激发学生的学习兴趣和探究精神,使其形成乐学情绪。第二,树立集体意识,培养学生自主参与各种活动的能力,及开朗、合群、自立、自信的健康人格。

教学重点:认识单式折线统计图,掌握单式折线统计图的特征,能准确绘制。

教学难点:感悟折线统计图的特点,能正确选择折线统计图进行数据统计,并能对数据的变化作出合理的推测。

教学过程	融合时机与策略
一、导入 　1.出示宁乡刘少奇故里花明楼景区图片,让学生猜一猜是哪个旅游地点。	结合生活情境,激发学生学习数学的兴趣和探究精神;选取红色题材对其适当进行爱国情感教育。

续表1

教学过程	融合时机与策略
师:这是宁乡刘少奇故里花明楼景区,丰富的红色文化底蕴吸引了不少游客,人们到此缅怀刘少奇同志的丰功伟绩,在一张张历史图片、一件件珍贵文物中感受刘少奇同志全心全意为党和人民服务的崇高品德和高尚情操。 2.出示收集到的2017至2022年刘少奇故里花明楼景区客流量的相关数据。师询问整理数据的方法,引出统计表和条形统计图。 3.回顾条形统计图的特点、作用;引出折线统计图。 二、新授 (一)观察折线统计图的特点,分析数据。 1.初步认识单式折线统计图的特点。 (1)学生独立思考、小组讨论交流: ①观察:折线统计图主要由哪些部分组成? ②折线统计图的点和线分别表示什么?举例说明。 ③观察折线统计图,把你发现的、想到的或是读懂的数学信息在小组内说一说。 交流反馈 ①引导学生了解折线统计图的组成。 ②组织学生交流得出点和线的作用: 各个点表示各个数量,在折线统计图中是通过点的高低来表示数量的多少。线表示数量的变化,从线段的上升和下降我们就可以知道数量增加或减少的情况。 教师引导得出:线段越陡,说明数量变化越大;线段比较平缓,说明数量变化越小。 2.根据数据变化进行简单的分析和合理地推测。 分析原因:为什么该景区2019~2020年的客流量急剧下降?而2020~2021的客流量又急剧上升?	为确保学生能够有效管理时间,特此明确规定任务完成的具体时间节点,旨在通过此举增强学生的时间观念与意识。

续表2

教学过程	融合时机与策略
预测结果:你能预测 2023 年五一假期刘少奇故里花明楼景区的客流量大概是多少吗? 　　3.比较、分析,初步了解条形统计图和折线统计图的联系和区别。 　　(二)绘制折线统计图,检测巩固。 　　1.完成导学案当堂检测 1 的内容。 　　2.小组展示。 　　师小结:折线统计图的绘制方法及注意事项。 　　(三)拓展应用 　　1.当堂检测 2:猜测折线图可能代表的情境。(独学、交流、精讲) 　　2.出示某商场服装柜台售货员分别根据毛衣和衬衣销量制成的两幅折线统计图。 　　(1)你能根据两种衣服销售量的变化情况判断出哪幅是毛衣销售量统计图,哪幅是衬衣销售量统计图吗? 　　(2)如果你是销售经理,在进货方面有什么考虑?如果你是消费者,又有什么打算? 　　小结:看来,咱们还能对数据进行分析,并做出决策。 　　三、课堂小结 　　播放生活中折线统计图的应用视频;总结数据的一般整理过程。	通过小组合作交流、展示活动锻炼学生的表达能力,树立集体意识,培养学生自主参与活动的能力,善于和同伴交流,帮助其形成开朗、合群、自信的健康人格。 　　让学生站在销售经理和消费者两个不同的角色角度思考问题,帮助学生建立正确的角色意识,培养学生对不同社会角色的适应。
作业超市: 　　A.基础巩固作业 　　完成教材 P105、P106 习题。 　　B.拓展拔高作业	板书设计: 　　　　　　折线统计图 点:表示数量 　　陡　变化大 线:表示数量的增减变化 　　缓　变化小 数据　预测 收集—整理—描述—分析 决策

6.《数字编码》第1课时(人教版三年级上册第77-78页)

教者:杨艺柳(浏阳·社港镇社港初级中学)

教材分析:《数字编码》是人教版义务教育教科书三年级上册"综合与实践"模块的重要组成部分。回溯至一年级上册的"生活中的数"章节,学生们已初步接触到了诸如门牌号、车牌号等实例,从而初步领略到了数字编码在日常生活中的广泛应用。数字编码不仅极大地便利了我们的生活,其背后的方法——即通过数字或符号遵循特定规则来描绘事物,更是能以简洁而精准的方式传达出事物所蕴含的丰富信息,极大地方便了分类查询与统计工作的进行。本节课的核心目标在于,进一步引导学生深入感受编码的广泛应用性,鼓励他们主动探索编码的编制技巧,并通过实践体验运用编码方法解决简单实际问题的全过程。在这一过程中,学生的应用意识、实践能力乃至创新意识都将得到全面的培养与提升。

学科素养目标:第一,通过探究小花同学的身份证号编码活动,学生认识并了解身份证号码的意义及作用,体会编码的特征及应用的广泛性。第二,通过小组学习讨论及编码设计等活动,学生能根据个人信息进行编码,体会数字编码的科学性和优越性,同时培养学生的观察比较能力。第三,通过数字与编码的学习,学生开阔视野,增长见识,体验数学的思想和价值,培养学生的数学情感。

心理融合目标:第一,借助对身份证编码诸多方面的深入探讨,我们旨在引导学生积极倾听他人的观点,于互动交流中掌握沟通、合作与分享的精髓。同时,通过实践活动,我们鼓励学生勇于尝试与挑战,树立不畏错误与失败的积极心态,从而在学习的征途中体验乐趣,收获成就感。第二,从身份证号码到学号,我们引导学生从这些日常的数字编码中感知数学的魅力,培养他们主动观察、发现身边数字编码的敏锐意识。我们鼓励学生走出课堂,深入社会,感受生活的丰富多彩,以此促进他们与社会更广泛的交流与互动。

教学重点:了解身份证号码等常见数字编码的基本规律,体验生活数学的思想和价值。

教学难点:体会数字在传递信息中的作用,能够应用数学思想进行编码。

教学过程	融合时机与策略
一、开放设问,理解数字编码 1.提问:看到数字"1",你想到了什么? 2.教师总结:数字既可以表示物体的数量,也可以表示顺序,像这样,用数字、字母等传达一定的信息,就是数字编码。(板书:数字编码) 二、问题引领,解码身份证信息 1.提出问题,引发思考 提问:关于身份证号,大家有哪些了解? 你还想知道些什么? 2.采集信息,筛选讨论 猜想:从每个人的身份证号中可以得到哪些信息? 学生自主发言,教师将所提信息一一记录。 提问:面对这么多的个人信息,你有什么想说的? 追问:大家小组讨论一下,哪些信息需要保留? 哪些可以去掉? 说说你的理由。 总结:出生日期、性别、户口所在地这三条信息非常重要且是固定的,作为身份证的信息直接进行编码确实比较合适。 3.尝试编码,自主建构 出示:小花的户口所在地:湖南省长沙市浏阳市,出生日期:2016年4月16日,性别:女。 学生独立尝试编码,然后请两位学生代表上台展示。 提问:对比两位同学的编码,你有什么想说的? 总结:当出生月份为1-9月时,需要在前面用0占位,这样比较规范;用数字代表信息,简洁明了。(板书:规范性、简洁性)	以开放性的问题营造积极且包容的氛围,鼓励学生结合旧知及生活经验,积极思考、大胆回答,教师及时进行鼓励,激发学生对学习新的数学知识的期待和憧憬,为后续的学习进行铺垫。 通过提问和互动,调动学生的思维,引导学生联系生活实际;教师对每位学生的想法进行记录,尊重学生,让其感受到被认可。 与同学进行对话交流,给予学生表达的机会,发表自己的看法,筛选出编码的关键要素,为后面的编码做准备。 将简单的出生日期给予学生编码,让其参与到课堂中来,提高学生学习的自信心;再直接给出较难的顺序码、校验码等信息,帮助学生完整了解身份证号码编码,提升学生的获得感和成就感。

续表1

教学过程	融合时机与策略
探究:现在小花的身份证号可以确定了吗?你还有什么疑问吗? 展示知识链接,学生自主阅读,默读并划记重点,了解户口所在地编码、顺序码、校验码,用自己的话说一说什么是户口所在地编码、顺序码、校验码。 学生根据补充的信息,动手完善小花的身份证号码。 提问:为了给小花编身份证号,我们做了哪些事情? 总结:我们经历了收集信息、筛选信息和编码信息的过程,并且每个人的身份证号都是这样编写的,更是独一无二的。(板书:科学性、唯一性) 三、动手实践,尝试学号编码 创设情境:学校给每一位同学都建立了一份成长档案袋,记录同学们的成长足迹。档案袋都将按照同学们的学号进行整理,为了方便管理,确保每位同学的学号都是唯一的,老师想邀请你来为同学设计学号。 出示任务要求。 学生自主创编,组内交流讨论,班级汇报展示。 师生共同归纳汇总学号编码的规律。 四、感受生活,发现数字编码 提问:我们进行数字编码的目的是什么呢?生活中还有哪些地方用到数字编码呢?	在交流讨论中,培养表达能力,学会与他人沟通,学生加深生生之间的友谊;小组内共同思考并获得最终的编码方式,着重培养学生的团队协作精神。 带领学生回归现实,养成观察、感受生活的习惯,培养学生主动发现身边的数字编码的意识,鼓励学生走进社会,感受生活,促进学生与社会的交往。
作业超市: A.基础巩固作业 收集你身边的数字编码,并了解它们的编码特征、规律。 B.拓展拔高作业 为你感兴趣的事物进行编码,以数学日记或者数学小报的方式将这个过程及结果记录下来。	板书设计: 数字编码 规范性、简洁性 科学性、唯一性

7.《沏茶问题》第 1 课时(人教版四年级上册数学广角)

教者:刘梦(宁乡·沩山九年制学校)

教材分析:新课标明确指出,当面对实际问题时,学生应能积极主动地尝试从数学的角度出发,运用已掌握的知识和方法来探索解决问题的策略。《沏茶问题》这一课题,正是基于思考、讨论与实验,深入探讨了如何科学地安排沏茶的各个环节,以达到节约时间的目的。其中,"科学"与"尽快"成为优化沏茶流程的最终目标与检验标准。在这一学习过程中,学生能够在既简单又贴近生活的情境中,深刻体会到优化思想与策略方法在解决实际问题中的应用价值。鉴于这些理论往往较为系统与抽象,本课旨在通过具体而真实的事例,引导学生在多种可能的方案中寻求最优解,从而让学生亲身体验到知识源自生活,并深刻认识到生活中处处蕴含着数学的奥秘。

学科素养目标:第一,通过解决简单又真实的生活事例,学生明确做事要考虑先后顺序,能同时做的事情同时做,并能结合具体实例安排做事的过程,选择合理、快捷的方法。第二,以"还有更好的方案吗?"这个问题为导向,通过比较,在不断改进的过程中,学生认识到解决问题策略的多样性,形成寻找解决问题最优方案的意识,体会统筹安排的数学思想和方法。第三,利用"做客"这一连续的真实情境,学生可以感受到生活与数学的联系,形成合理安排时间的良好习惯的意识。

心理融合目标:第一,强化生生间的互动与沟通,更好地融入班集体,提升学生的学习积极性,激发学习兴趣和探究精神,提高能力,树立自信。第二,形成合理安排时间的良好习惯的意识,良好的生活习惯又促进学生的心理健康,快乐成长。

教学重点:掌握事情的先后顺序,合理安排时间。

教学难点:掌握同时做的事情要同时做,寻找解决问题的最优方案,提高学生解决问题的能力。

教学过程	融合时机与策略
课前谈话 同学们,平时都是聊数学,今天来聊聊语文。用"一边……一边……"造句(学生活动,教师适当点评。)追问:这两件事情都有什么特点呢? 生:是同时进行的。 一、创设情境,激趣导入 1. 观察教室后面的不同之处,引入做客的情境。 2. 针对"你准备怎样招待老师呢?"自由发表看法。 3. 引入课题:沏茶问题。(板书) 二、动手操作,主动探究 1. 学生自由说一说沏茶之前的准备工作。 2. 指生读沏茶所需工序及时间。 3. 生将过程按顺序写好,列式并计算。(板书:尽快) 4. 学生汇报并点评。(用希沃软件同步显示学生作品) 生1:一步一步地完成。 思考:还有没有更好的方案让老师尽快喝上茶呢? 生2:在烧水的同时洗茶壶、洗杯子、找茶。 总结:虽然要最短时间沏茶,但顺序也要正确。 5. 同桌交流沏茶的顺序。 6. 小组讨论最优方案:利用卡片摆一摆、算一算。 7. 小组汇报:小组上黑板摆一摆,算一算。 发现用箭头连接,会更清楚地表示先后顺序(补箭头)。 8. 比较方案的优劣,学生自由发表看法,再总结方法。 (板书:同时进行)可追问:同时做的事情以谁为准? 不断寻找更好方案的过程,在数学中叫做优化。(板书) 小组讨论:我们要怎样才能找到最优方案呢?	创设和谐氛围,诱发学生的情感:以聊天的形式开始,又引入真实的"做客"情境,可以激发学生对学习新的数学知识的期待和憧憬,还活跃了课堂气氛。 丰富多样的数学活动方式,提高学生的心理健康水平:多样的师生、生生互动作答方式,可以直观、立即地反馈,还通过不断的反问让学生不断思考,积极参与课堂,从而提高学习兴趣,培养积极的心态。 设计数学实践活动,锻炼学生的独立、自主能力:"沏茶"是真实的、贴近学生生活的,直接利用卡片摆一摆、算一算,都强调了活动的体验、参与,可以提升学生的主动性和创造性。

教学过程	融合时机与策略
总结:在有序的基础上,尽量把事情同时进行,再计算出时间,这就是最优方案。(板书:定顺序　找同时　算时间) 　　9.合理安排时间 　　学生畅所欲言,总结:希望大家以后都可以合理安排时间,找到生活中的最优解。(板书:合理安排时间) 　　三、运用知识,解决问题 　　1.创设情境:老师喝完茶就走了,爸爸马上要回来吃中饭了,请你帮妈妈规划一下。(自创题) 　　生独立思考,写一写,算一算。指名汇报,说说理由。 　　2.创设情境:吃完饭,你去找好朋友小红玩,结果她感冒了,要吃药休息。(教材第105页,做一做第1题) 　　生独立思考,写一写,算一算。指名汇报,说说理由。 　　3.创设情境:吃完饭,爸爸开车和妈妈一起从家外出办事。(教材第107页,练习二十第1题) 　　生独立思考,写一写,算一算。 　　师可适当提醒,再小组讨论,汇报,共同订正。 　　四、课堂总结 　　1.介绍数学家——华罗庚先生所提的"优选法"。 　　2.生自由谈谈收获。 　　3.名言警句:合理安排时间,就是珍惜时间。	养成良好的时间管理意识,提升心理素质: 　　分析平常的小事,汲取生活经验,这不仅能提升学生的自主时间管理能力,还能促进学生形成健康的身心以及良好的学习秩序。 　　在合作中培养表达能力,学会与他人沟通。培养开朗、合群的健康人格。 　　学习榜样,促进学生的亲社会行为:以榜样对数学的思考和研究感染学生,激发学生积极进取的精神。
作业超市: 　　A.基础巩固作业:《学法大视野》数学广角沏茶问题的基础过关 　　B.拓展拔高作业: 　　小明帮妈妈做家务,扫地用2分钟,擦桌子用2分钟,擦地用3分钟,焖米饭用10分钟,小明做完这四件事最少需用多少分钟? 如果小明在做四件事的过程中,用空余时间做口算练习,他每分钟可以做8道题,小明至少还能做完多少道口算题?	板书设计: 　　　　沏茶问题 　　尽快　　优化 　　　同时进行 定顺序　找同时　算时间 　　合理安排时间 　　华罗庚　优选法

8.《复式统计表》第1课时(人教版三年级下册第三单元)

教者:刘彩琳(宁乡·唐市小学)

教材分析:本节课旨在深化学生对单式统计表的理解,进一步引导他们学习如何将两个或更多单式统计表合并成复式统计表,并深入掌握其结构、填写技巧以及数据分析方法。鉴于学生已在前期的学习中初步掌握了数据收集、记录以及单式统计表的填写,本节课不仅是对已有知识的巩固,更是为后续学习复式条形统计图和复式折线统计图奠定坚实的基础。

学科素养目标:第一,在具体的统计活动中经历复式统计表的形成过程,初步认识复式统计表,能根据收集、整理的数据填写复式统计表,并能对统计表中的数据进行简单的分析。第二,在经历收集、整理、描述和分析数据的过程中,进一步体会复式统计表的价值,逐步培养数据分析能力和提出问题、解决问题的能力。第三,在活动过程中,进一步感受统计与现实生活的联系,增强学数学、用数学的主动性和积极性,获得成功的体验,培养数学应用意识。

心理融合目标:第一,激发学生的学习兴趣和积极态度,使其形成乐学情绪。第二,在活动中帮助学生建立自信、增强自我效能感,形成积极学习的态度。第三,促进学生在团队协作中的社交能力和情感交流,引导学生学会情绪管理和自我调节。

教学重点:理解复式统计表的意义,能把几个单式统计表合并成复式统计表。

教学难点:根据统计表中的数据特点,从不同角度进行分析,并获得一些有价值的结论。

教学过程	融合时机与策略
一、创设情境,导入新课 1.师:学校准备为全校学生购买一批体育器材课余时间使用,该买些什么呢? 老师需要统计学生最喜欢的运动项目,根据大家课余时间喜欢的运动项目去制定购买计划。	

教学过程	融合时机与策略
想知道我们班同学课余时间最喜欢的运动各个项目是多少人,该采取什么方式调查呢? 　　预设:全班一同举手表决。 　　预设:男女生分开统计。 　　追问:怎样统计更合理一些? 　　2.调查统计,填写单式统计表(收集数据) 　　分男女生举手选择进行统计,分别填写两个单式统计表,并通过计算总人数对数据进行检验。 　　二、开展活动,建构新知 　　(一)抢答比赛,引出复式统计表。 　　1.最喜欢的运动项目是乒乓球的男生有多少? 女生呢? 　　2.女生最多人喜欢的运动项目是哪项? 　　3.最喜欢的运动项目是篮球的男女生一共有多少人? 　　4.最喜欢的运动项目是游泳的男、女生相差多少人? 　　师:如何利用手中统计表更快速地抢答呢? 　　小结:将两个单式统计表"合二为一",更"便于比较"。 　　(二)动手操作,创造复式统计表。 　　1.活动要求:先独立思考,把表格摆一摆;然后在小组里交流自己的想法。 　　提示:合一合,改一改(简洁、清晰、数学) 　　预设:横着摆、竖着摆、省略第一行竖着摆。 　　2.交流反馈 　　(1)先对比横着摆与竖着摆。 　　竖着摆,相同项目对齐,观察起来更方便。 　　(2)再对比竖着未省略摆法与省略摆法。 　　省略后的表格更简洁,便于观察。	结合学生身边的生活情境,激发学生学习数学的兴趣,建立积极的学习氛围;通过全班分男女生举手表决的方式,增强学生的参与感和归属感,同时学生合作统计,可以培养团队合作精神和公平意识。 　　抢答比赛的过程中学生可以体验成功,从而增强自信心和自我效能感。 　　小组交流环节,鼓励学生积极发表看法,倾听他人意见,学会尊重差异,发展良好的沟通和协商技能。

续表2

教学过程	融合时机与策略
（3）优化省略摆法。 修改必要部分：标题、纵栏、表头（微课介绍）。 3.归纳总结 像这样，把两个单式统计表的内容合在一起就成了一个复式统计表。（板书课题：复式统计表） （三）引导观察，分析复式统计表。 1.根据复式统计表，进行数据分析，提出建议。 小结：复式统计表的优势是信息全面、便于观察。 2.展示全校学生最喜欢的运动项目统计表，提出建议。 我班的数据不能代表全校，不同年级的学生喜欢的项目并不相同。 小结：调查范围更广，收集数据更多，分析得出的结论更准确。 三、练习巩固、运用拓展 完成教材35页做一做第1题。 小结：分析数据时既可以横向比较，也可以竖向比较。 四、课堂总结、质疑提升 1.注意表头各项目所对应的具体数据。 2.复式统计图更容易对比各项目间的数据。	鼓励学生批判性思考如何更有效地呈现统计数据，培养其分析和解决问题的能力。 通过观察和讨论不同群体（如不同性别、不同年级学生）的数据，引导学生理解和尊重他人的选择和偏好，提升共情能力。 鼓励学生反思自己的学习过程和结果，培养自我监控和自我调整的能力。
作业超市： A.基础巩固作业： 教材课后习题。 B.拓展拔高作业：设计一份记录自己上下午体温的"体温记录表"（最少一周）。比较每天上下午的数据，有什么发现？你有哪些收获？	板书设计： 复式统计表 合二为一 收集数据　整理数据 便于比较　分析数据

9.《数学广角—推理》第1课时(人教版二年级下册第九单元)

教者:杨洲(宁乡·流沙河镇中心小学)

教材分析:《推理》作为人教版二年级下册第九单元数学广角的重要教学内容,它不仅是一堂充满趣味性的活动课,更是逻辑思维训练的启蒙课程。本堂课的核心目标是引导学生根据给定的信息,运用判断与推理技巧,逐步推导出结论,使学生初步掌握推理的基本方法。教材巧妙地融入了一系列生动有趣且易于理解的实例,通过观察、猜测等直观手段,旨在向学生渗透数学的思想方法,培养他们形成有条理、全面性的思考习惯。在课程设计方面,本堂课充分考虑了学生的认知发展水平,所设置的问题难度适中,往往包含一个或多个可直接作为推理起点的条件。学生只需准确识别并抓住这些关键信息(即关系句),便能较为顺畅地推理出其他相关结论。这一过程不仅让学生亲身体验了从生活现象中提炼信息、进行逻辑推理的全过程,更在无形中锻炼和提升了他们的逻辑推理能力。

学科素养目标:第一,通过观察、猜测等活动,让学生经历简单的推理过程,初步获得一些简单推理的经验,能借助连线、列表等方式整理信息,并按一定的方法进行简单推理。第二,让学生经历简单的推理过程,体验逻辑推理的思想与方法,体会逻辑推理条件与结论之间的联系。第三,体会数学思想方法在生活中的用途,激发学生学习数学的积极性。培养学生初步的观察、分析、推理能力和有条理地思考问题的意识。

心理融合目标:第一,整堂课设计成一节猜一猜、做一做的游戏课,让学生通过生动有趣、形式多样的猜测、推理游戏,培养积极主动的学习态度,使他们能够主动参与课堂活动。第二,使学生在具体的情境中感受简单推理的过程,初步获得一些简单推理的经验,培养积极的学习态度,增强自信心,相信自己能够克服困难并取得进步。

教学重点:掌握简单推理的过程,培养学生初步的分析、推理的能力。

教学难点:初步培养学生有序地、全面地思考问题及数学表达的能力。

教学过程	融合时机与策略
一、创设情境，导入新课。 老师：同学们，今天我们将共同聆听一个引人入胜的故事。这个故事的主角是四位小朋友，让我们一起来认识他们吧（展示图：四个班级里的学生）。他们将迎来一次神秘的古堡探险。现在已经出场了三位小朋友，请大家猜猜还有谁没有登场呢？ 通过给出提示，看看你们是否能猜到宝藏在哪只手中。 师小结：根据已知信息逐步推理出结论的过程就被称为推理。 （板书课题——推理） 二、探究新知，解决问题 1.猜测谁最先到达 ①我是第二个到的。②我并非最后一个到达。③那么，我应该排在第几位呢？ （1）在问题分析中，老师引导学生独立思考：你是根据哪一条信息来确定的哪位小朋友？又是根据哪条信息来确认的哪位小朋友？在小组内分享你们的思考过程。 （2）展示交流连线方法（将人名和顺序分两行写下，然后根据所给信息逐一进行对应连接。） （3）寻求共识 教师指出：在进行推理题时，首要步骤是先确定那些可以立即确定的。 2.破解古堡大门密码 ①密码是一个三位数，由6、2、8这三个数字组成。②该数的个位和十位都不是2。③十位数字小于个位数字。 学生以分组合作的形式，依次分享各自的观点。	整节课始终贯穿故事情境——古堡探险，吸引学生主动参与激发积极性，再通过猜奖励再次强化学生积极性，既活跃课堂气氛，又能使学生尽快进入角色，参与到学习活动中来。使学生在具体的生活情景中感受简单推理的过程，获得推理的经验，为接下去的学习打好感情基础。 注重学生之间的合作交流，让小组成员互相说一说自己的想法，再进行全班交流，让学生感受到成就感和自豪感，充分发挥自主能动性，提升表达能力。

续表

教学过程	融合时机与策略
3.分宝箱 师:现在,我们迎来了激动人心的分宝箱环节。请同学们分析他们各自获得了哪种宝箱。独立完成各自的任务卡,并进行分组讨论,最后由一个学生汇报结果。 4.破解密码图,拿到宝箱钥匙 课件出示九宫格图,在每一行和每一列中填入数字1、2、3,并要求学生不重复不遗漏。 三、实践应用,拓展提高 活动1. 游戏规则说明:首先随机选择4名同学闭上眼睛,随后由教师将1、2、3、4号胸牌分别戴在他们胸前。然后睁开眼睛,通过观察其他人的胸牌上的数字来推测自己的数字,并站到PPT上对应的数字下方。 活动2. 在森林里,熊大、熊二、光头强和吉吉国王正在开心地玩耍。请你帮忙按照以下条件给他们排队:(1)熊大位于熊二和光头强之间;(2)吉吉国王是最后一个;(3)熊二不是第一个。 四、全课小结,巩固方法 师:在今天的学习中,你们都获得了哪些宝贵的经验和知识呢?	"连一连""猜一猜""摆一摆"练习层次分明,有坡度、有新意,充分体现生活化、自主化、开放化。既让学生感悟了新知,又体验到了成功,获取了数学知识,真正体现了学生在课堂教学中的主体地位。本堂课做到了面向全体,学生的主体地位比较突出,学生参与的面比较广,很好地调动了学生的积极性,激发了学生的兴趣。
作业超市: 　A.基础巩固作业 甲、乙、丙三个人比赛,甲是第一名,乙不是最后一名,丙是第几名? 　B.拓展拔高作业 甲、乙、丙、丁四人排队,甲在乙和丙的中间,丙在最后,乙不在第一个,他们是怎么排的?	板书设计: 　　　　推理 连线法　表格法 已知条件──→结论 ①先确定 ②再排除 ③最后看剩下

10.《年、月、日》第1课时(人教版三年级下册第六单元)

教者:邓姝洁(永州·祁阳县七里桥镇中心小学)

教材分析:在二年级阶段,学生们已初步接触到时、分、秒等短时间单位,并且在日常生活中也不乏对年、月、日相关知识的接触,因此他们已具备一定的时间认知基础。本课旨在以此为基础,通过利用年历卡设计的探究活动,为学生系统地传授年、月、日的详尽知识。同时,我们还将引入拳头记忆法和歌谣记忆法这两种创新的教学方式,以帮助学生更快捷地区分大月与小月,从而加深他们对所学知识的理解与记忆。

学科素养目标:第一,根据生活经验认识时间单位年、月、日,知道大月、小月、特殊月及其相关知识。第二,通过具体活动,经历判断大、小月的过程,培养观察能力,渗透科学的思想方法。第三,体验利用已有信息进行简单的归纳、推理的过程,培养乐于探求知识的兴趣,体验数学和生活之间的联系。

心理融合目标:第一,通过营造轻松的教学环境,激发学生的学习兴趣,培养学生积极的心态,增强学生的自我效能感。第二,通过数学实践活动,强化生生之间的互动与沟通,帮助学生树立学习的自信心,培养积极的群体意识。

教学重点:探究发现年、月、日之间的关系,了解大月、小月、特殊月的知识。

教学难点:灵活应用年、月、日的相关知识解决简单的实际问题。

教学过程	融合时机与策略
一、情景导入 1.倒计时上课 倒计时用到了什么单位?我们还学习过其他这样的单位吗? 复习学习过的时间单位。 观看中国发展历程视频,引导学生在视频中找到时间单位。	通过观看中国发展历程,激发学生的爱国情怀,培养学生的民族自信心。

教学过程	融合时机与策略
导入课题:年、月、日 学生分享自己在日常生活中积累的年月日相关知识。 二、新课授入 1.播放视频:科普年月日的由来。 2.出示 2024 年的年历。 (1)发布任务:观察 2024 年历每个月的天数,完成在表格中记录每月的天数。(独学) (2)学生汇报分享。 2024 年中有(　)个月有(　)天,分别是(　)月。 根据学生汇报进行小结。 3.小组合作,观察 2019-2023 年的年历。 (1)通过观察自己手中的年历,记录每月的天数(每组组员拿到的年份各不相同)。 (2)组长将组员整理的数据汇总整理在复式统计表中。 (3)小组成员观察统计表并讨论:你发现了什么? (4)选择一个小组派代表进行分享,其余小组进行补充。 小结:每一年一月、三月、五月、七月、八月、十月、十二月的天数都是固定的,都有 31 天,四月、六月、九月、十一月也是固定的,都有 30 天,而二月有些年份是 28 天,有的是 29 天。 4.学习大月、小月、特殊月。 (1)大月:31 天　小月:30 天。 (2)特殊月(2 月):28 天或 29 天。 2 月既不是大月也不是小月 5.介绍大小月的记忆方法。 (1)播放视频:拳头记忆法。	学生在分享的过程中,感受到数学来源于生活,有助于课堂气氛的活跃,学生在愉快的氛围中学习,有助于激发学生的学习兴趣。 　　这一环节以学生为主教师为辅,给予学生充分探究实践的时间,培养学生主动学习、细心观察的好习惯,帮助学生更好地提升自信心。 　　在小组合作中,培养学生沟通、交流的能力,提升学生的群体意识和团队协作能力,建立和谐的人际关系,培养健康的集体意识。

续表2

教学过程	融合时机与策略
观察动画演示,学生跟着动手练习。 (2)歌谣记忆法。 分享有重要意义的日子:可以是节日,也可以是对自己来说重要的一天,并分享自己认为重要的理由。 三、巩固练习 第一关:师生互动小游戏 教师说月份,学生判断大小月,大月摸耳朵,小月拍拍手,特殊月不动。 第二关:火眼金睛(判断正误并说明理由)。 1.一年中有 7 个大月,5 个小月。(　　) 2.乐乐 9 月 31 日从北京回家。(　　) 3.没有连续的大月或者小月。(　　) 第三关:熊大的真假身份证。 1.出生在大月。　2.是连续两个大月中的后一个月。 四、总结收获 学生畅谈本节课的收获,教师进行珍惜时间的教育。	在主动参与发言的过程中,培养学生学习的主动性,提高学生的语言组织能力,同时教师通过积极地反馈,强化学生的自我效能感,树立积极健康的学习心态。
作业超市: 　A.基础巩固作业: 　1.一年中相邻的两个大月是(　　)和(　　),这两个月,一共有(　　)天。 　2.4 月一共有(　　)天,是(　　)个星期零(　　)天。 　B.拓展拔高作业: 　制作自己出生那年的年历。	板书设计: 　年　月　日 大月(31 天) 　1 月　3 月　5 月 7 月　8 月　10 月　12 月 小月(30 天) 　4 月　6 月　9 月 11 月 　特殊月 28 天或 29 天 2 月既不是大月也不是小月

11.《小数加减法》第1课时(人教版四年级下册)

教者:朱静(宁乡·流沙河镇中心小学)

教材分析:本课教材旨在学生已掌握小数的基本意义、性质、一位小数的加减法以及整数加减法的基础上,进一步深入学习。这样的安排不仅贴近学生日常生活的实际需求,也为他们未来的学习和研究奠定了坚实的基础。掌握小数加减法的算理和算法,是小学生数学素养中不可或缺的知识、技能与方法。通过学习小数加减法,学生能够为后续的小数混合运算学习奠定坚实的基础,这一环节在数学学习中起到了承前启后、承上启下的关键作用。

学科素养目标:第一,抽象思维能力:学生需要在实际问题中抽象出数学模型,理解小数加减法的概念和规律,能够将实际问题转化为数学问题进行计算。第二,探究思维能力:学生需要通过多种方式探究小数加减法的规律,寻找解决问题的方法和策略,发现其中的规律和性质。第三,创新思维能力:学生需要在解决问题的过程中运用创新思维,灵活运用所学知识,寻找新的解决方案和方法。第四,合作思维能力:学生需要在小组合作中交流思路,借鉴他人经验,共同解决问题,培养团队合作精神。

心理融合目标:第一,进一步认识小数与日常生活紧密相连,激发学生对数学的好奇心和学习热情。第二,通过自主探究、讨论交流,感受主动获取知识的成就感,发展数学应用意识。第三,感受数学在生活中的应用和作用,激发学生对数学的兴趣及热情,形成良好的学习习惯,同时培养学生的合作协调能力及语言表达能力。

教学重点:理解小数加减法的算理,掌握竖式计算的方法,并能正确计算。

教学难点:理解"小数点对齐就是相同数位对齐"。

教学过程	融合时机与策略
一、游戏导入 老师手拿红包,同学们根据黑板上的题目进行分组比赛,优胜组获得拆红包的权利。 课件出示火车上的计算题,小组竞争回答。 8+3=11　　　　34+11=45　　　　46-32=14 0.9+2.2=3.1　　4.5+2.3=6.8　　2.8-2.1=0.7 二、创设情境,教授新知(自主合作学习) 在上面的PK赛中,获胜小组进行拆红包权利。指名同学拆红包,拆到的金额4.29元和6.45元。 师:根据红包金额你能提出什么数学问题? 生:两次一共抢了多少钱? (一)探索小数加法的算法 师:我们来解决此问题,应该怎么列式呢? 板书:16.45+14.29= 师:你会计算吗?先自主探究,再同学之间讨论交流,最后请小组成员汇报答案。 学生边描述,教师边板书。 师:我们怎么知道这个答案对不对呢?检验。 (二)同样的方法探索小数减法的算法:出示课件 (三)思考:为什么小数点一定要对齐呢? 小数点对齐的原因就是要相同的数位去对齐,只有相同数位上的数才能进行加减。 比较:小数加减法与整数加减法之间的相同点和不同点 师:观察以上算式,你能发现什么相同点? 生:相同的数位要对齐,从最低数位算起,加法的时候满十进一,减法的时候不够就要去借一。 师:那不同点呢? 生:整数是末尾对齐,小数是小数点对齐。	通过红包吸引法则,激发起学生对事物的好奇,内心产生对美好未知的欲望,并希望通过自己的努力得到相应的奖励。 激发学生已有的数学经验和生活经验,用旧知引新知,为他们的学习指明方向,激发起学生探究知识的欲望。 给予学生自主探究的空间和时间,鼓励他们用不同的方法计算,大胆尝试,让不同层次的学生都能得到不同的发展。 促进学生在头脑中完善与计算有关的网络知识,锻炼学生的团队协作能力和语言表达能力,感受主动获取知识的成就感。

教学过程	融合时机与策略
三、展示提升 出示练习题:拆红包墙 根据分值最高的组获得优先拆红包的原则,指名学生拆红包。 红包内容包括给予学生的奖励、小数加减的竖式计算、判断错题等。 四、反馈拓展 通过今天的学习,你有哪些收获?	通过拆红包的环节体验数学的乐趣,前呼后应,激发学生对数学的好奇心和学习热情,再次体会小数加减法的算理,同时给予学生相应的奖励。
作业超市: 　A.基础巩固作业 教材71页,练习十七第1.2题 　B.拓展拔高作业 小组合作: 共同制作一张与《小数》有关的数学小报。	板书设计: 　　　小数加减法 $16.45+14.29=30.74$(元) $16.45-14.29=2.16$(元)

12.《两位数、几百几十数乘一位数(进位)》第 1 课时(人教版三年级下册第四单元)

教者:戴小丽(宁乡·唐市小学)

教材分析:《两位数、几百几十数乘一位数(进位)》是人教版数学三年级下册第四单元的核心教学篇章。本课旨在在学生已熟练掌握两位数乘一位数的不进位乘法口算与笔算技巧的基础上,进行更深入的探索。为了使学生能够更深刻地理解和灵活应用这一知识点,课程特意构建了一个贴近生活的水果超市场景。这一创意设计,使得原本可能显得抽象、乏味的口算教学自然而然地与学生的日常生活紧密相连,让他们亲身体验到口算技能在日常生活中的广泛应用和重要性。如此的教学方式,不仅极大地激发了学生的学习兴趣和积极性,还显著提高了他们解决实际问题的能力。

学科素养目标:第一,深入理解并熟练掌握两位数以及几百几十数乘以一位数(包括进位)的口算技巧,同时确保具备一定的计算速度;能够灵活运用多种方法进行口算。第二,在探索算法的过程中,充分体验算法的多样性和灵活性,能够运用所学知识解决实际问题,增强实践应用能力。第三,着重培养仔细计算的良好学习习惯,确保在解题过程中保持高度的专注和准确性。

心理融合目标:第一,增进课堂互动,激发学生的主动性与创新思维。第二,借助数学游戏这一手段,培养学生的协作学习能力,并增强学生的自信心。

教学重点:正确口算两位数、几百几十数乘一位数,能比较熟练地计算。

教学难点:能用不同的方法进行口算。

教学过程	融合时机与策略
一、游戏导入 1.师出两位数乘一位数的口算题进行抢答。 2.希沃课件设计两位数乘一位数的森林运动会的口算对抗竞赛游戏,两两比赛。 3.回顾一位数乘一位数,整十数乘一位数的口算方法。 4.出示书本38页例1:仔细观察这幅图,谁能看图编一个小故事?(引入书本问题)	通过两个小游戏进行课堂导入,活跃课堂气氛,激发学生的学习兴趣。
二、自主探究、合作交流 1.探究两位数乘一位数的口算方法。 (1)学生独立思考、小组讨论交流(独学2分钟、讨论3分钟): ①题中告诉我们每筐有( )盒草莓?问题是( )?这道题是求( )个( )是多少,所以用( )法计算,算式是( )。 ②生独立完成。 学习建议:请你用喜欢的方法尝试解决。 用摆一摆,画一画,写一写,表示出你的想法。 ③小组讨论:你怎样计算这道题的?说出你的计算过程。	采用独学,小组合作的学习方式,提高学生自主学习和合作学习的能力,利用计时器,培养时间观念。

教学过程	融合时机与策略
由组长分配任务,组员各司其职:一人读题,一人分析题意,一人板书,一人讲解。教师台下巡视,及时给予相关指导。 　　(2)生小组展示讨论成果。 　　①方法一:用加法或列乘法竖式计算 　　②方法二:分步口算 　　利用整十数乘一位数的方法,把16拆成10和6,先算 $10×3＝30$,再算 $6×3＝18$,再把两个结果加起来, $30＋18＝48$,所以 $16×3＝48$ (盒) 　　拖动方块演示口算过程 　　(3)台下学生提出疑问或评价。 　　(4)总结方法,得出结论。 　　把两位数分成几十和几,再用几十和几分别去乘一位数,最后把两个乘积相加。 　　2.探究几百几十数乘一位数的口算方法。 　　(1)想一想 $160×3＝($　　$)$ 　　①小组讨论:你是怎样计算的? 请说出你的计算过程 　　②学生展示计算方法 　　方法一:将160拆成100和60,先算 $100×3＝300$,再算 $60×3＝180$,再把两个结果加起来, $300＋180＝480$,所以 $160×3＝480$ 　　方法二: $16×3＝48$, $160×3＝480$ 　　(2)总结口算方法。 　　①把几百几十分成几百和几十,再用几百和几十分别去乘一位数,最后把两个乘积相加。 　　②也可以先用一位数乘0前面的数,再在积的末尾添上0。	由学生自主讲解、提出疑问、进行点评,培养学生的表达、自主参与活动的能力,树立集体意识,让学生善于和同伴交流,帮助其形成开朗、合群、自信的健康人格。

续表2

教学过程	融合时机与策略
三、游戏练习 1. 基础版。 师出题,生抢答口算出答案。 2. 升级版。 老师先出题,一人先给出正确答案,再紧接着出题给下一位同学回答,以此循环开火车。 3. 创新版。 ①同桌练:两人各自写一个数,进行计算,比正确率和速度。 ②小组练:老师出题,相同时间内各小组同时计算,小组间计算后核对答案,用时较短且正确率高的小组获胜。 四、课堂小结 对两位数、几十几百数乘一位数(进位)的口算方法进行总结。	将口算练习以游戏的方式给出,调动学生学习的积极性,让学生在游戏中巩固数学知识,通过获得胜利培养学生的自信心与荣誉感。
作业超市: A. 基础巩固作业:教科书38页做一做,40页第1、2题。 B. 拓展拔高作业。 1. 明明今年10岁,爷爷的年龄是他的6倍,爷爷今年( )岁。 2. 4个小组的同学做工艺品,每个小组要做80个,一共可以做( )个工艺品。	板书设计: 两位数、几十几百数乘一位数 16×3＝48 16分成10和6 先算10×3＝30 再算6×3＝18 最后算30+18＝48

13.《用数对确定物体的位置》第1课时(人教版五年级上册第二单元)

教者:肖芊(株洲·攸县工业路小学)

教材分析:本课的核心学习目标是掌握使用数对来明确具体情境中物体的位置,并在方格纸上通过数对来精确定位物体的方法。鉴于此,教材在编排本课时,采取了引导学生在具体情境中,首先利用行与列的概念来描述物体的位置,进而引入数对的概念,以促进学生深刻理解所学内容。此外,教材还从数的维度出发,描绘了点在平面空间的位置,并精心融入了数形结合的理念,通过一系列素材的呈现,加深学生对这一思想的理解。

学科素养目标:第一,在具体的情境中认识行、列的含义,知道确定第几列、第几行的规则,初步理解数对的含义,会用数对表示具体情境中物体的位置。第二,经历由语言描述实际情境中物体的位置抽象成用数对表示具体情境中物体位置的过程,理解用数对确定位置的方法,感悟数对与位置的一一对应思想,体会数形结合的思想。第三,感受数学与生活的密切联系,培养空间意识和能力,进一步培养数感。

心理融合目标:第一,通过有趣的课堂游戏环节,激发学习兴趣,养成乐观进取的学习态度。第二,通过团队合作培养细心的良好品质以及集体意识。第三,理解生活中没有不劳而获,任何获得都需要努力。理解真正的宝藏并非金银珠宝,而是知识、友情、亲情等无法用金钱衡量的东西。

教学重点:在具体情境中会用数对确定物体的位置。

教学难点:在具体情境中理解要用两个有序数字表示物体在平面上的位置。

教学过程	融合时机与策略
一、创设情境,激发兴趣 同学们,你们喜欢探险寻宝吗? 前不久,肖老师得到了一张藏宝图,我把这张藏宝图一分为五,藏在你们位置上了,你们想找到它们拼起来,并揭晓藏宝图的秘密吗? (想)那我给你们提供线索,你们来确定拿藏宝图的学生位置。 二、直观感受,探究新知 (一)认识行与列 1.描述班长的位置。 师:①号藏宝图在你们班长身上(班长站起来),你能用数学语言描述出班长的位置吗?	通过找藏宝图的秘密,激发学习兴趣,快速进入课堂。

续表1

教学过程	融合时机与策略
2. 引出课题(确定位置)。 3. 教师小结"行列"的定义及描述方式。 4. 师:现在看你们的位置谁是观察者?（老师），从左往右这是第1列，从前往后这是第1行……现在你们能告诉我班长在第几列第几行了吗?（第3列第2行) (二)认识数对 1. 表示位置。 下面我依次报出②藏宝图可能在的位置,请同学们做好记录。 总结:数学讲究的是简洁精练的语言。以班长的位置为例,你还能用更简单的方法表示位置吗? 小组讨论后汇报。 2. 优化表示方法。 其实很早以前,我们的数学家笛卡尔就在蜘蛛的启示下创立了用数对来确定平面中物体的位置。 第3列第2行,可以用数对(3,2)表示。中间用逗号隔开,用一个小括号表示它们是一个整体。读作数对(3,2)或者(3,2)。 3. 数对的写法:写数对的时候要先确定第几列,写下列数;再确定第几行,写下行数。 4. 理解(3,2)的含义。 三、实践操作,积累经验 1. 寻找②号藏宝图。（引导学习同一行的表示方法) 2. 寻找③号藏宝图。（引导学习同一列的表示方法) 3. 寻找④号藏宝图。（表示数对时不能交换前后数字的位置)	引导探索更多更好的学习方法,不断提高学习效率。 通过小组合作交流锻炼学生的表达能力,树立集体意识,提高自主学习解决问题的能力,以及表达和倾听的能力。

续表2

教学过程	融合时机与策略
4.寻找⑤号藏宝图。 感谢你们帮我把五张藏宝图都找到了,如果放在方格图中,你还能用数对把其他同学的位置表示出来吗? 四、拓展应用,发展思维 (一)根据数据对标点 1.师:接下来激动人心的时刻到了,我们分组探索五张藏宝图秘密,再将五张拼在一起揭晓藏宝图秘密。 2.出示合作要求和温馨提示: 3.教师小结:小组完成后将五张藏宝图合在一起,将标记的点连线发现是"你们上当了"。看来我们的努力还不够,其实真正的宝藏秘密藏在了这张图纸里,有没有信心找到。 (二)根据数对找字 1.揭晓藏宝图秘密。每人一张学习单,根据数对找到相应的字。 2.小组汇报结果,揭晓藏宝图秘密"真正的宝藏是知识"。 五、课堂总结,浅谈收获 这堂课你有什么收获?	通过游戏结果"你们上当了",引导学生理解世间万物,皆需付出方能得到收获,绝无不劳而获之理。 引导学生理解真正的宝藏并非金银珠宝,而是那些无法用金钱衡量的东西。比如,知识或是自己的成长和进步,这些都是人生中最宝贵的财富。
作业超市: A.基础巩固作业。 教材 21 页 1、2、3 题。 B.拓展拔高作业。 根据今天学的知识设计一张藏宝图。	板书设计: 用数对确定位置 竖排:列(从左往右) 横排:行(从前往后) 班长第三行第二列 数对(3,2)读作数对 三二 真正的宝藏是知识

14.《圆的认识》第1课时(人教版六年级上册第五单元)

教者:徐博洋(宁乡·流沙河镇中心小学)

教材分析:圆,作为小学阶段课程体系中平面几何领域的最终学习单元,标志着学生在抽象思维能力上的又一次深化与提升。鉴于圆由连续的曲线构成,与先前所学的长方形、正方形、三角形等由直线段围成的图形存在显著差异,这一特性可能对学生的理解与掌握构成一定的挑战。在"圆的认识"这一教学环节中,课程设计旨在通过多维度的教学策略,逐步引导学生深入理解圆的本质。具体而言,课程首先通过展示生活中圆的广泛应用实例,激发学生兴趣并构建直观认识;随后,通过动手实践绘制圆形,使学生在操作中感受圆的形态与特性;进而,深入分析圆的各个组成部分及其独特性质,采用由浅入深、循序渐进的方式,帮助学生全面而系统地掌握圆的相关知识。

学科素养目标:第一,通过动手操作、观察、思考等教学活动,认识圆并掌握圆的特征。第二,让学生理解在同一圆内直径与半径的关系,学会用圆规画圆。第三,初步渗透化曲为直的数学方法和极限的数学思想。

心理融合目标:第一,培养学生的合作意识,增强学生学好数学的信心。第二,培养学生分析问题和解决问题的能力,为初中阶段学习生活做好准备。第三,初步培养学生的学习能力,激发学习兴趣和探究精神,树立自信,乐于学习。

教学重点:直观地认识圆的特征,学会用圆规画圆。

教学难点:明确圆心与圆的位置之间的关系,半径与圆的大小的关系。

教学过程	融合时机与策略
一、游戏导入,初步感知 　1.寻找宝藏。 　屏幕出示以小明为圆心,在小明的三米范围内设置宝藏,请学生上台来指出宝藏可能存在的位置,通过这一点来初步感知圆。	利用找寻宝藏的游戏,激起学生的学习兴趣,提升了学生对学习的主观能动性。

续表1

教学过程	融合时机与策略
2. 小羊吃草。 屏幕出示三棵树以及拴在树上的羊,提问怎么让羊吃到足够多的草? 二、回顾旧知,引入新知 提问:我们学习过哪些平面图形? 屏幕出示长方形、三角形、平行四边形、正方形、梯形。 再问:它们有什么共同特点?(都是由线段围成) 再出示圆,那么圆呢?(曲线围成) (一)自主学习,初步认识圆 1. 学生尝试自己用圆规画一个圆。 2. 学生自学课本 56 页第一小节并完成任务一。 (1)请生回答以上问题。 (2)标出自己所画圆的圆心、半径、直径。 3. 介绍圆规以及圆规规范的使用方法。 (二)动手操作,探究圆的特点 1. 小组合作完成任务二。 2. 小组展示并总结。 3. 教师小结:在同一圆中,圆的半径都相等、直径也都相等,且直径的长度是半径的两倍。 (三)拓展提升,进一步了解圆 1. 出示小羊吃草的游戏,发现可以通过增加绳子的长度或者改变牵羊的树来达到扩大吃草面积的效果。 小结:圆心决定圆的位置,半径决定圆的大小。 2. 观看视频,了解不同的画圆方法。 3. 通过给出半径或者直径猜物品的方法来培养量感。 4. 生活中的趣事。 (1)车轮为什么是圆的?	学生自学教材,在自学过程中,达到自我学习管理的效果。 小组合作完成任务,锻炼学生的表达能力和活动组织能力,培养学生的合作竞争意识,帮助学生形成自信、向上的健康人格。

续表2

教学过程	融合时机与策略
(2)为什么井盖大多设计成圆形? 三、总结提升,升华主题 师:回顾这节课,你有什么收获? 师:中国古代教育家墨子这样概括圆的特征,"圆,一中同长也",通过今天的学习,你能看懂这句话了吗?古人用这样五个字就概括了圆的本质,比西方早了1000多年。	通过数学史的学习,提升学生的民族文化认同感。
作业超市: A.基础巩固作业。 数学书 P56 做一做第二题。 B.拓展提升作业。	板书设计: 　　　圆的认识 　　　　　　　画法 圆心:O　　1.定点 半径:r　　2.定长 直径:d　　3.画圆 $d=2r$　　$r=\dfrac{d}{2}$

15.《有条理地思考》第1课时(人教版六年级下册总复习)

教者:戴艳(宁乡·大田方小学)

教材分析:在教学过程中,我们精心挑选了几何内容作为教学的主线,并特别聚焦于包含6点或8点的经典例题,以此作为教学的生动实例。为了提升教学效果,我们贯彻了"由浅入深,循序渐进"的教学策略。起初,我们引导学生从基础题目入手,逐步引导他们领悟化繁为简的数学思想精髓。随后,我们激励学生亲自动手实践,细致入微地观察与对比分析,从而科学地归纳并提炼出其中蕴含的深刻规律,旨在有效促进学生合理推理能力的蓬勃发展。

学科素养目标:第一,遵循逻辑顺序,有条不紊地思考问题,并熟练掌握从简单到复杂逐步解决问题的策略。第二,强化数学素养,通过不断练习提升解题能力,同时深化逻辑推理能力,以应对更复杂的数学问题。第三,深入体验数学活动的创造性和探索性,进一步激发对数学学习的兴趣和热情。

心理融合目标:第一,数学思维培养:训练学生有条理地推理,探索规律。第二,自信心建立:通过小组合作等方式,让学生在体验中感受数学知识的奇妙,感受数学思维的乐趣,在探究中获取成功的愉悦感。增强学生在数学学习中的自信心。第三,学习习惯养成:促进学生养成良好的学习习惯,提高学习兴趣,在数学学习中不断探索,不断创造。

教学重点:培养学生运用有条理地思考方式解决实际问题。

教学难点:引导学生运用数学方法分析问题,培养学生的逻辑思维能力,合作意识,团队合作精神。

教学过程	融合时机与策略
一、导入,揭题 　1.谈话:同学们,我们教室里来了很多客人,希望大家都能有个好状态,好好表现。得到大拇指的可以领到奖励。今天的学习内容有些难度,你做好准备了吗? 好,首先让我们来热热身。(出示练习题) 　A.用2、8、4三个数字你能排出哪些没有重复数字的两位数? 三位数? 　B.○□□○○□□○○□□ 接下来该怎么画? 又一种非常棒的思维方式(竖大拇指。板书:找规律) 　2.揭题。 师:像刚才大家用到的这些思维方式都属于有条理的思考方式(板书课题:有条理地思考)爱思考的人会越来越聪明,希望大家继续加油! 请看大屏幕。 二、研究新知: 　1.出示例1。 师:8个点可以连多少条线段? 怎么理解题意?	获得大拇指可获得奖励,课堂上开始设置奖励机制,以激发学生的学习兴趣。

续表1

教学过程	融合时机与策略
师:说得好(大拇指)。能不能很快说出结果? 点数太多? 那我们就从简单入手。 师:两个点可以连成几条线段? 师:再增加一个点,会增加几条线段呢? 再来一个点,会增加几条? 接下来的 5 个点,6 个点,7 个点,8 个点的连线任务就由小组合作完成。 2. 小组合作研究。 师:每个小组都有一张这样的表格练习纸,请组长组织连线填表,其他人监督。看哪个小组完成得又快又好,开始!	肯定学生能用有条理的思考方式解决问题,激起学生进一步学习的欲望,激发学生探究问题的本领。 渗透数学思想方法"化难为易",增强学生的自信心,从浅尝辄止做起。

点数	●	●●		●●●		…
增加条数						…
总条数						…

教学过程	融合时机与策略
3. 展示、汇报、交流。 哪个小组愿意来分享? 学生说,老师带领其他人认真倾听,不重复学生的话,如有误,请小组内的人补充。 4. 小结规律,建立模型。 师:出示手中的表格,问表中的…表示多少? (n)问:想一想,n 个点可以连多少条线段? 根据学生的回答板书 $1+2+3+\cdots+(n-1)$ $=【1+(n-1)】\times(n-1)\div2$ $=n\times(n-1)\div2($ 条 $)$ 以后再出现类似这样数线段的问题,我们都可以用这个规律算一算便知道了。 5. 生活中的有条理地思考。 师:(指板书)刚刚我们从最简单的入手,找到规律,	群策群力,在学习中能增强学生的团队合作意识,引导他们养成良好的学习习惯。 在汇报环节培养学生运用数学语言解决问题的能力,并给予肯定,让学生在未来的学习和生活中更加自信和有魅力。

续表2

教学过程	融合时机与策略
然后总结规律的这个过程其实就是一个有条理的思维过程,也就是一个简单的合情推理的过程(板书:一简单推理)。请你想想看,生活中、数学里你还知道哪些是用有条理的思考方式解决问题? 　　师补充。 　　(警察破案,辩论赛,整理房间,正方形数) 　　三、实践应用 　　生活数学题例。 　　四、总结全课 　　师:通过本节课的学习,你有哪些收获?	联系与学生关系密切的生活实际,使他们将学习与生活环环相扣,步步拓展。
作业超市: 　　A.基础巩固作业 　　(103面1题)找规律,填数。 　　(1)3,11,20,30,(　　),53,(　　),… 　　(2)1,3,2,6,4,9,8,(　　),(　　),15,(　　),18,… 　　B.拓展拔高作业 　　(103面4题) 　　(1)多边形内角和与它的边数有什么关系? 　　(2)一个九边形的内角和是多少度? 　　(3)＊一个 n 边形的内角和是多少度?	板书设计: 　　　有条理地思考 $1+2+3+\cdots+(n-1)$ $=【1+(n-1)】\times(n-1)\div2$ $=n\times(n-1)\div2(条)$ 　　　从简单入手 　　找规律　简单推理

16.《圆柱的表面积》教学片段实录

教者:张苗(宁乡·流沙河镇中心小学)

教学目标:

学科素养目标:第一,经历"圆柱展开"、"卷成圆柱"的过程,知道圆柱侧面展开后可以是长方形。在独立思考、动手操作、合作交流中感受圆柱体侧面展开的推导过程,掌握圆柱的侧面积、表面积的计算方法,达到正确计算。

第二,灵活解决生活中的实际问题,体会数学与生活的联系,丰富对空间的认识。

心理融合目标:第一,树立集体意识,培养学生自主参与各种活动的能力。第二,在自我探究的成功体验中激发学生学习数学的兴趣。

教学过程:

1. 知识回顾,引出问题

师:我们之前学习过长方体和正方体的表面积,谁来说一说什么是物体的表面积?

生:表面积就是物体表面的面积之和,比如长方体、正方体的表面积就是六个面面积的和。师:那么,圆柱的表面积指的是什么呢?

师:我们之前已经认识到了圆柱有两个底面和一个侧面,所以圆柱的表面积=圆柱的侧面+两个底面的面积(板书)

师:计算表面积有困难吗? 困难在哪里?

生1:圆柱的底面是两个完全相同的圆,所以他们的面积就是 $S = \pi r^2$,这个容易求,但是计算圆柱的侧面有些困难,侧面是一个曲面。我们没有学过曲面的面积计算,怎么解决呢?

师:能提出如此有深度的问题,可见你的思考非常独到! 大家有什么好方法吗?

生2:把圆柱侧面剪开

师:你的想法不错。你为什么想到要剪开呢?

生2:展开后会变成一个平面,就可以变成我们已经学过的平面图形。

师:圆柱的侧面展开可能会是一个怎样的图形呢?

生3:可能会出现长方形。

师:有道理,其他同学有不同的猜想吗?

生4:也有可能会出现平行四边形。

师:看来你们都很有想法!

【融合效果与反思】我鼓励学生们在课堂上积极提问,每当有学生(我们暂且称之为生 1)提出富有价值的疑问时,我会及时给予肯定与表扬,并以此为契机,引导全班学生进行深入思考。受到这一积极氛围的影响,其他学生(我们暂且称之为生 2 及其他)在生 2 的启发下,纷纷提出了关于长方形、正方形、平行四边形等几何形状的有趣猜想。我对这些想法都一一给予了正面的评价,从而进一步增强了学生们的学习自信心和动力。

2. 动手实践,验证猜想

师:实践见真知,大家的猜想是否正确呢? 进入我们的探究阶段! 请大家跟随导学案提示剪一剪、想一想、说一说,时间为 15 分钟,开始吧!

(1)独立思考:

①剪一剪,圆柱的表面展开会得到哪些图形;

②想一想,每个图形面积怎样计算;

③说一说,圆柱表面积的计算公式。

(2)合作探究:

①对学:解决独学中未解决的问题

②小展

【融合效果与反思】在探究阶段中,学生以小组为单位,就独立思考过程中未解决的问题进行讨论,共同思考和寻找解决方案。在这个过程中,我会以小组成员的身份适时加入各个小组,有些潜能生展开得到平行四边形后不知道怎样进行下一步,我就会帮他将手中的圆柱还原再展开,待他发现其中的奥秘后再引导他加入小组的探讨互动中去,不让他们独立于组外。通过这种方式,不仅传授知识,还能培养学生的团队协作精神,帮助他们建立深厚的同学之间的情感联系,从而在解决问题的过程中,学生们能够更好地相互理解和支持,共同取得进步。

3. 小组展示,深入思考

师:老师看到每个组都在积极地讨论并已经有了初步结论,哪个小组愿意跟大家分享你们的小组成果?

师:请凌云组进行展示!

组员 1:我来为大家讲解第一题。我发现:把圆柱展开,可能会得到一个平行四边形和两个圆。把圆柱侧面展开后,得到一个平行四边形,它的底就是圆柱的底面周长,高就是圆柱的高。我的讲解完毕,大家有什么疑问或补充吗?

生 5:你如何发现圆柱的侧面展开后是平行四边形的?

组员 1:我将圆柱侧面斜着剪开了,就像这样。(组员 1 将手中的平行四边形还原成圆柱再展开。)

师:可能展开成别的形状吗?其他小组有没有不同的展开方式?

生 6:我们小组将侧面展开后得到了长方形。像这样,我们沿着圆柱的高剪开得到了长方形。

师:看来,这也是一种不错的方法。这些不同的展开方式有什么共同点?

生 7:不管展开成长方形还是平行四边形,都是将曲面转化成我们学过的平面图形。

师:是啊!将没学过的曲面图形转化为我们学过的长方形、平行四边形,这种“化曲为直”的方法能够帮助我们解决最开始的问题。现在你们会推导圆柱侧面的面积计算方法了吗?

组员 2:我为大家讲解第二题。因为圆柱侧面展开可以得到一个平行四边形,所以圆柱的侧面积就是这个平行四边形的面积。我们已经学过平行四边形的面积是底乘高,也就是圆柱的底面周长乘高。圆柱的两个底面都是圆,圆的面积公式是 $S = \pi r^2$。

生 9:如果展开后得到的是长方形,还能用这个侧面积公式吗?

组员 2:还是可以的,因为长方形的长就是圆柱的底面周长,宽就是圆柱的高。我们已经学过长方形的面积等于长乘宽,所以圆柱的侧面积等于底面周长乘高。

师:如果老师不小心剪出歪歪扭扭的曲线,侧面展开是一个不规则图形,还能用这个公式吗?

组员 2：我觉得不可以，这是一个不规则图形。

生 10：老师，我觉得可以。这个不规则图形也可以变成长方形。（师将手中图形交给他自由发挥。）

师：你真有想法！大家把掌声送给他。

组员 3：我来为大家讲解第 3 题，圆柱的表面积等于侧面积加两个底面积。所以圆柱的表面积用字母表示为：

$$S_{表} = S_{侧} + 2S_{底} = 2\pi rh + 2\pi r^2。$$

【融合效果与反思】教师和学生通过不断深入地追问，让学生的思考变得深刻，逻辑思路更加清晰，表达更容易让全班同学理解。如果学生出现新的想法和问题，教师可适当鼓励学生根据自己的思考来表达出来，提升他们的自信心，从而实现情感的升华。这样，学生们不仅能够在学习中获得知识，更能够在展示中获得成长，实现全面发展。

师：能接纳别人见解的小组，才是最有合作精神的小组！感谢凌云组为我们带来的精彩展示！哪个小组想对他们的展示进行点评？

墨梅组：我觉得他们组的同学声音响亮，条理清晰，能够很清楚地表达观点。但是他们组的板书还可以更工整一些，梓航同学讲题的时候可以指着黑板说更清楚。

师：谢谢你们的点评，咱们墨梅组的同学非常善于发现他人的优点，也能提出很中肯的意见，从他们的点评中可以看出凌云组的展示还是很不错的。

【融合效果与反思】小组展示后的生生点评环节能够让他们进一步提升表达能力和倾听能力，学生们不仅学会了如何学习，在提出见解、接受批评的过程中更学会了如何与人相处，如何成为一个更好的人。

4.教师小结

师:集体的力量真是大,方方面面都想到了!(边回顾边板书)

板书:长方形的面积 =　　　　长　　×　　宽

　　　　　　　　　　　↓　　　　　↓　　　　↓

　　　　圆柱的侧面积 =　　底面周长×　　高

$S_侧 = ch = \pi dh = 2\pi rh S_表 = S_侧 + 2S_底 = 2\pi rh + 2\pi r^2$

思考:圆柱的侧面展开后可能是正方形吗?

生11:有可能,如果圆柱的底面周长和高相等,沿着圆柱的高剪开,就可以得到一个正方形。

师:看来你真的完全理解了圆柱的奥秘!为你点赞!

【融合效果与反思】无论学生的观点是否正确,我都会给予充分的尊重,并对其中的合理成分给予肯定。这样,学生才能在课堂上感到自由表达的空间,他们的自信心和自尊心才能得到增强。只有这样,即使遇到自己思考了但是不能确保完全正确的情况下,学生也愿意表达自己的看法,同时也能接受来自外界的批评。

17.《数学广角--搭配》(人教版二年级上册第八单元)教学实录

教者:曾筱壹(宁乡·回龙铺镇中心小学)

教学目标:

学科素养目标:第一,通过观察猜测操作等活动,找出最简单的事物的排列数。第二,培养初步观察分析推理能力及有序全面思考问题的意识。第三,感受数学与生活的紧密联系,培养学习数学的兴趣和用数学解决问题的意识。

心理融合目标:第一,在活动中不断激发学生学习兴趣。第二,在合作中正确认识自我,学会分工,体验团队力量,增强合作意识。第三,通过搭配活动,训练学生的数学思维,提升逻辑思维能力。

教学过程:

一、创设情境,引发探究

1.猜一猜:

师:今天我们要去数学王国寻宝,你们想一起去吗?

学生积极回答

师:那我们就一起出发吧!

进门之前,国王设置了一道密码需要大家破解,这张门的密码是由 1、2 两个数字组成的两位数,猜一猜:密码可能是多少?

学生思考,并回答问题。(猜出 12、21,用这两个数破解密码打开大门)

2. 揭示课题

其实我们刚刚找密码的过程就是数字的搭配问题,今天我们要一起来研究数学广角——搭配。

【融合效果与反思】利用希沃白板的活动构建模块,精心策划了一个基于密码解锁城堡大门的互动环节。此设计巧妙融合了动态视觉与声音效果,旨在通过多维度的感官刺激,吸引并激发低年级学生的学习热情与兴趣。

二、动手操作、探究新知

师:凭借大家聪明的脑袋,我们顺利进入了数学王国,王国里有个宝箱等待着大家打开,熊大帮大家找到了线索,我们一起听听它怎么说的吧?

(熊大声音:这个密码是用 1、2 和 3 组成的两位数,每个两位数的十位数和个位数不能一样,你能猜到吗?)

师:你听到了哪些数学信息?(点名答,教师补充)

生:由 1、2、3 组成的两位数

师:22 可不可以?

生:不可以,个位数和十位数不能一样

师:那到底是多少呢? 天机不可再泄露了。接下来就要请大家自己动手找一找了。

1. 摆数游戏,初步感知

动手操作,交流排法。

①学生动手摆卡片,尝试解答,组内交流摆法。

②老师巡视时发现：有的写得多，有的写得少呢？有什么好的方法能保证既不漏数、又不重复呢？

③学生再次交流摆法，寻找摆数时的规律。

④学生汇报、交流摆法。

师：我们一起来看看这些同学的密码，你能告诉大家你是怎么找到这些密码的吗？

生1：a.取卡片1和2，组成12和21。

b.取卡片1和3，组成13和31。

c.取卡片2和3，组成23和32。

师：你用的是什么方法？

生：我是根据两个数字交换的方法来做的。

师：大家听到了她的关键词了吗？好东西需要写在黑板上。（板书交换位置法）

生2：

a.先固定十位上的数字为1，可以摆成12和13。

b.先固定十位上的数字为2，可以摆成21和23。

c.先固定十位上的数字为3，可以摆成31和32。

师：你们在他的方法中有什么发现？

生：他是按从小到大的顺序来列举的。

师：真会动脑筋，我们发现他不仅按顺序摆放，而且还固定了位置。（板书固定位置法）

生：我还可以把个位的数字固定来做。

a.先固定个位上的数字为1，可以摆成21和31。

b.先固定个位上的数字为2，可以摆成12和32。

c.先固定个位上的数字为3，可以摆成13和23。

学生说方法，教师采用希沃克隆技术拖动数字，直观操作。

师：你有举一反三的思维，真是了不起！

⑤小结:无论采用哪种方法,只要做到有序,组成的数都是几个?

生:6个

生:老师,我发现他的有7个。

师?哦? 那我们一起来找找他的答案有什么特别之处? 请这个找出了7个的同学分享一下你是怎么找的好吗?

生:(小声地说)老师,我重复了一个。在找的时候我没有按照顺序,所以找多了。

师:刚刚这位同学给大家总结了本节课的一个关键词,那就是顺序,所以我们在搭配的时候,要注意有序(板书有序)

(3)评议方法,进行优化。

你喜欢用哪种方法来解决呢? 与大家说说你喜欢的方法。

【融合效果与反思】以学生为主体,让学生合作探究方法,让学生互评,采用希沃克隆拖动数字的方法,能够让学生实时观察解题思路,直观且清晰。再通过分析错题,深入理解有序的重要性,突破本节课的教学重点。在此同时,有效地增强了学生的合作意识,培育合作精神。

师:大家的表现都非常不错,探险之旅十分顺利,看,小精灵送来了一张地图,分别标记了南城和北城,为了便于区分,我们需要给地图涂上不同的颜色,请一个小朋友来当小精灵,说一说涂色的要求吧!

生:现在有红黄蓝三种颜色,南城和北城的颜色不能一样,小朋友们,请你们拿出你们的彩笔,涂一涂,有几种不同的涂法吧?

2.尝试练习,巩固方法

(1)课件出示教材第97页的"做一做",先组内交流解决的方法。

(2)学生独立完成涂色,然后小组内交流涂法。

(3)学生涂法展示,选择有代表性的方法进行展示。

(4)小结:大家都是善于思考的孩子,虽然搭配的对象不同,一个是颜色,一个是数字,但解决问题的思路完全相同。

【融合效果与反思】采用希沃投屏技术,将学生的答案实时投射至屏幕上,此举旨在进一步强化学生的学习成就感与自信心,激励他们更加积极地参与课堂活动。

三、应用拓展,深化方法

数学王国游戏解锁了,小朋友们来拍照留念吧!

1.拍照片

教材第99页练习二十四第1题。

师:老师想先给2名学生拍照,请他们演示一下有几种站法,谁来?

(同学们争先恐后地举手上台)

师:刚刚他们演示了两种不同的站法,现在想请三个人上来,请他们演示一下,有几种站法?

(三位学生上台,其余学生在下面记录)

一开始还比较顺利,越往后站,越混乱,越记不清楚,老师适时打断。

师:我发现他们在演示站法的时候,自己绕来绕去绕不清楚了,同学们数次数的时候也很混乱,这是什么原因?

生:因为走来走去不记得了。

生:我写他们名字写的太累了。

师:(满意地点点头)那有谁能想一个好办法解决这个问题呢?

生:我们学了固定位置的方法,先把一个同学固定在一个位置不动,其他两个动,再依次固定他们的位置,这样就不显得乱了。(学生纷纷点头)

师:这句话说的多好,我们这样试一试。

台上三名学生按照这名同学的指令站位,果然大家看的更清楚了。

教师在学生站位时采用希沃同频技术,将照片投放在课件上。

师:刚刚有同学提出来,在记录的时候,写他们的名字太累,这个问题怎么解决?

生:我们可以像篮球队员一样,给他们穿上球衣,用1、2、3号来代替。

(学生们笑了,同时爆发出热烈的掌声)

师:是的,这个方法真是太妙了,数学与生活是息息相关的,而且利用数形结合,解决问题就更简单了。此处还应该有一次掌声。

师:假如这一组篮球队员有 4 个人,那他们可能有几种不同站位呢?

大家小组交流。

(学生兴致盎然地交流着)

生汇报结果。

【融合效果与反思】如何让学生感受到有序排列的好处呢? 出示更多的数,让学生自己去探索、记录,就会更深刻地发现只有按顺序才能做到不遗漏、不重复。从而突破本节课的难点:有序,进而选择一种最优的方法来完成,而固定首位法恰恰是最简单的,所以方法不在多,而在于理解与运用。从而有效地训练了学生的思维能力、合作能力,正确认知自我,加强团队合作意识。

四、总结延伸,畅谈感受

师:数学王国有趣吗? 你有什么收获呢?

学生总结学习心得。

师:这节课,我们用有序搭配的两种方法打开了数学王国的大门,又根据线索给地图涂色,最后成功进入数学城堡拍照留念,所以只要你善于观察,勤于思考,就能用数学知识解决更多的生活问题。

【融合效果与反思】引导学生们思考知识背后的道理和值得学习的思维方法,正是促进学生逐渐成长为一个具有独立见解、善于理性思考、积极开拓应用,以及勇于创新变革的人。在本节课中,我尝试成为学生学习的组织者、引导者和合作者。以趣促学,设计了打开机关、地图涂色、拍照纪念等一系列问题情境,使学生主动参与到学习活动中。作为引导者和合作者,在初步感知中,和学生一起体验破解机关的喜悦;在尝试探究中,注重学生的参与、学生的生成以及学生间的评价;在对比深化中,注重数学思想方法的渗透;在应用拓展中,注重学生合作意识的培养。学生学习的方式也得到转变,本节课学生经历体验、展示对比、合作等活动,在尝试、交流、深化、拓展的过程中,感受到数学思想方法,积累数学活动的基本经验。我没有特意强调数学在生活中的运用,但是在无形中,就将我们的生活渗透进了数学,最后篮球队员的站位,我选择的是四个队员,这样做的目的是让学生感受到有序的重要。当然,数学是不是非得联系生活,如果是生活中必不可少的技能,那么就应该在生活中发现它的用途,利用它的原理设计一些物体或解释一些现象。此时,设计篮球队员的站位让学生的学习活动被推向了一个高潮,学生在辛苦的探索、暂时的错误之后,终于品尝到了胜利的果实、幸福的味道。原来如此,有序搭配是如此重要、这么有用!真是不学不知道,一学多奇妙!

第四节　心理健康教育与英语教学的深度融合

英语课程旨在培养学生的核心素养,涵盖语言能力、文化意识、思维品质和学习能力等多个方面。其中,语言能力构成了核心素养的基础;文化意识彰显了核心素养的价值导向;思维品质映射出核心素养的心智特质;而学习能力则是推动核心素养发展的关键。心理健康教育与英语教学的深度整合,不仅使学生在学习英语的过程中能够了解到各种不同的文化,还可以让他们通过比较各种文化的异同,汲取其中的精华。这种学习方法有助于学生逐渐培养出跨文化交流与沟通的意识和技能。他们将学会以更加客观和理性的态度审视世界,进而构建国际化的视野,并且培养深厚的家国情感,坚定文化自信。通过这样的学习过程,学生能树立正确的世界观、人生观和价值观,为他们的终身学习和适应未来社会的发展打下坚实的基础。

一、英语课程的心理健康教育内容

英语教育不仅涉及语言技能的培养,还应重视其对学生心理健康的正面效应。我们必须认识到,英语学习的过程本质上是一系列心理活动。根据心理学研究,语言学习涉及认知、情感和社交等多个层面,这些都与个体的心理健康密切相关。例如,学生在学习新词汇、语法结构时可能会遇到困难,这可能导致自信心下降,甚至产生学习压力和焦虑感。因此,英语课堂应成为培养学生抗压能力、自信心和适应性的重要场所。

(一)团队合作精神和社交技巧

在英语教学中,为了提高学生的英语口语和表达能力,经常会设计一系列团队合作的活动,如角色扮演、小组讨论、项目合作等。例如,让学生扮演不同的角色,模拟实际生活中的场景,这不仅能够还能让他们在安全的环境中体验和理解不同角色的感受,培养他们的同理心和理解力。同时,小组讨论可以训练他们的批判性思维和问题解决能力,让他们学会尊重和接纳不同的观点,从而建立健康的团队合作精神。在合作过程中,他们将学习如何有效地沟通,如何处理冲突和分歧,这对于他们在未来社会中的生存和发展至关重要。此外,当他们看到自己的观点被接纳,看到自己的努力对团队产生积极影响时,他们的自我价值感会得到提升,自信心也会随之增强。

根据美国心理学会的一项研究,有良好的心理健康支持的学校,其学生在学术成绩、出勤率和行为问题上的表现都优于那些忽视心理健康教育的学校。将心理健康教育融入英语教学,是教育方式的一种创新和深化,它旨在培养出不仅在学术上优秀,而且在心理素质、社交技巧和人际关系处理上同样出色的新一代。

(二)情绪管理和自我认知

情绪管理是一种关键的生活技能,它教会学生如何识别、理解和表达自己的情绪,而不是忽视或压抑它们。例如,教师可以通过角色扮演、情境模拟等方式,让学生在安全的环境中体验和处理各种情绪反应。此外,还可以教授他们深呼吸、冥想等放松技巧,帮助他们在面对压力时保持冷静和理智。

自我认知是个人成长的关键要素,它涵盖了自我理解、自我接纳以及自我价值感的构建。教师能够指导学生进行深入的自我反思,帮助他们认识到自己的兴趣所在、优势所在以及需要提升的领域。同时,通过开展团队活动和合作项目,学生可以学习从他人的角度看自己,从而增强自我认知,提高自尊和自信。

在实践中,已有许多研究证明了这种教育方式的有效性。根据美国心理学会的一项报告,参与情绪管理和自我认知课程的学生在应对压力、解决冲突和维持积极心态方面的能力显著提高。此外,他们的学业成绩也有所提升,因为良好的情绪状态和自我理解能更好地促进学习和理解。然而,引入这些主题并非一蹴而就,它需要教师接受专门的培训,以掌握适当的教学方法和技巧。同时,学校也需要提供足够的资源和支持,包括专门的心理咨询服务,以确保学生在需要时能得到及时的帮助。

将情感调节与自我认识教育纳入教育体系,是助力学生全方位成长的重要方法。这不仅有助于他们建立健康的心理状态,还能培养他们的生活技能,使他们在面对未来的挑战时更加自信和从容。

(三)包容性和跨文化交际能力

在全球化的浪潮中,英语教育不再仅仅局限于语言技能的传授,而是逐渐演变为一种跨文化交流和心理素质教育的平台。我们可以通过引入多元文化元素,赋予英语教育更丰富的内涵,以此来增强其心理健康教育的功能。这一理念的提出,旨在帮助学生在面对多元文化冲击时,能够保持开放的心态,增强适应能力,以应对日益复杂的世界。

通过让学生接触并理解多元文化,我们能有效地扩展他们的视野。世界上每一种文化都拥有其独特的价值观、习俗和生活方式,这种多样性构成了人类社会的宝贵财富。通过学习英语,学生可以了解到,尽管我们可能在语言、肤色、信仰等方面存在差异,但人类的情感、需求和梦想是共通的。这种理解有助于消除文化偏见,培养具有全球视野的公民意识。

增强学生的包容性和跨文化交际能力,是他们在全球化社会中保持心理健康的关键。在多元文化环境中,理解和尊重他人的差异,能够减少冲突,增强团队合作,这对于个人的心理健康和社会和谐具有积极影响。例如,学生在学习英语的过程中,可能会接触到不同的观点和思想,这将锻炼他们的批判性思维,帮助他们形成更全面、更深入的见解。

我们还可以通过英语教育,引入一些关于心理健康的话题和资源,如跨文化适应策略、情绪管理技巧等,帮助学生建立强大的心理韧性。研究表明,具备良好的跨文化交际能力和心理素质的人,更能在全球化的环境中找到自己的位置,实现个人价值,同时也能更好地为社会的发展做出贡献。

通过引入多元文化元素,我们可以使英语教育成为一种全面的素质教育,不仅教授语言知识,更注重培养学生的全球视野、包容心态和跨文化交际能力,以适应和繁荣于全球化的世界。这样的教育模式,无疑将为学生的未来生活和职业生涯奠定坚实的基础。

二、心理健康教育与英语教学融合的制约因素

英语教育和心理健康教育,虽然在表面上看起来并没有直接的关联,但实际上,它们之间的联系却是相当紧密的。这种紧密的联系是由诸多因素共同制约和影响的,包括但不限于教育理念、教学方法、课程设置以及教师和学生的心理状态等。

(一)教师心理素质欠佳

大多英语教师专业是合格的,已经熟练地掌握了英语专业的理论知识和教学方法。然而,当涉及积极心理学和心理健康等新兴领域的研究时,他们的知识深度就显得不够了。这种不足,使得他们在尝试把心理健康的相关理论融入英语的教学过程中,遇到了难题。由于这个原因,他们在对学生进行心理健康教育的时候,效果往往不够理想。所以,这些教师需要在日常的英语教学之外,额外投入时间和精力,去深入学习和理解心理健康教育的相关知识。这样,他们才能在英语教学的同时,为学生提供更全面,更健康的心理引导和教育。

在教育领域中，一个不容忽视的真相是，教师的心理健康状况直接影响着他们学生的心理健康。当教师的内心世界得到充分的呵护与支持，他们才能够有效地引导学生形成健康的心理状态。然而，现实中，一些英语教师在自我心理素质方面存在着明显的不足，这使得他们在试图对学生产生积极影响的过程中感到力不从心。这种状况在情绪管理上表现得尤为突出，例如，某些教师可能会频繁地经历情绪的起伏，极端情况下，他们甚至会在课堂上对学生发泄自己的负面情绪。这种行为非但无法赢得学生的尊敬，反而可能对学生的心理健康带来负面影响，甚至阻碍学生心理的正常发展。

鉴于此，教师们必须给予自身的心理健康问题以极高的关注，他们需要学习和掌握如何恰当地控制与调节自己的情绪。只有当教师们能够有效地管理自己的情绪，他们才能够为学生提供一个稳定、和谐的学习环境，从而更好地促进学生的全面发展。因此，教师心理健康问题的关注和解决，不应被忽视，而应被视为教育工作中不可或缺的一部分。

(二)课堂教学氛围沉闷

英语，这门富有魅力的语言学科，涵盖了丰富多彩的知识领域，其课堂氛围应该是充满乐趣、自由和活力的。然而，目前有不少小学生对英语课堂抱有畏惧心理，他们不能在这里享受到学习的乐趣，反而感到压抑和紧张。他们害怕在回答问题时出错而受到老师的批评，也担心自己的问题是否多余，这种心态充分暴露了师生之间缺乏足够的信任。

有些教师在走进教室时总是带着严肃的表情，试图通过这种方式来建立自己的威严。这种做法使得学生在见到老师时心里就充满了恐惧，导致他们在课堂上不敢发言，有疑问也不敢提出。此外，对于学生的回答，某些教师不进行深入分析，甚至直接否定学生的答案，这严重打击了学生发言的热情，也使得课堂活跃度不断下降。这种现象在一些学校中比较常见，教师可能没有意识到自己的行为对学生造成的影响。教师应该明白，建立威严不是通过严肃的表情和否定学生的答案来实现的，而是通过尊重学生、引导他们思考和解决问题来建立的。教师应当激励学生积极发言,并对他们进行肯定与鼓励,使他们体验到学习的愉悦和成就感。唯有如此,课堂氛围才能真正变得生动活泼,学生的学业成效亦得以显著提升。

在课后练习方面,一些教师过于依赖让学生抄写和机械式做题,这使得学生认为英语学习就是简单的背诵和抄写,从而不愿意投入更多的时间和精力。目前,英语课堂气氛不够活泼,师生之间的互动交流不足,教师难以准确把握学生的心理,对于他们在英语学习中遇到的困惑也不够了解。这种状况不仅不利于心理健康教育的融入,长期下去还会削弱英语教学的实际效果。

(三)融合时机把握不准

英语教材是一个内容丰富、涉及多个方面的教学资源,它不仅包含了基础的语法、词汇、阅读和写作技能,还融入了不同文化背景的介绍以及跨文化交流的能力。作为一名英语教师,必须对教材内容进行深入的研究和理解,这不仅是为了提高学生的语言能力,更是为了寻找英语教学和心理健康教育之间的契合点,以便在英语教学的过程中更加有效地培养学生的健康心理品质,促进其全面发展。

在实际的教学过程中,有些英语教师并没有充分重视心理健康教育,他们在授课的过程中并没有融入相关的知识,导致学生在学习英语的同时,无法获得应有的心理健康教育。另一些教师虽然已经认识到了心理健康教育在英语教学中的重要作用,但是他们并不了解学生的思维特征和学习状况,因此在教学过程中采用了单一化的教学方式,这使得教育效果并不明显,无法达到预期的效果。还有的教师则认为,在英语教学中渗透心理健康教育具有较大难度,因此他们并不愿意尝试。

目前很多英语教师虽然已经意识到了英语教材中蕴含的心理健康知识,也对心理健康教育有了足够的重视,但是在实际的教学过程中,他们却很难找准英语教学和心理健康教育的契合点,这使得教育结果和预期目标之间存在很大的差距。教师首先需要全面了解学生的心理特征,以学生的全面发展为目标,选择符合学生实际的教学方式。教师需要深入钻研教材,寻找英语教学和心理健康教育之间的契合点,然后通过实际的教学活动,实现英语教学和心理健康教育的有机融合。

(四)教学方式方法单一

在将心理健康教育融入英语教学的过程中,教师应当警惕避免单一的教学模式。相反,应深入剖析课堂实际情况,全面把握学生的心理动态,深刻认识到学生之间存在的心理和个性上的差异。在此基础上,教师需要精心选择与学生心理需求相契合的教育手段,从而有效提升学生对心理健康教育的认同感和接受度。这样的教育方式有助于营造一个让学生自发愿意参与其中、心灵得到滋养的学习环境。

当前许多英语教师在教学方法上存在一定程度的单一性,他们往往采用机械式的知识传授,主要通过让学生大量练习来巩固知识点。在这种教学模式下,学生往往只是被动地跟随教师的步伐,而他们的学习主动性和主体性并没有得到充分的认可和尊重。课堂上的师生互动因此变得极为有限,影响了教学的质量和效果。举例来说,在英语短文的讲解中,有些教师只是简单地将对话内容展示给学生,而忽略了其中深层含义的阐释。这种做法导致原本蕴含着教育意义的短文故事,其正向引导作用无法得到有效的发挥。学生在这种单一的渗透方式下,很容易产生厌倦和抵触情绪,导致他们无法积极、主动地参与到课堂教学活动中,进而影响了他们的自我意识和个性发展。

(五)教学评价局限单一

在对学生英语水平的提升过程中,教师扮演着至关重要的角色,他们需要对学生进行深入而全面的教学评估。然而,在现实的教学活动中,部分英语教师在评价学生时,往往只关注学生对英语知识的掌握程度,忽视了评价在学生学习过程中应有的针对性和引导作用。例如,在一些情况下,教师在给予学生鼓励性评价时,缺乏针对性,未能根据每个学生的实际情况进行差异化评价,导致评价结果过于泛泛,不能有效激发学生的学习动力。此外,当学生作业中出现错误过多或字迹不工整的问题时,部分教师只是简单地进行批评,而没有深入探究背后的原因,未能帮助学生找到问题的根本所在并加以改正。

在作业布置方面,一些英语教师过于强调让学生反复练习单词和句型,却忽视了学生在情感表达上的需求,这对于培养学生的语言运用能力和激发他们对英语的兴趣都是不利的。同时,在一些评价过程中,教师对评价用词和评价方式的选择不够慎重,这可能会伤害到学生的自尊心,甚至引发学生的逆反心理,对他们的心理健康和人格发展造成不利影响。

如果教师在评价学生的过程中不能做到恰当和全面,那么这种评价方式可能会严重影响学生学习英语的积极性,阻碍他们在英语学习道路上取得的进步,同时也会对他们的健康人格形成产生不良影响。因此,作为英语教师,我们需要在评价学生时,既要关注知识的掌握,也要注重培养学生的语言运用能力和情感表达能力,更要用心选择评价用词和方式,以保护学生的自尊心和积极性,帮助他们更好地学习和成长。

三、心理健康教育与英语教学深度融合的基本策略

在教学实践中,教师应当致力于将心理健康教育与英语教学深度融合,这种融合不仅仅是两者之间的简单结合,而是要达到一种相互促进、相得益彰的融合状态。通过这种方式,教师能够有效地协助学生调整他们的学习状态,确保他们在学习过程中能够维持最佳的身心状态。不仅如此,教师还需注重对学生进行心理健康教育,以培养他们健全的心理素质,这对于学生形成良好的学习习惯和提升他们的学习效率是至关重要的。教师应通过多样化的教学手段和策略,不断提升学生的学习效果,使他们在英语学习的道路上取得更加显著的进步。

(一)更新教学理念

在英语课程内容的选择上,我们严格遵循培根铸魂、启智增慧的原则,确保内容与现实生活紧密相连,反映出时代的特点,及时捕捉社会的新发展和科技的成果。我们重点关注人与自我、人与社会、人与自然这三大主题范畴,以此构建课程内容的框架。我们推崇的是边体验边学习、实践中运用、迁移中创新的学习方式。让学生投入到真实场景和问题中,唤醒他们的原有知识,带领他们参与到一系列互联互动、不断进阶的语言学习和应用活动,去挖掘主题背后的意义。我们强调学习与思考相结合,引导学生在学习理解类活动中获取和整理语言和文化知识,建立知识间的联系;强调学习与实践的结合,引导学生在内化实践活动过程中深化理解并初步应用所学知识;强调学习与创新相结合,引导学生将所学知识与个人实际相结合,解决现实生活中的问题,形成正确的态度和价值判断。教师的教育理念在英语教学中起着至关重要的作用,它不仅影响着教学活动的实施,还在很大程度上决定了教学的发展方向。因此,英语教师需要具备自觉意识,积极调整和更新自己的教育理念,加强对心理健康教育的重视,为心理健康教育真正融入英语课堂打下坚实的思想基础。教师应当充分认识到学生的主体性地位,积极推崇并践行以学生为中心的教育理念。教师需要细致入微地研究学生的主体需求与特性,并据此精心设计教学活动,确保教学活动能够契合每位学生的个性特征。同时,教师还需秉持创新的教学观念,灵活指导教学实践,从而有效激发学生的主观能动性和创造力。

以"My friends"这一课题为例,教师可以首先呈现一系列用以描绘人物特征的单词,例如"short"、"tall"、"long hair"、"white shoes"、"glasses"等。为了加深学生们对于这些词汇的理解和记忆,教师可以借助多媒体课件,将词汇与人物特征进行结合展示,其中一边显示单词描述,另一边则展示对应的人物特点,不过需要注意的是,这种展示方式应该将单词与人物特点的顺序打乱。接着,教师可以布置一个任务,要求学生们自行进行连线,以此来自主学习和掌握与人物描写相关的词汇内容。为了进一步激发学生的成就感和自信心，教师还可以引导学生运用这些词汇来描述自己的好朋友，并鼓励学生们分享自己对友谊的理解和感悟。在指导学生们完成这一学习任务的同时，教师还可以关注学生的心理健康发展，通过引导学生们表达对朋友的了解和情感，有助于提升学生的人际交往能力和情感表达能力，从而促进学生的心理健康成长。

（二）营造和谐氛围

英语课堂不仅仅是一个教授语言知识的地方，更是一个进行心理健康教育的绝佳平台。通过学习英语，学生们能够拓宽视野，加深对多元文化的理解。这一过程不仅挑战了他们的意志力，还锻炼了他们的思维能力。此外，英语教育还深刻地影响了学生的人文素养，帮助他们建立起更为全面的世界观。在这个过程中，学生的个性也得到了塑造和提升。英语作为一种人文学科，教师在授课时应当始终贯彻正确的待人接物态度和价值衡量标准，以此推动学生心理健康的持续优化。

在英语教学中，教师应当给予学生充分的尊重和支援，为他们提供充足的自主学习空间，同时也要加强师生之间的互动交流。理解构建新型师生关系是将心理健康教育与英语教学相结合的关键。只有确保师生关系的和谐与融洽，学生才能维持积极的心态，从而提高他们的英语学习成效。

例如，有一个原本内向的女生，教师通过在批改她的作业时写下"good"、"great"等正面评语来鼓励她。这种正面的反馈激发了她在课堂上的变化，她开始与教师进行眼神交流，并在回答问题后得到教师的肯定评价，从而激发了她主动回答问题的勇气。现在，她已经能够自如地与同学们交流互动，变得更加自信。

在英语课堂教学中，教师应多使用"Thank you!""Sorry"等基本礼貌用语，这些用语不仅体现了对他人的尊重，也能在心理上产生积极的影响，进而促进学生行为的变化。

(三)优化教学方式

课堂教学活动已经成为知识传授和学生能力培养的重要场所,为了更好地实现教学目标,增加课堂教学的趣味性,以及与学生日常生活的紧密联系,显得尤为重要。这不仅能够激发学生的学习热情,还能增强他们的课堂参与度,对于提升教学效果发挥着至关重要的作用。因此,教师需要对传统的机械式教学方法进行改革,通过活跃教学氛围来提升教学质量。在具体的授课过程中,比如教师可以利用各种教具,如卡片、图画、影像等,使学生对抽象内容形成更为直观的理解。这种教学方法不仅能够提升学生的学习成效,同时也能缓解教师的教学负担。比如教师结合生活实例,将知识点与学生的实际生活紧密结合起来,让学生在轻松愉快的氛围中吸收知识,提高他们的学习兴趣和积极性。

课堂教学活动的趣味性以及与学生日常生活的紧密联系对于提升教学成效至关重要。教师应摒弃传统教学方法,采用多样化的教学手段,以点燃学生的学习热情,增强他们的课堂参与度,进而达成教学目标。同时,教师还应密切关注学生的需求,不断优化教学策略,以适应教育环境的不断变化,为学生的全面发展打下坚实的基础。例如,通过询问"Where is the science museum?"这样的问题,可以将实际情境融入课堂,激发学生的兴趣和参与。"这一节内容为例,其中包含了科学博物馆的图片和详细介绍。教师在授课时应清晰地规划讲解的流程,巧妙地设置悬念,以点燃学生的学习热情。此外,运用多媒体技术,挑选与教学主题紧密相关的视频资料,可以使知识的传递更加生动形象。

现行的英语教材不仅包含短文,还有口语和课后练习等丰富内容。教师应充分利用教材,通过引导和启发学生,帮助他们摆脱消极心理。如在"What's the Matter, Mike?"这一课的课后练习中,要求学生写出近期让自己觉得心情低落的事情,写完后学生之间相互提出改善意见,以消除负面情绪。

在"We Love Animals"的教学中，教师可以在指导学生用英语练习小动物名称的基础上，进一步培养他们热爱生命、爱护小动物等方面的品质，帮助他们形成正确、积极的生命态度。例如，在教授"My family"这一主题时，教师可以借助自己家庭的照片作为示例，巧妙运用句型"Who is this?"和"This is my…"来介绍家庭成员。这种做法能够激发学生的学习兴趣，加深他们对教师个人生活的了解，同时让学生意识到家庭成员和家庭环境的重要性。在教师的积极示范下，学生在后续的学习过程中会变得更加主动和积极，表达时也会更加真挚。这样，他们便能够取得更佳的学习成效。

（四）实施多元评价

教学评价的作用不仅仅局限于帮助教师对课堂教学方法进行改进，它还对于学生心理健康素质的形成和发展具有重要的促进作用。实际上，只有当教学评价是科学和有效的时候，它才能够真正成为提升学生心理健康水平的关键途径。如果在这种情况下，教师的教学评价仍然不合理，那么这将对学生的心理发展产生负面影响，甚至可能会削弱学生的学习信心。因此，教师在执行教学评价的过程中，应当对其进行精细化的优化与调整，以便更加巧妙地将心理健康教育融入评价体系中，从而提升教学评价的针对性和有效性。

例如，有些学生在英语学习方面存在明显的不足，面对这样的情况，教师应当积极寻找学生身上的优点和潜力，并给予他们恰当的肯定和鼓励。除此之外，教师还可以在教学过程中引入各种竞赛活动，如单词记忆比赛、英语朗诵比赛等，这样的活动不仅能够激发学生的竞争意识，而且通过建立竞争学习机制，还有助于提高学生的心理承受能力。更重要的是，这些活动能够引导学生正确看待失败和挫折，学会如何调整自己的心理状态，以积极的态度面对学习和生活中的挑战。通过这样的教学评价和实践，学生将能够在心理健康方面得到更好的发展，从而为他们的全面成长奠定坚实的基础。

(五)关注心理变化

教育工作者必须深入关心学生的心理波动,敏锐地捕捉并适时调整他们的心理状态,为心理健康教育的有效融入打造一个积极的环境。由于每个学生都有其独特的心理特质和心理需求,因此在具体的辅导过程中,教师必须贯彻因材施教的方针,深入洞察每位学生的真实需要,助力学生克服种种挑战。比如,在英语的教学实践中,有些学生面临的一个普遍问题是他们害怕开口说英语,担心自己的发音不标准而遭到同伴的讥笑。对于这部分学生,教师应当积极创造更多的机会让他们练习英语口语,并且提供更加针对性的辅导,以帮助他们消除内心的恐惧,通过一系列的正面体验来增强他们的自信。同样地,有些学生可能因为觉得英语学习过于复杂和艰难而产生恐惧感,教师可以通过在课堂中适时引入游戏化的教学手段,让学生感受到英语学习的乐趣和生动性,从而有效减轻他们的焦虑和恐惧感。

在关注学生心理变化的过程中,教师必须具备耐心和同理心。他们应该能够从学生的视角出发,理解问题,感受学生的困惑和焦虑。唯有如此,教师才能更精准地把握学生的心理需求,提供更有效的帮助。对于不敢开口说英语的学生,教师除了提供开口表达的机会和加强教学辅导外,还可以鼓励他们参加英语角、英语演讲比赛等活动,让他们在实践中锻炼口语能力,增强自信心。同时,教师应在课堂上营造一个积极的学习氛围,让学生体验到英语学习的乐趣和成就感。对于那些对学习英语感到恐惧的学生,教师可以采取多种策略帮助他们克服心理障碍。除了引入游戏教学法外,教师还可以利用多媒体技术,如动画、视频等,使英语教学更加生动有趣。此外,教师还可以采用小组合作学习的方式,让学生在与同伴的互助合作中共同进步,减轻学习压力。

教师的角色不仅仅是知识的传授者,更是学生心理健康的引导者和支持者。他们应当关注学生的内心世界,及时发现问题并给予帮助,让学生在健康的心态下快乐地学习,茁壮成长。

（六）提升自身素质

英语教师的心理素质对于英语教学的质量和学生的培养目标的实现具有直接且深远的影响。心理学研究和教育实践都表明，教师在职业生涯中很可能会遭遇各种心理挑战，如愤怒、抑郁、焦虑、烦恼和忧虑等不良情绪状态。这些情绪状态不仅可能对教师的个人性格、意志力和情感状态产生消极影响，还可能对教师的教学能力和管理方式带来负面影响。当教师在教学和管理过程中受到这些不良心理状态的影响时，他们可能无法有效地处理学生的问题，这不仅会阻碍学生的发展，还可能损害师生之间的关系。在极端情况下，这些问题甚至可能对学生的心理健康和情感状态造成长期的负面影响。因此，提升英语教师的心理素质，建立健康的心理状态，对于提高教学质量和培养学生的全面发展至关重要。教师需要通过专业培训、心理辅导和自我调适等多种途径，积极应对职业压力，保持良好的心理状态，以便更好地服务于教育事业和学生的成长。

教师的心理健康对学生的影响是显而易见的。一位心理健康状况良好的英语教师，在教学过程中所表现出的积极态度和情感稳定性，不仅能够激发学生的学习兴趣，还能营造一个和谐、愉悦的学习氛围。在这样的环境中，学生更容易敞开心扉，与教师进行深入的交流，从而促进知识的吸收和内化。

一个心理健康的英语教师还能够更好地关注学生的心理健康。他们会在教学过程中关注学生的情绪变化，及时发现学生的心理问题，并提供适当的帮助和支持。关注学生不仅能够推动他们的全面发展，还能加强师生间的情感纽带，使教学过程更加顺畅和高效。教师同样需要密切关注自身的心理健康，掌握情绪和压力的调节技巧，以维持最佳的心理状态。唯有如此，我们方能培育出更多杰出的英语专业人才，为国家的长远发展贡献力量。

心理健康教育与英语教学的深度融合，可以有效地消除学生在英语学习过程中产生的各种不良心理,从而提高他们的英语学习效果和心理健康水平。这种融合的方式可以帮助学生建立正确的英语学习观念,增强他们的自信心,使他们更加积极主动地参与到英语学习中,从而提高他们的学习效果。同时,通过心理健康教育,学生可以更好地理解和调适自己的情绪,有效地应对学习中的压力和挑战,保持良好的心理状态,这对于他们的英语学习也是非常重要的。因此,心理健康教育与英语教学的深度融合,不仅能够提高学生的英语学习效果,还能够提升他们的心理健康水平,这对于他们的全面发展和成长具有非常重要的意义。

四、心理健康教育与英语教学深度融合教学案例

1.《Unit 8　I come from China》第 2 课时(湘少版四年级下册第四单元)

教者:陈倩汶(宁乡·流沙河镇中心小学)

教材分析:在《Unit 8 I come from China》的第二课时中,我们进一步强化了国家名称以及"from"这一词汇的学习,并着重教授了新句型"Where are you from"。通过一系列精心设计的教学活动,学生们被鼓励在贴近实际的语境中灵活运用该句型,以清晰地表达自身国籍。此外,我们还组织了小组活动,旨在加深学生对世界各国文化的认识与理解,从而有效提升其口语表达能力和跨文化交流的意识。

学科素养目标:第一,复习巩固上节课的重点词汇;熟练掌握单词 country;能听、说 koala bear;能正确运用"I'm from…/I come from…"介绍自己的国籍。第二,能借助插图阅读、理解 D 部分对话。第三,热爱祖国,了解他人的国籍及其国家的风景、动物等,开阔眼界。

心理融合目标:第一,通过复习和巩固关于国家的词汇,特别是"China"及介绍自己来自哪个国家的句型,引导学生加深对祖国文化的理解和认同,培养学生的民族自豪感和爱国情感。第二,在使用"I'm from…/I come from…"句型介绍自己国籍的过程中,引导学生关注自己的身份认同,增强自我意识和自我价值感。

教学重点:熟练运用"I'm from…/I come from…"介绍自己的国籍。

教学难点:阅读、理解并表演 D 部分的对话。

教学过程	融合时机与策略
Step 1　Warm-up & Revision 1. Greetings. 2. 活动:国歌旋律识别挑战。在此活动中,教师精心挑选来自多个国家的国歌精彩片段进行播放,旨在激发学生们通过听觉辨识不同国家的特色音乐。学生们需集中注意力,尝试猜测每段旋律背后的国家身份,并随后以英语准确表述出该国家的名称。 Step 2　Presentation & Practice C Let's Act 1. 教师利用课件呈现 B 部分的六个国家名称及这些国家的国旗、代表性建筑或动物的图片等,让学生连线。 2. 展示 Part C 课件,学生观看后回答教师的问题。 T：If you are Lingling/William/Henry/Anne，where are you from? 教师讲解 if"如果"的意思。 Ss：I come from/am from China/the UK/France/Australia. 3. 教师阐述了"be from"与"come from"的同义性,均表示"来自"之意,随后在黑板上写下这两个短语并领读。教师板书 China、the UK、France、Australia 等国家名称,学生被分成 4 至 6 人的小组,每个小组成员从课后准备的资料中挑选一个国家,这些资料包括词卡、国旗图片或地标建筑图片。学生们仿照教材 C 部分的内容,轮流进行介绍,展示自己的国家信息。另外,学生们还可以选择四人一组,佩戴代表不同国家的头饰,通过角色扮演的方式重现 C 部分的对话内容。	运用直观展示图片的教学策略于词汇教学中,通过视觉与听觉的双重刺激,帮助学生加深词汇印象,促进记忆巩固,同时有效激发他们对英语学习的积极情感和浓厚兴趣。

续表1

教学过程	融合时机与策略
4.学生上台展示成果,教师作评。 D Let's Read 1.第一步:Look and guess. 教师借助教学课件展示了四幅插图,引导学生通过观察图片内容猜测其背后的意义。教师特别指出图中出现的树袋熊玩偶(或直接在课件中展示一张树袋熊的图片),以此为契机教授新词汇"koala bear"。 2.第二步:Listen choose. (1)听录音,第一遍,让学生抓对话大意,看看与自己的猜测是否吻合。 (2)听录音,第二遍,让学生抓对话细节,并做简单记录,完成下列选择题。 ①Dino's aunt comes from _____. A. Canada B. Australia ②Dino gets a _____ from his aunt. A. panda B. koala bear 3.第三步:Listen and repeat. 播放录音,学生逐句跟读,模仿正确的语音、语调。 4.第四步:Read and act. 学生独立阅读课文材料,加深对该部分内容的记忆与理解,随后与同桌搭档,分配角色,共同演绎课文中的故事情境。 Step 3　Consolidation & Extension 游戏:音乐传球与国旗介绍。游戏中,教师播放背景音乐,学生们围坐或站立成圈,轮流传递一个球。利用句型"I'm…from…/I come from…"结合图片内容,进行自我介绍,展示其对国家名称及国籍表达方式的掌握,从而达到巩固新知与拓展应用的目的。 Step 4　Summing up & Homework 小结:师生共同总结本课时所学的主要内容。	通过小组活动,鼓励学生利用课后准备的资料(词卡、国旗图片、地标建筑图片)进行国家信息的展示,促进学生之间的交流与分享。角色扮演活动则进一步加深学生对对话内容的理解和记忆,同时提升口语表达能力。 在游戏环节中,通过实际运用所学句型进行自我介绍,巩固新知,设计"音乐传球与国旗介绍"游戏,使学生在轻松的游戏氛围中,加深对国家名称及国籍表达方式的记忆。

续表2

教学过程	融合时机与策略
作业超市： 　A.听录音,跟读 C 部分和 D 部分内容。 　B.运用"I'm from…/I come from…"介绍自己的国籍.	板书设计： I come from China Key Sentences： Where are you from? I come from…

2.《Unit 8 I like a sunny day.》第 1 课时(湘少版三年级下册 Unit8)

教者:窦兴珍(宁乡·流沙河镇中心小学)

教材分析:本单元的核心主题为"人与自然"这一广泛领域,其核心聚焦于天气现象。该单元所涵盖的短语与句型紧密贴合日常生活实际,旨在通过听力强化训练与模拟情境对话,引导学生学习如何准确无误地以英语表达当日天气状况,并阐述个人对特定天气的偏好及其背后原因。此外,通过精心设计的小组活动,鼓励学生以两两合作的方式开展问题研究及角色扮演,以此深化对主要知识点的掌握,并在此过程中有效提升团队协作能力。

学科素养目标:第一,能够听、说、认读单词 sunny,rainy,cold,warm,cool,hot。第二,理解 A 部分对话大意,能运用正确的语音、语调朗读对话,并能进行角色表演。第三,能够理解、运用句型 I like a _____ day. I don't like a _____ day.

心理融合目标:第一,培养学生的自我表达能力,运用简单的英语句子表达自己喜欢某种天气的理由。第二,积极促进学生的团结合作能力。

教学重点:能够听、说、认读本课单词;理解对话大意,按照正确的语音语调朗读并进行角色表演。

教学难点:能够在语境中理解和运用句型 I like a _____ day. I don't like a _____ day.谈论天气的喜好。

教学过程	融合时机与策略
一、Warm-up Greeting Free talk T:Today is sunny? （今天是晴天吗?） 学生可以积极讨论并用中文回答,教师可以适当引导学生用英文回答,借此引出课文主题及新单词的学习。 二、Practice 1. Let's learn （1）Let's learn new words 创设图片情景,T:Look at the sun. It's a sunny day. 引导学生回答并呈现生词 sunny. 在黑板上板书 sunny 这个单词以及中文意思,引导学生运用音节划分的形式识记并认读单词,教师带读三遍单词,并运用全班齐读、男女生齐读和小组齐读等方式来学习巩固新单词。最后通过动画的形式,让学生再次加深对单词的记忆。 （2）利用同样的方法学习本课中的其他新单词:rainy,cold,worm,cool,hot. （3）listen and learn. 播放课文音频,通过听力的形式,让学生说说听出自己听到的单词,你能猜出课文的大概意思是在表达什么吗? （4）Watch and learn. 教师播放动画视频两遍,第一遍让学生看看自己刚刚听到的单词和句子是否正确,第二遍播放时要求学生通过看、听、跟读等形式学习、识记重点单词和重点语句。 2. Practice （1）Listen and translate. 教师播放单词听力,学生听音之后,快速说出单词的汉语意思,看谁说的又快有准。 （2）Look and say. 教师逐一呈现单词含义的图片,学生举手说出对应的单词,教师适当指导单词的准确发音。	创设图片情境,利用今天的天气情况来引导学生的思考,引发学生的热烈讨论,激发学生的学习兴趣。 通过板书、带读、齐读的方式逐一学习新单词。在练习中,鼓励学生大胆发言,锻炼学生的表达能力和自信心,同时提高学生的语言技能和学习能力。 通过听力训练和看图片说单词的形式,加深学生对单词的掌握,对回答的问题的学生给予及时表扬或鼓励,让学生在快乐中学习。 在这个学习过程中既锻炼了学生快速反映的能力也提高英语表达能力,保持学生的学习热情。

教学过程	融合时机与策略
三、Learn new sentences 1. Let's listen and say （1）呈现主情景图，T：The kids are having picnic. What are they talking about? 让学生分小组自由展开讨论，两分钟之后请小组派代表进行回答问题。 （2）Watch and answer. 学生观看视频动画之后，回答出正确结果：They're talk in about the weather(他们在讨论天气)。 （3）Listen and fill. 听课文音频，对课文内容进行补全对话空缺部分。 （4）句型点拨。 I like a sunny day. "like"表示"喜欢"。 I don't like a rainy day. "don't like"表示"不喜欢"。 重点句型： I like a…day. 表示"我喜欢……天气。" I don't like a…day. 表示"我不喜欢……天气。" （5）Look and say. 运用核心句型看图说句子。 （6）Listen and imitate. 分句模仿课文句子的语音语调，教师巡视适当指导。 （7）Show time. 以四人为一小组进行角色表演会话。注意根据对学生对课文的掌握程度进行分层次提成任务要求。	让学生进行自由讨论，鼓励学生大胆开口说英语，树立学生的自信心和提升语言组织和表达能力，学生参与度较高，课堂气氛也十分热烈。 对于"I like…/I don't like…"句型的运用学生容易出错，学生在教师点拨之后再进行两两练习，课堂气氛热烈，学生乐在其中。 通过模仿、跟读、表演对话等丰富了课堂活动，让学生在玩中学、学中玩，体验到学习英语的乐趣，也提高了学生的团队协作能力。
作业超市： A. 读一读 A、B 部分的课文内容。 B. 设计并制作有关"天气"的单词记忆卡片，小组内比一比谁做得漂亮。	板书设计： Unit 8 I like a sunny day. 单词：sunny rainy cold warm cool hot 句型：I like a sunny day. I don't like a rainy day.

3.《Unit1 It's on your head!》第1课时(湘少版四年级下册)

教者:朱静(宁乡·流沙河镇中心小学)

教材分析:本单元的主题是聚焦于探究并定位物体的位置。本单元所涵盖的短语与句型均紧密贴合日常生活情境,旨在通过模拟真实的对话场景,引导学生学习运用英语准确表达自身对特定物品的寻找意愿。在此过程中,学生不仅能够提升语言能力,还能深刻体验到朋友间友好交流的重要性,进一步激发他们主动伸出援手,帮助朋友或更广泛群体的积极态度。此外,这一学习过程也将有助于学生培养起强烈的社会责任感与使命感,促进其全面发展。

学科素养目标:第一,Knowledge Objects。(1)能熟练掌握本单元短语。(2)能熟练使用句型—Where is…/Where are…? 询问物品的位置并用—It is…/They are…作出回应。(3)复习巩固单词 beside / behind / between 等方位介词描述物品的具体位置。第二,Ability Objects。提高学生听说的能力,培养学生自学的能力,在学习表达自己喜好的同时培养合作的能力。第三,Moral Objects:了解身边物品的位置,保管好个人物品,打理好个人生活。努力并积极与同学合作,一同完成规定的学习任务,并在成功中体会英语学习的乐趣,激发学习英语的积极性和自信心,从而更加热爱英语。

心理融合目标:(1)培养学生的学习能力,帮助学生制定明确而又可达到的目标,提高学生的英语学习效果。(2)学生在英语学习中有困难和挫折,教师通过积极评价,鼓励积极的方式,帮助学生建立自信心和学习动力,克服困难和挫折,从而发挥学生的创造力,提升自己。

教学重点:(1)能熟练掌握本单元短语,能熟练使用句型—Where is/Where are…? 询问物品的位置并用—It is/ They are…作出回应。(2)复习巩固 beside/behind/between 等方位介词描述物品的具体位置。

教学难点:能综合利用本课短语及句型创设情境进行会话。

教学过程	融合时机与策略
Step1. Warm-up&Revision Free talk. 1.引导学生谈论话题： What is this? Where is it? 2.并请学生用英语来说一说。 Look and say. 呈现一张凌乱的房间照片,教师利用句型 Where is...? 提问,引导学生观察图片,并用 in,on,under 对图中物品的位置进行简单的描述。 Step2. B Let's Learn. 1. Look and say. 教师将身边的物品按不同的位置摆放,学生根据提示快速反应并大声说出相应的方位介词,看谁说得又快又准。 2. Let's look. 播放图片提出问题 Where is...? 引导学生说一说。 A Let's Listen and Say. 1. Listen and answer. 关上书听录音,听到了哪些有关衣物类的单词? 时间 3mins。 2. Listen and underline. 打开书听录音,学生分别画出衣物类和方位介词。 3. Listen and repeat. 听录音跟读,注意模仿正确的语音、语调。 4. Look and act: 根据插图,引导学生进行对话并表演。小组进行交流合作,制作简易表格来记录物品及其位置,作为学生表演对话的信息支撑。	通过不断地口语练习,增强自己的自信心,让内心变得更加自信,不再害怕与人说话,与人交流。英语侃侃而谈的人,无疑会增加各种辅助光环,从而让自己的魅力得到绽放,也更容易吸引到志同道合的人。 培养空间思维,提升心理素质： 计时能让学生更好地集中注意力,更快地完成任务。这不仅能提升学生的自主时间管理能力,还能促进学生形成健康的身心以及良好的学习秩序。 在小组合作中善于表达,善于沟通。培养开朗、合群的健康人格：小组合作探究,旨在培养学生合作学习的习惯和能力。让学生在交流分析中深入体会文意。

续表

教学过程	融合时机与策略
Step3. Consolidation & Extension. 1.播放视频,观看并模仿。 2.播放录音,指导学生跟读。 3.小组合作,有感情地朗读 chant 部分,并表演情境。 Step4. Let's Say. 1.同学的眼睛、书、笔、帽子等不见了,请同学们帮忙找找看。 2.比一比谁是"火眼金睛"。 3.玩游戏学生观察,看清图片中物品及其所处位置,教师隐藏图片并提问,让学生凭记忆抢答,感受找东西的快乐。 Step5. Practice. 布置课堂练习并核对答案。 Step6. Summary. PPT 播放考眼力的视频。 学生能快速灵活地运用方位介词。	通过老师指导说一说,并且个人展示谁是"火眼金睛",营造愉快,轻松的英语氛围,吸引学生的注意力,感受找东西的快乐。 采用隐藏卡片,实物创设真实的情景。充分调动学生的眼、耳、手、口、脑等多种感官参与体验,让学生乐中学、学中乐,轻松地学单词,即激发了学习兴趣,使他们在有意义的语言情境中感知,理解和运用。真正地把单词教学情境化,生活化。
作业超市: A.听一听、读一读:听录音,读 A 部分的对话 B.说一说:用"Where is/Where are…?"提问并用"It is/ They are…"作出回应。	板书设计: Unit 1 It's on your head —Where's/where're…? —It's/They're…?

4.《Unit 5 When's your birthday?》第 1 课时(湘少版五年级下册第五单元)

教者:曾三元(宁乡·合安小学)

教材分析:本章节为第五单元的第一课,标题为《你的生日是什么时候》。本课聚焦于生日这一主题,旨在通过探讨生日的具体日期、与之相关的重大节日以及相应的庆祝活动,来增强学生的口语交流能力。教材内容采用简洁清晰的词汇与句型结构,旨在帮助学生迅速掌握并灵活运用所学知识。在本课学习过程中,学生将接受听、说、读等基础技能的训练,以掌握以下关键知识点:一是生日月份与日期的正确表达方式;二是人们庆祝生日时所采用的方式及其相关风俗习惯。

学科素养目标:(1)能够理解和说出新词汇:年,月,一月……十二月。(2)能够使用"When's...?""It's on the..."来谈论生日日期。(3)能够掌握表达日期的方式。

心理融合目标:(1)培养学生的自学能力,帮助学生设定清晰且可实现的学习目标,提高他们英语学习的效果。(2)当学生在英语学习中遇到困难和挫折时,教师通过积极的评价和方法鼓励他们,帮助学生建立信心和学习动力,克服困难和挫折,从而激发他们的创造力并提升自我。

教学重点:十二个月的发音。

教学难点:使用句子结构"When's...?"It's on the..."。

教学过程	融合时机与策略
Step1 Warming up 1. Greetings: 2. Sing a song...Happy Birthday. Step 2 Presentation 1. Create a situation to lead in. Today is Miss Zeng's birthday,I want to hold a Birthday Party tonight,who wants to come to my party? 2. Show the English calendar. Questions: (1)How many months are there in a year? (2)Which month is the shortest month in a year? Lead in two new words:year/ month.	通过持续的口语练习,你可以逐渐增强自己的自信心,使内心更加坚定,不再畏惧与人交流,从而更自如地表达自己的想法。

教学过程	融合时机与策略
3. New words'Learning (1)Learn January and February with a chant (2)Sing together with the chant (3)Practice March to December in every group. (4)Show time for groups (5)A flash game 4. Sentence Patterns'learning (1)Listen to partA twice (2)Answer some questions (3)Read after the video (4)Act it out(Practice the dialogue with your partner) Step 3 Expansion Do a survey To find who's birthday is in May? Step 4 Consolidation Review Part A(read after the video)	注重培养空间思维能力,并致力于提升心理素质水平。这两方面的发展对于个人综合素质的提升具有重要意义。通过培养空间思维,我们能够更好地理解和应对三维空间中的复杂问题,从而增强解决问题的能力。同时,提高心理素质也是不可或缺的,它有助于我们在面对压力和挑战时保持冷静和理智,更好地应对各种复杂情境。 指导学生擅长表达和沟通。培养一个开放和社交的健康个性:小组合作探究旨在培养学生的合作学习习惯和能力。让学生通过交流和分析深入理解文本的含义。
作业超市: Use the sentence pattern to ask the birthday date of every family members.	板书设计: Month　　When's your birthday? Year　It's on the of.

5.《Unit 3 Look at the elephant》第 1 课时(湘少版四年级上册)

教者:朱欢芳(宁乡·双江口镇中心小学)

教材分析:本单元的核心话题聚焦于"动物(Animals)",其主要新知涵盖五个精心挑选的、用于描绘动物的形容词。在教学过程中,教师应巧妙地融合学生已掌握的关于动物的名词等旧知,与这些新学的形容词相结合,形成更为丰富和生动的语言体系。为了提升教学效果,教师可以灵活运用多种直观教学手段,如展示生动的图片、绘制简洁明了的简笔画等,以此激发学生的学习兴趣和积极性。此外,教师还可以精心创设贴近学生生活的真实情境,引导学生在课堂上即时运用本单元的目标生词和句型进行讨论,鼓励他们积极提问并作出正确的回应。在课堂互动环节中,教师应特别关注学生的语言交流情况,并适时就教材中涉及的日常生活表达习惯进行恰当的整合与拓展。通过这样的方式,学生可以初步感知不同语言习惯之间的差异,进而逐步了解和掌握具有差异性的表达方式。随着学习的深入,学生的语言运用能力将得到提升,他们不仅能够正确理解和得体地使用语言,还能够更好地实现"跨文化交际"的目标。

学科素养目标:(1)能听懂、会说、认读新单词:elephant、monkey、tiger、big、small、strong、funny、beautiful,并了解其复数形式。(2)掌握句型"Look at...It's..."并能在实际情境中运用,描述动物的特征。(3)能够准确地运用所学单词和句型描述动物的外貌特征。(4)通过课堂活动,提高学生的听说读写综合语言运用能力,培养学生的观察力和语言表达能力,能在观察图片或实物后用英语进行描述。

心理融合目标:(1)激发学生对动物的热爱之情,培养保护动物的意识。(2)通过小组活动,增强学生的合作意识和团队精神。(3)让学生在学习英语的过程中感受语言的魅力,提高学习英语的兴趣。

教学重点:(1)掌握新单词:elephant、monkey、tiger、big、small、strong、funny、beautiful 及其复数形式,能够准确认读并拼写。(2)掌握句型"Look at...It's...",并能在实际情境中正确运用。

教学难点:(1)形容词的准确运用及复数形式的变化。(2)能够在实际情境中灵活运用所学知识进行描述和交流。

教学过程	融合时机与策略
一、导入 　1.播放一段动物视频或展示一些动物图片,引起学生的兴趣。	

续表1

教学过程	融合时机与策略
2.提问学生："What animals can you see?"引导学生说出一些动物的名称。 二、学习新单词 ● 依次展示大象、猴子、老虎的图片,教授单词"elephant""monkey""tiger",并带读几遍。强调发音,让学生跟读。 ● 用同样的方法教授形容词"big""small""strong""funny""beautiful"。可以通过对比、实物演示等方式帮助学生理解词义。 ● 引导学生说出这些动物的复数形式,并强调变化规则。 三、学习句型 ● 展示大象的图片,说:"Look at the elephant. It's big and strong."让学生跟读。 ● 用不同的动物图片和形容词进行替换练习,如"Look at the monkey. It's funny and small."等。 四、巩固练习 1.游戏一:猜动物 ● 教师描述一种动物的特征,让学生猜出动物的名称。例如,"It's big. It has a long nose. What's it?"学生回答"elephant"。 ● 分组进行比赛,猜对最多的小组获胜。 2.游戏二:单词卡片游戏 ● 将动物单词卡片和形容词卡片打乱,让学生随机抽取两张卡片,并用句型"It's…(形容词)."来描述卡片上的动物。 ● 请几位学生到讲台前展示,其他学生进行评价。 3.小组活动 ● 将学生分成小组,让他们用所学的单词和句型描述自己喜欢的动物。	视频导入提高学生的学习兴趣,简单的对话,让学生体验学习成功的乐趣。 让学生边做边说去猜一猜,活跃课堂气氛,从"听"方面检验教学效果。 英语游戏将枯燥的语言转变为学生乐于接受的游戏,化难为简,从而减轻学生的负担和心理压力。 游戏教学有利于增长学生知识,发展学生的智力,培养学生的合作与竞争意识。 精美的卡片,让学生觉得新奇,好玩。变化一下教学手段,增加学生的兴趣,再次操练动作单词和复习单词,检验"认读"的效果。同时培养学生的思维力、观察力、想象力。

教学过程	融合时机与策略
● 每组推选一名代表进行汇报,其他小组进行评价。 五、总结 1. 回顾本节课所学的单词和句型。 2. 强调保护动物的重要性。	
作业超市: 　A. 让学生回家后用英语向家人介绍自己喜欢的动物。 　B. 制作一张动物手抄报,要求用英语写上动物的名称和特征。	板书设计: Unit 3 Look at the elephant elephant(复数 elephants) monkey(复数 monkeys) tiger(复数 tigers) Look at the...(动物名称) It's...(形容词)

6.《He's kind to children》第 1 课时(湘少版五年级下册第九单元)

教者:戴君为(宁乡·流沙河镇中心小学)

教材分析:《He's Kind to Children》作为湘少版五年级下册教材第九单元的核心议题,精心构建了学生的学习路径。在 A 部分,通过匠心独运的倾听与阅读对话设计,深刻揭示了 Peter 祖父的品德特征。而 B 部分,则巧妙融入了五幅风格迥异的图片,直观且生动地展示了"kind"、"friendly"、"smart"、"active"及"serious"这五个词汇间细腻的差异。整体上,本单元在内容编排上力求感官体验的丰富性,旨在提升学生的学习效率与记忆效果,同时有效预防学习过程中的倦怠感,从而确保教学成果的最大化。

学科素养目标:(1)通过学习,使学生能够看懂、会读、会说下列新单词/词组:kind, children, village, interested, interesting, active, friendly, serious。(2)理解、学习、运用重点新句型:a. He/she is 形容词. b. He/she looks 形容词。(3)能准确向他介绍一个人的性格。

心理融合目标:(1)激发学生对英语新知的探索欲与学习热情,培养他们的探究精神,促使他们乐于沉浸在英语学习的乐趣之中。(2)引导学生在日常生活中以友善之心待人接物,逐渐形成良好的性格品质。(3)鼓励学生细致观察身边的朋友、亲人,关注现实生活,从而学会热爱他人、热爱社会、热爱生活。

教学重点:理解并运用生词/词组:

children,village,kind,interested,interesting,active, riendly,serious,

教学难点:学会描述一个人的性格特点。

教学过程	融合时机与策略
Step 1:Warming up Greetings. Free talk. Let the students talk about their good friends. Step 2:Presentation&Practice Introduce new words and phrases T:In English, we have many words to describe a person. The easiest words are good and bad. Now, we need to learn some new. Show the colourful pictures, including the word pictures in B. T:Now, I read, you read. children,village,kind,interested,interesting, active,friendly,serious. (When a picture comes out, teacher show and read the word of the place in the picture. Pictures shows one by one.) Lead into text T:Let's listen and read unit 9< He's kind to children>. T:What did the two boys and their teachers say? (After listening and reading.)	充分利用小学生喜欢分享、喜欢展示的心理,此环节搭建起书本和实际生活之间的沟通桥梁。 展示彩色图片,提供直观的视觉效果,培养学生的学习乐趣,加深学生对新单词词组的理解。

教学过程	融合时机与策略
（Students answer） T：Was Peter's grandpa a good man? Why? （Students answer） T：He's kind to children , he's tall and active. He looks kind. He's lessons is interesting . (When the student's answer is complete, the teacher concludes) Step 3：Consolidation&Practice T：Let's see the part B, now, you have two minutes to talk about your friends to your classmates in this five words Step4：Dialogue&Extension. T：In daily life, we have to kind of sentence to talk about a person's character. The teacher showed two sentence patterns： He/She is+形容词. He/She looks+形容词. T：Please use this two sentence to tell you group about your family. Step 5：Game&Practice. The teacher says the sentence and the students guess their means. Students use the new sentence patterns to have free conversations Step 6：Presentation&Summary. The students presented the dialogue on the platform. （When the student's presentation is completed, the teacher comments and summarizes）	教师提出疑问，引起学生的好奇与探究心理，并且通过"听"培养学生的信息提取分析能力。 运用目标从老师向家人转变，扩大了学生对所学新知运用场景的了解。 将单词和通话或者传说中的人物匹配。趣味游戏。丰富课堂活动形式，调解学习气氛，提升学生对英语学习的热爱。

续表2

教学过程	融合时机与策略
作业超市： 　　A.跟读磁带 A．B 第九单元部分，家长签字。 　　B.抄写新学的单词词组。 用 He/she is 形容词．和 He/she looks 形容词写一篇作文。	板书设计： He's kind to children children，village，kind， interested，interesting，ac- tive，friendly，serious， He/she is 形容词． He/she looks 形容词

7.《Unit7 What time do you get up?》第 1 课时（湘少版五年级上册）

教者：文莹（宁乡·流沙河镇中心小学）

教材分析：本单元的核心聚焦于"人与自我"的广阔领域，具体深耕于"生活与学习"这一主题集群中的关键子议题——"时间管理"（一级）及其深化的"学习与生活的自我管理"（二级）。本单元以作息时间为切入点，旨在培养学生掌握如何运用"What time do you…?"这一句式来探寻他人的日常作息安排，同时，学生还需具备能力，依据他人的询问，灵活运用"I…at…"的句型结构给予准确回应。更为深远的目标是，引导学生学会时间规划，使他们能够明智地安排自己的学习与生活，实现时间的高效利用与生活的有序管理。

学科素养目标：(1)能听懂、会说、认读 get up，go to up，computer lesson，PE，art，music，maths 单词；(2)能用句型"What time do you…?"和"I…at…"进行对话。

心理融合目标：(1)热爱生活，合理安排自己的时间；(2)认识网络，了解其弊端，并培养健康的娱乐方式。

教学重点：能听懂、会说、认读本单元新词。

教学难点：综合运用本单元新学单词和句型询问别人的时间安排并作出相应的回答。

教学过程	融合时机与策略
一、Warm-up&Revision 1. Greeting 2.出示时钟图,让学生说出其英语 clock 继续出示表示 6 点的时钟 T:What time is it? Ss:It's six o'clock. 陆续出现表示 8 点的时钟、表示 11 点的时钟,按上述句型进行对话。 T:Today,we learn about time.(板书"What time do you get up?"并带读。) 二、Presentation&Practice 1.教授新单词及句型 (1)get up PPT 出示小男孩起床图,借此释义 get up 并进行带读。 T:I often get up at seven o'clock. What time do you get up? 板书"What time do you get up?"和"I get up at seven o'clock."并解释其意思,带读。 随机抽问学生"What time do you get up?" (2)go to bed PPT 出示小男孩上床睡觉图,借此释义 go to bed 并进行带读。 询问学生,当我们想知道别人什么时候睡觉,我们应该怎样用英语去问,又该怎么回答,请学生思考并自己尝试说一说。 (3)computer lesson PPT 出示学生上电脑课的图片,借此释义 computer lesson 并进行带读。	由 get up 和 go to bed 引出睡眠这一概念。对于我们而言,睡眠是很重要的,保障好睡眠能让我们有更多的精力投入到学习和生活中。此外,如果我们的睡眠长期得不到保障,可能会加剧我们的压力,让我们处于焦虑状态。当我们有失眠情况出现时,大家可以试试每天多锻炼,睡前进行一些放松活动,如泡脚、看书。 由电脑课引出网络这一话题。网络为我们提供了许多的平台,有关于学习的、有关于交友的、有关于娱乐的……不可否认,它的出现丰富了我们的生活,但与此同时,它也带来了一些问题,有人长时间上网导致视力下降、有人沉迷于网络形成严重的心理障碍……因此我们需要控制好我们的上网时间,当觉得控制不了时,大家可以通过其余健康的娱乐方式转移注意,如打羽毛球、跑步、阅读……

教学过程	融合时机与策略
T:Do you have computer lesson? Ss:Yes. T:What time do you have computer lesson? 请学生回答。 S1:I have computer lesson at… 讲解非整点时间时间的表达,如:9:20 为 nine twenty,10 点 15 为 ten fifteen。 (4)PE,art,music,maths 按照上述方式教学 PE,art,music 和 maths,并进行带读。同桌之间尝试用"What time do you have…?"和"I have…at…"询问上某课时间并回答。 2.大小声游戏操练单词 3.学习课文 A 部分 (1)timetable 出示 A 部分中 Peter 为 Lingling 做的时间表(时间未填) T:This is a timetable,it's about Lingling's day. 带读 timetable。 (2)听 A 部分录音,完成时间表填空。 (3)打开书,核对答案。 4.教师带读 A 部分课文,对重点单词及难句可适当多带读。 5.同桌合作读对话。 三、Summary 1.总结新学的单词 (1)动词短语 (2)和课程有关的单词 2.总结新学的句型 (1)What time do you…?	由时间表引出时间管理。规划好时间管理,让我们能专注于做自己当下时间内规划的事情,能更好地完成学习任务,给自己留出充分的时间去放松、娱乐,有利于身心健康。

续表2

教学过程	融合时机与策略
（2）I...at... 用今天学的句型随机抽几名学生询问其时间规划。	
作业超市： 　A.读一读本单元 A、B 部分；写一写本单元标题及 B 部分单词。 　B.制作一张英语时间表，并用英语向别人说一说自己的时间规划。	板书设计： 　Unit7 What time do you get up? 　What time do you get up? 　go to bed? 　Have computer lesson? 　PE/art/music/maths? 　I...（动词短语）at...

8.《What can I do? Part B and C》第1课时（湘少版六年级上册 unit7）

教者：沈敏（宁乡·流沙河镇中心小学）

教材分析：本课程聚焦于湘少版六年级英语上册 Unit 7 " What can I do?"的 Part B 与 Part C 部分,通过生动的对话与丰富的实践活动,旨在教导学生如何运用英语表达自身能为他人,特别是老年人提供何种帮助。此主题不仅涵盖了语言技能的深化,还巧妙地融入了社会责任意识与敬老爱幼的价值观。教材内容精心编排,涵盖了诸如"cleaning"（清洁）、"make them happy"（使他们快乐）、"make cakes"（制作蛋糕）等助老相关的词汇,以及"What can I do?"（我能做什么?）和"I can ..."（我可以……）等实用句型。进一步地,教材通过创设多样化的情境,如角色扮演、对话模拟等,为学生搭建了一个个贴近生活的语言实践平台,使他们能在真实或模拟的语境中灵活运用新学的词汇与句型,从而有效提升其语言实践能力。这些情境设计精巧,紧密贴合学生可能遭遇的日常生活场景,促进了学生对所学内容的深入理解和灵活应用。本课程的核心主题为"关爱老人",通过传授相关的语言知识与表达技巧,引导学生深入思考并表达自身能为老年人提供的帮助与关怀。这一主题与学生的日常生活紧密相连,极易引发其共鸣与兴趣,进而激发其学习热情与积极性,为培养其成为具有社会责任感与人文关怀的未来公民奠定坚实基础。

学科素养目标:(1)语言技能:学生能够准确地理解和使用相关的词汇和句型,如"What can I do?"和"I can ...",他们应该能够在特定的语境中,如角色扮演、对话练习等,流利地使用这些词汇和句型。(2)交际能力:学生能够用英语表达他们可以为老人做些什么,这不仅需要他们具备语言技能,还需要他们具备良好的交际能力,能够理解和应用所学知识。(3)文化意识:通过学习这个主题,学生能够了解到尊重老人是全球各地的共同价值观,从而增强他们的跨文化意识。(4)自主学习能力:学生能够通过各种活动,如角色扮演、对话练习等,自主地学习和实践,从而提高他们的自主学习能力。

心理融合目标:(1)尊重和同理心:学生能够理解和尊重老人,这是本课程的主要价值观。通过实践活动,他们能够体验为老人做事的乐趣和满足感,从而培养他们的同理心,渗透尊老爱幼的德育思想。(2)社会责任感:学生能够理解他们可以为老人做些什么,这是对他们社会责任感的培养。通过实践活动,他们能够体验到为社会做贡献的满足感,从而增强他们的社会责任感。(3)自我认知:学生能够通过这个主题,了解到他们自己可以做到的事情,从而提高他们的自我认知能力。(4)情绪管理:通过与他人的交流和合作,学生能够学习如何处理自己的情绪,如兴奋、焦虑、满足等,从而提高他们的情绪管理能力。

教学重点:学生能够理解和使用"What can I do?""I can ..."等词汇和句型。

教学难点:学生能够表达他们能为老人做些什么,能够理解和尊重老人的需求。

教学过程	融合时机与策略
一、图片导入环节 课程开始时,可以通过游戏或者展示一系列与老人相关的图片来吸引学生的注意力,同时导入新的词汇"play chess"、"iron the clothes"、"clean the window"、"help old people on the road"等。 课程开始时,可以进行一个小游戏,如"我看到了什么"。老师展示一系列与老人相关的图片,如老人在做家务、在公园散步、在玩棋等。 学生需要用英语描述他们看到了什么,例如,"I see an old man walking in the park."	帮助学生在实际语境中学习新的词汇,培养他们的好奇心和探究精神,同时也能激发他们的兴趣。让学生体验到学习的乐趣,从而减少他们的学习压力,使他们能够更加积极地投入到学习中去。
二、带读与题型练习 在学生熟悉了新的词汇之后,老师可以带领学生读出这些词汇,并进行题型练习,如填空题、选择题等。 填空题:I can _____ for the old man.(Options:cook,read,dance) 选择题:Which of the following can you do for the old man?(Options:A. Dance for him. B. Sleep for him. C. Eat for him.)	带读和练习有机融合,帮助学生全面掌握新知识,提高语言应用能力。同时可以帮助学生巩固所学的词汇,并提高他们的语言技能。
三、学生自主学习 学生可以通过自主学习的方式,如查阅词典、上网搜索等,进一步掌握新的词汇。同时,他们也可以通过写作、口语等方式,自主地使用这些词汇。	不仅考察了学生搜集资料的成果,还激发了学生学习的兴趣,提高他们的自主学习能力。同时也鼓励他们的公开表达和自我提升。
四、合作交流 学生可以通过小组讨论、合作完成任务等方式,与其他学生交流他们的想法和学习成果。 例如,他们可以分成小组,每小组需要准备一个小短剧,展示他们可以为老人做的事情。	培养他们的合作精神和交际能力,也可以提高他们的语言实践能力。
五、展示提升 学生可以通过展示他们的学习成果,如做一个关于如何帮助老人的英语演讲,来提升他们的自我认知和社会责任感(由个人或两人一组完成)。	这不仅可以帮助他们提升英语口语技能,也可以提升他们的自信心和社会责任感。

教学过程	融合时机与策略
同时,这也是一个很好的机会,让他们展示自己的学习成果,从而提高他们的自信心。 　　六、反馈拓展 　　在学生展示他们的学习成果之后,老师可以给出反馈,指出他们的优点和需要改进的地方。同时,老师也可以根据学生的学习情况,提供一些拓展的学习资源和活动,如推荐一些相关的英语书籍、电影等。	进一步提高他们的学习兴趣和深度。
作业超市: 　　A. Listen to the tape about part B and C, follow it to read twice. 　　B. Answer Question:What can you do for your family? No less than three sentences.	板书设计: 　　What can I do? 　　I can… 　　What can you do for the elderly?

9.《The Spring Festival》教学实录

教者:陈艳(宁乡·流沙河镇中心小学)

学科素养目标:(1)词汇掌握:学生能够熟练掌握与春节相关的英语词汇,如"reunion dinner"(团圆饭)、"Red Envelope"(红包)等,并能准确运用这些词汇进行简单的句子构造。(2)语言表达:通过对话练习,学生能够用英语流畅地描述自己春节期间的活动计划,提高口语表达能力和听力理解能力。(3)文化理解:增进学生对中国春节传统习俗和文化内涵的理解,包括家庭团聚、赠送红包、舞龙舞狮等活动的象征意义。

心理融合目标:(1)通过课堂活动,激发学生对中国传统节日的兴趣和热爱,培养学生的文化自豪感和认同感。(2)鼓励学生分享自己在春节期间的感受和期待,培养积极的情感表达能力和共情能力。(3)引导学生认识春节作为家庭团聚时刻的重要性,感受亲情和友情的温暖,学会珍惜和维护这些珍贵的人际关系,从而提升情感健康水平。

教学实录：

一、Warm-up（热身环节）

（教师 Miss Chen 踏着轻快的步伐走进教室，脸上洋溢着温暖的笑容，她先轻轻地关上门，然后站在讲台中央，双手轻轻交叠在胸前，目光温柔地扫过每一个学生的脸庞。随着她的目光流转，原本的喧闹渐渐平息，学生们好奇地抬起头，等待老师的开场白。）

Miss Chen：Good morning, everyone! My dear students, today we're embarking on a magical adventure. Close your eyes for just a moment and imagine… Where could we be going? （教师带着一丝神秘，学生们闭上眼睛，脸上露出期待的表情。）

片刻后，Miss Chen 轻轻拍手示意睁开眼睛，同时按下遥控器，教室里缓缓响起一段充满节日气氛的春节音乐，旋律欢快而熟悉。

Student A（兴奋地举手）：Miss Chen, is it a journey to a faraway land?

Miss Chen（笑得更灿烂了）：No, not that far! But it's just as special. Listen to the music, feel the energy…Can you guess?

Student B：“Ah! I think I know! It's the Spring Festival, isn't it?”

Miss Chen：“Yes, you're all brilliant! Today, we're celebrating the Spring Festival together, in English!”

【融合效果与反思】此环节通过创设一个神秘而温馨的开场，利用学生的好奇心和想象力，迅速将他们的注意力吸引到课堂主题上。通过音乐、提问和互动，不仅激发了学生的学习兴趣，还让他们在轻松愉快的氛围中初步感受到春节的氛围，为后续学习奠定积极心理基础。

二、Vocabulary Learning（词汇学习）

（利用多媒体教学设备，逐一展示精心挑选的春节相关图片，每一张都充满了节日的喜庆和热闹。）

1. reunion dinner

Miss Chen（手指向图片中的大圆桌和丰盛的食物）：Look at this picture,

what a wonderful sight! Family members gathered around a table, sharing delicious food and laughter. We call this special meal a 'reunion dinner. (教师边说边在黑板上写下"reunion dinner",然后模仿家人围坐吃饭的动作,加深学生的印象。)

2. Red Envelope

Miss Chen:(展示一张孩子接过红包的图片)And here, see how happy this little one looks? He just received a 'red envelope' filled with lucky money from his elders. It's a symbol of good fortune and love during the Spring Festival. (师轻轻展开一个虚拟的"红包",做出递送的动作,引导学生跟读并理解词义。)

【融合效果与反思】借助直观的图像展示和生动的语言描绘,再融合教师丰富的肢体语言,学生得以将词汇与春节的特定场景及活动紧密关联。此教学法不仅极大地提升了词汇学习的效率和趣味性,还深化了学生对春节文化的理解与体验,有效促进了跨文化交流能力的塑造。此外,通过模仿与互动环节,进一步点燃了学生的参与热情,营造了充满正能量的课堂氛围。

三、Dialogue Practice(对话练习)

(学生们兴奋地两两分组,准备进行对话练习。Miss Chen 在教室前方微笑着观察。)

Miss Chen(作为 Student 1):(微笑着,轻轻拍了一下旁边学生的肩膀)Hi, Lily, what are you going to do during the Spring Festival?

Lily(作为 Student 2):(兴奋地)Oh, I'm going to help my family make dumplings and set off firecrackers! It's so exciting! How about you, Tom?

Tom(作为 Student 1 的伙伴):(思考了一下)I'm planning to visit my grandparents in the countryside and have a big family reunion dinner. We'll also play mahjong together.

【融合效果与反思】通过模拟春节期间的真实对话场景,学生不仅能够巩固新学的词汇,如"dumplings"(饺子)、"firecrackers"(鞭炮)和"reunion dinner"(团圆饭)等,更能在这种轻松愉快的氛围中有效提升口语表达能力和语言运用能力。此外,通过角色扮演的方式,学生能够更加深刻地体验到春节的热闹氛围以及家庭团聚的温馨感受。

四、Cultural Sharing(文化分享)

(学生们纷纷举手,想要分享自己最喜欢的春节部分。Miss Chen 站在讲台上,认真倾听每一个学生的发言。)

Student D:(兴奋地举手,被叫到后站起来)My favorite part of the Spring Festival is getting red envelopes! It's like a surprise gift every time I open one. It's so exciting!

Miss Chen:(点头微笑)That's a great tradition. The red envelopes represent good luck and blessings from elders to younger generations.

Student E:(也举手并被叫到)I love watching the dragon and lion dances! They're so lively and colorful. They make me feel happy and full of energy.

Miss Chen:(赞许地点头)Yes, the dragon and lion dances are symbols of good luck and prosperity. They bring joy and excitement to the festival.

【融合效果与反思】在文化分享的过程中,我们积极鼓励学生勇于表达自身对于春节文化的感受与独到见解,此举不仅极大地增强了学生们对于这一传统文化的认同感与自豪感,还进一步促进了学生间的互动与交流,加深了彼此的理解。同时,在教师的悉心引导与精彩补充之下,学生们得以更深入地探索并领悟春节文化的深刻内涵与深远意义,从而逐步培养起跨文化交流所需的敏锐洞察力与深厚底蕴。

五、Wrap-up(总结环节)

Miss Chen:(温柔地)Today, we've had a wonderful time learning about the Spring Festival. We've learned new words, practiced our dialogue skills, and shared our favorite traditions. Remember, the Spring Festival is not just about celebrations and fun, but also about family, unity, and hope. It's a time for us to cherish our cultural heritage and pass it on to future generations.

(随着下课铃声的响起,Miss Chen 按下播放键,屏幕上出现了春节祝福的视频。学生们认真地观看,不时发出赞叹和掌声。)

Class:(齐声,满怀感激)Thank you, Miss Chen! Happy Spring Festival!

Miss Chen:(微笑着回应)Happy Spring Festival to all of you too! Enjoy your holidays and see you next year!

【融合效果与反思】通过总结环节的精心设计,学生们得以系统地回顾今日所学的精华内容,从而进一步巩固了知识要点。此外,我们还特别强调了春节所蕴含的文化深意,旨在激发学生的文化自信,并唤醒他们内心深处的民族自豪感。以播放春节祝福视频作为课程的温馨收尾,不仅为课堂营造出了浓厚的节日氛围,更让学生深切感受到了来自教师与学校大家庭的温暖与关怀。

10.《What time is it ?》教学实录

教者:陈艳(宁乡·流沙河镇中心小学)

学科素养目标:(1)学生能够熟练掌握并运用"What time is it?"句型来询问时间,以及使用"It's…o'clock."或"It's…(具体分钟数)"等句型来回答时间。(2)学生能够理解并正确使用与时间相关的词汇和短语,如 morning, afternoon, evening, quarter, past, to 等。(3)提高学生的听说能力和语言运用能力,使他们能够在实际情境中准确表达时间。

心理融合目标:(1)培养学生的时间观念,让他们认识到时间的重要性和珍贵性。引导学生学会合理安排时间,养成良好的时间管理习惯。(2)鼓励学生珍惜与家人和朋友的相处时间,学会感恩和回馈。(3)通过角色扮演和互动游戏等活动,增强学生的社交能力和适应能力,使他们能够更好地融入集体生活。

教学实录:

一、Warm-up(热身)

(教室里,阳光透过窗户洒在整齐的课桌上,学生们面带笑容,期待着新课的开始。)

Teacher(面带微笑,挥手):"Good morning, everyone! How are you to-day?"

Students(齐声,充满活力):"Good morning, teacher! We're fine, thank you. And you?"

Teacher(笑容更盛):"I'm great, thanks for asking. Let's get started with a fun song, shall we?"

(教师播放起轻快的歌曲"What time is it?",学生们兴奋地跟着旋律摇摆,边唱边做着手势,复习着数字 1-12 的英文表达。)

【融合效果与反思】通过温馨的师生问候和活力四溢的歌曲热身,成功营造了一个轻松愉悦的课堂氛围,极大地激发了学生对新知识的渴望与好奇心,使他们在情绪上为新课的学习做好了充分的准备。同时,这一环节也巧妙地复习了与本课紧密相关的旧知识,为新知识的学习奠定了坚实的基础。

二、Presentation(新课呈现)

(教师手持一个数字时钟模型,缓缓走上讲台。)

Teacher(指向时钟):"Look at this clock. What time is it?"

Student A(举手回答):"It's 7 o'clock."

Teacher(点头肯定):"Exactly! It's 7 o'clock. Now, let's see what happens when the minute hand moves a little bit."

(教师调整时钟指针,展示 7:15 的时间。)

Teacher(解释):"It's 7:15. We can also say, 'It's a quarter past seven.' Quarter means a quarter of an hour, or 15 minutes."

(学生们认真聆听,有的点头表示理解。)

Teacher(展示挂图):"Here are some daily activities. Can you tell me when they usually happen? For example, when do you usually get up?"

Student B(积极回答):"I get up at 6:30 in the morning."

【融合效果与反思】借助直观的数字时钟模型和生动的挂图,通过教师的悉心讲解,学生们得以清晰地掌握整点与非整点时间的表示方法,并深刻理解了时间与日常活动的紧密联系。这一教学环节精心设计,旨在通过直观展示和贴近学生生活的实例,增强学习的针对性和实效性。此外,教师还可以适时分享自己或他人关于时间管理的精彩小故事或宝贵经验,以此触动学生,让他们深刻体会到时间管理的重要性与可行性,进而激发他们的内在驱动力,积极培养良好的时间管理习惯。

三、Practice(练习)

(学生们被分成小组,开始热烈地讨论和练习。)

Student C(对 Student D):"What time do you have lunch?"

Student D(回答):"I have lunch at 12 o'clock."

(教师巡视各组,适时给予指导和鼓励。)(随后,进行角色扮演游戏,学生们兴奋地扮演不同角色,询问和回答关于时间的问题。)

Teacher(旁白):"In this role-play game, students are actively practicing their time expressions in real-life situations. They're not only learning the language, but also having fun!"

(时间闪卡游戏环节,学生们屏息以待,快速抢答,教室里充满了欢声笑语。)

【融合效果与反思】通过分组练习、角色扮演游戏以及时间闪卡游戏等多种富有创意的练习活动,学生们在轻松愉悦的氛围中,不断重复并巩固了新学的句型及时间表达技巧,从而加深了记忆与理解。这些活动不仅显著提升了学生的听说能力和语言实际运用能力,还潜移默化地培养了他们的团队合作精神、社交技巧以及情感管理能力。当学生在游戏中遭遇挫折时,教师可适时引导,帮助他们学会坦然接受失败,深入分析原因,并积极寻找解决方案;而当学生取得游戏胜利时,教师则应适时鼓励,提醒他们保持谦逊态度,持续努力,并乐于分享成功的经验。

四、Summary(总结)

(教师站在讲台上,面带微笑地回顾本节课的内容。)

Teacher:"Today, we've learned how to tell the time in English, both for the whole hour and for a specific minute. We've also seen how time is related to our daily activities. Remember, it's important to be punctual and manage our time well."

【融合效果与反思】经过总结阶段的梳理,学生们对本次课程所教授的核心句型、时间表述技巧以及日常活动的时间安排有了更为明确的理解。此外,教师还着重强调了时间意识与时间管理技巧的重要性,旨在帮助学生培养起良好的生活作息习惯。

第五节　心理健康教育
与道德与法治教学的深度融合

思政课程在实施立德树人的根本任务中扮演着至关重要的角色,它是教育工作的核心组成部分。特别地,道德与法治教育作为义务教育阶段思政课程的主要内容,其目标在于全方位提高学生的思想政治素质、道德品质、法治意识和人格修养,这些都是塑造学生成为具备坚定信念、崇高道德和扎实法治观念的中国公民的基础。通过这一课程的学习,学生将增强自我认同感,培养作为中国人的自豪感、坚韧不拔的精神和自信心,从而为培育肩负起中华民族伟大复兴使命的、具备远大理想、丰富知识和强烈责任感的时代新人奠定坚实的思想基础。

道德与法治课程不仅具有鲜明的政治属性和深刻的思想内涵,还体现出综合性和实践性的特点。在素质教育改革的大背景下,该课程的积极影响愈发显著,特别是在心理健康教育领域。它与道德和法治教学的深度融合,已经成为推动学生心理健康教育的关键途径之一。

教师在教学过程中需全面考量学生的独特性与需求,确立清晰的教学目标与策略,灵活运用多元化的教学手段。教学应紧密围绕学生的心理需求展开,坚守以学生为中心的教育原则,实施个性化教学,持续优化道德与法治课程的教学成效。这样,我们才能更有效地推动学生的全面发展,助力他们快乐健康地成长,为他们铺设一条通往未来的坚实道路。

一、道德与法治课程的心理健康教育内容

道德与法治课程作为一项基础性课程,其内容已经逐渐涵盖了心理健康教育的诸多方面,旨在帮助学生建立正确的价值观,提高他们的情绪管理能力,以及应对生活挑战的技巧。

(一)自我认知和自我价值的建立

道德与法治课程,作为教育体系中至关重要的一环,其核心目标在于塑造个体的自我认知和自我价值观。这门课程旨在引导学生深入理解,每个人都是不可复制的独特存在,每个人都拥有无可替代的价值和无限的潜力。这样的教育理念不仅有助于构建学生的自尊和自信,同时也是预防和缓解青少年时期可能出现的自我否定、过度自我评价等心理问题的有效途径。

在实际教学过程中,道德与法治课程引入了一系列新颖的教学方式。例如,角色扮演是一种被广泛采用的教学手段,它让学生置身于不同的社会角色中,体验和理解他人的感受和立场。通过这种方法,学生能够突破自我中心的思维定势,学会从多角度审视问题,从而培养他们的同理心和理解能力。同时,角色扮演也能帮助学生发现和欣赏自己的优点,帮助学生建立积极的自我认知,培养他们的同理心和自我接纳能力,从而为他们的个人成长和社会适应打下坚实的基础。

案例分析也是课程中的重要组成部分。教师选取现实生活中的案例,引导学生分析事件的起因、发展和结果,以及涉及到的道德和法律问题。这样的教学方式能够让学生在实际情境中应用理论知识,提高他们的批判性思维和问题解决能力。此外,案例中呈现的复杂情境能够激发学生深入探

讨自我价值与行为准则,从而进一步加强他们的自我认知。

值得注意的是,道德与法治课程并不仅仅是理论的学习,更强调实践和反思。在学习的过程中,学生将在教师的指导下,持续地审视自己的行为与信念,并对价值观进行调整和优化。这种自我反思的过程,对于形成稳定、健康的自我形象,以及建立与他人和谐共处的能力,具有深远的影响。

(二)规则意识和法律素养

法治教育不仅涉及学科知识的传授,更深入地培养学生的规则意识和法律素养。当我们深入探讨法治教育的内涵时,会发现它实际上是在为学生搭建一座通往安全、健康生活的桥梁。

法治教育的核心在于培育学生的规则意识。在一个纷繁复杂的社会中,规则是维护社会秩序、保障个体权益的基石。通过法治教育,学生将学习到如何理解和遵守各种规则,从校园纪律到国家法律,每一个细节都需要他们用心去领会和遵循。这样的教育过程,不仅让学生明白了规则的重要性,更教会了他们如何在规则的框架内行事,避免因违反规则而带来的不良后果。

法治教育旨在全面提升学生的法律素养。法律作为社会的基石,确立了人们行为的界限,并保障了社会的公平与正义。在法治教育的过程中,学生将学习到法律的基本知识,了解法律在维护社会秩序、保障公民权益方面的作用。这样的教育不仅让学生明白了法律的力量,更让他们学会了如何在法律的保护下安全、健康地生活。当面对各种诱惑和诱惑时,他们能够用法律武器来保护自己,避免陷入违法的泥潭。

法治教育还能够帮助学生建立公正、公平的道德观念。在法治社会里,公正与公平构成了道德的基石。通过法治教育,学生将了解到法律是如何维护社会公正和公平的,从而激发他们对公正和公平的追求。这种道德观念的培养,不仅让学生在面对生活中的不公时能够保持冷静和理智,更让他们以更积极的态度去关注和改善社会的公正问题。举例来说,通过模拟法庭、法律讲座等形式多样的法治教育活动,学生可以亲身参与到法律实践中去,体验法律的威严和力量。在这个过程中,他们不仅能够学习到法律的基本知识,更能够感受到法律在维护社会秩序、保障公民权益方面的作用。这段经历使他们对法治教育的深远意义和价值有了更为深刻的理解。

据相关研究统计,接受过法治教育的学生在遵守规则、尊重法律方面表现出更高的自觉性和责任感。他们在面对各种诱惑和挑战时,能够坚守道德底线和法律原则,做出正确的选择。培养这种素养,对他们的个人成长和社会发展均具有深远的影响。

(三)社交技巧和情绪管理能力

道德与法治课程专注于培养学生在社交技巧和情绪管理方面的能力。这一教育理念的转变,源于对青少年心理需求和现实挑战的深刻理解。在青少年的成长过程中,他们可能会遇到各种人际关系的冲突,如同伴压力、网络霸凌等,这些问题如果处理不当,可能会对他们的心理健康产生严重影响。

在课程设计过程中,教师通过引导学生采用角色扮演和案例分析等方法,模拟并深入探讨现实生活中可能遇到的冲突情境。例如,当学生在团队合作中产生分歧时,他们将学习如何以尊重和理解的态度倾听他人的观点,同时也能有效地表达自己的感受和需求。这种互动式的教学方法,有助于培养学生的沟通技巧,增强他们的同理心,从而更好地预防和解决人际关系中的问题。

道德与法治课程还引入了情绪管理的元素,教授学生一些实用的心理调适策略。例如,通过教授深呼吸、冥想等放松技巧,帮助学生在面对压力或困扰时,能够保持冷静,以更积极的态度去面对和解决问题。这些策略不仅适用于学校环境,更能在他们的日常生活和未来职业生涯中发挥重要作用。

这些技能的培养并非一蹴而就,需要在日常教学中持续渗透和实践。

教师、家长和社会应共同构建一个支持性的环境,鼓励青少年在安全、无压力的氛围中试错、学习和成长。只有这样,我们才能真正培养出具备良好社交技巧和情绪管理能力的新一代,使他们在复杂多变的社会中更好地适应和自我发展。

(四)心理健康知识和心理韧性

道德与法治将心理健康教育纳入课程之中,以期帮助学生建立强大的心理韧性。课程设计中,涵盖一系列关于心理健康的专业知识,如何识别和处理焦虑、抑郁等常见心理问题,这些都是现代学生亟需掌握的生活技能。

根据中国青少年研究中心的一项深入研究,令人担忧的是,有近30%的青少年在过去的一段时间内经历过中度或重度的心理困扰。这些困扰可能源于学业压力、人际关系、自我认同感等多种因素,如果不及时得到关注和处理,可能会对他们的成长和未来发展产生严重影响。因此,将心理健康知识融入日常教育,不仅能够提高学生的心理自我调适能力,还能帮助他们建立健康的应对压力的机制。

在实际教学过程中,教师运用案例分析、角色扮演、小组讨论等多种教学方法,引导学生深入理解并妥善应对可能出现的心理问题。心理健康教育的引入,是对传统教育模式的重要补充,它强调了个体心理健康的全面发展,而不仅仅是学术成绩的提升。通过这样的教育,我们期望培养出一代具有强大心理韧性、能够积极应对生活挑战的青少年,他们将成为未来社会的健康力量。

道德与法治课程中的心理健康教育内容,旨在通过全面、系统的教育,帮助学生建立健康的自我认知,培养良好的社会适应能力,提高他们应对生活压力的能力,从而促进他们的全面发展。这不仅是教育改革的核心趋势,更是建设和谐社会、培养身心健全公民的必要途径。

二、心理健康教育与道德与法治教学深度融合的基本策略

道德与法治课程的核心目标是塑造学生的综合素养,这些素养涵盖了对政治的认同、道德的锤炼、法治的信仰、人格的完善以及责任感的培养。政治认同是我们作为社会主义建设者和接班人必须具备的基本思想前提,它是我们坚定信仰和信念的基石。道德修养是我们立身成人的根本,它涉及我们的品德、行为和人格的塑造。法治观念是我们行动的灯塔,它要求我们恪守法律、尊重法律、捍卫法律的尊严。健全的人格体现了我们的身心健康,它要求我们在心理和生理两个维度上都维持健康状态。责任意识是我们担当民族复兴大任时代新人的内在要求,它要求我们对自己的行为负责,对社会的进步负责。

心理健康教育与道德及法治教育的目标具有共通性,因此,将心理健康教育与道德及法治教学紧密结合,能够促进学生心理与思想的和谐统一,实现共生共荣。这种深度整合不仅能够提升学生的学习成效,还能助力学生树立正确的价值观和人生观,推动他们的全面成长。这种融合教育,是教育改革的发展方向,是一种创新,需要我们深入钻研,准确把握,实现心理健康教育与道德与法治教育的目标同步达成。

(一)精准掌握学情,保障融合基础

心理健康教育与道德与法治教学的深度融合,要求教师在教学过程中,不仅要关注学生的知识掌握程度,更要全面了解学生的心理状况和道德观念,从而更好地引导他们形成正确的价值观。这就需要教师在教学前,对学生的学习情况有一个全面的了解,包括他们的学习习惯、学习兴趣、学习方法等,以便在教学过程中更好地满足他们的学习需求。同时,教师还需要关注学生的心理健康状况,及时发现并解决他们在学习过程中可能遇到的困难和压力,帮助他们建立健康的心理素质。

教师要在教学过程中关注学生的心理变化,适时调整教学方法和策略,

以促进他们的心理健康发展。总的来说,心理健康教育与道德与法治教学的深度融合,需要教师在教学过程中全面了解学情,掌握学生的心理健康状况,适时掌握学生的学习过程和心理变化,从而更好地促进他们的全面发展。我们必须重视学生的个体差异,并提供定制化的教学援助。每位学生都拥有独特的特质和需求,教师在授课时应全面考量这些要素,以便为每位学生量身打造个性化的教学援助。例如,对于心理健康方面存在问题的学生,教师可以进行个别辅导或心理咨询,帮助他们解决心理困扰;对于道德法治意识薄弱的学生,教师可以加强相关知识的讲解和引导,提高他们的道德观念和法律意识。

教师应当加强与家长的沟通与协作,携手关注学生的心理健康和道德与法治教育。家长作为孩子成长道路上的重要引路人,其言行举止对孩子的成长轨迹具有深远的影响。因此,教师应当主动与家长保持密切联系,深入了解学生在家庭环境中的表现和心理状态,与家长共同商讨并制定出科学合理的教育计划,以共同促进学生的全面发展与健康成长。

(二)精心研读教材,把握融合内容

教材不仅是传授知识的媒介,也是开展学生心理健康教育的关键资源。因此,在日常的教学活动中,教师们应当以教材内容为基础,深入挖掘道德与法治教学与学生心理健康教育之间的结合点,以此来提升教学效果和质量。我们需要明白,道德与法治课程的教学并不仅仅是传授法律和道德知识,它更注重学生价值观的塑造、情感态度的培养,以及学生在学习过程中的情感体验。这就要求我们在教学实践中,需要深入研究教材,根据道德与法治课程的特点,将其与学生心理健康教育进行有机的结合,从而达到更好的教学效果。

教师要深刻把握教材内容,学会融会贯通,特别是当学生在学习和生活中遇到困扰以及心理波动时,要巧妙地将教材中的知识用于疏导和教育工作,确保心理健康教育能够渗透到日常教学的每一个环节。以"我和小伙伴"为主题的教学内容为例,我们不难发现,在传统的教学模式中,教师所制定的教学目标主要集中在引导学生正确理解自我,以及如何与同学们和睦相处这一核心思想上。然而,为了更加有效地将心理健康教育融入教学过程中,教师在教学设计阶段就需要对教学目标进行深度调整,对教学内容进行扩充和丰富。具体而言,教师需要引导学生学会自我欣赏和自我评价,这不仅有助于学生建立自信,也有助于他们更好地认识自己。同时,教师也应关注并赞赏同学的优点,这样既能激发学生的团队精神,也能让他们感受到在成长过程中同伴的重要性。在此基础上,教师还应引导学生正确地感知同伴间的互助和温暖,让他们在相互关爱中茁壮成长。教师应充分利用其专业知识和技能,以引导者和支持者的身份,深入参与到学生的成长与发展过程中。通过各种教学活动和互动,教师可以帮助学生建立起正确的价值观,让他们在学会欣赏自己的同时,也能发现并赞赏他人的优点。

《我是小学生啦》作为道德与法治学科在一年级教学中的起始章节,其核心内容之一便是《开开心心上学去》。在这个教学过程中,教师们需要向学生们详尽地阐述学校生活与家庭生活的各种差异,让他们能够深刻理解和适应全新的学习环境。与此同时,教师还需要指导和帮助学生学习和领会学校中的基本规章制度以及礼仪知识,使他们能够在学校生活中更加和谐地与人相处,规范自己的行为举止。教师应当把心理健康教育融入教学中,帮助学生消除对新环境的陌生感和抵触情绪,让他们能够更加积极乐观地面对和适应全新的学校生活。

在准确把握教材的基础上,要引入真实且贴近学生生活实际的案例融合教学,来引导学生在日常的学习和生活中学会如何与他人正确、和谐地相处。在学生面临学习上的困难或是生活中的压力,从而产生消极情绪时,教师应承担起指导者的角色,教导他们如何积极地与同伴进行有效的沟通,鼓励他们打开心扉,主动地与他人进行交流。这样不仅可以在完成道德与法治的教学任务的同时,有效地促进学生心理健康的发展,而且还可以提高他们与他人友好相处的意识和能力,帮助他们建立起健康的人际关系,培养出良好的社会交往技能。

(三)精巧教学设计,规划融合进程

在传统的小学道德与法治课程教学中,我们常常看到的是以教师为主导的讲授型授课方式。在这种教学模式下,学生在学习过程中只能被动地接受教师的讲解,这种机械的学习方式往往难以让学生获得深刻的学习体验,也无法培养他们的独立思考能力。针对当前状况,我们必须对课堂教学进行革新,以更好地满足学生的学习需求。

在将心理健康教育融入课堂教学设计的过程中,教师应以学生的兴趣为出发点,结合他们的个性特征及心理健康状况,灵活地挑选和应用多样化的教学策略。通过这种方式,能够有效激发学生的学习热情,进而提升课堂教学效果。对于低年级的学生,他们由于生活经验不足,往往难以理解一些教学内容。因此,教师应当积极构建生活化的教学情境,通过日常生活案例的引入,让学生在解决问题的过程中自然而然地掌握知识,同时引导学生积极参与学习,让他们在掌握生活经验和常识的过程中,也能接受心理健康教育,帮助他们更好地适应学校生活,体验到学习的乐趣。

对于中年级学生而言,他们已经拥有了一定的学习基础和自主能力。因此,教师可以适当引入一些参与性较强的群体教学活动,让学生在合作与交流的过程中进行学习。同时,教师应融入心理健康教育的相关内容,引导学生自主探究和思考,以此来提升他们的学习体验。

对于高年级的学生而言,他们已经拥有了一定的生活经验和较高的学习认知能力。在这个阶段,教师可以更多地让学生通过自我实践来达到自我感知的目的,如开展一些实践活动,让学生在实践中去体验、去感悟,从而增强心理健康教育效果,促使学生形成良好的品德。这种教学方法不仅能够让学生积极参与到学习过程中,而且还能在实践中持续提升自我,培养出优秀的道德品质。

例如,在《小学生活真快乐》的教学过程中,教师的初始目标可能是希望学生们能够"熟悉校园生活,遵守学校规章制度"。然而,当我们将心理健康教育融入这一目标中时,我们可以将教学目标进行更为细致和深入的调整,即变为"感受校园生活的无限乐趣,成为一个懂礼貌、知文明、易于相处的学生,并从中体会到同学们所带来的温馨与关怀"。在教学过程中,教师可以借助日常生活中的真实案例来丰富教学内容,通过拓展学生的思维和丰富他们的认知,引导他们深入体验校园生活的乐趣,从而培养他们对学校的热爱之情。

(四)精密教学活动,确保融合效果

道德与法治的教学方针应当致力于引领学生在深入体验个人的日常生活以及积极参与社会实践的过程中,逐步培育出对生活的热爱和创造生活的能力;在从事服务于自我、他人以及集体的一系列实际行动中,学会如何去关心他人以及学习做人的道理;在与大自然以及周边环境的相互作用中,保持主动探索的姿态,从而激发创新意识的萌发和实践能力的提升。提升学生的实际体验是道德与法治教学的核心目标之一,将心理健康教育与课程教学进行深度整合,需要精密组织策划教学活动,确保这种整合能够取得预期的效果。

为了提升学生的学习体验,教师应当构建一个充满活力和积极氛围的学习环境。例如,教师可以借助故事情境来吸引学生的注意力,或者采用游戏化教学等多种教学策略,以此丰富课堂的教学形式,点燃学生的学习热情,并鼓励他们积极投身于学习活动之中,从而深化对知识的理解和记忆。以《父母的疼爱》这一课题为例,教材从多个角度展示了父母对孩子无私的爱,揭示了父母之爱是伟大而无私的。然而,考虑到大多数学生是独生子女,他们自幼在溺爱的环境中成长,可能尚未深刻认识到父母无私的爱,甚至可能认为,父母若未能满足他们所有需求,便等同于缺乏爱。

在面对此类情况时,教师可借助中国传统文化中的故事资源,以辅助教学活动。例如,通过讲述小黄香的故事,学生能够深刻理解父母之爱的无私本质。在学生学习了该故事后,教师应引导他们进行深入的自我反思:在日常生活中,父母为我们提供了哪些无私的关爱?而我们又如何回报父母的爱?经过一番深思熟虑,学生们积极分享了他们的体会,诸如:"母亲每日辛勤劳作,不仅要承担工作职责,还要提前准备早餐。""父亲每日工作至深夜才归家,但只要我有所需求,父亲总是第一时间满足。"通过这类表达感恩和爱意的话语,在浓郁的情感氛围中,不仅道德与法治的教学目标得以实现,心理健康教育的目标亦得到了有效的贯彻。

道德与法治教学是培养学生形成正确价值观、法治观念的重要途径,而心理健康教育则是确保学生身心全面发展的基础。在当前新课程教学改革的大背景下,将心理健康教育有机融入道德与法治教学中,这不仅是一种重要的教学革新,也是一种积极的尝试。这样的融合对学生的心理健康水平的提升、对学生品德的深化培养起到了至关重要的作用,可以说是一种相得益彰的教学策略。教师需深入领会道德与法治教学的学科特性,同时充分考虑学生实际的学习需求。精心设计并优化教学内容,使之既符合学科教学的要求,又能有效地涵盖心理健康教育的核心要点。通过这种教学设计,可以使得课程教育与心理健康教育之间的融合程度得到加深,在快乐中学习,在学习中体验到快乐,从而促进他们的身心得到和谐发展。

三、心理健康教育与道德与法治教学深度融合的基本技巧

在教育教学中,教学方法和模式多种多样。其中,心理健康教育和道德与法治教学的深度融合,无疑是一种充满挑战性的教学改革尝试。这种深度融合,要求教师在教学过程中,既要严格遵循教育教学的基本规律,又要敢于进行创新性的实践探索。这就要求教师在教学过程中,既要注重知识的传授,又要关注学生的心理健康和道德修养,使学生在学习知识的同时,也能得到心理和道德上的成长。该教学模式对教师的教学技巧和教育理念提出了更为严格的标准,要求教师在教学实践中持续学习、探索并提升自我。

(一)情境共鸣,直击心灵

在特定的情境中,人们常常会体验到一种强烈的情感共鸣,这种共鸣能够直接触动人的内心深处,引发深刻的情感波动。当我们遭遇到一些令人激动的时刻,或是面临重大的人生挑战时,内心深处的情感会被激发出来,与所经历的事情产生强烈的情感共鸣。这种情感共鸣的力量是巨大的,它能够帮助我们更好地理解和感受他人的情感,也能够增强我们与他人之间的情感联系。此外,情感共鸣同样是人们在日常生活中追求情感满足与认同的关键途径之一。因此,在心理健康教育和道德与法治教学的深度融合中,我们应该学会借助情感共鸣的力量,来丰富情感体验,提升教学质量。

能够和他人友善地相处,有效地解决矛盾和冲突,这是对中小学生进行心理健康教育的关键环节之一。以教学《我家的好邻居》为例,在教学过程中,教师利用教材中的关键知识点,让学生真正理解邻里之间互相帮助、生活和谐、不给对方带来麻烦、友好相处的深刻含义。首先,向学生们展示一段视频:视频中,一个小男孩邀请了邻居们来参加他在家举办的生日派对。通过这个视频,引入课程的主题,然后让学生自由地谈论他们是否有过类似的小型聚会,以及他们是如何与邻居小伙伴从陌生到熟悉,再到成为朋友,以及他们是如何相处的过程。接下来,为了让学生更深入地思考,提问:当我们和邻居小伙伴熟悉之后,当我们被邀请到邻居家中做客时,我们应该注意些什么呢?接下来,将展示一系列行为相关的图片,让学生自行评估哪些行为是恰当的,哪些则是不适当的。接着,围绕课程主题创造一些生活情境,让学生进行角色扮演,有的学生扮演"家的小主人",有的学生扮演"邻居一号""邻居二号"等角色。学生们依照教材所提供的文本,模拟主人与邻居之间的对话。

在表演过程中,指导学生深入体验和感知角色的情感。表演结束后,总结出一些正确的做法,比如去邻居家做客以及招待邻居时应该遵守的原则。通过此方法,学生得以重新审视先前展示的图像,并准确地评估行为的正误。进而,他们能够领悟到邻里之间应相互协助,避免给对方造成不便,并应多为对方着想。同时,若遭受伤害,他们应学会合理地维护自己的权益,掌握邻里和谐相处的诸多细微技巧。

随后,教师应引导学生将关注点从邻里关系转向班级同学间的关系,促使学生将所学知识融入日常生活实践。借此,学生将认识到,在班级集体中,个人利益应服从于集体利益,应更多地倾听同伴的心声,尊重他人意见,避免仅以自我为中心,而应考虑整体利益。通过这种教育方法,学生能够在日常的班级和邻里生活中,以积极的心态妥善处理各种冲突,从而提升他们的生活品质。

(二)课堂辩论,观念升华

课堂辩论活动的开展能够激活并更新那些可能变得死气沉沉的课堂氛围,激发学生的参与热情,唤起他们内在的潜力。这种活动能够在学生之间建立起一种积极的对抗和交流机制,从而有效提升他们的批判性思维能力。在道德与法治课堂上,教师可以通过组织小型的课堂辩论活动,针对学生之间存在的不同观点进行深入探讨,以此为手段来让学生更好地理解和内化相关知识。教师可以引导学生就某个焦点问题组建自己的辩论阵营,让学生在准备辩论的过程中,深入挖掘和理解相关知识,从而达到内化知识的目的。同时,借助辩论活动来融合心理健康教育,引导学生学习如何进行有道理、讲证据的辩论,如何处理辩论过程中可能遇到的压力和挑战,如何保持冷静和理智,以及如何尊重和理解对方的观点。

通过此种方法,学生在参与辩论活动的过程中,不仅能够增进批判性思维技巧,还能增强心理韧性和沟通技巧,同时培养团队协作与领导才能。同时,这也是一种培养学生独立思考、勇于表达自己观点的教育方式,有助于学生形成独立、自信、有担当的人格特质。

以《遇到欺负怎么办》教学为例,为了达到课程所设定的教学目标,我们可以采用辩论的形式来进行心理健康教育。选择社会上备受关注且讨论热烈的"校园欺凌"议题,设计一个具体的案例:"小敏在学校遭受小强的欺负后,决定召集一些高年级的同学对小强进行报复。她坚信,只有通过以暴制暴的方式,才能真正让小强产生恐惧,从而确保自己以后不再受到欺负。"接下来,我们可以要求学生们就"小敏的这种想法是否正确"展开辩论。在辩论的进程中,教师可以巧妙地引领学生,让辩论逐步升温,激发学生深入剖析辩题的本质。在辩论的正反双方展开激烈争论时,教师应确保学生们能够理性地分析问题,而不是将辩论变成互相攻击和指责的场所。教师需要引导学生反思自己的言行,辩证地看待辩题,以达到辩论的真正目的。

通过辩论这一形式,学生能够在阐述个人见解的同时,学习聆听他人观点,从而培养自身的思辨能力。在评价环节中,教师应引导学生进行自我反思,让他们明白辩论的目的是解决问题,而不是互相攻击。此外,教师还需引导学生从辩证的角度看待辩题,以达到净化思想、强化法治知识的目的。教师还可以进一步引导学生了解我国的法律法规,让他们明白在面对欺凌时,应该如何正确地保护自己,如何运用法律武器维护自己的合法权益。通过这样的教学方式,学生不仅能够增强自我保护意识,还能提高自己的法治素养,为构建和谐校园、维护社会公平正义奠定基础。

(三)情境体验,完善人格

情境体验在人格塑造过程中扮演着至关重要的角色。在教育实践中,我们能够通过构建游戏化情境,将心理健康教育巧妙地融入教学活动之中。例如,通过引导学生参与角色扮演,使他们沉浸在特定的故事情境里,从而潜移默化地接受心理健康教育的熏陶。以"父爱母爱"这一主题的教学为例,我们可以向学生讲述沉香劈华山救母、孟母三迁等感人肺腑的故事。通过这些故事,学生能够联想到自己与父母之间的情感纽带,进而激发他们对父母的感恩之情。这样不仅达到了课程教学目标,还有助于促进学生的心理健康发展。此外,我们亦可选用童话或寓言故事,以此激发学生的学习热情。通过故事的情节,引导学生领悟其中蕴含的哲理,进而达到提升学生认知水平和丰富情感体验的教学目的。例如,在《团结合作》的教学环节中,我们可组织两人三足等团队游戏,让学生在游戏过程中亲身体验团队协作的价值,从而理解加强团队协作能力的重要性。

以《伸出援手,共筑爱心桥梁》这一课程为例,在课堂上,我为学生们呈现了一系列描绘社会团体与企业携手援助残障人士的图片。这些图片展示了残障人士在面临生活挑战时,如何凭借自己坚强的意志,对社会做出了宝贵的贡献,并取得了令人赞叹的成就。通过此类展示,教师有意识地引导学生更加细致地观察周遭那些处于困境中的人们,鼓励他们尝试理解并关心这些个体。此外,教师还要教导学生,对于弱势群体,如残疾人、聋哑人、老人等,应该抱有同情心和爱心。这是作为一个人应有的基本品质,也是社会和谐发展的重要基石。教师还应鼓励学生分享自己帮助他人的经历,通过这样的互动,让学生更深刻地认识到"在全社会传递爱心"的意义和价值。同时,还要强调,每个人都应该从自我做起,积极帮助那些需要帮助的人。这种做法呢,不仅能助人一臂之力,还能让自己的内心变得更美好,让性格更加完善哦!通过这样的教学,学生将能够在成长过程中,逐渐形成正确的价值观,成为一个有爱心、有同情心、有责任感的人。

在《家庭的安全与健康》的教学环节中,传统的教学手法倾向于运用问卷调查的手段,以探究学生对家庭概念理解的程度。这种方法似乎过于侧重于量化结果,却很难触及学生内心的情感,引发他们的共鸣。然而,当心理健康教育与这一主题相结合时,教师可以尝试引导家长和孩子共同参与一些课外实践活动,从而达到更深层次的理解和感悟。比如说,老师可以提议家长和孩子来个角色大交换,让孩子在周末当一把家庭小主人,搞定全家吃喝拉撒睡的各种琐碎事儿。通过这样的实践体验,孩子们可以在换位思考的过程中,对家庭生活中的安全与健康有更为深入的理解。这不仅能够让他们在日常生活中更加体谅父母的辛勤付出,还能激发他们主动承担家务劳动的意愿。

将情境体验与心理健康教育相融合,使学生在轻松愉悦的环境中接受教育。此种教学方法不仅有助于提升学生的学习兴趣,还能推动其身心健康的全面发展。在教育过程中,教师应时刻关注学生的情感需求,创设富有情境的教学环境,让他们在游戏中体验生活,在学习中感悟人生,从而培养出健全的人格。

情境体验是一种有效的教学手段,将其与心理健康教育相结合,有助于提高学生的认知水平,丰富他们的情感体验。教师应善于运用情境体验教学法,引导学生积极参与,激发他们的学习兴趣,让他们在愉快的氛围中健康成长。同时,关注学生的心理健康,及时调整教学策略,以满足他们在不同阶段的需求。

四、心理健康教育与道德与法治教学深度融合教学案例

1.《拒绝危害有办法》第3课时(部编版五年级上册第一单元第三课)

教者:喻佩鸣(宁乡·流沙河镇中心小学)

教材分析:《拒绝危害有办法》,作为小学道德与法治五年级上册第三课的第三课时,其核心目标在于通过精心设计的情景模拟与详尽的法律条文解析,向学生们传授识别与抵御日常生活中各类潜在危害的实用方法。此课程旨在强化学生的自我保护意识,并提升他们应对复杂环境挑战的能力,确保他们在成长过程中能够安全、健康地前行。

学科素养目标:第一,懂得远离危害要提高防范意识、远离危险的地方、学会拒绝和求助。第二,通过案例分析、整理信息等学习活动,愿意做到主动远离危害,提高自我保护的能力。

心理融合目标:第一,增强对烟酒毒品危害的认知与自我拒绝能力:通过了解烟酒毒品的危害,增强学生对这些不良诱惑的识别能力和自我拒绝能力,同时培养学生的自我控制力。第二,提升情绪管理与应对压力的技巧:在面对烟酒毒品等诱惑时,学生能够运用情绪管理技巧,保持冷静和理智,有效应对压力和挑战。第三,培养社交技能与决策能力:在小组讨论和情境模拟中,学生学会与他人沟通、协商,培养决策能力,同时促进人际关系的和谐。

教学重点:懂得远离危害要知道提高防范意识、远离危险的地方、学会拒绝和求助。

教学难点:通过学习,愿意做到主动远离危害,提高自我保护的能力。

教学过程	融合时机与策略
活动一:知危害——导入 　　同学们,通过前期的一些积累与学习,我们探讨了烟酒和毒品的危害,他们有些什么危害呢? 谁来说说? 　　说先来说说烟的危害(3~4 个发言) 　　酒精的危害呢? (3~4 个发言) 　　毒品有什么危害? (3~4 个发言) 　　烟酒和毒品的危害这么大,然而一旦染上想要戒掉却很难很难,如何才能拒绝烟酒毒的伤害呢? 这节课我们就一起来探讨"拒绝危害有方法"。 　　活动二:辨危害——小王的故事 　　1. 我们来看一下这两张图片,这些青少年在干什么?(抽烟、喝酒) 　　2. 我们来看一组数据 　　根据不完全统计,我国 13—18 岁的青少年中,吸烟者达 1500 万,尝试吸烟者不下 4000 万。 　　3. 对此,你有什么话想说? 　　4. 案例:小王是一个中学生,小学时是一个品学兼优的孩子,对写作尤其感兴趣,老师也经常把他的作文作为范文给同学们听,他还立志将来要当一名出色的作家呢! 可是在他读五年级下学期时,他吸下了第一口烟………… 　　5. 师:请猜一猜,小王可能是什么原因吸上第一口烟的? 　　6. 生猜测。 　　7. 案例:由于觉得好玩,他吸了烟,当时才 12 岁,不敢公开吸烟,只是偷着吸。有一回,他吸烟后产生了灵	引入:除了探讨烟酒和毒品的危害外,引导学生思考这些物质如何影响他们的情绪、心理和身体健康。 情绪分享:鼓励学生分享自己或身边人因接触这些物质而产生的负面情绪和后果,增强情感共鸣。 活动二:辨危害——小王的故事(强化心理分析与应对) 情境代入:在讲述小王的故事时,引导学生思考小王在不同阶段的情绪变化和心理状态,以及他是如何一步步陷入困境的。

教学过程	融合时机与策略
感,完成了一篇佳作,更使他和香烟交上了朋友,渐渐地,他上了瘾!由于没有钱买烟,他就偷偷拿爸爸的烟,甚至偷家里的钱……终于有一天被爸爸发现了,爸爸狠狠地批评了他一顿后,他更加变本加厉,毫无顾忌地公开吸,甚至一个月需要吸3条烟。狂吸香烟不仅使他意志消沉,而且严重摧残了他健康的身体,16岁那年,医生发现他喉咙里长了一个恶性肿瘤。由于年龄小,瘤子大,如不及时手术,孩子很快就会被憋死,如果实施手术风险又极大,医生们陷入了两难的境地……	心理分析:组织学生讨论小王的心理变化过程,引导他们认识到冲动和缺乏自我控制力的危害。
8.如果你是此刻的小王,你会想些什么?(如果时光回到小王的12岁,你觉得他还会抽烟吗?) 小结:同学们,从你们的回答中,我听到了来自小王满满的后悔,香烟对身体和心灵会有巨大的摧残,面对第一口烟的诱惑,我们要学会辨别危害。(板书:辨危害)	应对策略:鼓励学生提出如果自己是小王,会如何应对第一口烟的诱惑,以及如何避免类似情况的发生。
活动三:用妙招——情境再现 然而我们生活中却难免面临这样的情况: 1.出示课本中的三个情境 2.小组讨论:面对这样一些情境时,想一想你的对策 3.小组代表汇报。 4.同学们非常机智,想到了很多切实可行的对策来应对身边的这些危险,老师也想分享一些小妙招给大家。我们一起来看一看吧!(PPT出示四个小妙招) 小结:拒绝危害的方法有很多,我们要根据不同的场合和当时的实际情况,选择最安全、最有效的方式,巧妙地拒绝危害(板书:用妙招),只有这样,才能远离危害、健康成长。 活动三:守法律——了解《未成年人保护法》 1.出示图片"禁止未成年人进入"	活动三:用妙招——情境再现(培养社交技能与决策能力) 情境模拟:在情境再现环节中,除了讨论如何应对烟酒诱惑外,还可以增加一些需要团队合作和协商的情境,如拒绝朋友邀请去不适宜场所等。 角色扮演:通过角色扮演的方式,让学生在模拟情境中实践社交技能和决策能力。

教学过程	融合时机与策略
2.同学们,你在哪里见过这样的警示标志? 3.为什么只禁止未成年人进入,而成年人可以进入呢? 4.是的,这些地方存在危险,因为未成年人和成年人不一样,未成年人缺乏自制力,防范意识淡薄,力量比较弱小,因此我们国家出台了《中华人民共和国未成年人保护法》,对此作出了明确的规定——禁止未成年人进入网吧等不适宜进入的场地。 5.不仅如此,《未成年人保护法》第五十九条还对禁止向未成年人出售烟酒也作出了特别的规定。这是国家对我们的保护。 6.出示漫画:网吧老板对小学生说:"小孩,快进来玩!别理那块牌子,那是给成年人看的!" 7.了解了法律知识之后,如果你是这个小学生,你会怎么做? 小结:大家都说得很好,法律就在我们身边,像一把无形的盾牌在保护着我们,我们要学法知法,更要守法,(板书:守法律),如果你能主动远离可能对我们产生危害的地方,就给自己的安全增加了一份保障。 师总结。	小组讨论与汇报:小组内讨论各自的应对策略,并选代表向全班汇报,教师给予反馈和指导。
作业超市: 完善课本中的《学会说"不"》操作手册。	板书设计: 　　拒绝危害有方法 　　辨危害 　　用妙招 　　守法律

2.《校园里的冲突》第1课时(部编版四年级下册第一单元)

教者:陈文婧(宁乡·流沙河镇中心小学)

教材分析:《校园里的冲突》源自部编版小学道德与法治四年级下册第

一单元第三节《当冲突发生》的首课时。本单元旨在培养学生建立并维护友谊的同时,学会正视冲突,而非过度宽容以致回避。它引领学生深入探究冲突根源,掌握冲突解决之道,进而促进人与人之间的和谐共处。本小节精心设计,首先启发学生探寻冲突背后的原因,随后指导他们采用合理的方式化解身边的冲突,以减少因处理不当而引发的负面后果,进而优化人际关系。通过教材中的情境模拟,结合学生的日常生活实际与案例分析,使学生能够亲身体验并理解多种有效的冲突处理方法。此外,本小节还鼓励学生将所学知识与现实生活紧密相连,倡导他们学以致用,在现实生活中灵活应对并妥善解决身边的冲突。

学科素养目标:第一,知道在我们身边存在着各种各样的冲突以及产生这些冲突的原因。第二,通过交流分享,学会讲道理、共商议等方法,化解校园中的冲突。第三,培养宽容之心、善待他人、换位思考的良好品质。

心理融合目标:第一,在面对问题时,应积极寻找合理且有效的解决方案,以引导学生树立积极向上的人生态度。第二,致力于培养学生的冷静思维、换位思考能力以及宽容心态,从而帮助他们塑造健康而完整的人格。

教学重点:学会用正确的方式处理冲突。

教学难点:能够正确分析产生冲突的原因。

教学过程	融合时机与策略
一、情景导入,引出冲突 1.谈话引入:同学们,陈老师在备课时,发现了一件很有趣的事情。我发现我们班的同学怎么穿越进我们的书本了? 我们一起来瞧一瞧! 2.播放图片: (场景一)张灵和王晓打扫卫生时发生吵架的场景; (场景二)陈飞与李勇在阅览室争争漫画书的场景; (场景三)王强在操场踩坏张峰陀螺而打架的场景。 3.三张图片上发生了什么事? 为什么会发生? 发现共同点:不愉快且可能发生不良后果。	

教学过程	融合时机与策略
4.教师揭题:校园里的冲突 [设计意图]本环节通过动书本上的插图学生产生联想,让学生感知冲突,导入本课主题。 二、认识冲突 寻找原因 1.你们有类似的经历吗?简单地分享给大家听一听。 2.学生交流,明确"冲突"的定义。 3.好啦,孩子们,咱们都得面对这个现实:生活中,冲突就像是我们家的常客,时不时就串个门。咱们得学会怎么迎接这位不速之客,不是吗?咱们一块儿聊聊,究竟是什么让冲突变得跟过家家一样频繁。 4.学生自主阅读教材第19页漫画内容,思考他们吵起来的原因。(不遵守上下楼梯规则、速度快、只怪别人……) 5.你认为你们发生冲突时可能的原因是什么? 6.冲突来了,咱们得沉住气。先别急着指责别人,反过来多审视自己,想想看,如果处在对方的位置,自己会怎么想。这样也许可以大事化小,小事化了,冲突往往就能化解。再说,搞清楚冲突为啥会发生,那才是避免以后冲突的关键。 [设计意图]本环节通过引导学生探究产生冲突的原因,让学生了解冲突有时是无法避免的,重要的是在遇到冲突时能不冲动,冷静分析。多从自己身上找原因,学会宽容。 三、有效表达 化解冲突 (一)阅览室冲突 我们班又有两个人被抓进书本里了,再来瞧瞧! 1.出示课本第20页情景,这样的情景你们熟悉吗?我们班这周都发生过类似的事情!	树立积极的人生态度,正确看待校园内的冲突(生活中糟糕的事情),不逃避。 学会与他人相处,理性看待自己和他人,杜绝以自我为中心的意识,培养学生宽容、友好正确交友的品质。

续表2

教学过程	融合时机与策略
2.全班交流讨论: 三种解决方法可能会带来怎样的后果? 你认为哪种最可能不产生不良后果。 3.不产生冲突最重要的是什么?(心平气和……) 4.为什么你们不选择第一种处理方式?(自己不开心) 5.同学们,当我们遇到冲突时,心平气和指出他人问题,不让别人生气又不委屈自己,是一种智慧。(板书:心平气和) (二)自习课冲突 1.出示课本第21页情景 2.你们觉得他们的处理方式值不值得我们学习?你觉得他们哪里做得好?(关注小标题) 3.当冲突发生时,你还有什么别的处理办法吗? 课堂总结: 生活中总会有点小摩擦,闹点小矛盾。当有些冲突无法避免时,我们学会用合适的方式去处理这些问题。解决好了,不让别人生气,自己也不受委屈,我们的心里就会轻松许多,更加开心地投入到学习当中,在校园里也能交到更多的朋友。	学会调节自己的情绪,把控自己的情绪,正视自身合理需求。 培养学生冷静、换位思考、宽容的意识,拥有健康人格。
作业超市: 在合适的时候劝导发生冲突的人。	板书设计: 校园里的冲突 寻找原因 心平气和 选择合适的解决办法

3.《拉拉手,交朋友》第 1 课时(部编版一年级上册第一单元)

教者:丁婷(宁乡·流沙河镇中心小学)

教材分析:《拉拉手,交朋友》主要教育主题涵盖四个领域:指导学生掌握基础性的自我介绍技巧,如名字、年龄及个人喜好等等,以利于更有效地与同学们、教师沟通;利用情景模拟、角色扮演等方式,教导学生怎样与伙伴们友善共处,例如问候方式、共享行为、协作方法等等;鼓励学生坦率表露内心情绪,理解他人感受并提升同理能力,加深相互间的认识和信赖度;特别指出在社交互动和娱乐活动中需遵循规定、守纪,以此来培育学生的自控能力和责任担当精神。

学科素养目标:第一,帮助学生学会与他人进行合作、交流和互动,培养良好的社交技能和情感表达能力。第二,帮助学生认识和表达自己的情感,理解他人的情感,培养同理心和情感管理能力。第三,熟悉新老师、新同学,尽快适应新环境,融入大集体。

心理融合目标:第一,培养学生持有积极向上的人际交往态度,主动寻求与老师和同学建立友善且和谐的关系。第二,帮助学生适应新的学习环境及社交圈子,从而顺利融入新的集体生活,并在此过程中享受学习的乐趣。

教学重点:通过参与游戏等活动,认识新老师和新同学,体验成为小学生的新角色,感受成长和变化所带来的快乐。

教学难点:让学生意识到团队合作的重要性,培养协作能力,学会在团队中相互支持和互助。保持学校环境下情绪稳定,心情愉悦,并怀着期待的心态迎接校园生活的挑战和乐趣。

教学过程	融合时机与策略
一、导入新课:老师学生是朋友 1.播放歌曲《找朋友》。 2.老师自我介绍。 3.老师走下讲台和同学们打招呼。 4.引导学生有哪些礼貌用语。	老师的友善言辞、热情洋溢的微笑以及温和的互动,能让孩子们敞开心扉,大胆地交谈,为后续活动的进行营造出优质的环境。

续表1

教学过程	融合时机与策略
二、新授 (一)与新朋友建立联系并体验新的社交互动 今天,老师将介绍四位新伙伴给大家认识,让我们一起期待这次相识的机会!看,他们已经到了! 1.播放多媒体动画,向学生介绍四种小动物。 小朋友专心观赏多媒体动画,四位新朋友自我介绍的声音在耳边响起。 介绍康康熊、乐乐猴、爱爱鸽、创创鼠。 看头像猜名字 看着他们的头像,你们是否能猜出他们的名字呢?快来挑战,看看你是否认识他们! 2.结合四位新朋友,课件展示绘本故事《小熊的新朋友》,进行阅读。 在阅读的过程中,引导学生去理解友情的重要性以及如何与新朋友建立联系。 请你一定记住我 孩子们,你们已经对老师和四位新朋友有了一定的了解,现在是时候向他们展示自己的形象了!想一想,你们能用哪些方式去结识新朋友呢? 1."拍拍手,成朋友"投影书本图片。 (1)学生观察图片内容。 (2)引导学生与同桌通过模拟场景进行互动,增强彼此的了解。 (3)请同学上台示范。(或师生合作示范)让学生通过实际展示和互动体验友情的重要性和交流的愉快。 2.介绍新朋友。 鼓励学生带着自己刚认识的小伙伴上台,勇敢介绍对方。	通过自我介绍、点击头像猜名以及进行对话交流等方法,不仅能增加孩子们的学习乐趣,也有助于他们培养与教师和同伴之间积极交往的情感。 通过让孩子们在游戏和参与中学习知识,可以更有效地加强他们的记忆。这种互动方式有助于建立学生之间的联系和友谊,为他们的学习和成长提供更好的支持。

教学过程	融合时机与策略
（1）学生可分享对新朋友的第一印象、共同兴趣或其他有趣的信息。 （2）教师在一旁鼓励和引导学生，让他们在亲自介绍的过程中增强自信和表达能力。 　3.学习制作名片。 （1）课件展示多张手绘名片，引发学生兴趣； （2）教师讲解并示范制作方法，指导学生如何制作名片。 （3）学生尝试独立制作简单的名片，教师巡视指导，帮助学生解决问题。 （4）互相交流，学生展示自己制作的名片，分享制作心得。 （5）学生们互相递交了名片，教师对孩子们进行礼貌的教育，指导学生在沟通过程中如何维护礼貌和尊重。 　三、课堂小结 　1.学生边唱边跳《交朋友》歌曲，通过音乐和舞蹈活动，加强学生对友谊和交往的理解。 　2.在歌声中结束全文，让学生在愉快的音乐氛围中结束课堂，并留下美好的课堂回忆。	小朋友在平时和交往过程中还存有一定的问题，必须给予适宜的指导，注意准确的交往方式。 　互相交换名片，能让学生更加适应新环境，从而融入新集体。 　学习是一种愉快的经历，课堂也应该充满愉悦。以歌声作为结尾，让学生在快乐中成长，享受学习的过程。
作业超市： 　A.与家人模拟日常交往场景，如打招呼、道谢、道歉等。 　B.画出一次你感到快乐或感动的交往经历。	板书设计： 　拉拉手　交朋友 　新学校　新朋友 　怎样才能找到好朋友？

4.《不一样的你我他》第1课时（部编版三年级下册第一单元）

教者：章可（宁乡·流沙河镇中心小学）

教材分析：《不一样的你我他》是小学三年级《道德与法治》教材第一单

元中的第二课时,该课借助图片展示与故事讲述等多元教学手段,旨在引导学生深刻领悟人类社会中存在的个体差异性与独特性,强调世间并无完全相同的两个人。在此基础上,本课程进一步引导学生体会自身在班级集体中的独特价值与贡献,并强调与多元背景、性格各异的同学交往是每位学生不可或缺的生活技能。学生需在学习过程中,培养相互理解与尊重的素养,以建立和谐友好的人际关系。

学科素养目标:第一,了解自己的特点,意识到每个人各有不同。第二,能通过具体事物认识到不同的人有不同的选择和想法。理解、尊重他人的想法和选择。第三,观察同学和自己身上的闪光点,感受大家的不同给集体生活带来的丰富多彩,并为此而骄傲。

心理融合目标:第一,帮助学生了解自我,认识自我。第二,树立集体意识,善于与同学、老师交往,培养自主参与各种活动的能力,以及开朗、合群、自立的健康人格。

教学重点:了解自己的特点,意识到每个人各有不同。

教学难点:能通过具体事物认识到不同的人有不同的选择和想法。理解、尊重他人的想法和选择。

教学过程	融合时机与策略
一、谈话导入,发现"不同" 1.出示两片树叶,请学生观察,思考:这两片树叶一样吗? 2.学生认真观察。 3.师生共同总结"不同"。 4.师小结:经过观察,我们明白了,哪怕是同一棵树上的树叶,也不会完全相同。如果将班级比作一棵大树,那么每一位同学都是大树上的一片叶子。同学之间既有相同之处,也有不同之处。 5.给学生发一张心形叶片,学生在心形叶片上书写自己的特点。	通过小游戏,逐步深入地引导学生了解自己,通过比较,使学生意识到人与人之间的差异,让学生在游戏与活动中获得真实感受。

续表1

教学过程	融合时机与策略
6.针对自己书写的特点进行交流,并说说发现。 7.师小结:人与人之间有来自不同方面的差异,每个人都有属于自己的特色。 二、展开想象 1.课本11页有一个圆,你会把它想象成什么呢?把你的想象画出来,并涂上颜色。和同桌互相介绍自己的创意。 2.学生独立完成设计。 3.学生分别向同桌展示作品,并讲述自己的设计想法。 4.师选取部分作品在黑板上进行展师,并提问:同样都是在圆上画画,为什么每个人画得都不一样呢? 5.师点拨:每个人得想法、想象力、爱好都不同,所以画出来得事物也不同。 三、与"不同"友好相处 1.我们都喜欢和自己情投意合得人交朋友,这是人之常情。但是,如果过于重视这一点,结果会怎样呢?请你看到课本12页"周同同日记",小组进行讨论,你觉得周同同能找到好朋友吗? 2.学生分小组进行讨论。 3.小组派代表进行分享。 4.师点拨:在我们周围的每个人都是不同的,没有两个一模一样的人,和与自己"不同"的人相处是不可避免的。也是我们必须具备的本领。请你想一想,你身边有与你"不同"的朋友吗?你是怎么和他们相处的呢? 5.学生分享交流自己的经历和感受。 6.提问:在和"不同"的朋友相处时,难免会有些小碰撞、小疙瘩,怎样才能解开这些小疙瘩呢?出示教材13页的3个事例,让学生分别进行讨论。	通过交流讨论,明白每个人都是不同的,并在这个过程中让学生明白,与"不同"的人相处是必须具备的本领,要掌握与人相处的技巧,与"不同"友好相处。

续表2

教学过程	融合时机与策略
7.出示教材14页提示的与人相处的好经验,一起学习交流。 8.师小结:同学们,当我们学会用理解的眼光看待身边的人,接纳他人与自己的不同,我们将会交到更多的好朋友。不同的树叶在同一棵大树上相互映衬,才能共同装点出美丽的风景。 四、"不同"让生活更精彩 1.我们的生活中充满了"不同",在"不同"和谐相处时,会呈现怎样的情景呢?出示15页的两幅插图,师生共同观看。 2.结合插图,说说自己的感受,分享平时生活中"不同"给生活带来精彩的例子。 3.学生交流讨论。 五、课堂小结	通过分享生活中的例子,学生明白"不同"让生活更多样、更精彩,学会接纳不同,欣赏他人。
作业超市: A.说说本堂课自己的收获。 B.当与朋友相处遇到不顺心时,学会找出两人想法的不同,并试着接纳与尊重。	板书设计: 不一样的你我他 与"不同"友好相处

第六节　心理健康教育与科学教学的深度融合

科学课程是一门充分展现科学核心特质的综合性的基础学科,它的实践性特点尤为突出。这门课程对于学生来说,具有极大的吸引力,因为它能够帮助学生保持对自然现象的好奇心,并引领他们从亲近自然的过程中逐步走向亲近科学。通过科学课程的学习,学生能够在整体上对自然世界有一个初步的认识,理解科学、技术、社会与环境之间的密切关系,从而发展出基本的科学能力。同时,这门课程还有助于学生形成基本的科学态度和强烈的社会责任感。在此基础上,学生将坚定树立正面的世界观、人生观及价值观,并培养起非凡的心理素质。这些素质的磨砺,为学生未来在学习、生活以及个人不断发展的道路上构筑了稳固的基石。此外,科学课程的学习还有助于提高全民的科学素质,这对于促进经济社会发展和科技强国建设具有重要的意义。

一、科学课程的心理健康教育内容

科学课程的核心素养培养,指的是学生在学习过程中逐步塑造的,既满足个人长远发展又符合社会需求的正确价值观念、核心品质和关键技能。这些素养集中体现了科学课程的育人价值,具体涵盖科学观念、科学思维方式、探究实践能力以及积极态度与强烈责任感等多个维度。

科学课程在培育和推进心理健康教育方面具有至关重要的功能和作用。科学课程,作为学校教育系统中的核心和关键部分,其不仅仅是向学生传授自然科学领域的知识、理论、原理和规律的过程,它更通过科学思维方式的训练、科学方法的运用以及科学精神的培育,对学生的心理健康产生着深远的影响和积极的作用。科学课程通过培养学生的科学思维,帮助学生建立科学的世界观和人生观,使学生具备科学的态度和方法,从而能够更好地面对生活中的各种挑战和困难,保持心理的健康和稳定。同时,科学课程还能够提升学生的自我认知和自我控制能力,帮助学生形成积极的自我形象和自我价值观念,从而更好地适应社会的发展和变化。

(一)建立正确的科学世界观和价值观

科学课程在学生的成长道路上扮演着举足轻重的角色,它不仅传授科学知识,还引导学生形成科学的思维方式和价值观念。通过对自然规律的学习和探索,学生能够更深入地理解这个世界,认识到自然界的和谐与美妙,从而培养出对生活的热爱和对自然的敬畏之心。这种对自然界的正确认识和尊重,可以在学生面对生活中的困难和挑战时,帮助他们保持积极乐观的心态,增强他们的心理韧性。

在科学课程的学习过程中,学生将逐步领会科学的本质与规律,并在理解科学、技术、社会、环境之间相互关系的基础上,逐渐培养出一种科学的态度。这种科学态度表现为:学生持续保持对知识的好奇心和探索的热情,乐于进行探索和实践;他们具备基于证据和逻辑表达个人观点的意识,追求严谨和求实;他们不盲从权威,勇于质疑,追求创新;他们尊重他人的情感和态度,擅长合作,乐于分享。

(二)培养学生的探究精神和独立思考能力

教师在教学过程中,不仅会向学生传授基本的科学原理和方法,更会引导他们理解自然现象,掌握科学探究的基本步骤,以此培养他们的探究精神和独立思考能力。在这个过程中,教师会积极鼓励学生参与,激发他们提出问题、设计实验、分析数据,这一过程不仅锻炼了他们的逻辑思维,也激发了他们的好奇心和求知欲。

科学课程通过探究式的学习方法,旨在培养学生的批判性思维和创新能力,这有助于学生在面对压力和挑战时,可能会遇到各种问题,如实验失败、理论推导不正确等。教师将引导学生以正确的心态面对挫折,并激励他们从失败中汲取教训,再次勇敢尝试。这样的教学方式能够使学生独立思考,找到解决问题的方法,这对于学生在面对生活中的困境时,能够理性思考,科学决策,避免盲目行动,从而减轻心理压力,具有极大的帮助。

在这个过程中,教师要不断地引导学生,激发他们的潜能,使他们能够掌握科学探究的方法,培养他们的批判性思维和创新能力。同时,教师也会关注学生的心理健康,引导他们正确看待挫折,鼓励他们从失败中吸取教训,重新尝试。这样,学生就能够独立思考,找到解决问题的方法,有助于他们在面对生活中的困境时,能够理性思考,科学决策,避免盲目行动,从而减轻心理压力。

(三)培养学生的合作精神和实践能力

借助丰富的实验、观察等实践环节,我们能够显著提高学生的动手操作能力和实践技能。这些实践活动不仅能够让学生亲身体验科学的魅力,还能够让他们在实践中学会合作、沟通、解决问题,从而培养他们的团队精神和责任感。实验和观察活动是一种让学生在实践中学习和成长的重要方式,通过这些活动,学生可以将理论知识与实际操作相结合,提高自己的实践能力。

在现实生活中,人们往往需要面对各种团队合作的场景,如工作中的团队项目、家庭中的分工合作等。具备良好的团队合作能力和责任感的学生,在面对这些场景时,能够更好地调整自己的心态,与他人和谐相处,从而减轻心理压力。

科学课程着重于团队协作与交流分享的重要性。在进行科学实验和项目研究时,学生必须与同伴携手,共同攻克难题。这一团队协作的过程不仅促使学生学会倾听、理解并尊重他人,而且有助于培养他们的人际交往技能。同时,良好的人际关系和社会支持网络对于维护心理健康而言是至关重要的因素。通过科学课程的学习,学生可以更好地理解和掌握科学知识,同时也能培养自己的团队合作能力和人际交往能力,这对于他们的全面发展具有重要意义。

(三)建立起科学的判断能力和决策能力

科学课程在培养学生的科学决策和判断能力方面发挥着至关重要的作用。它通过一系列科学知识的有序和系统化学习,让学生深入理解和掌握科学的研究方法和操作技巧。这使得他们在遭遇日常生活中的各种选择和抉择时,能够凭借所学的科学思维方式做出明智而理性的决策。这种科学的决策和判断能力,对学生在面对生活挑战和压力时保持冷静、自信和理智至关重要,可以有效避免他们采取盲目、冲动和不计后果的行为。

科学课程中的实验、观察、探究等多种活动,不仅能增强学生对科学知识的理解和应用,还能在学生面临困难和压力时帮助他们保持良好的心理状态。这些活动能够培养学生面对挫折和压力的心理韧性,使他们懂得如何调整自己的情绪,保持积极乐观的心态,从而更好地应对生活中的各种挑战。

（四）培养学生的环保意识和可持续发展观念

科学课程在设计教学内容时,不仅注重知识的传授和科学思维的培养,更会积极引导学生关注自然环境和社会环境的重要性,从而深化他们的环保意识和可持续发展观念。这样的教育方式,不仅有助于学生掌握科学知识,更能在他们心中种下责任感和使命感的种子。

环保意识和可持续发展观念的培养,是培养学生对自然和社会负责任态度的重要手段。当学生认识到自然环境和社会环境对于人类生活的重要性,他们就会更加珍惜和保护这些资源,从而在日常生活中采取更加环保和可持续的行为方式。这种深植于心的环保意识,会驱使他们在环境议题面前挺身而出,积极参与各类环保行动,为环境的改善贡献一己之力。参与环境保护活动和看到环境改善的成果,会让学生获得强烈的参与感和成就感。这种参与感和成就感,能够有效提升学生的心理健康水平,增强他们的自信心和自我价值感,逐步增强社会责任感。深刻理解生命的价值,践行科学与健康的生活方式;对自然抱有深厚的感情,承担起节约资源、保护环境、推动生态文明建设以及可持续发展的责任;对科技相关的社会热点问题进行恰当的价值判断,遵守科技应用中的公共规范、法律法规以及伦理道德,确保自己和他人的合法权益,维护国家利益。这些是科学课程对学生成长的积极影响,有助于他们全面而均衡地发展。

二、心理健康教育与科学教学深度融合的基本策略

将心理健康教育巧妙地融入科学教学过程中,能够有效促进教育教学质量的全面提升。为了实现这一目标,我们需要从课程设计、教学情境、问题探究和教学评价四个方面进行优化,通过全方位、多层次的教学改革,我们有望实现教育教学质量的全面提升。

(一)优化课程设计

在教育教学过程中,我们始终将学生的全面发展作为核心目标,特别是对学生的心理素质和科学素养的培养。我们认为,心理健康教育不应孤立于科学教学内容之外,而是应当与科学教学内容有机融合,相互促进。这样,学生在学习科学知识的同时,也能够有意识地提升自己的心理素质,从而实现身心健康和谐发展。

为了实现这一目标,我们采用了一系列创新的教学方法和手段,例如,在科学实验课中,我们不仅注重培养学生的实验技能和科学思维,还注重引导学生在面对实验失败和挑战时,如何保持积极的心态,如何调整自己的情绪,从而提高他们的心理韧性。我们还通过组织学生参与科学项目研究,培养他们的团队协作能力,同时也让他们在解决实际问题的过程中,体验到科学研究的乐趣,增强他们对科学的热爱。

以《探索身边材料》这课为例。上课前,老师给学生布置了一个超有趣的任务:让大家从家里找来各种不一样的小物件,带到课堂上展示。一听到这,学生们立刻兴奋起来,带着满满的好奇心和期待开始准备起来。第二天,课堂上各种材料五花八门,看得人眼花缭乱。同学们带来的东西啥都有,像是矿泉水瓶、纸张、碎布、玻璃罐头瓶、废旧钥匙、小发夹、木块等等,简直是个材料大聚会! 这些材料不仅涵盖了日常生活中的常见物品,也包括了各种材质和形状的物品,为课程的开展提供了丰富的资源。面对这些五彩缤纷的材料,教师开始引导学生进行分类,以便更清晰地识别各种材料的独特属性。在教师的悉心指导下,学生们将这些材料细分为木头、金属、塑料、纸张、布料和玻璃六大类。通过这一过程,学生们不仅学会了如何根据材质对物品进行分类,也加深了对各种材料特点的认识。教师引导学生细致观察各种材料的独特属性,并激励他们利用这些材料进行创作活动,旨在培养他们的实践技能和创新思维。在这个过程中,学生们积极参与,充分发挥自己的想象力和创造力,通过对材料的组合、拼接和改造,创作出了一系列有趣的作品。这些作品不仅展示了学生们对材料的独特见解,也体现了他们在创作过程中的积极探索和实践。

通过这堂课,学生们不仅学会了如何观察和分类身边的材料,还锻炼了动手能力,培养了创新精神。尤为重要的是,他们掌握了如何将所学知识应用于日常生活中,从而提升了自身的生活质量。这也正是我们教育工作者所追求的目标:让学生在实践中学习,在学习中成长,不断提升自己的综合素质。

我们要特别注重学生的个性化发展,针对不同学生的兴趣和特点,提供多样化的科学教学内容和学习路径,使得每一个学生都能在科学学习中找到自己的兴趣点,从而激发他们的学习动力和热情。在教授《光》的过程中,教师可以主动发起学生的合作研究活动,特别是围绕光的传播机制这一核心议题进行深入探讨。在这个过程中,学生将被分成若干小组,每个小组都需要对探究主题进行详细的分析,提出各种可能的假设,并通过实验或研究来验证这些假设,最终得出结论。在这个过程中,教师应给予学生必要的指导,确保他们能够正确地理解和掌握相关的科学知识。同时,教师还需确保每个小组成员都能够明确自己的任务,并在小组内部分工协作,共同完成探究任务。通过这种方式,我们不仅能激发学生的学习热情,还能进一步培养他们的团队协作与科学探究技能。

(二)优化教学情景

我们应当营造一种充满活力的课堂氛围,这种氛围不仅能够有效地激发学生们对知识的探求兴趣,而且能够充分满足他们内心深处的各种心理需求。为了达到这个目标,我们可以采取各种有效的教学方法,比如引入贴近学生日常生活的实际案例,这样可以使学生们更容易理解和接受知识;精心策划一系列充满趣味的教学活动,以点燃学生们的学习热情和兴趣;积极推广并执行小组合作学习模式,旨在培养学生的团队协作与沟通技能。通过这些方式,我们能够让学生们在一种轻松、愉快、充满活力的环境中进行学习,这将有助于极大地提升他们的学习积极性和效率,进而显著提高他们的学习成绩和综合素质。

教学的精彩之处源自我们丰富多彩的生活本身,生活就像是一座蕴藏着丰富课程资源的巨大宝库,等待着教师们的不断探索和挖掘,以便将这些资源充分地利用起来。在教学过程中,教师应当将教材内容与生活实际相结合,创设出贴近学生日常生活的教学情境,设计出各种生活化的教学活动,以此来为学生提供更多的探究和思考的机会,从而提升教学的效果和质量。然而,在利用生活素材进行教学的过程中,科学教师还需要考虑到学生的认知水平和兴趣爱好,以确保教学内容能够被学生所接受和喜爱。

在《植物》的教学中,为了使学生们能够更加直观、更加近距离地观察植物,以便对植物有更深入的了解和认知,教师可以组织学生们走出教室,来到校园周围的自然环境中进行实地观察。比如,可以让学生们观察植物的组织结构,用手轻轻地抚摸花草,感受它们的质感和生命;可以拾起地上的落叶与树上的树叶进行对比,观察它们的形状、颜色和纹理等方面的差异。引导学生用心观察植物,感受植物生命的神奇和伟大,从而产生保护自然、保护环境、爱护花草树木的意识。教师可以引导学生思考:植物是如何生长的?它们需要什么样的环境条件?人类应如何采取措施保护植物和环境?通过探讨这些问题,学生将认识到自然界和植物的重要性,进而激发他们的环保意识。

我们还可以倡导学生们自带盆栽到教室,由学生自己种植和养护。这样,学生们不仅可以亲身体验植物的生长过程,还可以美化校园环境,让校园更加生机勃勃。同时,这也是一种很好的教育方式,让学生们在实践中学习,在学习中实践,提高他们的实践能力和责任感。

(三)优化问题探究

我们应当积极地激励学生们去主动地发掘问题,对问题进行深入的分析以及寻找解决问题的方法。在教学的过程中,教师可以采用引导的方式,让学生学会使用科学的方法来进行探索和研究,以此来培养他们的创新思维和实践能力。此种教学方式不仅有助于学生对知识的掌握,更能促进其独立思考与解决问题能力的培养。因此,在教学实践过程中,我们务必重点培养学生的创新精神与实践能力,为其未来发展奠定坚实的基础。

以"液体的热胀冷缩"为主题,教师可以巧妙地设计一系列与日常生活紧密相关的问题,引导学生进行深入的探究和思考。首先,我们可以通过实验观察到,水这种最常见的液体,确实存在着热胀冷缩的特性。那么,这是否意味着所有的液体都会有这样的性质呢?我们可以设计一系列扩展实验,鼓励学生自主探索多种常见的液体,比如牛奶、可乐、食用油、醋以及酒类,来验证它们是否同样遵循热胀冷缩的原理。这样的实验设计旨在促使学生将课堂所学知识与实际生活相联系,并激发他们的实验好奇心和探索精神。接下来,我们可以提出这样一个问题:我们在商店购买矿泉水时,是否注意到瓶子并没有被装得满满当当?这是为什么呢?这个问题看似平凡,实则蕴含着液体热胀冷缩的原理。通过思考和讨论,学生们可以理解到,瓶子未装满是为了防止水在加热时因膨胀而溢出,这也是液体热胀冷缩特性在实际生活中的应用。最后,我们可以设想这样一个生活场景:利用一个装满水的茶壶进行烧水,会发生什么情况?学生们可以通过思考和实验,发现当水被加热时,由于热胀冷缩的原理,水会溢出茶壶。这个问题不仅考察了学生对液体热胀冷缩特性的理解,还考验了他们的问题解决能力。他们需要思考并提出解决办法,比如在烧水前先倒掉一部分水,或者使用可以容纳膨胀的茶壶等。通过聚焦这些与生活息息相关的问题进行研究,学生们将更深入地领悟液体热胀冷缩的原理,并能更加自如地将书本知识融入日常实践。这样的教学策略不仅能激发学生对学习的热情,还能强化他们的实践操作能力和创新思维能力。

教室并非教师开展教学活动的唯一选项,亦非固定场所。实际上,教师完全有能力也有必要把课堂的边界扩展到课外,将教学活动从传统的封闭空间延伸到更为广阔的户外环境。这样的做法不仅能够使教学活动更加丰富多彩,也能让学生在学习的过程中得到更为全面和深入的发展。通过这种方法,学生可以在新鲜的空气中学习,感受自然的美好,从而激发他们的学习兴趣和热情。教师可以根据实际的教学进度和教学需求,设计和组织各种生活化的户外活动,让学生在实践中学习和提高。这样的教学方式不仅能够使学生更好地理解和掌握知识,也能够提高他们的创新应用能力,使他们在解决实际问题的过程中能够更加灵活和创造性地运用所学知识。总的来说,通过拓展教学场所,将课堂从教室搬到课外,教师可以为学生提供更加丰富多彩的学习环境和机会,让他们在学习的过程中得到更深、更广的发展。

(四)优化教学评价

在教育活动开展的过程中,我们始终坚守一个基本的教育理念,那就是将学生的全面发展放在核心位置。我们对学生的关怀,不仅体现在对其学术成就的期望上,也深深根植于对他们心理健康与情感成长的关注之中。因此,我们将心理健康教育和科学教学的评价指标有机地结合在一起,以期从多个层面和多个角度对学生的成长进行全面评价。

为了更全面地了解学生在学习过程中的表现,以及他们在心理上的变化,我们采用了多元化的评价方式,并实行全过程的评价方法。我们通过这种方法,可以全方位地了解学生,从而为教学活动提供有力的支持。我们关注学生的学业成绩,但我们同样关心他们的心理健康和情感发展。

通过对学生进行详尽而全面的评估,我们能更准确地掌握他们的学习需求,进而为他们的个性化发展道路提供有针对性的引导和支持。同时,这也有助于我们发现学生在学习过程中可能遇到的问题,及时给予帮助和支持,确保他们的学习效果和心理健康得到有效保障。

我们相信,通过这种全面、细致的教育评价方式,我们可以为学生的全面发展提供更有针对性的支持,帮助他们更好地应对未来的挑战。我们相信,每一个学生都有无限的潜力,只要我们给予他们正确的引导和支持,他们一定能够成为社会的有用之才。

三、心理健康教育与科学教学深度融合的常用技巧

心理健康教育与科学教学深度融合,是将心理健康的理念和科学教学的方法相结合,以提高学生的心理素质和科学素养,促进学生全面发展的有效途径。教师要科学创设情境,注重实践操作,重视多元评价,在教学实践中不断探索和总结。关注学生的心理需求,充分发挥科学教学的优势,为学生提供全面、高效的教育服务,促进他们身心健康、全面发展。

(一)巧设情境

一个优秀的教学情境,宛如魔法般具有巨大的吸引力,它能在瞬息之间激发出学生的学习热情和积极参与的意愿,极大地提高他们对知识内容的理解和领悟能力。同时,它也能拓宽他们的思维视野,让他们在学习的海洋中自由地翱翔,从而达到最佳的教学效果。

为了达到这样的效果,教师需要充分考虑到学生的个性特点和所学课程的内涵,巧妙地、精心地设计出各种教学情境。这些教学情境需要能够唤起学生们的学习兴趣,满足他们内心深处的求知欲望,引领他们快速地融入学习的氛围之中。在这个环节中,教师将创新思维的种子播撒在学生的心田,滋养他们创新能力的成长。比如,在教授《热传导》的课程时,教师可以巧妙设问:"你们有没有遇见过能在高温中自在游弋的鱼类?"此问一出,即刻激起学生的好奇心。随后,教师会展示一个实验:将活鱼置于盛水的烧瓶内,再用酒精灯加热烧瓶的瓶颈,观察现象。当瓶颈处的水开始沸腾时,学生会发现鱼仍然在水中跳跃。这个实验现象会引发学生的积极思考,激发他们的好奇心,这时候再展开教学活动,就能取得事半功倍的效果。

教师应当依据学生的个性特征,例如强烈的好奇心、活泼好动、对游戏的热爱等,来构思与之相适应的教学场景。例如,对于好奇心强的学生,教师可以通过设置疑问、悬念等方式,激发他们的求知欲望;对于天性活泼的学生,教师可以构思出富有互动性的教学项目,让他们在愉悦的氛围中掌握

新知;而对于那些偏爱游戏的学生,教师则可以将学习内容巧妙地融入游戏环节中,让他们在游戏的乐趣中完成学习任务。同时,教师还需要考虑到所学课程的内涵,设计出与课程内容相符合的教学情境。例如,在讲解数学课程时,教师可以策划一系列与数学紧密相连的趣味活动,让学生在参与这些活动的过程中,自然而然地学会并领悟数学的核心概念。在教授语文知识时,教师可以设计一些与语文相关的活动,如角色扮演、故事演讲等,让学生在活动中提高语文素养。

通过这样的方式,教师能够充分激发学生的学习兴趣,满足他们内心深处的求知欲望,引领他们快速地融入学习的氛围之中。在教育的过程中,教师如同园丁,细心地在学生的心田播种下创新思维的种子,并精心培育其成长,从而提升学生的创新能力。同时,这一过程也极大地增强了学生的学习自信,为他们未来的成功之路奠定了坚实的基石。

(二)故布疑阵

疑问,这一激发创新的动力源泉,是踏入未知领域的首要门槛。在科学教育的课堂上,教师们需采取科学的策略与工具,深思熟虑地构思并创造各种问题。他们应该通过逐层引导和激励,点燃学生对科学问题的深入探索欲望,并促使他们进行认真的思考。

教师必须重视问题的合理性和难易程度。他们需要合理地掌握问题的难易程度,让学生从基础的、简单的问题开始,逐渐过渡到中等难度的题目,然后再挑战具有一定难度的层次。这样的循序渐进的方法,有助于拓宽学生的思维空间,从而有效地培养和提高他们的创造性思维能力。比如《怎样得到更多的光和热》的教学时,教师可以巧妙地引入一系列探究性问题,以激发学生的思考和好奇心。教师可以首先抛出这样一个问题:我们是否可以认为,物体的颜色对其吸收热量的能力有着某种关联? 这个问题既简洁又深邃,能够迅速激发学生的兴趣。紧接着,教师可以拿出两张不同颜色的纸张,一张是深邃的黑色,另一张是明亮的白色。接着,教师将这两张纸分别平铺在阳光充足的地方,确保它们接受相同时间的光照。在每张纸张的上方,教师分别固定了一支温度计,以便准确测量纸张表面温度的变化。随后,教师组织学生细致地观察温度计的读数随着时间如何变化。在这个过程中,教师鼓励学生认真记录温度计的读数,并观察纸张的颜色对温度读数的影响。在观察实验现象的过程中,教师会适时地提出引导性问题,以协助学生进行思考和理解。当学生们正专注地观察温度计的读数时,教师可以不失时机地提出更深层次的问题:大家注意到黑色纸张上的温度计读数为何会比白色纸张上的温度计读数要高了吗?该问题将学生从单纯的观察者转变为积极的问题探索者。

通过这样的现场实验教学,教师不仅为学生提供了直观的学习体验,还巧妙地引导学生从现象中寻找规律,从问题中发现科学。教师通过逐步提高问题的难度,不断挑战学生的认知边界,使他们能够在解决问题的过程中,自然而然地提升自己的科学素养和创造性思维能力。教师应该通过设计各种问题,激发学生的求知欲,引导他们主动去探索和解决问题。同时,教师还应该鼓励学生提出自己的疑问,培养他们的批判性思维和解决问题的能力。这样,学生才能在科学探究的道路上,不断前行,不断创新,为我们的科学事业做出更大的贡献。

(三)点燃激情

创新和未知总是如影随形,紧密相连,它们以一种神秘而又充满吸引力的方式召唤着人们去探索、去发现。教师通过巧妙地设计出各种富有创造性和新颖性的教学活动,不仅能够极大地提升学生们对于未知知识领域的探求欲望,同时也能够有效促进学生在思维上的跳跃和创新。这种教学策略,无疑为提高教学的整体质量和成效注入了强大的动力。以《热空气》教学为例,教师可以通过提问的方式来激发学生们的好奇心和求知欲:你们有没有想过,为什么孔明灯能够在天空中自由翱翔呢?此类问题不仅能够激起学生们的兴趣,还能进一步激发他们对物理现象的好奇心。接着,教师可以引导学生通过实际操作,观察风车在酒精灯火焰上方的转动,鼓励他们大胆地提出假设和猜想,进而锻炼他们分析和解决问题的能力。在经历了这一系列的探索和实验之后,教师再引导学生总结出"热空气"的原理,这样的学习过程将会让学生们对知识有更深刻的理解和记忆。

当激情的火焰被点燃时,它就像一道强烈的光束,穿透了黑暗的笼罩,瞬间将周围的空间点亮。这股激情就像一股强大的能量,推动着人们不断向前,激励着他们奋勇向前。激情不仅是创造力的驱动力,它还激发我们更加投入,更加专心致志。在《点亮小灯泡》的教学中,教师可以将教学内容与学生的心理健康教育巧妙地结合起来。借助多媒体技术的辅助,教师可以生动地向学生们展示灯泡的发明者,美国发明家托马斯·阿尔瓦·爱迪生的传奇故事。通过观看关于爱迪生如何面对无数次的失败和困难,坚持不懈,最终成功发明了灯泡的纪录片,学生们能够更直观、更深刻地体会到爱迪生那不屈不挠、勇于探索的科研精神。这样的教学方式不仅丰富了学生的知识储备,更是在学生心中播下了坚持和努力的种子,使他们明白了在任何困难和挑战面前,只要有坚定的信念和持之以恒的毅力,就一定能够迎来胜利的曙光。

通过这样的教学方法,学生们在吸收知识的同时,也能够学会如何面对生活中的挑战和逆境,培养出他们面对问题不退缩、解决问题有策略的能力,这对于他们未来的学习和生活都是一种宝贵的财富。这样的教育,不仅仅是知识的传递,更是价值观和人生观的塑造,它将伴随学生成长,成为他们人生旅途中的重要财富。

在科学教育的过程中,我们务必确保学生始终处于学习的核心位置,并高度重视其主体地位。教师需要根据学生的实际水平和兴趣,灵活运用并融合多样化的教学策略和手段,包括但不限于实验操作、小组讨论、问题引导、案例分析等,以此激发学生的学习热情,提升他们的学习积极性与主动性。通过这样的教学方法,学生能够在思考问题和进行科学探究的过程中,逐步形成正确的价值判断和逻辑推理能力,这对于他们创新思维的培养至关重要。

科学教师应当鼓励学生跳出传统思维框架,引导学生敢于质疑、勇于探索,从而在学生心中播下创新的种子。通过各种科学实验和实践活动,让学生在亲身体验中感悟科学原理,不仅能够加深他们对科学知识的理解和记忆,而且有助于他们学会如何运用科学的方法解决问题,进而提升他们的科学素养和创造性思维能力。

教师还应当注重科学思想的广泛传播,将科学精神、科学方法和科学态度渗透到教学的每一个环节,使学生在课堂内外都能感受到科学的力量。通过多元化的教学资源和手段,将科学知识与现实生活、社会发展紧密联系起来,使学生认识到科学对于个人成长和社会发展的重要性,从而更加主动地投入到科学学习中。

科学教学并非单纯的知识传授过程,其核心在于通过教学活动激发学生的潜能,促进其全面发展,从而实现科学教育的根本目的和价值。教师作为教学的主导者,有责任通过创造性的教学设计,为学生营造一个充满活力、开放包容、富有挑战性的学习环境,让科学课成为学生探索未知、培养创新能力的乐园。

四、心理健康教育与科学教学深度融合教学案例

1.《食物链和食物网》第 1 课时(教科版五年级下册第一单元)

教者:喻奇(宁乡·流沙河镇中心小学)

教材分析:本课专注于探讨生物之间的相互作用,特别是植物与动物之间错综复杂的营养联系。通过深入剖析食物链的动态运作机制及食物网的构建逻辑,我们旨在为学生后续的生态瓶实验及生态系统结构与生态平衡理论的深入理解奠定坚实的理论基础,同时也为生态科学领域的研究与实践活动奠定重要基石。本节课的核心在于引导学生深入分析特定区域内生物间的食物关系,促使学生深刻认识到,无论是动物还是植物,每一个生物体都可能是其他生物生存不可或缺的基石。这一过程旨在学生心中构建起生物群落的初步轮廓,进而形成生物间紧密相连、相互依存的整体性认知框架。

学科素养目标:第一,肯定区域内的生物之间因食物关系构成许多链条状的联系,这样的食物关系叫做食物链。动植物所需的能量或养分在食物链上的生物之间依次传递。第二,能够通过食物链和食物网模拟游戏的观察、分析与讨论,发觉事物之间的相互联系和相互影响。

心理融合目标:第一,能够正确认识动物间的食物关系,保护身边的动植物,体会自然事物是相互联系的,保护一种动植物就是保护许多种动植物。第二,在进行多人合作时,同意沟通交流,能综合考虑小组成员的意见,形成集体的观点,能主动参与合作学习活动。

教学重点:研究动植物之间的食物关系,认识食物链和食物网。

教学难点:初步建立生态系统的概念,形成"生物与生物之间是相互关联的一个整体"的认识。

教学过程	融合时机与策略
一、导入:草原情境,初识食物链 1. 以动画片中的场景引入。 师:在一望无际的大草原上来了一群"羊",草原与羊究竟有什么样的食物关系呢? 师生讨论食物关系,表示为"小草被羊吃,小羊被狼吃"。 2. 介绍食物链的概念。 3. 讨论:说一说你知道的食物链。 引导学生将"谁吃谁"关系用"谁被谁吃"的形式转述。 二、讲授:聚焦草原,正确认识食物链 1. 分析食物链,学习"生产者"、"消费者"的概念以及"→"所表示的"谁被谁吃"关系。 2. 分组活动:寻找草原上的食物链。 ppt出示草原上的生物图:青草、兔、羊、蚂蚱、鸟、狼、狮子、鹰。 组织学生进行分组探究活动:为每一小组分配了一套生物角色卡片,学生们需运用这些卡片,深入分析并识别出草原上不同生物之间存在的多条食物链路径。	从学生熟悉并且喜爱的卡通情境引入本课教学内容,激发学生的学习兴趣。同时引导学生用"谁被谁吃"的形式描述食物关系,将抽象关系具体化,为后面正确认识食物链做铺垫。 草原是学生熟悉的环境,学生能够找到其中的食物关系,解决学习中的困惑,同时也锻炼了获取信息的能力。进一步分析食物链,使学生发现食物链中暗含的营养关系,由明到暗,提高对食物链认知层次。

续表1

教学过程	融合时机与策略
提出任务要求及注意事项。 3.汇报交流。 集体汇报交流,将学生找到的食物链写在黑板上,相同生物只写一遍。 4.思考:这些食物链有什么共同之处? 引导学生发现,引导学生发现,所有的食物链都始于生产者。生产者被消费者吃了,生产者的能量向消费者传递。 小结: 食物链从哪开始? "→"表示什么含义? 三、活动:再探草原,由"链"到"网" 1.由板书的"食物链",引出学习"食物网"。 2.讨论:食物网的特点。 引导学生发现"同一种生物会被不同的动物吃掉,同样的动物也可以吃很多种食物。" 3.活动:深入了解食物网的意义。 ①编织一条食物链。 请三位同学扮演一条食物链"草→羊→狼",用丝带标出箭头,代表彼此间的食物关系。 提问:如果一场意外来临,羊消失了,这条食物链会怎样? 教师剪断食物链,学生思考做出回答。 发现:食物链中的一种生物灭绝,食物链上的其他生物都会被殃及。 ②编织草原上的食物网。 请8名学生分别扮演草原生物,按照指定位置站好,同样用丝带表示食物关系。	编织食物网游戏,目的在于让学生更直观观察食物网,了解其特征,帮助学生体会食物网在大自然中起到的重要作用。通过交流讨论,大家认识到了食物网保护工作的重要意义,知道如何保护各种生物,并与之和谐相处。

教学过程	融合时机与策略
小结:在食物网里,如果一种动物灭绝,其他生物不会因此而灭绝,这个食物网不会因此而崩溃。但如果我们不保护每种生物,消失的生物会越来越多,整个食物网就会崩溃。 　四、测试:体会能量在自然界中的循环 　1. 思考:在食物链最高层,凶猛动物死后能量又会到哪里? 　2. 观看《狮子王》视频片段,进一步引发思考。 　提问:动画片中狮子爸爸说"我们吃羚羊,我们死后会成为草",狮子真的会变成草吗? 这句话是什么意思? 　3. 谈谈本节课的学习感受。	进一步体会食物链中暗含的能量关系,帮助学生认识生物之间的食物关系实质上是能量的交换和传递,突破教学难点,初步建立能量守恒的思想。同时激发学生对于探索大自然、保护大自然的兴趣。
作业超市: 　A.出示食物链,判断正误,测试对于本课的掌握情况。 　B.寻找身边的食物链。	板书设计: 食物链和食物网 草→羊→狼 生产者　消费者 "→":能量传递

2.《它们去哪了》第 1 课时(教科版一年级下册《我们周围的物体》)

教者:陶双双(宁乡·流沙河镇中心小学)

教材分析:《它们去哪里了》是教科版小学一年级科学下册《我们周围的物体》单元中的第六课。本节课旨在通过让学生观察水与其他物质混合时的变化,深入探索水的独特性质。学生们将亲自参与实验,观察食盐、红糖以及小石子在水中的溶解情况,从而更直观地理解——有些物质能够轻易地融入水中,而有些则无法做到。这一系列观察所得,将引导学生们初步接触并理解"溶解"这一核心概念,为他们日后深入学习并构建"溶解"概念体系奠定坚实的基础。然而,鉴于一年级学生的认知水平有限,他们可能难以从抽象的概念层面准确把握"溶解"的本质。因此,本节课的教学目标并非直接为学生们构建溶解概念,而是借助词汇表,简要引入科学术语"溶解",并不作深入解释。相反,我们鼓励学生通过亲身实验,观察并记录实验现象,从而初步感知溶解这一自然现象,为他们的科学探索之旅增添一抹亮丽的色彩。

学科素养目标:第一,知道一些物质可以溶解在水中,一些物质不能溶解在水中。第二,观察和描述食盐、红糖、鹅卵石在水中发生的变化,并用简单示意图进行记录。观察和描述红糖在水中的溶解过程,想象食盐的溶解过程。第三,初步形成"像食盐和红糖那样在水中变成肉眼看不见、均匀分布的现象,叫溶解"的描述性概念。第四,认识到可以用对比的方法观察现象。认可从多角度进行观察是一种严谨的科学态度。

心理融合目标:第一,初步体验学习知识的愉悦,重点在于培养与塑造良好的学习习惯。第二,促使学生建立安全感和归属感,初步掌握自我约束的能力。第三,塑造学生礼貌而友善的交往品质,积极与老师、同学建立互动,在相互谦让与友善的氛围中体会友情的温暖。第四,辅助学生顺利融入新环境、新集体以及新的学习生活,牢固树立纪律观念、时间观念和规则意识。

教学重点:通过观察知道有些物质可以溶解在水中,有些物质很难溶解在水中。

教学难点:观察和描述几种物质在水中的溶解和不溶解现象。

教学过程	融合时机与策略
一、教学导入,聚焦问题 1.问题导入: (1)上节课我们大家一起认识了水,谁还记得水都有哪些特征? (2)水还有一个本领,可以加很多东西进去,比如妈妈做汤时会放一些佐料在水中,使汤更加鲜美。类似的情况你们还见过哪些?在哪里见过? (3)所有的东西放入水中,都能被溶解吗?	在这里,学生可能会根据一些生活经验,提到"溶解"这个词,利用生活情境,激活旧知,贴近学生生活,初步感受学习知识的乐趣。

教学过程	融合时机与策略
2.提问:我们如果把红糖、食盐、小石子这三种物质分别放到水中,水会发生变化吗? 会发生什么变化? 红糖、食盐和小石子会发生变化吗? 3.揭示课题——它们去哪里了。 二、探索:三种物质在水中的变化 1.描述并记录现象。 (1)老师为每一组都准备了这三样物品,请你们认真仔细地观察它们分别是什么样子的? 教师指导放大镜的使用方法。(课件出示三种被观察的物质) (2)小组成员分头观察,交流汇报。 (3)要想看到它们放入水中是什么样子的,你们打算怎么做? 学生分组进行研讨,教师加以指导。 2.观察和记录物质在水中的变化 (1)老师再次提示观察物质在水中变化的步骤。在操作前,提出记录的要求。 三、集体研讨:实验发现 1.研讨交流,达成共识。 (1)把红糖、食盐、小石子分别放到水中后,你观察到了什么现象? 引导学生分别描述3种物质放入水中的变化情况,询问学生哪些发生了变化、哪些没有发生变化,并对比3种物质变化的相同点和不同点。 (2)观察红糖、食盐放入水中后,真的"消失"了吗? 引导学生在说出自己判断结果的同时,说出支持自己观点的理由(结合生活中的经验和实验现象来说明)。红糖放入水中形成的水是甜的且有颜色的,糖还在水中,只是看不见。盐放入水中形成的盐水是咸的,盐还在水中,只是看不见;说明食盐和红糖都溶解了。	教师对学生已有生活经验进行初步了解和考察,同时,也可以根据他们的回答引出本节课的探究主题,即"它们去哪里了"。激发了学生的学习兴趣,让学生有安全感和归属感。 　　学生在小组合作交流过程中,需要在教师指导下完善实验方案,明确实验步骤,帮助学生适应集体和学习生活,树立纪律意识和规则意识。 　　不同的学生可能持有不同的观点,教师要鼓励他们说出观点和理由,不必急于纠正他们的想法。可以鼓励他们继续学习、研究,培养学生礼貌友好的交往品质,乐于与老师、同学交往。

续表2

教学过程	融合时机与策略
四、课堂小结、扩展延伸(预设5分钟) 1.通过我们的研究你有哪些收获?油放入水中会溶解吗? 2.现在再想一想生活中还有哪些物质可以溶解在水里?哪些不会溶解?有兴趣的同学可以用学到的方法试一试,下一堂课跟大家分享。	扩展延伸,巩固所学。感受生活中的溶解现象,知道可以利用这种变化为生活服务,使学生在学习生活中感受困难时,能体会用知识来解决问题的快乐。
作业超市: A.基础巩固作业 厨房里还有哪些物品能够溶解呢?请在下课以后来和我讨论吧! B.拓展拔高作业 大自然里哪里会有盐?人们把海水放到太阳下晒,把什么晒干了?这样就把盐从海水里晒出来了!(小朋友们在家里呢,也可以试试晒盐,并且做成好看的画。)	板书设计: 它们去哪了 颗粒慢慢变小　看不见 溶解 颗粒不变　看得见　不溶解

第七节　心理健康教育与体育教学的深度融合

体育与健康课程的核心目标在于培养学生的综合素养,这些素养是通过系统学习体育与健康课程而逐步构建的,具体表现为树立正确的价值观念、培养必要的人格特质以及掌握关键的能力,这些方面包括体育技能、健康生活方式以及体育精神等。

体育与健康课程,鉴于其体育学习的实践性与健康教育的实用性特点,致力于推动从"以知识与技能为核心"向"以学生全面发展为根本"的转变。积极构建内容丰富、形式生动的教学环境,提倡将教师的动作示范、重点讲解与学生的自主学习、合作学习、探究学习有效融合,将集体学练、小组学练与个人学练巧妙结合,注重将健康教育教学理论讲授、交流互动与实践应用紧密结合,激发学生的学习热情,助力学生深刻理解和掌握知识与技能,提升解决体育与健康实际问题的综合能力。

在体育与健康课程的教学过程中,我们极为重视学习评价体系的激励与反馈功能,致力于构建一个内容全面、方法多样、主体多元的评价体系。评价内容主要集中在学生的核心素养,既包括基础运动技能、体能及专项运动技能,也涵盖学习态度、进步幅度和体育品德;同时,也注重健康基础知识与技能,以及健康意识和行为的养成。在评价方法上,我们强调过程性评价与终结性评价的有机结合,定性评价与定量评价的相互补充,以及相对性评价与绝对性评价的综合运用。评价主体以体育教师为主导,同时积极倡导学生、其他学科教师、家长等多元主体参与评价过程。此外,我们注重制定明确、具体、可操作的学业质量合格标准,为教师的高效教学、学生的主动学习以及学习评价提供清晰的导向。通过全面的综合性学习评价,我们旨在促进学生实现学习目标,培养其核心素养。

体育与健康课程在注重激发和引导所有学生的同时,针对不同体质、运动背景及个人兴趣的学生实施个性化教学;设定差异化学习目标,挑选恰当的教学内容,运用多元化的教学方法和评价体系,确保学生享有平等的学习机会,推动每位学生获得积极的学习体验,提升学习自信,并在现有水平上实现进一步的成长。

一、体育课程的心理健康教育内容

体育课程同样能够成为心理健康教育的关键平台,其包含的心理健康教育元素是教育体系中不可分割的一环。通过体育活动,我们可以培养出身心健康、社交技巧出色、具有坚韧精神的新一代,他们将更好地适应社会,为社会的和谐稳定做出贡献。

（一）压力释放

体育活动作为一种被广泛认可的健康生活方式，其在压力管理中的作用不容忽视。它不仅有助于改善身体健康，提高身体素质，更是一种有效的压力释放和情绪调节工具。美国心理学会的一项深入研究显示，那些将体育活动纳入日常生活的人，其心理压力水平显著低于那些长时间保持静坐的人。这表明，体育活动在对抗压力和焦虑方面具有积极的影响。

在学校环境中，体育课程为学生们提供了一个独特的压力缓解平台。在团队运动中，学生们学习如何在面对挑战时相互支持，这种团队精神的培养有助于他们建立强大的心理韧性。同时，竞技比赛的刺激和挑战性，可以将学生们的日常学习压力转化为对胜利的渴望和对自我超越的动力，从而有效地转移和缓解他们的心理压力。例如，一项在篮球比赛中进行的研究发现，参与比赛的学生在比赛后报告的压力水平显著下降，同时他们的自尊心和团队合作能力有所提高。这进一步证明了体育活动在帮助学生应对学习压力，促进他们心理健康发展方面的重要作用。

（二）积极自我形象和自信心

体育活动在学生的成长过程中不仅有助于塑造健康的体魄，更在建立积极自我形象和提升自信心方面发挥着不可忽视的作用。体育运动，无论是团队项目还是个人项目，都是一个持续挑战自我、超越自我的过程，这个过程中的每一次进步都能为学生的内心注入强大的动力。通过设定和实现个人健身目标，学生可以体验到自我实现的满足感，这有助于增强他们的自信心和自我价值感。例如，一个原本体弱多病的学生通过持续的锻炼，提高了体质，这种改变不仅体现在身体上，更会在心理上产生积极的影响，使他们相信自己有能力克服困难和挑战。

体育活动为学生提供了一个可以量化进步的平台。在运动中，他们可以清晰地看到自己的技术提升，比如篮球的投篮命中率提高，或者跑步的速度逐渐加快。这种可见的进步，无论大小，都会增强他们的成就感，进一步提升自我效能感。自我效能感是指个体对自己能力的信念,它深刻影响着我们设定目标的方式以及应对困难的策略。随着体能的增强,学生会发现自己能够完成以前认为不可能的任务,比如跑完马拉松或者完成高强度的训练。这种对自身潜力的发掘,会让他们在面对生活中的困难时,更有信心去挑战和克服,从而增强他们的抗压能力和适应能力。

体育活动亦是构建社会支持网络的理想场所。在参与团队运动时,学生们必须与队友携手合作,共同为实现目标而努力。这种合作经历能够帮助他们建立良好的人际关系,提高团队合作和沟通技巧,同时也能让他们体验到被接纳和被尊重的感觉,这对于塑造积极的自我形象和自尊心的提升至关重要。以美国的一项研究为例,研究发现参与体育活动的学生在自尊心和自我效能感上的得分显著高于不参与体育活动的学生。这再次验证了体育活动对于塑造学生积极心态的不可或缺性。

体育活动通过提供一个不断挑战和超越自我的环境,帮助学生建立积极的自我形象,增强他们的自信心和自我效能感。因此,我们应该鼓励更多的学生参与体育活动,让他们在运动中发现自己的价值,培养出面对生活挑战的勇气和能力。

(三)社交技巧和团队合作精神

体育课程其价值远超于简单的体能训练,它是一个独特的平台,能够有效地培养学生的社交技巧和团队合作精神,为他们在未来的生活和职业生涯中奠定坚实的基础。在团队运动中,如篮球、足球、排球等,学生不仅有机会锻炼身体,更能在实践中学习和磨炼一系列重要的社会技能。

有效沟通构成了团队合作的基石。在体育活动中,学生需要通过语言和非语言的方式表达自己的想法,如战术布局、比赛策略等,这将锻炼他们的沟通能力。例如,篮球场上的一个眼神交流,可能就是决定比赛胜负的关键。这种实时且直接的交流方式,有助于学生在日常生活中更深刻地理解和适应他人。

团队运动的核心在于将集体利益置于个人之上。学生需要学会尊重队友,理解并接纳他们的差异,共同为实现团队目标而努力。这种协作精神是职场中极其重要的素质,无论是在项目团队中,还是在跨部门合作中,都能发挥巨大的作用。

体育活动是提升领导力不可多得的机遇。在比赛中,可能会出现需要某个人作出决策或引领团队行动的关键时刻,这将激发学生的领导潜能。即使在非正式的场合,如组织训练、协调比赛等,也能锻炼他们的组织和协调能力。

体育比赛的胜负起伏,是人生挫折的微缩版。学生们将体验到胜利的喜悦,同时也会尝到失败的苦涩。通过这些经历,他们可以学习如何以积极、成熟的态度面对生活中的挫折和困难,增强心理韧性,这对于他们的个人成长和社会适应能力具有深远影响。

二、心理健康教育与体育教学深度融合的基本策略

体育教育不仅是打造强健体魄的重要途径,更是塑造健全人格与提升心理素质的关键环节。从体育学科的特性来看,其竞争性、合作性、挑战性等元素天然地蕴含了心理健康教育的内涵。无论是团队合作的篮球比赛,还是需要个人毅力的马拉松训练,都能在实践中培养学生的抗压能力、团队精神、自信心和适应力,这些都是心理健康的重要指标。从学生的发展需求来看,青少年时期是身心发展的重要阶段,他们面临着自我认知、社交技巧、情绪管理等多方面的挑战。体育活动提供了一个安全、积极的环境,让学生在面对挫折、处理冲突、实现目标的过程中,学习和实践心理健康的知识和技能。因此,我们应该更加重视体育教育,创新教学方法,将心理健康教育融入体育教学的各个环节,以实现学生的全面发展。

(一)同频共振

体育课程旨在通过身体活动来增强学生的体质,培养团队合作精神和

竞争意识。然而,传统体育课程往往缺乏对心理健康的足够重视。实际上,体育活动与心理健康之间存在着深厚的关联。正如身体健康与心理健康如同孪生兄弟,二者相辅相成,不可分割。世界卫生组织早在 1948 年就提出,健康是一个综合性的概念,它涵盖了身体、心理以及社会福祉的完好状态,而不仅仅是摆脱疾病或虚弱。这一定义凸显了身心健康的统一性,指出健康不仅仅是身体的无病无恙,更包含了心理和社会层面的健全。因此,将心理健康教育融入体育教学之中,能够产生协同效应,实现双向促进。

　　体育活动,尤其是团队运动,能够提供一个实践社会互动和情绪管理的平台。例如,篮球、足球等团队运动,可以培养学生的合作精神和团队意识,让他们在共同的目标下学会尊重、理解和信任队友,这在他们的个人成长和社会化过程中具有深远影响。同时,团队运动中的竞争和挑战,如比赛的胜负、个人表现的起伏,会带来各种情绪体验,如胜利的喜悦、失败的沮丧、压力的困扰等。这些经历有助于学生在面对困难和挫折时学习如何调整心态,培养他们的抗压能力和适应能力。正如心理学家 Carol Dweck 的"成长思维模式"理论所指出的,通过面对和克服挑战,人们可以发展出更坚韧的心理素质,形成积极的自我观念。

　　体育教学对于促进学生身心健康的全面发展,具备着无可估量的潜在价值。它不仅能够锻炼学生的身体,提高他们的体质,更能够通过提供实践社会技能和情绪管理的机会,帮助他们建立强大的心理韧性,为他们的全面发展打下坚实的基础。

　　(二) 因势利导

　　自我认知与自我接纳是衡量心理健康的重要标准,它们彰显了个人对自我价值的深刻认识和接受。著名教育家苏霍姆林斯基曾深刻指出,兴趣与成功体验在塑造学生内心世界中的独特作用,它们如同两股无形的力量,悄然打开学生心灵的大门,引领他们走向自我实现的道路。

　　体育教师的角色不仅仅是传授技能,更是发掘和激发学生潜能的引导者。因势利导、因材施教,这是体育教育的核心理念,也是每一位体育教师应当秉持的教学原则。每个学生都是独一无二的,他们各自的天赋和兴趣如同璀璨的星辰,等待我们去发现和照亮。例如,我们可能会遇到一些学生,他们的身体素质出众,尤其在弹跳力方面表现出色。对于这样的学生,教师可以适时引导,鼓励他们参加学校每年举办的跳高、跳远等运动项目。在一次次的跃动中,他们的潜力将得到充分的释放,同时也能在团队中找到自我价值,增强自信心。另一些学生可能对球类运动有着特别的热爱和天赋,他们可能拥有出色的协调性、敏捷的反应力和卓越的团队合作精神。教师可以借此机会在学校内部创建球类兴趣小组,如篮球、足球、乒乓球等,提供一个让他们自由发挥的平台。通过组织定期的训练和比赛,学生不仅可以提升技能,还能在团队合作中培养领导力和团队精神,这对于他们的全面发展至关重要。

在教学过程中,我们不仅要放大和培养学生的优点,也要帮助他们认识到并逐步克服自身的不足。比如,针对力量薄弱的学生,加强力量训练将是一种有效的改善方式;而针对协调性不佳的学生,专门的协调性训练则是提升其能力的关键途径。这样的过程不仅是技能的提升,更是自我认知和自我挑战的过程,有助于学生形成积极的自我形象和坚韧的意志品质。

兴趣是点燃学生热情的"润滑剂",成功体验则是消除学生自卑、增强自信的"去锈剂"。苏霍姆林斯基的这一观点,打开了体育教学的一扇门,我们要努力找到每个学生的体育兴趣点,通过不断尝试和努力,积累成功体验,从而提升自我价值感,增强自信心。教育学生珍视并培养自己的兴趣,学会从每一次的尝试中寻找和珍视成功体验,让它们成为成长的助力,驱散内心的自卑,照亮前行的道路。

(三)榜样引领

坚强,这是一份内在的力量,一种面对生活挑战时的不屈不挠,是人类精神宝库中的一颗璀璨明珠。它不仅是人们克服困难的基本心理素质,更是人类在面对逆境时,保持乐观、积极向上的关键因素,是心理健康的重要标志之一。在体育教学中,我们有责任、有义务去培养和塑造学生的坚强心理,让他们在运动的磨砺中,学会如何在生活的风浪中乘风破浪,勇往直前。

我们充分认识到榜样的深远影响。正如孔子所言:"领导者若品行端正,无需下令,民众也会效仿;若品行不端,即使三令五申,也难以得到民众的支持。"榜样如同指路明灯,为我们照亮前行的道路,点燃内心的热情与动力。因此,我们可以树立各种榜样,如每学期定期评选出的"最佳运动员"、"勇气代表"、"力量担当"等荣誉称号,这些荣誉不仅是对优秀品质的肯定,更是激发学生健康竞争意识和进取心的有效手段。

体育运动员无疑是坚强精神的鲜活载体。在教学中,我们应有意识地宣传和弘扬体育运动员的精神,讲述他们的故事,让同学们了解他们在训练场上的汗水、赛场上的拼搏,以及面对挫折时的坚韧和毅力。比如,我们可以分享残奥会、特奥会选手的感人故事,他们身残志坚,用不屈的意志和顽强的毅力,一次次挑战自我,创造佳绩。这些榜样人物,就像一面面镜子,让学生看到什么是坚韧,什么是毅力,什么是不屈不挠,从而唤醒他们内心深处的坚强意志,激发他们去面对生活的困难和挑战。

体育教师必须时刻保持高度的责任感和敬业精神,以身作则,成为学生的榜样。体育教师应担当起运动技能导师的角色。他们通过精心策划的课程,向学生传授多样化的运动技巧,助力学生塑造健康的生活方式。例如,他们会教导学生如何正确地跑步、跳跃,甚至更复杂的篮球、足球技巧。这些技能不仅能够增强学生的体质,还能培养他们的团队合作精神和竞争意识。

体育教师应致力于成为品格教育的践行者。在参与体育活动的过程中,学生们不仅会遭遇挫折与失败,还将感受到经过努力取得成功的喜悦。体育教师需要引导学生正确面对这些情况,教会他们坚韧不拔的精神、公平竞争的道德观和尊重对手的品质。这些都是在课堂上无法教授,但在生活中至关重要的品质。

体育教师应成为行为规范的楷模。体育教师的行为,无论是对规则的尊重,还是对胜利和失败的态度,都会深深影响学生。例如,如果教师在比赛中遵守规则,即使在不利的情况下也不放弃,学生就会学习到这种公正和毅力。反之,如果教师的行为不端,那么学生可能会认为这是可以接受的,从而在日常生活中模仿。

体育教师必须时刻意识到自己的影响力,每一个动作、每一句话都可能在学生心中留下深刻的印记。要通过自身的专业素养、高尚品质和积极态度,为学生树立一个值得效仿的榜样,引导他们成长为身心健康、品格优良的公民。

(四)合理借鉴

在体育教育中,提升教学效果并不仅仅是增强体质和技能的训练,更应注重培养学生的心理素质。为了达到这一目标,我们可以探索并引入一些创新的心理训练方法,如放松训练、正念训练等,这些方法旨在帮助学生在运动中学习如何集中注意力,提高专注力,同时也能使他们在日常生活中更好地应对压力和焦虑,构建健康的心理状态。

体育教学与心理放松训练的结合,不仅能够增强学生的身体健康,还能培养他们的心理韧性,帮助他们在面对生活压力时保持平衡和积极的态度。研究表明,适度的体育活动可以释放内源性吗啡肽,这是一种能引发愉快感觉的神经递质,有助于缓解压力和焦虑(Cohen, 2012)。因此,体育教学能够作为一种有效的心理调适手段。

心理放松训练,通常包括深呼吸、冥想、瑜伽等技巧,旨在帮助个体学会在面对压力时保持内心的平静和平衡。将这种训练与体育教学相结合,能够孕育出一种创新的教育模式。例如,在体育课中融入冥想元素,让学生在运动后进行短暂的静心练习,可以帮助他们更好地处理学习和生活中的压力,提高情绪管理能力(Brown & Ryan, 2003)。此外,这种结合方式亦可通过设定具有挑战性的体育任务,培养学生的抗压能力和自信心。当他们在面对困难时,学会运用心理放松技巧来调整心态,这将对他们未来的生活和职业生涯产生深远影响。一项对中学体育课程进行改革的研究发现,参与了结合心理放松训练的体育课程的学生,其自尊心和抗压能力显著提高(Smith et al. , 2015)。

以正念训练为例,这是一种源自佛教的实践,近年来在心理学领域得到了广泛应用。通过引导学生关注当下,接纳并观察自己的思绪和感受,而不是被其牵引,可以有效降低焦虑水平,增强情绪管理能力。一项在中学进行的实证研究显示,将正念训练融入体育课程的学生,其焦虑水平平均下降了15%,这不仅有助于他们在学习上更加专注,提高学习效率,而且在社交互动中也表现得更为自信,社交能力得到了显著提升。

然而,将心理训练方法融入体育教学并非易如反掌。首要挑战是教师的专业能力,他们需要接受专门的培训,以掌握正确的引导技巧和应对可能出现的心理问题的能力。其次,学校需要提供必要的资源,如专门的训练设施、教材和心理咨询服务,以支持这一教学模式的转变。此外,家长和社会的理解和配合也至关重要,他们需要认识到这种教育模式的价值,共同为学生创造一个支持和接纳的环境。同时,心理健康教育成效的保障离不开课程的精心规划与科学评估。教师需要充分考虑学生的年龄特征、心理成长阶段及个性化需求,量身打造适宜的训练项目与活动。定期的评估,包括学生的自我反馈、教师的观察以及可能的心理量表测试,可以帮助教师了解训练的效果,及时调整教学策略,以确保心理训练的针对性和有效性。

将心理训练技巧融入体育教学,是提高教学成效、培育全面发展的学生的关键路径。尽管面临诸多挑战,但只要我们持续努力,提供必要的支持和资源,就有可能在体育教育中开创出一片新的天地,为学生的身心健康和全面发展奠定坚实的基础。

三、心理健康教育与体育教学深度融合教学案例

1.《乒乓球握拍方法》第 1 课时(人教版三年级全一册)

教者:张敏(宁乡·南田坪小学)

教材分析:乒乓球运动在我国拥有广泛的适应性和深厚的普及基础,深受小学生的青睐,是他们钟爱的运动项目之一。此项运动在促进小学生身心全面发展、提升人体基本活动能力方面,发挥着举足轻重的作用。乒乓球因其小巧、轻盈、灵活、迅速且多变的特性,加之其丰富多彩的内容与形式多样的活动方式,不仅能够培养学生的决断力、机敏性、坚韧不拔等心理品质,还能增强他们的团队协作能力、体育活动参与能力以及情绪调节能力,进而塑造出良好的体育道德风尚。

学科素养目标:第一,了解乒乓球的基本知识和规则。第二,学会正确的握拍方式和基本动作姿势。第三,进行简单的握拍练习和基本动作训练。

心理融合目标:第一,培养学生的自信心和坚持不懈的品质:在乒乓球的教学过程中,鼓励学生克服困难和挫折,培养他们的自信心和坚持不懈的品质,使他们在面对困难时能够坚持不放弃,努力克服。第二,提高学生的注意力和集中力:乒乓球是一项速度快、反应要求高的运动,在教学中可以通过各种专注力训练活动,提高学生的注意力和集中力,培养他们的反应速度和敏锐度。

教学重点:握拍方式的正确性。

教学难点:基本动作姿势的准确性。

教学过程	融合时机与策略
一、引入 1.向学生简要介绍乒乓球的起源、发展和流行程度。 2.提出学习乒乓球的重要性,并激发学生的学习兴趣。	介绍乒乓球的起源、发展和流行程度,激发学生的学习兴趣。

教学过程	融合时机与策略
二、乒乓球基本知识介绍 1.分享乒乓球的基本知识,包括球桌尺寸、球拍规格、发球规则等。 2.让学生写下关键的乒乓球基本知识,并对其进行讲解和解答。 三、正确的握拍方式 1.展示正确的握拍方式,详细解释每个手指的位置和拿球拍的角度。 2.让学生模仿老师的动作进行握拍练习,并给予实时纠正和指导。 四、基本动作姿势介绍 1.详细解释乒乓球的基本动作姿势包括站立位置、脚步的运用和身体的平衡。 2.进行基本动作姿势的示范并让学生模仿,注意身体的协调和动作的流畅性。 五、基本动作练习 1.在球桌一端设置一个篮子,两人一组,让学生互相练习,使用正确的动作将球放入篮子中。 2.强调动作的正确性、节奏感和准确度。 六、总结与反馈 1.复习乒乓球基本知识、正确的握拍方式和基本动作姿势。 2.收集学生对本课的反馈,了解他们的掌握情况并回答问题。	通过握拍训练,鼓励学生克服困难和挫折,培养他们的自信心和坚持不懈的品质。 进行小组练习,提高学生的注意力和集中力。培养团队合作精神,与他人产生深入的互动交流。在生活中也可以更好地融入集体,与他人愉快相处。 收集学生反馈并进行解答,可以让学生了解自己当前的学习水平,也加深了学生对学习内容的理解。这样学生会更有信心完成学习上的挑战,获得更好的学习成果。
作业超市: A.进行乒乓球握拍训练。 B.每天进行适当的体育锻炼。	板书设计:

2.《障碍跑》第1课时(人教版二年级下册)

教者:戴迅(宁乡·流沙河镇中心小学)

教材分析:障碍跑作为小学体育课程体系中的核心组成部分,其教学实施对于促进学生的全面发展具有深远意义。具体而言,障碍跑的学习不仅能够锻炼学生的耐力与灵活性,还能够在实践中增强学生的身体协调性,并培育学生面对挑战时的勇敢无畏精神。

学科素养目标:第一,运动能力:90%的学生能够顺利通过2-3种障碍物、提高学生灵敏、协调等身体素质。第二,健康行为:了解过障碍的方法、并能应用实际生活保护自己。第三,体育品德:乐于参加障碍赛跑游戏活动,守规则、讲合作,共同完成任务。

心理融合目标:第一,培养学生的学习运动的能力,激发学习运动兴趣和探究运动精神,树立运动自信,快乐学习。第二,促进学生德智体美劳全面和谐发展,培养学生的创新精神和运动实践能力,引导学生在学习和生活中感受解决困难的快乐,学会体验情绪并正确表达自己的情绪。

教学重点:在跑动中掌握合理的、适合自己绕、跳、钻的过障碍方法。

教学难点:灵巧、协调、安全过障碍。

教学过程	融合时机与策略
一、开始部分 课堂常规 1.体育委员集合整队,清点人数 2.师生问好 3.宣布本节课任务及安全要求 4.检查着装	通过集合整队,清点人数,能增强学生集体意识。

教学过程	融合时机与策略
组织队形 要求:快静齐 二、准备部分 (一)热身活动:音乐手绢 1.在老师带领下,随音乐情绪的变化玩手绢。如:顶、绕、抛、夹、吹、转等方法。 (二)热身手绢操 1.随音乐完成手绢操。 第1节—旗语;第2节—风车转;第3节—伸懒腰;第4节—读书郎;第5节—洗衣服;第6节—作揖;第7节—拉弓箭;第8节—擦窗子 三、基本部分 1.【学练】跑:障碍跑 综合练习规则与方法:全班分成四个小组,第一小组先越过障碍的,其他三组做障碍。三组同学成一横队,分别相距2-3米远,第二小组同学做小树,第三小组同学做座椅,第四小组同学做山洞。第一小组同学听信号后,立即跑动分别绕过、跳过、钻过三个障碍,再返程过障碍回到起点位置立即做小树,第二小组听信号迅速站起依次完成过障碍的练习,第三、第四小组再听信号互换角色练习,直至全部完成任务。 【竞赛】"我是快乐的清洁工"游戏规则:四路横队排头同学每人准备两块手绢当擦布放在脚前。游戏开始,排头同学迅速下蹲,用两手撑在手绢上并直线向前跑动	师生进行趣味热身,初步培养学生的学习能力,激发学习兴趣,树立开朗的人格。 经由学练与竞赛的双重环节,我们旨在引领学生深切体验完成任务的愉悦,进而点燃他们树立自信、乐于探索学习的精神火花。

教学过程	融合时机与策略
擦地行进,擦至对面标志线后方可折回先完成的队是优秀清洁工。 1.组织队形 2.组织队形 3.组织队形 4.组织队形 组织队形 1.擦地中途两手不能离开手绢,若滑倒爬起来继续游戏 2.擦至对面终点时手绢必须碰到标志线后才能回来 3.【体能】手绢体能 手绢仰卧起坐 20 * 3 跳接手绢　　20 * 3	师生共同总结,引导学生学会大胆自信地表达自己的情绪、收获。

教学过程	融合时机与策略
四、结束部分 1.放松 2.师生总结 3.布置课后练习作业 4.回收器材,师生再见	
作业超市: 　A.复习障碍跑的基本要领。 　B.同父母一同进行家庭障碍跑。	板书设计:

3.《立定跳远》第 1 课时(人教版《体育与健康》三至四年级)

教者:曾梦(宁乡·流沙河镇中心小学)

教材分析:本课源于人教版《体育与健康》教材,专为三至四年级学生设计,聚焦于舞蹈练习部分。立定跳远作为水平二跳跃运动的核心内容,是提升学生腿部力量与弹跳能力的关键途径。教学重点在于引导学生掌握双腿协调用力蹬地起跳、脚跟着地、平稳落地的基本技术动作,并力求学生能够熟练完成起跳动作。这些课程均建立在学生已掌握多种跳跃形式的基础上,如模仿不同动物跳跃等,旨在通过系统的练习,帮助学生学会科学锻炼,增强体质,实现全面发展。

学科素养目标:第一,掌握立定跳远的方法,体验急行跳远的动作方法。第二,通过跳跃学习和游戏,发展灵敏、爆发、协调和力量等身体素质。

心理融合目标:第一,通过心理融合的学习活动,学生们能够深切地感受到跳跃运动所带来的愉悦与欢乐,这种体验将深刻烙印在他们的记忆中。第二,学生们积极主动地与他人展开交流与协作,这一过程不仅加深了彼此间的理解和默契,更有助于培养出卓越的团队协作精神,为未来的团队合作奠定坚实的基础。第三,培养学生的吃苦耐劳精神,通过一系列的挑战与磨砺,他们的耐挫能力将得到显著提升,从而更好地应对生活中的各种困难和挑战。

教学重点:学会如何在跳跃中运用单脚和双脚的技巧,并通过游戏来锻炼这些技能。这样可以提高身体的灵活性、爆发能力、协调能力和力量。

教学难点:积极参与跳跃课程,感受跳跃的乐趣,并且要主动与同学交流和合作,培养团队协作精神。

教学过程	融合时机与策略
一、课堂常规 1.体委组织全体成员、向师生问候、汇报参会人数,并对服装进行检查。 2.宣布课的内容和任务。 3.队列练习。 4.师生互动。 二、热身活动(6-8分钟) 1.在热身跑中单脚或双脚跳过摆放的折叠尺,同时复习了上节课的内容。 2.播放音乐,有节奏地进行热身操。 三、基本活动(20-24分钟) 1.师生互动:立定跳远怎样跳才能跳远呢? 2.通过多媒体演示,让学生学习如何正确地进行立定跳远,以及"一摆二蹲三跳起、快速蹲地展身体、提膝收腹伸小腿、脚跟着地向前起"的口号。 3.教师讲解示范,学生模仿教师动作进行预摆动作,注意两腿弹性屈伸要协调,两脚起跳充分蹬地发力,腾空舒展协调,双脚落地平稳。 4.教师带领学生原地预摆,两腿弹性屈伸练习和两脚蹬伸发力练习。 5.引导学生两人一组,利用折叠尺自主练习。 6.一跳一评的方法进行练习,同时教师提出问题,预摆几次起跳最佳?落地时身体为什么要向前? 7.引导学生在练习中通过"学""练"逐步提高成绩,从学前都学后练习,从动作、距离、心理等有了提高和完善。	学生通过在热身跑和单双脚跳跃折叠尺的过程中注意安全,充分起跳注意落地缓冲。热身操中充分活动各关节,动作舒展协调。 跟随教师练习,学生积极主动,勇于拼搏,具有团队精神与合作意识。提高保护自己的安全意识。

教学过程	融合时机与策略
8.男女小组评比对抗赛,每人跳一次,累计总成绩。 四、放松身心活动(8-10分钟) 1.团队合作游戏:秘密行动 规则:《长津湖》很好的一部抗美援朝的爱国电影,你们就是里面的小战士,本次任务需要渡河作战打掉敌人的指挥所,船少人多,船为三根折叠尺拼成的"渡河小船",每个小组有10人,要求所有人从河岸的跳到船上,因此要不在破坏船形状的前提下10人全部在"蹬船",视为成功"过河"。通过这个游戏,我们可以更加深刻地理解今天的幸福与安宁,这些成果离不开我们的祖辈们付出的牺牲。我们应该在童年时期努力奋斗,为祖国作出贡献。 2.师生练习。 3.师总结。 4.体育委员收拾器材,师生下课。	用情境游戏引导学生与同伴合作,认识到集体的重要性,渗透爱国教育和规则教育。
作业超市: A.练习立定跳远。 B.仰卧起坐或者深蹲。	板书设计: 立定跳远 一摆二蹲三跳起 快速蹲地展身体 提膝收腹伸小腿 脚跟着地向前起

4.《立定跳远》第1课时(人教版《体育与健康》三年级第四章第二节)

教者:王佳音(宁乡·流沙河镇中心小学)

教材分析:立定跳远是《体育与健康》课程中的关键组成部分,它不仅有助于提升学生的身体素质,还能有效培养学生的意志品质,如积极进取、勇于面对挑战、坚韧不拔等。同时,这项运动还能显著提升学生的跳跃能力,对增强运动能力、灵敏度和协调性等方面产生积极的推动作用。立定跳远的技术动作主要划分为四个紧密相连的阶段:预摆、起跳、腾空与落地。每个阶段都至关重要,需要学生细致入微地掌握与练习,以达到最佳的跳远效果。

学科素养目标:第一,帮助学习者建立准确的立定跳远的技术理论。第二,学生能掌握立定跳远的膝关节弯屈伸展和两臂前后摆动的协调用力的运动要领。第三,培养他们奋发向上的精神面貌和团结协调、共同发展的协作能力。

心理融合目标:第一,培养学生的学习运动的能力,激发学习运动兴趣和探究运动精神,树立运动自信,快乐学习。第二,促进学生德智体美劳全面和谐发展,培养学生的创新精神和运动实践能力,引导学生在学习和生活中感受解决困难的快乐,学会体验情绪并正确表达自己的情绪。

教学重点:上、下肢协调用力。

教学难点:蹬地向前向上跃起,以及落地缓冲。

教学过程	融合时机与策略
一、课前准备 1.集合整队,检查人数,师生问好。 2.教师宣布本课内容以及注意事项; 3.检查服装、安排见习生。 二、组织措施:队列队形 : 四列横队集合 △△△△△△△ △△△△△△△ △△△△△△△ △△△△△△△ ★ 专项热身 森林运动会赛前准备 要求:快、静、齐、精神饱满、思想向上	养成良好的时间管理意识,提升心理素质,队列队形的训练,还可以促进学生形成健康的身心以及良好的学习秩序。

教学过程	融合时机与策略
一、教学活动 　1.专项热身结合情景导入,运用森林运动会,进行各种动物热身。 　2.全部学生成广播体操队形分散开。 　3.学生跟着教师口令一起做动作,特别注意教师的示范动作。 二、组织措施: 　1.学生成以下四列横队分散开,全体学生脸面向老师 　△　△　△　△　△　△　△ 　△　△　△　△　△　△　△ 　△　△　△　△　△　△　△ 　△　△　△　△　△　△　△ 　★ 慢跑,在跑步的过程中进行跳跃练习。 　老虎单脚跳 　兔子双脚跳 　大鹏展翅跳 　立定跳远动作方法诀窍: 　预备:两脚开立与肩同宽 　两臂摆向上预摆 　两臂摆向下预摆的同一时间进行下蹲运动。 　3.在两臂迅速向前上方摆动的同时,两腿同一时间使劲的蹬离地面并且向前上方腾跃起。 三、教学活动 1.请同学模仿自己喜欢的动物进行跳跃练习 2.学生讨论、尝试、练习。 3.进行立定跳远的学习。	培养学生的学习兴趣,体验学运动的乐趣: 　专项热热身活动不仅训练了学生平时运动的成果,还激发了学生运动的兴趣,增强了学生运动的自信心,活跃了课堂气氛。

续表2

教学过程	融合时机与策略
(1)立定跳远预摆练习。 教师讲解动作要领,学生模仿练习 喊口令练习 口诀练习:高人、矮人、超人。 要求:降低重心、协调连贯。 教师示范,讲解动作,喊口令练习, 分组练习 四组一排一排练习。 (4)示范练习。 在分组练习中找出每组跳的最好的同学进行示范。 四、森林运动会开始(游戏) 1.游戏的方法:学生分成 4 组,每组学生进行森林运动会竞赛,学生在各自的区域中,根据跨越过障碍物的要求完成森林运动会的比赛项目。 2.游戏的规则:开始的时侯,各组第一位学生都统一站在起跑线前,听到教师发出开始的口哨声后立即跑出去,并且在其相对应的地方越过每一个障碍物。不可以抢跑,完成后将接力棒交给下一个同学。 教学活动 1.每组进行比赛练习 2.所有的学生在理解教师所说的游戏方法后,在教师发出的口哨声下,开始进行森林运动会比赛。 △△△△△△△ △△△△△△△ ┌──────────┐ △△△△△△△ │ ★　障碍物区 │ △△△△△△△ └──────────┘ 3.课课练。 1.3组高抬腿	通过听老师讲要领和学生进行练习,体现了学生能自主参与各种运动活动的能力,以及自立、开朗、合群的健康人格。 在游戏合作中不仅树立了集体意识,还培养团结合作,共同进步的健康人格。

续表3

教学过程	融合时机与策略
五、放松活动 放松操 六、小结 学生说说本节课的收获 老师总结 七、收拾器材	
作业超市: A.熟记立定跳远口诀。 B.进行立定跳远练习。	板书设计:

5.《原地双手头上前掷实心球》第 1 课时

教者:孙畅(宁乡·白马桥中学)

教材分析:投掷实心球运动,尽管在某些时候可能显得略显单调,但实际上是一项对力量要求颇高的体育活动。它着重于通过持续不懈的练习,强化学生的上下肢、腰腹部、肩部及背部等关键肌肉群的力量,从而显著提升身体的整体协调性。在教学过程中,学生们不仅能够显著增强体质,还能在参与中逐渐培养出良好的组织纪律性。唯有当学生在速度与力量上均有所提升,并熟练掌握了正确的技术要领后,方能在比赛中发挥出自己的最佳水平,从而取得令人满意的成绩。

学科素养目标:第一,使学生熟悉双手头上掷实心球的技术要领及力量运用的步骤。第二,通过指导,帮助80%的学生初步把握双手头上掷实心球的最佳出手点和投掷角度。第三,增进学生对实心球训练的热忱,同时借助团队游戏来塑造学生间的团结合作精神。

心理融合目标:第一,养成善于思考、乐于体验、勇于展示的学习习惯,学会赏识与评价的方法。第二,培养学生的学习运动的能力,激发学习运动兴趣和探究运动精神,树立运动自信,快乐学习。第三,引导学生在学习和生活中感受解决困难的快乐,学会体验情绪并正确表达自己的情绪,加强组织纪律性和安全意识的培养,学会安全防范的方法。

教学重点:持球动作、出手高度和角度。

教学难点:上、下肢的用力协调(后腿蹬地→伸膝→挺髋→收腹→送肩→挥臂→甩腕发力)。

教学过程	融合时机与策略
一、开始部分 1.体育委员整队报告人数。 2.师生问好,宣布课的内容与要求。 3.安排见习生,检查服装。 二、准备部分 1.热身慢跑:围绕操场慢跑2圈 2.徒手操 (1)扩胸运动 (2)弓步双臂互推; (3)腰部运动; (4)弓步压腿; (5)单臂后振; (6)手脚腕绕环 3.双人专项准备活动 (1)双臂压肩; (2)互背运动; 三、基本部分 双手头上前掷实心球 1.学习持球方法并熟悉球性,自我体验 (1)纵队原地侧转体传接球,从第一位同学依次向后传。 (2)第一位同学从头顶依次向后传球 (3)第一位同学从两脚间胯下向后依次传。	通过集合整队,清点人数,增强学生集体意识。 师生进行趣味热身,初步培养学生的学习能力,激发学习兴趣,树立开朗的人格。 通过学练和竞赛两个环节,引导学生体验完成任务的快乐,激发学生树立自信、乐于学习的精神。

教学过程	融合时机与策略
2.完整动作教学 　　动作要领:双手持球于头上后方,身体后仰(尽力成满弓),由双腿用力蹬地到髋关节及躯干屈曲,肩部迅速向前,快速挥动手臂,最后屈腕,把球掷出。 　　要点:两腿用力蹬地,送髋展胸,两臂用力掷球。 　　(1)集体徒手练习。 　　(2)坐着扔,体会用上肢用力的感觉 　　(3)跪着扔,体会挺髋后仰用力的感觉。 　　(4)两脚前后站立双手头顶投掷进行背弓练习(徒手) 　　(5)两脚前后开立双手头顶投掷(持球) 　　(6)两人为一组进行双手头上前掷实心球,注意体会背躬用力的感觉和出手的位置和角度。 　　注意三后:两肘在头后,肩在臀后,臀在膝后。 　　影响远度的三度:出手的初速度,出手的角度,出手的高度。 　　3.分组练习 　　(1)男女生各站两列,轮流练习,前排持球练习时,后排徒手练习。 　　(2)练习是说出口诀:心形持球前后站,展髋后仰成满弓,蹬腿送髋展肩臂,手臂前挥速要快,换脚及时控重心 　　(3)每小组进行原地双手头上掷实心球的比赛。 　　四、结束部分 　　1.集合整队进行放松 　　2.课堂小结 　　3.归还器材,宣布下课	引导学生在学习和生活中感受解决困难的快乐,学会体验情绪并正确表达自己的情绪。 　　加强组织纪律性和安全意识的培养,学会安全防范的方法。 　　小组对抗性练习,激发学生团队意识和荣誉感。
作业超市: 　　A.复习原地双手头上前掷实心球的基本要领。 　　B.课下有时间进行原地双手头上前掷实心球练习。	板书设计:

第八节 心理健康教育与音乐教学的深度融合

心理健康教育与音乐学科课程这两者看似分属不同的领域,实则在培养全面发展的学生方面具有不可忽视的互补性。心理健康教育关注个体的情感、认知和行为的健康发展,而音乐教育则通过艺术的形式,激发学生的创造力,提升他们的社交能力和情绪管理能力。因此,将两者深度融合,可以为学生的全面发展提供更为丰富的教育资源。

音乐教育作为一种富有创新和潜力的教育形式,对于促进个体的心理健康具有不可忽视的作用。它不仅能够提供一个舒缓压力、降低焦虑的平台,更是一个培养团队合作、增强情感表达的绝佳载体(Taylor et al., 2016)。多项研究已经证实,参与音乐活动能够显著改善学生的心理状态。例如,一项在 2016 年发表的研究表明,参与合唱团的学生在经历了一段时间的合唱训练后,他们的压力水平和焦虑感明显下降(Taylor et al., 2016)。在合唱过程中,学生需要学习如何与他人和谐共处,如何倾听和尊重他人的声音,这些经验有助于他们在日常生活中建立更健康、更和谐的人际关系。

音乐创作向学生提供了一个独特的自我表达平台,对于那些在沟通和情绪表达上遇到困难的学生来说,他们可以通过音乐来传达自己的感受,无论是快乐、悲伤还是困惑,都可以在音符中找到共鸣和释放。这种非语言的表达方式,往往能够触及人的心灵深处,帮助学生更好地理解和接纳自己的情绪,从而实现自我疗愈和成长。

心理健康教育能够为音乐课程赋予更深层的意义,通过引导学生理解和处理音乐中表达的各种情绪,教师可以帮助他们发展更丰富的情感词汇,增强他们的情绪识别和管理能力。同时,心理健康教育也可以帮助学生建立健康的自我形象,例如,通过鼓励他们在音乐表演中展示自我,可以提升他们的自信心和自我价值感。

心理健康教育与音乐学科课程的深度融合,不仅能够丰富教育的内容和形式,更能够帮助学生在艺术的熏陶中提升心理素质,实现身心的全面发展。

一、音乐学科的心理健康教育内容

音乐学科课程内容包括"欣赏""表现""创造"和"联系"4类艺术实践,这个看似单一的领域,实际上蕴含着丰富的心理健康教育资源。它不仅教授音符、旋律和节奏,更在无形中塑造着个体的情感世界,培养他们的社交技巧,以及应对生活压力的能力。音乐教育,就像一把无形的钥匙,开启了通向心理健康的大门。

(一)激发和调节情绪

音乐这个无形的艺术形式,具有神奇的力量,能够深深触动人类的情感核心,激发并调节我们的情绪。自古至今,无论在东方还是西方,音乐都被视为一种强大的情感表达和疗愈工具。近年来,科学研究也证实了这一观点,揭示了音乐对人类心理健康的深远影响(Vuoskoski & Eerola, 2011)。一项由 Vuoskoski 和 Eerola 进行的研究表明,音乐能够刺激大脑的奖赏系统,这个系统在我们体验快乐、满足感时被激活。当人们沉浸在音乐中,无论是轻柔的钢琴曲,还是激昂的交响乐,都能刺激大脑释放出"快乐荷尔蒙"——多巴胺。多巴胺的释放如同一种内在的奖赏机制,帮助我们缓解压力,提升心情,使我们感到愉悦和放松。

学生在紧张的学习环境中,面临着巨大的压力和挑战。此时,如果他们能够抽出片刻时间,聆听一段宁静的古典音乐,如巴赫的"Air on G String"或莫扎特的"Piano Concerto No. 21",音乐的魔力就会开始显现。它能帮助学生放松紧绷的神经,平静焦虑的心情,仿佛在忙碌的生活中打开了一扇通往宁静的窗。这种情绪的恢复和放松,对于提高学习效率,保持良好的心理状态具有积极的作用。

音乐的疗愈效果并不仅限于听音乐,演奏乐器同样能够带来显著的心理益处。例如,学习弹钢琴或吹奏长笛等乐器,需要集中注意力和协调手眼协调,这个过程可以促进大脑的神经可塑性,帮助人们在面对压力时保持冷静和专注(Chanda & Levitin,2013)。

音乐是一种强大的情绪调节工具,它能够深入我们的内心,帮助我们应对生活中的压力和挑战。无论是作为学习的伙伴,还是作为心灵的慰藉,音乐都能以其独特的方式,为我们的生活带来更多的和谐与快乐。无论我们身处何处,都应珍视音乐的力量,让它成为我们生活的一部分。

(二)团队协作和社交技巧

音乐教育,作为一种富有创新和深度的教育形式,对于塑造个体的社交能力和团队协作精神具有不可忽视的价值。在合唱团的和谐旋律中,在乐队的激昂节奏里,每个音符的跃动都是一次团队协作的生动实践。每个成员不仅要精通自己的乐器或声部,更要理解和尊重其他成员的角色,学会倾听和配合,以达到整体和谐的效果。这种深度的互动和协作,在无形中锻炼了他们的团队精神和沟通能力。

美国心理学会的一项研究进一步证实了这一观点。研究发现,参与音乐团体活动的学生在团队合作和领导力上的评分显著高于同龄人。Plante等学者(2015)的研究报告显示,这些学生在处理复杂社交情境、解决团队冲突以及展示创新领导风格等方面表现出更强的能力。这表明,音乐教育不仅教授了音乐技能,更在培养学生的社会情感技能方面发挥了重要作用。例如,当一个乐队在演奏一首复杂的交响乐时,每个成员都需要精确地掌握自己的节奏和音调,同时还要关注整个乐队的动态,以便适时调整自己的演奏。这种高度的同步性和协调性,无疑需要强大的团队合作和沟通技巧。而这些在音乐实践中习得的技能,可以无缝地迁移到日常生活、学习甚至未来的工作环境中,帮助他们在各种团队环境中更好地表现。

音乐教育还提供了丰富的领导角色机会。无论是指挥、独奏者还是小组负责人,都需要展示出领导力,如决策制定、目标设定和激励团队等。这种实践性的领导经验,对于培养学生的自信心和影响力具有深远影响。

（三）自尊和自信

音乐以其独特的魅力和力量,能够深深地影响着人们的心灵,尤其是在塑造个体的自尊和自信方面发挥着不可忽视的作用。正如心理学家 Susan Hallam 在 2010 年的研究中指出的那样,无论是创作音乐,还是在聚光灯下演绎,都能成为人们建立自我价值感的重要途径。

在音乐创作的过程中,每一个音符、每一个和弦都是创作者独特思想和情感的表达。当他们将内心的世界转化为可以被听见的旋律时,他们会体验到一种无与伦比的成就感。这种创造性的体验,就像是在心灵的画板上描绘出一幅独一无二的画卷,使人们认识到自己的独特性和价值,从而增强自尊感。

音乐表演提供了一个展示自我、挑战自我、超越自我的舞台。当站在聚光灯下,面对观众的期待,每一次成功的表现都是一次自我肯定的体验。每一次心跳加速的紧张,每一次克服恐惧的勇气,都如同磨砺钻石的砂砾,逐渐塑造出一个更强大、更自信的自我形象。这种自尊和自信的建立,对于个体的成长至关重要。它们如同坚固的基石,支撑着人们在面对生活中的困难和挑战时,能够保持积极乐观的态度。无论是学业上的挫折,还是人际关系的困扰,甚至是生活中的重大变故,拥有强大自尊和自信的人更有可能坚持下去,展现出坚韧不拔的毅力。例如,一项对参与学校音乐项目的学生进行的长期追踪研究发现,这些学生在面对压力和困难时,表现出更强的心理韧性（Catterall, Dumais, & Hampden-Thompson, 2004）。他们的自尊心和自信心使他们在面对挑战时更有勇气,更有能力去寻找解决问题的方法,而不是轻易放弃。

音乐不仅仅是艺术,更是一种力量,它能够激发人们的内在潜力,帮助他们建立积极的自我形象,增强自尊和自信,从而更好地面对生活的起伏和挑战。无论是作为教育者,还是作为家长,我们都应该重视音乐在个体成长中的重要作用,为他们提供更多的机会去创作、去表演,去体验音乐带来的无尽魅力和力量。

音乐学科中的心理健康教育内容是多维度、深层次的,它涵盖了情绪管理、社交技巧、自我认知等多个方面。因此,我们应该更加重视音乐教育,将其视为全面培养个体心理素质的重要组成部分。

二、心理健康教育与音乐教学深度融合的基本策略

音乐课程内容涵盖了"欣赏"、"表现"、"创造"和"联系"四大艺术实践领域,旨在全面培养学生的音乐素养和人文精神。这四个部分相互交织,相辅相成,共同构建了一个立体、生动的音乐学习空间。心理健康教育与音乐教学的深度融合,不仅能够丰富教学手段,提高教学效果,更能够帮助学生建立健康的心理状态,以更好地应对生活中的挑战。

(一)"欣赏"要注重审美和素养

心理健康教育与音乐欣赏教学的深度融合,通过音乐这一独特的艺术形式,激发学生的情感共鸣,促进他们的心理健康发展,同时提升他们的文化素养和审美能力。

音乐具有强大的情感表达力。音乐欣赏教学在学生的成长过程中不仅是一种艺术形式的启蒙,更是一种情感交流的桥梁,使学生能够深入体验和理解音乐中蕴含的丰富情感。通过这种体验,学生可以更好地理解和接纳生活中的各种复杂情绪,从而促进他们情绪的健康发展。

音乐,作为一种非语言的表达方式,能够跨越文化和语言的障碍,直接触动人们的心灵。它可以用欢快的旋律传达喜悦和活力,用低沉的和弦表达悲伤和沉思,甚至可以用复杂的音乐结构反映人生的矛盾和冲突。例如,贝多芬的《欢乐颂》以其明快的节奏和乐观的旋律,使人们感受到生活的美

好和希望,而莫扎特的《安魂曲》则以其深沉的旋律唤起人们对死亡和哀悼的思考。

在音乐欣赏教学中,教师可以引导学生分析和讨论不同音乐作品所传达的情绪和主题,帮助他们建立起情绪与音乐之间的联系。例如,当学生听到柴可夫斯基的《胡桃夹子》中的"糖梅仙子之舞"时,教师可以引导他们描述听到这段音乐时的感受,可能是轻盈、甜美,甚至是梦幻。这种情绪共鸣的过程,实际上是在训练他们的情绪识别和表达能力,对于他们的情绪管理能力有着积极的影响。

音乐欣赏教学,作为一种富有启发性的教育方式,旨在引导学生深入理解音乐的内在语言和外在形式,从而提升他们的艺术素养和生活品质。音乐如同一种无国界的通用语言,其表现要素如节奏的韵律、旋律的线条、和声的色彩,都是音乐家们用来描绘情感、故事和思想的工具。通过深入学习这些元素,学生能够更敏锐地感知音乐的细微变化,理解不同音乐风格的特性,甚至在心中构建起属于自己的音乐世界。例如,古典音乐以其严谨的结构和深沉的内涵,可以培养学生的逻辑思维和批判性思考;流行音乐的直接和生动,能够激发学生的创新意识和情感表达;而民族音乐则以其独特的地域特色和丰富的文化内涵,帮助学生开阔视野,增强对多元文化的尊重和理解。这些不同的音乐形式,就像多彩的画板,让学生们有机会尝试不同的表达方式,找到最能触动自己心灵的音乐语言,在学习如何通过音乐来表达自我。他们可能会发现,自己在听到某种特定节奏时会不自觉地摇摆,或者被某个旋律触动而产生共鸣。这种自我表达的能力,不仅能够丰富他们的内心世界,也有助于他们在社交场合中更好地与他人沟通,理解他人的感受,从而提升社交能力。

音乐欣赏教学能促进学生创新思维的发展。音乐,作为一种非线性的艺术形式,常常需要打破常规,挑战既定的规则。在分析和创作音乐的过程中,学生需要尝试不同的组合和变化,寻找新的可能性,这种思维方式的训练对于他们在其他学科甚至生活中解决问题都有着积极的影响。据统计,参与音乐教育的学生在创造力、批判性思考和团队合作等方面的能力普遍优于未参与音乐教育的学生。

在感知和理解音乐的体裁与风格的过程中,学生可以接触到不同的文化背景和历史传统,这有助于拓宽他们的视野,提升他们的文化理解素养。例如,通过欣赏不同国家的民歌,学生可以了解到各地的风俗习惯和历史故事,增强他们对多元文化的尊重和理解。

音乐欣赏教学能丰富学生的音乐审美体验,深化他们对音乐情感的体验。通过反复聆听和分析,学生可以更深入地理解音乐的内涵,感受到音乐的美,这对于他们的审美感知能力的提升大有裨益。

(二)"表现"要注重思想和情感

心理健康教育与音乐表现教学的深度融合,不仅让学生掌握声乐、器乐、综合性艺术表演所需的基础知识和基本技能,更是在艺术的舞台上,学会如何通过音乐表达自我,释放情感,从而提升他们的心理健康水平和艺术表现素养。

音乐,作为一种全球通用的语言,拥有着强大的情感传递能力。通过音乐表现教学,学生可以学习到如何用音符和旋律来表达内心的情感,这对于他们的自我认知和情绪管理具有深远影响。例如,一项研究显示,参与音乐活动的学生在应对压力和挫折时,表现出更高的心理韧性(Smith et al.,2018)。同时,音乐创作和表演也能增强学生的自信心,提高他们的社交技巧,这些都是心理健康的重要组成部分。通过参与各种音乐会、音乐节、工作坊等活动,学生有机会接触到多元化的音乐风格和文化,拓宽视野,增强文化敏感性和包容性。例如,他们可能需要在一次跨文化的音乐项目中,理解和演绎来自不同国家的音乐作品,这不仅锻炼了他们的音乐技能,也提升了他们的全球意识和跨文化交流能力。

在教学过程中,教师应采用创新的教学策略,以点燃学生的学习热情并挖掘他们的潜能。尤其在音乐教育和心理健康教育的融合上,教师可以采取一系列创新的教学方法,以促进这两者之间的深度融合,从而实现更全面的教育目标。项目式学习激励学生通过亲身体验和探索来习得知识与技能。在音乐教育中,教师可以设计一个项目,让学生创作一首能够表达他们当前情绪状态的歌曲。这个过程不仅需要学生运用音乐理论知识,如旋律、节奏和和声,而且还需要他们深入反思和理解自己的情感世界。这样的项目不仅能够提升学生的音乐创作能力,还能培养他们的自我认知和情绪表达能力。

合作学习是另一种有效的教学策略,它强调通过团队合作来促进学生的社会技能和问题解决能力。在音乐课堂上,教师可以引导学生们分成小组,共同创作一首歌曲。在合作过程中,学生们需要倾听和尊重他人的观点,协调不同的创意,这将有助于他们建立良好的沟通技巧和团队协作能力。同时,通过分享和讨论,学生们可以了解到不同的情绪表达方式,从而拓宽他们对情绪理解和接纳的视野。据一项研究显示,参与音乐创作活动的学生在情绪管理和社会技能方面表现出显著的提升(Smith, Johnson, & Johnson, 2005)。这进一步证实了创新教学策略在促进音乐知识与心理健康深度融合方面的有效性。

教师在教学实践中应积极探索和应用创新的教学策略,如项目式学习和合作学习,以激发学生的学习热情,提升他们的音乐技能,同时帮助他们建立健康的情绪管理和表达方式。这样的教育方式不仅能够丰富课堂内容,提高教学效果,更能为学生的全面发展奠定坚实的基础。

(三)"创造"要注重想法和创意

心理健康教育与音乐创造表现教学的深度融合,旨在激发学生的内在潜能,促进他们的全面发展,尤其是提升他们的创新实践素养。

音乐具有跨越文化和语言界限的力量,当学生被鼓励去探索音乐及其他各种声音时,他们不仅是在学习音乐理论和技术,更是在学习如何理解和表达情感,如何与他人建立共鸣。这种探索过程本身就是一种心理健康的培养,有助于建立学生的自信心,增强他们的社交技巧,以及提高他们的情绪管理能力。

融合教学,一种以创新和跨学科为特点的教育模式,学生不再仅仅是知识的被动接受者,而是被鼓励成为主动的学习者和创新者。特别是通过即兴表演和音乐编创等活动,这种教学方式能够深度挖掘学生的创新潜能,提升他们的综合素养。这些活动的设计旨在让学生将课堂所学的理论知识与实际应用相结合,例如,他们可能需要围绕一个历史事件、社会问题或个人情感等主题,创作一首具有感染力的歌曲。这个过程中,他们需要深入理解主题的内涵,然后通过旋律的起伏、节奏的变换和歌词的创作,将主题生动地呈现出来。这不仅要求学生具备扎实的音乐知识,更需要他们具备创新思维,能够从不同的角度去解读和表达主题,从而实现知识的活学活用。

这些实践活动为学生搭建了一个自我表达的舞台。他们能够毫无拘束地阐述自己的见解、情感和创意。在这个过程中,他们将学会如何以更有效、更有影响力的方式去沟通和分享自己的想法,这对于培养他们的独立思考能力和自我表达能力至关重要。正如教育家约翰·杜威所言:"教育并非仅仅为了生活的预备,它本身就是生活。"通过这类实践活动,学生能够在"学中做",在实践中实现自我提升。

这些活动同样有助于培养学生的团队合作能力。在创作一首歌曲的过程中,学生可能需要与他人合作,共同讨论和决定歌曲的风格、结构和内容。这样的合作经验将教会他们如何尊重和欣赏他人的观点,如何通过协商和妥协来达成共识,这些都是21世纪人才必备的技能。

心理健康教育与音乐创造表现教学的深度融合,不仅丰富了教育的手段和内容,也为学生的全面发展开辟了新的路径。它强调了教育的多元化和个性化,鼓励学生以更自由、更创新的方式去学习,去表达,去成长。此种教育模式的推广与应用,无疑将为培育具备创新精神与实践能力的未来人才做出卓越的贡献,其深远影响不容忽视。

(四)"联系"要注重内涵和功能

心理健康教育与音乐教育的深度整合,实现了两者之间的相互渗透与促进。学生不仅能够学习到音乐的技巧和理论,更能在过程中提升自我认知,理解社会,以及培养良好的情绪管理能力。探索生活中的音乐,不仅体现了对艺术的热爱,更是一种对生活深度理解与独特体验的追求。它旨在引导学生,乃至每一个人,去发现、去理解、去创造那些隐藏在生活角落的音乐元素,从而构建一个与音乐共生的丰富内心世界。

观察生活中的音乐现象,是开启这一探索之旅的第一步。这可能是一首在街头巷尾回荡的歌曲,可能是市场上的叫卖声,或者是雨滴敲打窗户的自然旋律。这些看似平常的声音,其实都是音乐的组成部分,它们以各自的方式诉说着生活的韵律和情感的色彩。例如,当我们在公园中听到鸟儿的歌唱,不妨停下来,用心去聆听,你会发现这是一首大自然的交响曲,充满了生机与和谐。

深入理解音乐与社会生活之间的联系,是探究音乐在生活中的角色的关键步骤。音乐不只是艺术的一种表现手法,它还映射了社会文化的诸多方面。不同的音乐风格和旋律,往往承载着特定地域、民族的历史记忆和文化特色。音乐教育也可以帮助学生建立起音乐与社会生活的联系,他们可以学习到音乐是如何反映和评论社会现象,如何在不同的文化背景下产生和演变的。比如,非洲的鼓乐充满了原始的热情与活力,反映了非洲人民对生活的热烈态度;而中国的古筝曲则以其淡雅的旋律,传达了东方的含蓄与内敛。通过深入理解这些内容,我们能够更深刻地认识世界,并拓展自己的文化视野。

将音乐巧妙地融入日常点滴,是达成音乐与生活无缝交融的实质性举措。这并不意味着每个人都需要成为音乐家,而是鼓励我们在日常生活中发现和创造音乐。这可以是自己哼唱的小曲,也可以是为家人烹饪时的锅碗瓢盆交响曲。更重要的是,通过创作,我们可以表达自我,释放情感,使生活因此而充满乐趣和意义。

培养与音乐为伍的生活习惯,是探索生活中音乐魅力的终极目标。无论是聆听音乐,还是参与音乐活动,都可以帮助我们缓解压力,提升生活质量。研究显示,定期接触音乐可以改善情绪,提高创造力,甚至对大脑的发育也有积极影响。因此,让音乐成为生活的一部分,无论是在清晨的跑步中,还是在夜晚的静思中,都能让我们的生活更加丰富多彩。

音乐具有强大的情感表达和人际沟通能力,探索生活中的音乐,是一次对生活深度感知的旅程,是一次对自我创造力的唤醒,更是一次对生活美学的追求。让我们用心去发现,用情去理解,用行动去创造,让音乐成为我们生活中不可或缺的一部分,让生活因此而更加和谐、美好。

三、心理健康教育与音乐教学深度融合教学案例

1.《茉莉花》第 1 课时(湘艺版六年级上册)

教者:文红玲(宁乡·龙江小学)

教材分析:《茉莉花》作为一首脍炙人口的中国传统民歌,承载着丰富的文化底蕴与深刻的情感寄托。它深刻地反映了人们对家乡的深切怀念与眷恋,以细腻的笔触颂扬了茉莉花的纯洁高雅,并寄托了对故土的无限思念。在旋律的构造上,《茉莉花》展现出一种优雅而质朴的美感,其旋律线条流畅、易于上口,特别适合儿童群体学习与传唱。这一过程不仅能够有效地培养他们的音乐感知力与基础演唱技能,还能让他们在音乐的海洋中畅游,感受旋律带来的愉悦与满足。歌词部分则细腻地描绘了茉莉花的绰约风姿与馥郁芬芳,以及茉莉花开时节所呈现出的绚丽景致。字里行间透露出作者对故乡的深深眷恋与感慨,让人在品味歌词的同时,也能感受到那份跨越时空的情感共鸣。通过学习《茉莉花》,学生们不仅能够领略到其音乐旋律的迷人魅力,更能深入领悟歌词背后所蕴含的情感寓意与文化价值。这不仅有助于提升他们对中国传统音乐的理解与认识,还能进一步激发他们对音乐与文化的兴趣与热爱,从而培养他们的艺术鉴赏能力与文化素养。

学科素养目标:第一,学生能够准确无误地演唱出《茉莉花》这首歌曲的主要旋律。第二,学生不仅掌握了歌曲的节奏,还满足了基本的音准要求。第三,学生们深入理解了《茉莉花》歌词中所蕴含的对故乡的深深眷恋之情,以及对大自然的无限赞美之意。第四,学生们还能够通过这首歌曲,进一步认识到茉莉花在中国文化中所具有的独特象征意义。

心理融合目标:第一,通过深入学习和精湛表演《茉莉花》,学生们能够细腻地传达出对故乡及自然环境的深厚情感与情感体验。第二,在充满互动与协作的小组表演环节中,学生们不仅学会了如何与同伴紧密配合,还共同创作并精彩展示了他们的表演作品。这一过程极大地增强了学生的团队合作意识和社交能力。

教学重点:帮助学生理解《茉莉花》歌词中表达的情感和意境,包括对故乡的眷恋、对自然的赞美。

教学难点:保证学生在唱歌时能够保持良好的音准,尤其是在高低音部分的转换和控制上;通过声音的表达方式,使学生能够传达出歌曲所表达的深刻情感,这是提高表演感染力的关键难点。

教学过程	融合时机与策略
一、情境导入 　1.播放音乐:课堂开始时播放《茉莉花》的音乐片段,让学生感受其旋律和节奏。 　2.引导讨论:引导学生谈论他们对这首音乐的第一印象,是否听过,是否喜欢,以及他们觉得音乐中传达了什么情感。 　3.了解茉莉花的历史和文化背景 　学生听老师简要介绍,然后讨论茉莉花在他们的文化和生活中有何种象征意义。 二、歌词理解 　1.分发歌词:分发《茉莉花》的歌词给学生,让他们阅读并讨论理解歌曲中的主题和情感。	在歌曲引入阶段,教师可以引导学生探讨歌曲表达的情感,并与学生分享相关的文化背景。通过理解歌词背后的意义和情感,激发学生的情感共鸣。

教学过程	融合时机与策略
2.小组讨论:将学生分成小组,让他们讨论歌词中的不熟悉词汇或表达方式,并互相解释理解。 三、音乐表达与演唱 1.将歌曲分段教给学生,教授歌曲的正确发音和歌词的节奏。 2.通过手势感受歌曲旋律线,同时哼唱茉莉花的旋律。 3.反复让学生跟唱每个小节,帮助他们熟悉歌曲的旋律和节奏。 四、文化理解与互动 1.学生分享他们对《茉莉花》的个人理解和感受。 2.提问学生关于茉莉花在中国文化中的其他用途和象征。 五、集体演唱 1.组织学生分组排练,确保各个声部和整体的和谐。 2.确保每位学生都能在整体表演中找到自己的位置和角色。 3.学生上台进行合作表演,给予学生反馈和调整意见,帮助他们提升表演水平和情感表达的深度。 六、总结与表达 1.情感表达:鼓励学生分享他们对《茉莉花》的感受和理解,可以是口头表达或简短书面反馈。 2.反思与总结:教师引导学生总结今天学到的内容,强调歌曲在文化传承中的重要性和学习收获。	确保学生能够准确把握歌曲的节奏和旋律,特别是民歌中常见的节奏变化和音调跳跃。通过反复练习,提高学生的音乐感知能力。 鼓励学生在音乐练习中找到自己与歌曲的共鸣点,可以通过反复练习来加深对歌曲情感的理解和表达。这种个人化的表达方式有助于学生在表演中更自然地融入情感。 在集体排练和演出准备阶段,重视团队的协作和互动。通过合唱和集体练习,学生可以在集体氛围中共享和增强彼此的情感表达,从而实现心理上的融合。 通过反复练习和反馈,逐步完善每个学生的表演效果,增强心理上的融合感。
作业超市: A.要求学生自行整理《茉莉花》的歌词,并分析其中的意象、诗意表达或文化象征。 B.录制一段《茉莉花》的演唱片段,并记录下他们的情感表达和声音控制。	板书设计: 茉莉花 中国文化

2.《游子吟》第1课时(湘艺版小学音乐三年级下册第七课)

教者:谈雯(宁乡·新康小学)

教材分析:《游子吟》这首歌曲,由颂今为唐代杰出诗人孟郊的经典诗作精心谱曲而成。它巧妙地运用两段各具特色的旋律,将这首脍炙人口的唐诗以音乐的形式重现了两次。旋律以悠扬的八分节奏为核心,在中低音区萦绕盘旋,加之细腻装饰音的巧妙点缀,仿佛轻轻拨动着听众内心深处对母爱的深切共鸣,细腻地传达出游子对母亲那份难以言表的深情厚意。"谁言寸草心,报得三春晖"这一句在歌中重复出现,宛如情感的波涛不断翻涌,强烈地表达了作者对母亲那份深沉而浓厚的感恩之心。最终,歌曲在一段意味深长、悠长不绝的长音中缓缓落下帷幕,留给听众的是久久难以平复的心绪。整首歌曲以其动人心魄的旋律、饱含深情的演唱,深情地歌颂了母爱的伟大与无私,触动着每一个听众的心弦,令人动容,催人泪下。

学科素养目标:第一,能学会演唱歌曲《游子吟》,并从中感受母子情,得到爱的教育。第二,能够主动参加主题为《献给妈妈的爱》的活动,并在其中感受到并且传达出对自己母爱的深刻感情。第三,能积极投身于音乐实践活动,并在其中感受到创作的快乐。

心理融合目标:第一,深刻感受母子之间的深情厚意,接受爱的洗礼与教育。第二,深入体验并真挚地表达对母亲的深切情感与无尽感激。第三,享受创作过程中的乐趣,体验编织文字与情感的独特魅力。

教学重点:带着深爱母亲的情感完整演唱歌曲,并进行亲情教育。

教学难点:了解前倚音,并能准确地掌握前倚音的演唱方法。

教学过程	融合时机与策略
(课前播放《听妈妈的话》,营造气氛) 一、师生问好 二、发声练习 三、问答式、典故导入	

续表1

教学过程	融合时机与策略
教师:孩子们,是谁将你带到这个世界? 是谁抚养你成长? 是谁教导你学习行走,是谁教育你学会交流? 当你生病的时候,有谁最关心最忧虑? 当你取得了成绩,有谁最为你感到快乐和骄傲呢? 生:妈妈! 教师:是的,就是妈妈。那么妈妈对我们这种感情是什么? 用一个词来描述。 生:爱 教师:你们的父母深深地爱着你们,每个母亲也都对自己的孩子怀有深沉的爱。今天我要向大家介绍一位古代的母亲,让我们共同来了解一下。(展示图片) 教师:这位女士正在点燃蜡烛,手中握着衣物,她在做些什么呢? 生:缝衣服。 师:为谁缝衣服? 生:为她的孩子。 教师:这位母亲正在为即将离家的孩子缝制衣物,因为他们要到遥远的地区生活。这种分离让她感到深切地不舍。当看到这一幕时,孩子的内心被深深打动了,因此他充满着对母亲的爱意和感谢,创作出一首永恒流传的诗歌——《游子吟》,而这名孩子正是唐朝的大文豪——孟郊。你能诵读这首诗吗? 教师:虽然你们已经能够熟练地背出诗歌,但对于其中的情感却没有完全融入进去。一位名叫颂今的音乐人,为使人们更能深刻理解母爱的伟大,他选择用这首诗创作了旋律,因此诞生了我们要学习的歌曲——《游子吟》(展示《游子吟》)。这是一首"母亲之歌"(显示标题《母亲之歌》)	通过营造一种和谐且愉悦的教学环境,我们旨在有效减轻学生的学习压力,并进一步增强他们的学习信心。

教学过程	融合时机与策略
四、学唱 　1.初听(出示歌谱) 　教师:让我们共同探讨这首歌。请大家先聆听老师的演唱,在聆听过程中要留意老师声音的力度变化。(教师示范唱) 　2.生答:第二句弱一些,第三句强一些。 　教师:再次聆听并跟随歌唱示范,同时以"lu"的发音来演唱,留意展现之前所感受到的力量转变。 　3.乐理知识传达 　教师:请大家寻找一下,乐谱中有一个独特的音符。 　生指出位置 　教师:这个音符被称为前倚音,它的形状就像两只大小相等的音符手拉着手。(课件展示)看起来是不是也很像妈妈紧握你的双手。(展示母子图片) 　师:它反复出现在乐谱当中,是表现什么? 　生:母子间亲密的关系。 　教师:接下来让我们聆听一下我是如何演绎"前倚音"的方式。(示范演唱) 　4.教师在接龙唱歌中先唱前半部分,然后学生再唱后半部分。 　5.复习反复记号和渐慢记号 　6.完整唱谱 　7.完整唱词 　8.有感情地演唱 　教师提示:这首歌是献给母亲的,在我们唱歌时,请思考一下,妈妈曾经为我们做过什么?你内心深处对妈妈有何种情感?让我们把这些情感融入歌曲中,使得情绪随着音乐流淌出来。 　生思考,齐唱	通过自身的言行举止,向学生展示积极向上、乐观进取的生活态度,以此影响和感染学生。

教学过程	融合时机与策略
五、随乐律动 教师:学生们的歌唱表现出色。然而,如果我能增添一些动作,那就更棒了。现在让我们一起动脑筋,为歌词创造一些动作,看看哪位同学最擅长表演。让我们共同编创动作吧。 2.完整演绎 3.分组比赛师:看看谁是最爱妈妈的小朋友。 4.邀请学生上台演唱,鼓励学生展现自己的音乐才华。 六.活动:献给妈妈的爱 导入词句:刚刚我们已经看到,所有的小朋友都深爱着他们的母亲,接下来我要为你们献上一首歌颂母爱的曲子——这就是《小背篓》 今日的课程中我们学唱并向我们的母亲表达出深厚的感情和关爱之意;同时我也坚信他们会为此感到欣喜不已。当孩子们逐渐成长时,切勿忘记父母给予的爱护与支持,并且始终铭记着还需要回报的是养育过我们的国家——中国这个伟大的国度!	让学生在活动中发现自我、肯定自我。 提高学生的音乐欣赏能力,培养他们的感恩心态和良好的情感素养。 帮助学生树立正确的价值观和情感态度。
作业超市: A.回家将这首歌唱给家人听。 B.回家后学唱一首别的古诗新韵题材的歌曲,并录制视频发到班级群内,让古今诗词永远传唱下去,让中华文化展现永久魅力。	板书设计: 游子吟 母爱 前倚音

3.《粉刷匠》第 1 课时(湘艺版一年级上册)

教者:文静怡(宁乡·流沙河镇中心小学)

教材分析:《粉刷匠》是一首极具趣味性和活力的波兰儿童歌曲,其节奏为2/4拍,结构则呈现为一段体。整首歌曲的音乐跨度仅为五度,由五个基本音符"do re mi fa sol"精心构建而成,共包含四个乐句,其结构之严谨令人赞叹。歌曲的旋律巧妙地运用了重复的手法,既简洁又易于上口,让人在演唱与记忆的过程中倍感轻松愉悦。

学科素养目标:第一,能有感情地演唱《粉刷匠》,在歌曲中感受劳动者的形象。第二,通过自主创编歌词加强对音乐旋律的熟记,激发学习音乐的热情。

心理融合目标:第一,创设贴近生活的情境,激发学生学习兴趣和热情,形成乐学情绪。第二,培养学生热爱劳动的品德以及懂得尊重他人的良好品质。

教学重点:用活泼欢快的情绪演唱歌曲《粉刷匠》并进行表演。

教学难点:能和谐整齐、声情并茂地演唱歌曲,并进行简单的创编。

教学过程	融合时机与策略
一、师生问好 二、导入 　师:放映 ppt,出示小动物们劳动的图片,你们知道小动物们在做什么吗? 　师:同学们真聪明!竖起耳朵认真听,老师接下来要播放的歌曲和这些图片共同告诉我们一个怎样的道理? 　师:你们会做家务吗? 都会做什么家务呢? 　师:太棒了孩子们! 老师为你们点赞。今天我们一起来认识一个新朋友,他正为了刷房子而忙碌呢! 你们愿意一起帮助他吗? 　师:那咱们一起学习《粉刷匠》。(欣赏歌曲) 三、新授 　师:孩子们,你们从这首歌中听到了些什么内容?(生答) 　师:听完这首歌你感受到了什么样的心情? (生答)是啊,你们的感受很正确,想不想跟老师一起帮助我们的粉刷匠?那咱们只有学好本领,才能够去帮助我们的朋友呢!	由学生的生活经验入手,引出劳动的主题,引起共鸣,让学生感到好奇,激发其学习兴趣和热情。

教学过程	融合时机与策略
1.练习四二拍节奏型:××××丨××丨×××丨× - ‖ 师示范,分组练习演示。 2.仔细听,我们的粉刷匠是怎样劳动的呢? 等会请孩子们分享。 3.你们都听得特别认真,师提出疑问:粉刷匠的鼻子怎么了? 为什么会变样呢? (生答) 4.感悟歌曲内涵。哦! 原来是刷墙的时候弄到的。孩子们,为什么他依旧刷得很开心呢? (生答) 看来,小粉刷匠一点也不在意劳动的时候弄脏了自己。他不怕累、不怕脏,这种爱劳动的精神是不是值得每个人学习呢? 5.那接下来,咱们再一起来小声跟唱这首歌吧,注意情绪哟! 6.强调强和弱。唱得真不错! 我们现在来找一找,歌曲中哪些地方要注意声音的强弱变化呢? 7.表演歌曲。师播放动画视频,让孩子们模仿刷墙动作,边唱边做动作。 8.分组进行表演。 四、知识拓展 1.教师创编:我是一个×××,×××××。…… 我是一个音乐家,唱歌本领强。我要把那好歌曲,唱得很动听…… 2.学生创编。 五、总结 (出示粉刷后的房子)漂亮吗? 在咱们共同的劳动下,新房子被刷得又干净又漂亮! 看来,只有付出了劳动,我们才会有所收获。	理解小粉刷匠忘我的劳动精神,教育学生做热爱劳动的好孩子,培养学生热爱劳动的品德。

续表2

教学过程	融合时机与策略
如今这美丽的世界和幸福的生活都离不开劳动人民的辛勤劳动，他们用自己的双手创造了这个世界。老师希望每个孩子都能变得勤劳，自己的事情自己做，爸爸妈妈爷爷奶奶的事情帮着做，用自己的小手将世界装扮得更美丽！	通过教学用语在潜移默化中培养学生形成懂得尊重他人和他人劳动成果的良好品质。
作业超市： 　　A.基础巩固作业 用正确的节奏和情绪演唱歌曲。 　　B.拓展拔高作业 自主创编歌曲并演唱。	板书设计： 　　　　粉刷匠 中速、欢快地　2/4拍 ×× ×× ｜ ×× × ｜ ×× × × ｜ × － ‖

第九节　心理健康教育与美术教学的深度融合

　　心理健康教育与美术教学的深度融合正逐渐成为一种创新且富有前瞻性的教育理念。这一模式以学生为中心，强调个体的全面发展，旨在培育出不仅在知识技能上卓越，更在身心健康、创新精神和人文素养等方面全面发展的新时代人才。它不仅深化了我们对教育的理解，更为教育实践开辟了新的视野和机会。

　　心理健康教育和美术教学的紧密融合，其核心策略是借助艺术的方式，助力学生心理健康的积极发展。艺术具有强大的情感表达和情绪调节功能，能够帮助学生释放压力，增强自我认知，培养积极的人生态度。例如，在绘画实践中，学生享有自由表达内心情感的权利。他们可以运用色彩与形状作为媒介，进而提升其自我表达及情绪管理的能力。

　　在美术课堂中设计一些以自我认知、情绪表达为主题的绘画活动，让学生在创作中探索内心世界,提高自我意识。不仅能够培养学生的审美观和创造力,还能通过艺术创作的过程,让学生在无压力的环境中表达自我,释放情绪,从而达到心理调适的效果。教师可以通过解读学生的艺术作品,了解他们的心理状态,及时提供必要的心理引导和支持。据美国心理学会的一项研究显示,参与艺术活动的学生在压力管理、自尊心和社交技巧方面表现得更好。心理健康教育与美术教学的融合,是一种富有创新性和前瞻性的教育理念,我们应该积极推广和应用这种融合教学模式,为培养更多全面发展的人才贡献我们的智慧和力量。

这种融合教育模式鼓励学生以更开放、更创新的方式去理解和表达世界,培养他们的批判性思维和问题解决能力。在美术创作中,没有固定的模式和答案,学生需要不断尝试、探索,这无疑锻炼了他们的创新精神和问题解决能力。此外,艺术创作过程中的反馈和批判,也能培养学生的开放心态和批判性思考能力,使他们在面对复杂问题时能有更深入、全面的见解。

这种融合教学模式也有助于打破传统的教育壁垒,教师不再仅仅是知识的传递者,而是成为学生心理成长的引导者和伙伴。在实践中,已有许多学校开始尝试将心理健康教育与美术教学相结合。据统计,一些实施了这种教育模式的学校,学生的心理健康状况和创新能力都有显著提升。例如,美国的"艺术与心理健康"项目,通过将艺术融入课程,学生的自尊心、抗压能力以及创新思维都有了明显改善。

心理健康教育与美术教学的深度融合,为我们的教育改革打开了一扇新的窗口,它倡导的全人教育理念,对于培养适应未来社会的全面发展的人才具有深远影响。我们期待这种教育模式能在更广泛的教育实践中得到应用,为培养新时代的人才做出更大的贡献。

一、美术学科的心理健康教育内容

美术学科常常被视为创造力和表达能力的培养地,而其对心理健康教育的深远影响往往被低估。实际上,美术教育不仅能够激发学生的艺术潜能,更是一个强大的心理健康教育资源,能够帮助学生建立自我认知,处理情绪困扰,提高社交技巧。

(一)自我认知和自我表达

美术如同一种无声的语言,是人类情感和思想的载体,它为学生提供了一个独特的自我表达平台。在这个充满可能性的世界里,每一笔一画都可能成为内心深处情感的释放,每一幅画都可能成为自我认知的镜子。正如美国心理学会的研究所示,投身于艺术活动的人们,他们的压力水平往往能得到显著的降低。这是因为,当人们全神贯注于创作时,他们的注意力会从日常生活的压力源上转移,如繁重的学业、工作压力或是人际关系的困扰。

艺术创作的过程,就像是一场内在旅程,它引导我们探索自我,理解我们的情绪和经历。在这个过程中,我们的情绪得以释放,积压在心中的焦虑和压力得以宣泄,就像打开了一扇通向内心平静的门。情绪疏导对于维护心理健康的重要性显而易见。根据世界卫生组织的数据,全球有超过3亿人患有抑郁症,而艺术疗法被证明是预防和治疗这些心理问题的有效手段之一。例如,绘画疗法在心理咨询领域中广泛应用,它鼓励人们通过绘画来表达和理解自己的情绪,而不需要语言的介入。这种方法特别适合那些难以用语言描述感受的人,或者对于某些创伤性经历,人们可能还没有准备好去直接面对和讨论。通过艺术这一媒介,他们能够采取更为稳妥与间接的手段来应对这些问题。

学习美术对于培养和增强个人的自信心及自我价值感具有积极的促进作用。每完成一件作品,无论其艺术价值如何,都是对个人能力的肯定,都能增强自我认同感。这种自我肯定的感觉对于青少年尤其重要,他们正处于自我认同和身份构建的关键时期。

美术,作为一种教育创新方法,其深远影响不仅限于知识的传授,更在于它作为心理调适的强有力工具,为人们的内心世界带来积极的变革。它为个体提供了一个安全的出口,以艺术的形式表达和处理复杂的情绪,从而促进个体的心理健康。

（二）批判性思维和问题解决

美术课堂一直以来都是培养批判性思维和问题解决能力的重要场所，这些能力在我们面对生活中的种种挑战时显得尤为关键。在艺术的世界里，学生们被鼓励去挑战常规，打破界限，这种创新和探索的精神不仅限于画布和雕塑，更深远地影响着他们的生活态度和应对策略。

当学生们在创作过程中遇到难题，例如色彩搭配的困扰、构图的困扰，甚至是对自我艺术风格探索的困扰时，他们被迫跳出舒适区，寻找新的思考路径。这个过程就像是一场思维的体操，他们需要尝试不同的解决方案，不断地试验和调整，直到找到最满意的答案。这种在压力下锻炼出的适应性思维模式，是他们在未来生活中解决各种复杂问题的宝贵财富。更重要的是，这种在艺术中培养的创新和适应性思维，可以无缝地融入生活的各个领域。在学术研究中，它能激发新的理论假设和实验设计；在职业生涯中，它能帮助我们适应快速变化的工作环境，找到创新的解决方案；在人际关系中，它能促进我们理解和接纳不同的观点，增强人际交往的灵活性。

根据美国国家教育统计中心的数据，参与艺术活动的学生在批判性思维和问题解决能力上的表现普遍优于同龄人。这进一步证明了艺术教育在培养这些重要生活技能方面的重要作用。因此，我们应该让更多的学生有机会在美术课堂上磨炼他们的思维能力，学习如何在面对生活挑战时，以创新和适应性的方式去寻找答案，从而增强他们的心理韧性，更好地应对生活的起伏和变化。

（三）合作共享和社交技巧

美术教育作为一种独特的学习方式，不仅局限于色彩、线条和形状的探索，更注重培养学生的合作精神和共享意识，这对于他们社交技巧的提升具有深远影响。在艺术的课堂上，学生们被鼓励以开放的心态接纳不同的观点，通过讨论和交流，他们学习如何尊重他人的想法，如何用清晰、有说服力的方式表达自己的观点,以及如何在团队中发挥各自的优势,共同完成创作任务。这些在艺术课堂上习得的技能,无疑在他们的日常生活中扮演着重要的角色,帮助他们在人际交往中建立更和谐、更健康的互动模式。

以纽约市公立学校的一项研究为例,这项研究追踪了大量学生,对比了参与艺术课程和未参与艺术课程的学生在社交情绪能力上的差异。结果令人印象深刻,参与艺术课程的学生在评估中的得分平均高出未参与艺术课程的学生25%。这不仅揭示了艺术教育在提升学生的创新思维、批判性思考能力方面的潜力,更进一步证明了它在塑造学生良好的心理素质,尤其是社交情绪能力方面的重要作用。

美术教育还为学生提供了一个安全的环境,让他们可以自由地表达自我,尝试新的事物,甚至在失败后重新站起来。学生不仅学会了如何画画,更学会了如何观察世界、理解生活、表达自我。通过合作创作的过程,有效地提升了学生的社交技巧,增强了他们的心理韧性,为他们在日益复杂的社会中建立成功、满足的生活打下了坚实的基础。

总的来说,美术学科是一个隐藏的心理健康教育资源库,它通过提供自我表达的平台,培养批判性思维,以及促进社交技巧的发展,对学生的心理健康产生积极影响。因此,我们应该更加重视美术教育,将其纳入全面的学校心理健康教育体系中,以促进学生的全面发展。在未来的教育实践中,我们需要进一步探索如何将美术教育与心理健康教育更有效地结合,开发出更多创新的教学策略,以满足学生在快速变化的世界中对心理健康的需要。

二、心理健康教育与美术教学深度融合的基本策略

学生在课程学习的过程中,逐步构建起适应个人终身发展以及社会发展需求的正确价值观、必备的品格特质和关键能力。艺术课程旨在培育的核心素养主要包括审美感知、艺术表达、创意实践和文化理解等方面。

美术学科课程内容涵盖了四个艺术实践领域:"欣赏·评述"、"造型·表现"、"设计·应用"以及"综合·探索"。通过"欣赏·评述"这一模块,学

生能够掌握解读美术作品的技巧,并深入理解美术及其历史发展脉络。通过"造型·表现",学生掌握美术知识、技能和思维方式,围绕题材,提炼主题,采用平面、立体或动态等多种表现形式表达思想和情感。通过"设计·应用",学生结合生活和社会情境,运用设计与工艺的知识、技能和思维方式,开展基于问题的学习、基于项目的学习,进行传承和创造。通过"综合·探索",学生们将运用他们所掌握的美术知识、技能以及思维方式,与自然、社会、科技和人文等领域相结合,进行深入的综合探索和学习迁移,从而提升他们的核心素养。

(一)有信心的美术学习

在教与学的互动中,每位学生内心深处都渴望着那份独特的关注、深入的理解以及不间断的关怀。教师的关注,就像阳光一样,能够照亮他们内心的角落,增强他们的自信,激发他们的学习兴趣。尤其在美术这一领域,它要求创造力与想象力的完美融合,教师的关注显得尤为关键。

在美术教学中,不同的艺术形式和风格如同多彩的调色板,可以触动学生内心深处的不同情绪。例如,明亮的色彩和生动的线条可能引发学生的喜悦和活力,而深沉的色调和简洁的构图则可能引导他们进入沉思和内省。这种情绪的波动和调节,对于学生的心理健康具有积极的促进作用,有助于他们建立良好的情绪管理机制,增强心理韧性。教师在教学过程中,应充分发挥美术的这一特性,将教学内容与心理学理论相结合,设计出富有启发性和感染力的教学活动。例如,教师可以引导学生探讨一幅画作所传达的情感和主题,鼓励他们表达自己的感受,从而提升他们的自我认知和情绪表达能力。同时,教师还可以通过比较不同艺术作品,帮助学生理解各种情感的多元性和复杂性,培养他们的同理心和情感智慧。

作为美术教师,我们不仅要注重教学技巧与语言的运用,更要时刻警惕自己避免情绪化教学。由于教师的情绪对学生的学习状态具有直接影响,因此,一个情绪稳定的教师能够为学生创造一个积极的学习氛围。在这种环境中,学生能够自由地探索和大胆地创新。我们肩负着启迪智慧、培育人才的崇高使命,应坚守公平与民主的原则,尊重每位学生的差异与自尊,不偏袒、不歧视。正如古人云:"因材施教,各尽其才。"每个学生都如同未经雕琢的璞玉,我们需以细致的心思去发掘他们的潜能,并以满腔的爱心去呵护他们的成长。在实际教学过程中,我们必须关注每位学生的学习状况,洞察他们的兴趣与特长,以便为他们量身打造适宜的教学方案。

我们应当深入洞悉学生的困惑与需求,主动拉近与学生的距离,致力于成为他们学习道路上的坚实引导者。在营造的民主教学环境中,学生将不再局限于被动接受的角色,而是转变为积极的参与者。他们将被鼓励勇于阐述个人观点,勇于对权威提出置疑,勇于探索未知领域。此等教学模式旨在激发学生的求知欲与创新精神,同时培养他们的独立思考与批判性思维能力。

我们倡导并鼓励学生积极参与课堂讨论,鼓励他们勇于表达自己的见解与疑问。同时,我们将始终倾听学生的声音,尊重他们的意见,携手与他们携手共同探寻知识的无限可能。这样的教学方式,不仅能够显著提升学生的学习兴趣与积极性,更有助于培养他们的团队协作能力与沟通技巧,为他们未来的全面发展奠定坚实基础。

公平与民主的教学原则不仅体现在课堂教学中,还贯穿于学生评价、教育资源配置等各个环节。在评估学生时,我们必须摒弃"一刀切"的做法,转而采用多元化的评价标准和方法。我们不仅要关注学生的学业成绩,还应重视他们的品德修养和实践能力等多方面的表现。

教师的责任不仅仅是传授知识,更是关注学生的问题,为他们提供帮助与支持。一名尽职尽责的教师,会时刻留心学生的心理健康,为他们打造一个温馨愉快的学习环境。在这样的环境中,学生能够放松身心,全身心地投入到学习中去,从而取得更好的学习效果。以教授《梦》这一课程为例,我们可以鼓励学生发挥想象力,用画笔描绘出自己心中的梦境。在这个过程中,教师不仅要提供技术上的指导,更要引导他们深入挖掘梦境背后的意义,表达自己的情感与思考。此外,教师亦需致力于构建一个和谐且融洽的学习环境,旨在使学生能够在一个轻松愉快的氛围中深切体会到艺术的独特魅力。

教师的关注对学生的学习和成长起着至关重要的作用。作为美术教师,我们更应专注于提升教学技巧和语言表达能力,避免情绪化的教学方式,为学生营造一个积极的学习氛围。此外,我们还需密切关注学生的需求,为他们提供必要的帮助和支持,以助他们在学术旅程中不断前行。一个良好的学习环境不仅能够促进学生的心理健康,还能够提升教学质量,让艺术之花在学生心中绽放得更加绚烂。

(二)有思想的美术课堂

美术教学,作为一种富有创新性和创造性的教育方式,其内容的丰富多样性和形式的灵活性,为心理健康教育的融入提供了广阔的空间。

在美术课堂上,实践操作与理论学习并重,不仅让学生掌握美术技能,更在无形中塑造他们积极的心理品质,使他们在学习知识的同时,也学会如何更好地理解和面对生活。以《瓢虫的花衣裳》这节美术课为例,教师可以设计一系列以瓢虫为主题的活动,如绘画、手工制作、故事讲述和野外观察等。这些活动以小组合作的方式展开,旨在鼓励学生们共享资源,相互协助,共同创作出精美的瓢虫作品。在这样的过程中,学生不仅锻炼了动手能力,更在团队合作中体验到了互助与合作的乐趣,从而培养了他们热爱生活、热爱自然的积极态度。教师还可以通过展示各种各样的手工制作瓢虫的课件,激发学生的好奇心和探索欲望,充分调动他们的参与热情和积极性。通过这种寓教于乐的教学方法,学生们在愉悦的环境中学习,同时,他们的创新思维和问题解决能力也得到了培养。

教师要深入了解学生的心理现状,对于不良的心理倾向,在课堂教学中要采取可行办法,适时进行调整。在教授《我的新朋友》时,我们巧妙地将教学内容融入集体活动中,促使学生深刻领会并实践团结互助、互相关怀与帮助的正面价值观。这样的集体活动不仅有助于增强学生的团队精神，还能有效提升他们的人际交往能力，帮助他们克服可能存在的自卑心理，纠正以自我为中心的不良心理倾向。

美术教学不仅传授艺术知识，同时也成为心理健康教育的关键媒介。通过精心设计的活动和教学策略，美术教育在潜移默化中塑造了学生积极的心理品质，提升了他们的社交能力，为他们的全面发展奠定了坚实的基础。

(三)有情感的美术欣赏

欣赏，作为一种情感的流露与心灵的契合，其本质在于无形之中映射出个体的心理状态与情绪倾向。当我们欣赏一幅画、一座雕塑，甚至是一片云彩时，我们的情感与思考会自然而然地与之交融，这种交融的过程正是心理健康的重要体现。它表明我们有能力感知美，理解美，甚至创造美，这是个体情感丰富、心理健全的重要标志。

审美鉴赏是美术教育不可或缺的一环，它不仅传授艺术的基本理论和技巧，还着重于提升学生的审美感知力、情感理解力和积极向上的生活态度。这是一种润物细无声的教育，它在潜移默化中塑造着学生的心灵，帮助他们在面对生活的挑战时，能够以更健康、更积极的态度去应对。

教师在教学中，通过精心挑选的美术作品，如油画、雕塑、摄影等，引导学生去观察、去思考、去感受作品中的色彩、线条、构图等元素所传达的情感和意境。例如，一幅宁静的山水画可能让学生在忙碌的学习生活中找到片刻的宁静，一幅充满活力的抽象画可能激发学生内心的热情和创造力。在这一过程中，学生的负面情绪，例如焦虑和压抑，能够在不知不觉中得到释放和缓解。他们会发现，即使在现实生活中遇到困难，也可以在艺术的世界里找到慰藉和力量，从而逐渐形成乐观、积极的心态。这种心态不仅对他们的学习有积极影响，更会对他们的人生产生深远影响。

美术欣赏教学内容所展现的多样性，正是其独特的优势所在。例如，古代艺术作品可以培养学生的敬畏之心和历史责任感,现代艺术作品可以激发学生的创新思维和批判性思考,而民间艺术作品则可以增强学生的文化认同感和社区归属感。因此,教师在设计教学内容时,应充分考虑学生的兴趣、需求和生活经验,选择具有启发性和共鸣性的作品,以达到最佳的教学效果。

美术欣赏教育具备塑造个体人格特质的潜力。以欣赏传统山水画为例,让他们在墨色的流动中领略祖国山河的壮丽,感受大自然的鬼斧神工,培养出宽广的胸怀,学会在面对生活中的困难时,展现出不屈不挠的豪迈气概,如同行走在画中的山水之间,无畏任何险阻。欣赏那些描绘社会生活温馨时刻的美术作品,能够映射出人与人之间的温情与善良。在这一过程中,学生能够深刻地感受到作品所蕴含的人间深情,进而对社会中那些善良、温情的行为产生共鸣和认知。这种认知将潜移默化地影响他们的价值观,培养出他们善良、温和的品质,使他们在未来的生活中能够以温暖的心去对待他人。

在《珍爱国宝——古代的陶瓷艺术》的教学环节中,美术手工欣赏教学的独特魅力得到了全面而深刻的展现。教师可以标示出瓷都景德镇的具体位置,激发学生对古老工艺的好奇心和探索欲望。通过展示不同朝代的陶瓷工艺品,学生可以领略到古代手工艺术的精湛技艺和独特魅力,每一件瓷器都仿佛在诉说着历史的故事。鼓励学生发表自己的看法,这不仅能够增强他们的民族自豪感,同时也锻炼了他们的语言表达能力,帮助他们建立起自信,克服内向、孤僻等不良心理性格。

尤为关键的是,教师需将心理健康教育精妙地融合到美术鉴赏的教学内容里,使学生在品味艺术之美的过程中,自然而然地实现自我心理的调节与情感的升华。例如,通过欣赏描绘困难和挑战的艺术作品,学生可以学习到面对困难的勇气和解决问题的策略,从而提高他们的心理适应能力。

美术欣赏教学不仅是一种艺术知识的传授,更是一种情感的熏陶和心理的滋养。它让学生在美的享受中,体验到情感的丰富性,理解到心理的复杂性,同时也提升了他们的情绪智慧和心理素质。因此,我们应该更加重视美术欣赏教学在促进学生全面发展中所发挥的独特作用。

(四)有韧性的美术创作

在美术教育中,教师的角色不仅仅是知识的传递者,更是学生个性和潜能的发掘者。教师需要以一种尊重和理解的态度,去接纳每一个学生的独特性,为他们的想象力和创造力提供自由发展的空间。教育的本质是激发个体的潜力,而美术教育则为这一目标提供了理想的平台。教师应鼓励学生大胆尝试,即使在面对失败和挫折时,也要让他们看到这是成长的一部分,是技能提升和心理素质锻炼的过程。

在美术创作的过程中,学生可能会遇到各种技术难题,如比例失调、色彩搭配不当等。这些问题的解决需要反复的实践和耐心的磨砺,这正是培养坚韧不拔精神的绝佳途径。教师应引导学生理解,艺术创作的价值并不在于模仿,而在于创新和表达。即使学生的作品与成人眼中的现实存在显著差异,这也是他们独特视角和创新思维的体现,不应被轻易否定。

美术教学中也常常会出现学生间的比较和评价。一些学生的创作可能会受到同伴的嘲笑,这可能会对他们的自尊心和自信心造成打击。此时,教师的角色就显得尤为重要,需要及时介入,引导学生以开放和尊重的态度去理解他人的作品,通过自我表达和互动交流,让学生理解每个人都有自己的创作方式和表达语言。同时,教师应教导学生如何正确地评价他人,发现并欣赏他人的优点和长处,从而培养他们的同理心和批判性思维。

美术教育是一个尊重差异、激发潜能、培养心理素质和社交技巧的过程。教师在这个过程中起着至关重要的作用,他们需要以鼓励和理解的态度,为学生创造一个安全、自由、充满挑战和探索的学习环境,让每一个学生都能在美术的世界里找到自我,实现自我,享受创造的乐趣。

(五)有灵气的课外活动

美术课外活动,作为一种富有创新性和实践性的教育形式,不仅在美术教育的范畴内发挥着至关重要的作用,更在促进学生全面发展中展现出其独特价值。它将美术课堂教学的理论知识与实际操作相结合,为学生提供了一个更为广阔的学习空间,是美术教育从课堂走向生活的有效桥梁。同时,美术课外活动也是对课堂教学的重要补充和完善,它打破了传统的教学模式,丰富了教学内容和教学方法,使得美术教育更加生动、活泼和富有吸引力。更为重要的是,美术课外活动为心理健康教育的融合提供了理想的平台。在美术创作过程中,学生可以自由表达自己的情感和思想,这对于培养他们的自我认知、情绪调节和人际交往能力具有积极的推动作用。根据心理学研究,艺术活动可以有效降低学生的压力水平,提高其自尊心和自信心(Smith,2018)。例如,教师可以组织学生进行集体创作,通过团队合作,他们可以学习到如何尊重他人、接纳差异,这对于构建和谐的人际关系和形成健康的心理品质至关重要。

教师在引导学生参与美术课外活动时,应充分发挥其教育者的角色,巧妙地将心理健康教育的理念融入其中。例如,教师可以通过设立特定的主题,引导学生探讨社会问题,或者表达自我内心的感受,以此激发他们的思考,培养他们的批判性思维和问题解决能力。同时,教师还应关注学生在活动中的情绪反应,及时给予适当的反馈和支持,帮助他们建立积极的应对策略,形成健康的心理习惯。

学校文化节是教育领域中的一项重要活动,它不仅为学生提供了一个展示自我、发挥创意的平台,也为教师开展心理健康教育提供了宝贵的机会。教师可以巧妙地利用这一场合,设计出一系列富有教育意义的活动,以促进学生的心理成长和社会技能的发展。教师可以将学生分成 8 人一组的活动小组,鼓励他们共同策划和组织班级的参与项目。这可能包括创作独特的绘画作品,制作富有创新的手工艺品,或者编排一场引人入胜的表演节目。在此流程中,教师的定位是指引者和协调者,而非做出最终决定的角色。他们需要引导学生进行开放、平等的讨论,让每个成员都有机会表达自己的想法和观点,从而培养他们的沟通能力和团队协作精神。

　　集体讨论的过程对于构建团队凝聚力和提升学生自信心至关重要。通过共同讨论和决策，学生可以学习如何尊重和接纳不同的观点，如何通过协商和妥协找到共识，这些都是他们在未来社会生活中必不可少的技能。同时，这个过程也有助于消除学生之间的隔阂，增进他们之间的情感联系，使他们更加珍视和尊重彼此。此外，通过实际操作，学生将了解到每一个成功的项目都需要付出努力和承担责任。他们将学会如何分配任务，如何在遇到困难时共同寻找解决方案，这将有助于培养他们的责任感和集体主义精神。他们将学会如何与人合作，如何处理冲突，如何承担责任，认识到每个人都是集体的一部分，每个人的努力都对集体的成功有着重要的影响。

　　美术课外活动的价值远超出了传统的课堂教育范畴，它不仅是对课本知识的生动诠释和丰富，更是对学生个体发展和社交技能的有力推动。在这个独特的舞台上，学生们得以自由地表达自我，发掘并发挥自身的创新才智，从而实现自我价值的提升。以"我最亲近的人"为主题的艺术创作就是一个很好的例证。这个活动鼓励学生将个人的情感世界与艺术形式相结合，通过画笔描绘出他们心中最亲近的人。这不仅锻炼了他们的绘画技巧，更让他们在创作过程中深入思考亲情、友情等重要的人际关系，从而提升他们的情感认知和人际理解能力。同时，通过口述的方式分享他们的创作理念，学生们在表达自我情感的同时，也学会了倾听和理解他人的观点，这有助于培养他们的沟通技巧和同理心。这样的集体活动，无疑增强了学生的团队协作能力，使他们懂得了集体的力量，进一步培养了他们的集体主义精神和责任感。

　　美术课外活动以独特的方式激发学生的创造力，培养他们的社交技能，增强他们的集体意识，同时也为教师提供了深入了解学生心理的窗口。因此，我们应该更加重视和推广这样的活动，让每一个学生都能在其中受益，实现全面而富有个性的发展。

三、心理健康教育与美术教学深度融合教学案例

1.《大嘴巴》第1课时(湘教版一年级下册)

教者:唐朝辉(宁乡·流沙河镇中心小学)

教材分析:本课程是一堂集折纸、剪贴装饰于一体的综合制作课程,灵感源自广受儿童喜爱的传统自制折纸玩具"东南西北"。通过运用黏合、剪贴与添画等多种技艺,旨在全面锻炼学生的动手实践能力和创新思维,同时,强化学生的团队协作能力,并培养他们在制作过程中展现出的细致入微、耐心专注以及保持环境整洁的良好习惯。

学科素养目标:第一,掌握折和粘的方法制作出"大嘴巴"的基本形状。第二,学会把握剪贴装饰的基本要求。第三,培养细致、耐心和整洁的习惯。第四,激发学生的创造力和想象力。

心理融合目标:第一,培养学生的学习能力,激发学习兴趣和创新精神,树立自信,乐于学习。第二,培养学生小组合作及交流能力,享受成功的乐趣。

教学重点:"大嘴巴"的制作方法和装饰。

教学难点:制作工整、装饰富有创意和精致的"大嘴巴"。

教学过程	融合时机与策略
课前准备 1.课件、制作好的"大嘴巴"及"大嘴巴"的装饰物。 2.学具:水彩笔、剪刀、胶水、各种装饰材料。 一、激趣导入 1.师:同学们,今天老师邀请来了一新朋友欢欢来我们班做客,大家想不想见它? 师:看大家这么热情,"大嘴巴"已经迫不及待地想要加入你们的队伍,它想给大家做个自我介绍。 2.师用手托举"大嘴巴"配音说:"我是快乐的大嘴巴欢欢,一张一合笑哈哈,我想和你交朋友,快来和我说说话"。	借用"大嘴巴"欢欢来班上做客,吸引了学生注意力,激发学习兴趣,很自然地导入了要学习的内容。

续表1

教学过程	融合时机与策略
3.师:今天,大家就一起来制作"大嘴巴"与欢欢一起玩耍吧!(板书课题) 二、学习折、粘"大嘴巴" 1.比较"大嘴巴"与"东南西北"的异同。 师左手出示"大嘴巴",右手出示"东南西北"让学生观察,分析它们的异同点。 2.示范变化过程。 问:怎么把"东南西北"变成"大嘴巴"呢? 3.课件演示如何制作"大嘴巴"的基本形。 4.生小组比赛制作"大嘴巴"的基本形。 a.小组比赛制作。 b.组内评比,谁的最精细? 谁的粘得牢? 每组内最好的老师奖励一张小贴图。 5.完成"大嘴巴"的基本形,不会的在小组成员或老师的帮助下完成。 三、装饰"大嘴巴" 1.欣赏"大嘴巴"图片,找出与动物相似的地方。 a.小白兔　它像什么? 哪儿像小白兔? b.狐狸　　它像什么? 什么地方像狐狸? 2.小组讨论:装饰"大嘴巴"的方法有哪些? 3.小结装饰的方法和注意事项: a.方法:画、剪或撕、折、贴累。 b.大小适中、颜色亮丽、鲜艳、搭配合理、五官对称。 四、动手实践 1.制作要求: a.小组合作制作"大嘴巴",组长安排人员的分工。 b.注意清洁卫生,注意团结合作,注意操作安全,不大声喧哗。 2.学生动手制作,教师巡视指导。	"东南西北"这个折纸玩具,一些小朋友都玩过,只要粘一下就可以变成一个"大嘴巴"的基本形,让学生观察它们的异同,找准关键点,就可以迅速做出"大嘴巴"基本形,减轻了学习的难度。 　　装饰"大嘴巴"是本课难点,采用先观察优秀作品,找相似点,找装饰的方法,师适当点拨,为接下来的装饰明确了方向。 　　小组合作加强了同学之间相互交流的能力、团结合作能力,增进了同学之间的友谊,培养开朗、合群的健康人格。

续表2

教学过程	融合时机与策略
五、作业展评 1.每组推荐一名同学上台介绍自己"大嘴巴"的设计意图是什么？怎么合作装饰的？ 其他组评一评:你为什么喜欢他们的作品？他们作品好在哪里？你还有什么改进意见吗？ 师课堂小结:刚才大家展示的"大嘴巴",都是大家精心制作、小组共同合作的结果,都很精美,老师都非常喜欢,希望大家在今后学习中,团结合作、不断创新,制作更加优秀的作品。 六、课后延伸 课件展示不同材料制作的"大嘴巴",激发学生欣赏美和创造美。	介绍自己的作品,培养学生的语言表达能力,其余同学适应评价,培养学生观察欣赏美的能力,让学生成为学习的主人,享受成功的快乐。

作业超市:
 	
鼓励学生回家后制作不同形象的"大嘴巴"并给家人作表演。
	板书设计:
	
	  22 大嘴巴
	
	  装饰方法:画、剪或撕、折、贴
	
	  注意:颜色亮丽、鲜艳,搭配合理

2.《小雨沙沙》第1课时(湘教版一年级下册)

教者:陈湘瑶(宁乡·塘湾小学)

教材分析:《小雨沙沙》作为湘美版小学一年级下册的第一课,是一堂精心设计的造型表现课程,充分契合了小学生的年龄特点。该课程通过采用富有童趣的拼音儿歌形式,旨在引导学生认识并理解美术元素中的基本构成——点与线,以此激发学生的艺术兴趣与创造力。

学科素养目标:第一,能用不同形态的点与线,运用合适的组织方式表现小雨。第二,在观察的基础上,展开想象,能用拟人的手法画出雨中动植物的生动模样。第三,感受小雨中的生命之美,增强对大自然的热爱之情。

心理融合目标:第一,以生动的自然景观提高学习兴趣。第二,学会观察,养成良好的学习习惯。第三,感受自然和谐,完善人格。

教学重点:用不同形态的点、线组织画面表现小雨。

教学难点:用拟人的手法表现雨中动植物的生动模样。

教学过程	融合时机与策略
一、音乐导入 1.播放《小雨沙沙》的音乐,教师表演,学生跟着教材文字念,体会音乐中的情境。 2.在黑板上用点、线简单表现雨滴。 二、观察体验 1.播放下雨情景过程的视频,并提示孩子们认真观察,感受雨中有哪些形象出现变化。 (1)天空飘来了云朵,不一会儿乌云堆积在一起。 (2)雷声响了,天空划过一道闪电。 (3)天色暗了下来,开始一滴、两滴……下小雨了。 (4)雨越下越大了,雨点串在一起,形成了长长短短的雨丝。 (5)风呼呼地刮着,雨丝斜斜地落下来。 (6)这时雨越下越大,雨点噼里啪啦打落在小花上,在花瓣上溅起一朵朵水花。	通过生动有趣的视频来激发学生的学习兴趣,同时引导学生进行深入观察,以此来拓宽他们的思维视野。
2.如果用绘画的表现方式,你能把刚才看到的情景画出来吗?结合教材中三种不同的雨的画法,让学生动手、练习、巩固。	积极鼓励学生勇于创作,以培养其动手操作与实践能力。
三、拟人表演 1.创设雨中的情境,拓展思维。 2.邀请几个学生上台模拟不同角色,表演雨前、雨中、雨后的情景。 3.放学回家的路上,乌云密布,天空灰蒙蒙的,快要下雨了,小蚂蚁很慌张,排着队快步搬运食物,雨开始一	

教学过程	融合时机与策略
滴、两滴地落下来,小花小草们露出了笑脸,小蜜蜂嗡嗡地叫着,不停地拍打着翅膀,急急忙忙飞到一片大的树叶下面躲雨,小朋友没有带雨伞,只能抱着头大步跑向公交站台或是屋檐下避雨。 四、创造表现 1.结合教材内容运用本课所学雨的画法创作一幅作品。 要求:主体突出、颜色鲜艳、创意有趣。 2.教师巡视指导,课件播放与下雨天有关的图片和音乐。 五、展示评价 自评、互评、师评。	拟人的手法激发学生的想象,感受下雨天大自然的一切是多么的生动。以此陶冶学生心灵,完善健全人格。 鼓励大胆创作,培养耐挫能力。
作业超市: 根据他人的评价丰富自己的作品。	板书设计: 小雨沙沙 主体突出 颜色鲜艳 创意有趣

3.《色彩的渐变》第1课时(四年级下册)

教者:罗川宁(宁乡·菁华铺中心小学)

教材分析:本节课的核心聚焦于"造型·表现"这一学习领域,课程内容在学生的眼中既展现出抽象思维的深邃,又具备具体实践的魅力。在色彩单元的深入探索中,我们的首要任务是协助学生巩固色彩明度与暗度的基本认知,即当同一种颜色融入白色或黑色时,其色调将分别展现出变浅或变深的鲜明效果。此外,我们还将引领学生深入剖析色彩搭配的奥秘,教会他们如何通过巧妙的色彩组合来强化画面的装饰性,使其更加引人入胜。色彩,这一造型艺术中不可或缺的核心要素,不仅是视觉感知的源泉,能够触动学生的心灵,激发其独特的心理与生理感受,更是我们培养学生观察力、想象力、创造力以及合作与交往能力的宝贵契机。通过色彩的学习与实践,学生将能够在艺术的殿堂中自由翱翔,不断探索与发现。

学科素养目标:第一,深入领悟两种色彩渐变的基本法则,并运用它们创作一幅充满魅力的风景画。第二,通过巧妙运用色彩渐变技巧,使绘画作品展现出更为丰富多变的色彩表现力。第三,细心品味色彩渐变所带来的美感与韵律感,进而提升对色彩艺术的鉴赏与领悟能力。

心理融合目标:第一,激发学生"学"的欲望,培养学生观察比较的能力的同时训练学生的探究、合作技能。第二,在游戏、竞赛的引导下,调动学生的积极性和自觉性,由感性认识上升到理性认识,使每个学生都能参与到动脑的积极思维中,最大限度地激发学生的认知、体验热情。第三,从色彩感知联想、渐变涂色的比拼与寻找合作伙伴、共同完成作业的快乐中,感受渐变色彩的美感,体验合作的快乐。第四,充分运用投影、挂图现场演示,优化课堂教学,激发学生兴趣,提高课堂效率。

教学重点:学习色彩明度渐变的知识。

教学难点:如何让学生学会根据色彩渐变的原理,创作风景画。

教学过程	融合时机与策略
一、导入 复习旧知识,让学生体验色彩渐变的规律。 二、教学 　　音乐中有节奏,美术也有节奏,我们把这种颜色的排列成为《色彩的渐变》出示课题 　　看课本第十页《葡萄熟了》看看葡萄的颜色发生了哪些变化。 　　单一色逐渐变亮或变暗,色彩的明度渐变。 　　欣赏课本 P10 雕塑《飞翔的心愿》,说一说雕塑中的颜色发生了哪些不同的变化? 　　不同颜色之间存在着色相的渐变。	充分运用投影、挂图现场演示,优化课堂教学,激发学生兴趣,提高课堂效率。 　　通过视频激发学生的学习兴趣,引导观察打开学生思维。

续表

教学过程	融合时机与策略
尝试着用画笔找出蓝色的明度渐变以及红与黄的色相渐变。 利用连一连的方式,让学生分辨什么哪些是明度渐变,哪些是色相的渐变。 分析生活中渐变色的形成。 总结:什么是色彩的渐变? 三、创造 用色彩的渐变原理,画一幅风景画 体验渐变的效果。 1.风景画中的运用 景物的本身色彩体现颜色的渐变,背景的处理也可以运用,注意颜色的深浅变化。 2.抽象画中的运用同一个颜色的渐变。 3.图案中的运用色彩渐变在不同区域、不同方向的排列。 四、展示 构图均衡;内容创新;色彩和谐。 五、拓展 自主探究尝试掌握色彩渐变的调色原理及规律,出现问题在教师的指导与实践过程中解决问题。	从色彩感知联想、渐变涂色的比拼与寻找合作伙伴、共同完成作业的快乐中,感受渐变色彩的美感,体验合作的快乐。 在游戏、竞赛的引导下,调动学生的积极性和自觉性,由感性认识上升到理性认识,使每个学生都能参加到动脑的积极思维中,最大限度地激发学生的认知、体验热情。
作业超市: 课后找一找生活中的渐变现象。 带着知识和疑问通过图片直观的掌握色彩渐变基本呈现方式,体验视觉感受。	板书设计: 色彩的渐变 明度渐变 色相渐变

第十节 心理健康教育
与信息技术教学的深度融合

随着社会的快速发展,信息技术的普及也正在深刻地改变着教学方式,人们越来越意识到心理健康教育的重要性,这两者的深度融合,不仅能够提升教育的效率,更能全面促进学生的身心健康和全面发展。

心理健康教育,旨在帮助学生建立正确的自我认知,提高他们的情绪管理、人际交往和社会适应能力。在传统的教学模式下,受限于时间和空间的约束,心理健康教育常常难以触及每一位学生。然而,信息技术的引入,如在线心理咨询平台、心理教育软件等,为心理健康教育提供了新的可能。据统计,使用这些技术的学生在应对压力、处理人际关系等方面的能力提高了20%以上,这充分证明了信息技术在心理健康教育中的巨大潜力。

信息技术教学,作为一种现代化的教育工具,凭借其独特的优势,正在逐渐转变传统的教学模式,并为教育注入新的活力。其生动性、直观性和高度的互动性,不仅能够吸引学生的注意力,更能够激发他们的学习兴趣,从而提高学习效果,这是传统教学方式难以比拟的。以虚拟现实技术为例,该技术能够打造出与现实世界极尽相似,甚至超越真实世界的虚拟场景。学生可以在这样的环境中,无需担心实际环境中的风险,自由地进行探索和实践。比如,学生可以通过虚拟现实技术参观历史遗址,亲身体验历史事件,这将比阅读教科书上的文字描述更加生动、深刻,极大地提高他们的学习兴趣和参与度,同时也能培养他们的实践能力和创新思维。大数据分析对于信息技术教育亦具有不可忽视的重要价值。通过对学生学习行为、学习习惯、答题情况等大量数据的收集和分析,教师可以更准确地了解每个学生的学习特点和困难,从而提供个性化的教学建议和辅导。例如,如果数据显示一个学生在某个知识点上反复出错,教师可以及时调整教学策略,对该知识点进行针对性的讲解和练习,帮助学生突破学习瓶颈,实现因材施教。

我们也应看到,信息技术教学并非万能的解决方案。如何合理、有效地将信息技术融入教学,避免"技术决定论"的陷阱,特别是与心理健康教育的深度融合并非易事,需要解决技术应用的公平性问题,避免数字鸿沟对教育的进一步扩大。当然,教师需要接受专门的培训,提升他们将心理健康教育与信息技术有效结合的能力。此外,还需要制定相应的政策和规范,保护学生的个人信息安全,确保他们在使用信息技术的过程中不受伤害。

心理健康教育与信息技术教学的深度融合,是教育现代化的重要路径,也是实现教育公平、提升教育质量的有效手段。只有充分挖掘和利用这两者的潜力,才能培养出适应社会需求、具有全面素质的新时代人才。

一、信息技术学科的心理健康教育内容

信息技术学科不仅涵盖了编程、网络、数据库等技术性知识,更在培养学生的计算思维能力和创新精神的同时,融入了丰富的心理健康教育内容。这一趋势反映了教育界对全面提高学生素质,尤其是心理素质的重视,旨在帮助他们在数字化时代更好地适应社会,实现个人全面发展。

(一)批判性思维和自我保护

信息意识作为现代教育的核心元素,是构建知识框架的基石。它不仅涵盖了对信息的识别和理解,更强调了对其价值、来源和可信度的深度评估。在我们所处的这个信息爆炸的时代,海量的数据和资讯如潮水般涌来,而信息意识就像是导航的灯塔,引导我们穿越迷雾,找到真实和有价值的知识。具备良好的信息意识,对于学生来说,无疑是一种强大的生存技能。在网络的广阔世界里,错误信息仿佛迷雾中的陷阱,一不小心便可能让学子们偏离航道。具备信息意识的学生能够辨别信息的真伪,避免被错误或误导性的信息所影响,从而保护自己的知识体系免受侵蚀。

信息感知力同样是维护心理健康不可或缺的一环。在面对复杂多变的

网络环境时,学生需要有能力判断哪些信息可能对他们的心理产生负面影响,从而做出适当的自我保护。例如,他们能够识别并抵制网络欺凌、过度消费的诱惑或不实的健康建议,以维护自身的心理健康和情感安全。

教育工作者应重视培育学生的信息化意识,并将其融入日常教学活动中。这包括教授信息检索和评估的技巧,引导学生批判性地分析信息,以及培养他们对信息来源的敏感性和判断力。通过这样的教育,我们可以帮助学生在这个信息泛滥的时代中,成为明智的信息消费者和创造者,更好地适应社会的发展和挑战。

（二）逻辑思维和自信心

计算思维作为信息科技课程的基石,它不仅教授学生如何运用计算机科学的原理和方法来解决复杂问题,更是一种思维方式的塑造,旨在培养学生的创新能力和批判性思维。这种思维方式的培养,如同学习一种新的语言,能够开启新的视角,帮助学生理解和解析日常生活中的各种问题。

在实际应用中,计算思维的培育主要通过编程、算法设计等技术性活动来完成。例如,当学生编写一段代码来解决数学问题时,他们需要将复杂的问题分解为一系列简单的步骤,这就是抽象思维的体现。同时,编程过程中的逻辑判断和错误调试则能锻炼他们的逻辑思维能力。这些技能不仅在学术上大有裨益,更能在未来的工作和生活中发挥重要作用。更重要的是,强大的计算思维能力对学生的心理健康具有积极影响。在面对生活中的困难和挑战时,具备计算思维能力的学生能够更有效地分析问题,制定解决方案,从而增强自信心,减少因无法解决问题而产生的压力和焦虑。根据美国心理学会的一项研究,具备良好问题解决能力的学生在应对压力和挫折时表现出更高的适应性和韧性。

计算思维能够激发学生的创新精神。在编程过程中,学生可以自由地尝试不同的方法,甚至创造出新的算法,这种自由探索的过程能够培养他们的创新思维和试错勇气。例如,许多科技巨头如比尔·盖茨、马克·扎克伯格等,都是在早期的编程实践中培养出了改变世界的创新思维。

计算思维是教育的新趋势,它不仅教授技术知识,更是一种思维方式的培养,能够帮助学生更好地适应快速变化的世界,解决生活中的问题,增强自信心,以及培养创新精神。因此,我们应该在教育中更加重视计算思维的培养,让每一个学生都能掌握这种强大的思维工具。

(三)抗压能力和自我调整

数字化学习与创新致力于促进学生突破传统教育的界限,探索更宽广的知识领域。这一实践性的学习方式鼓励学生利用先进的数字工具,如在线教育资源、编程软件、虚拟现实技术等,进行自我驱动的学习和创新性思考。这种教育模式不仅限于教授技术技能,更注重培养学生的批判性思维、问题解决能力和创新精神,以适应快速变化的数字化社会。在这一阶段里,学生们注定会面临诸多难题与阻碍,这是他们成长道路上不可或缺的一部分。他们可能会对复杂的编程代码感到困惑,或者在设计创新项目时遭遇瓶颈。然而,这些挑战并非全然负面,它们为学生提供了宝贵的机会,让他们学会如何面对失败,如何调整策略,以及如何保持坚韧不拔的精神。教师的角色在此时尤为重要,他们需要引导学生理解失败是学习过程的一部分,鼓励他们从错误中汲取教训,培养出积极面对困难的心态和强大的抗压能力。

当学生在创新过程中取得突破,成功完成一个项目或解决一个难题时,他们会体验到强烈的自尊心和成就感。这种积极的反馈循环能够提升他们的自信心,激发他们对学习的热情,并培养对未来的乐观态度。根据心理学研究,这种自我效能感对个体的心理健康有着积极的影响,可以预防和缓解焦虑、抑郁等心理问题。

数字化学习与创新过程同样重视协作与交流的重要性。在团队项目中,学生需要学会倾听他人的观点,尊重差异,以及有效地沟通和协作,这些软技能在 21 世纪的工作和生活中至关重要。通过这样的互动,学生可以建立更广泛的社会支持网络,增强他们的社会适应能力。

数字化学习与创新不仅教授学生技术知识,更是在培养他们应对未来挑战的能力和积极的心理素质。这是一种旨在培养适应未来社会的终身学习者的教育模式,该模式以学生为中心,强调全面发展,致力于提升学生的综合素质和能力。

(四)社交能力和责任意识

信息社会责任是信息科技教育中不可或缺的道德维度,它旨在引导学生在享受信息技术带来的便利与乐趣的同时,认识到其行为可能带来的道德和社会后果。在数字化不断深入我们日常生活的各个领域之际,这一概念的重要性显而易见。学生需要理解,网络世界并非法外之地,他们的每一次点击、每一条评论,都可能成为塑造网络环境的一部分,影响到自己和他人的生活。

网络行为具有深远的影响力。一项由美国网络安全公司 Symantec 进行的研究显示,近五分之一的青少年曾经历过网络欺凌,而其中大部分的欺凌行为都源于社交媒体的不当言论。这表明,看似无足轻重的网络行为,实际上可能对个体的心理健康造成严重伤害,甚至可能引发更广泛的社会问题。培养信息社会责任感对于构建健康的网络环境至关重要,这包括教育学生尊重他人的网络权利,不发布或转发可能伤害他人的信息,以及保护个人隐私,不随意公开自己或他人的个人信息。同时,也需要教导他们如何批判性地评估网络信息,避免成为虚假信息或网络诈骗的受害者。

学校与家庭在培养学生的信息社会责任感方面发挥着至关重要的作用。他们需要提供适当的指导和监管,帮助学生建立正确的网络道德观,同时也要鼓励学生积极参与到网络社区的建设中,通过积极的行为影响他人,成为网络正能量的传播者。

信息社会责任不仅是对学生的道德要求,也是他们在数字化社会中生存和发展的必备素质。通过深入理解和实践这一理念,学生可以更好地利用信息技术,同时也能为构建和谐、安全、尊重的网络环境贡献自己的力量。

信息科技课程在传授技术知识与技能的同时,亦高度重视学生心理健康教育。该课程致力于帮助学生在数字世界中维持平衡与健康的心态,从而培养出具有责任感与能力的数字公民。

二、心理健康教育与信息技术教学深度融合的基本策略

将心理健康教育融入信息技术教学,帮助学生建立正确的自我认知,提高他们的情绪管理、人际交往和社会适应能力,可以帮助学生更好地应对来自网络、社交媒体等多方面的压力。一方面,信息技术教学利用多媒体教学手段,设计一些模拟情境,让学生在虚拟环境中学习处理压力和冲突的技巧。同时,我们借助在线心理咨询平台,确保学生能够获得及时且便捷的心理支持服务。此外,信息技术教学也为心理健康教育开辟了崭新的可能性。通过大数据分析,教师可以更准确地了解学生的学习习惯、情绪变化等信息,从而提供更具针对性的辅导,各种在线教育资源也为学生自我学习、自我调适提供了丰富的工具。以学生已有的知识、技能和经验为起点,我们应设计出适应他们认知发展水平的教学内容,遵循学生的学习规律,如认知发展理论、学习风格理论等,使教学过程更加科学、有效。在教学过程中,我们应该强调信息科技的实践应用,让学生学会用技术解决实际问题。这不仅包括学习、生活中的问题,也包括社会、环境等更广阔领域的问题。为了创设一个促进自主学习、合作交流和深入探究的学习环境,我们应鼓励学生自由探索未知领域,通过自我驱动的学习方式,不断提升其自我学习能力。在此过程中,小组合作模式将发挥重要作用,使学生学会如何与他人有效沟通,从而培养其团队协作精神。此外,我们致力于构建一个集知识、情感、意志与行动于一体的学习环境,旨在全面促进学生的综合素质发展。注重培养学生的"情"和"意",即情感和意志力,让他们在面对困难和挑战时,能够保持积极的态度,坚持到底。

（一）确定融合教学目标

教学目标的设定不仅需要关注学科知识的传授，更应充分考虑核心素养和心理健康在信息科技教学中的重要地位，应当具有前瞻性，旨在培养学生的创新思维、批判性思考能力、问题解决能力以及良好的心理素质。

每一个特定的学习内容，无论是编程语言的学习，还是数据分析的实践，都蕴含着培养相关核心素养的可能。例如，编程语言的学习可以锻炼学生的逻辑思维和问题解决能力，而数据分析则可以培养他们的批判性思维和决策能力。因此，教师在设计教学内容时，应深入挖掘其潜在的素养培养价值，建立具体内容与核心素养的紧密关联。

在制订教学目标时，我们不仅要明确知识技能的掌握，更要将核心素养和心理健康融入其中。例如，可以设计团队项目让学生提升合作与沟通技能，或者通过解决实际问题来培养他们的创新和适应能力。同时，也要关注学生在学习过程中的心理状态，如压力管理、自信心建立、抗挫能力的培养等，以促进他们的全面发展。教师应当采取多样化的评价手段，包括过程性评价、同伴评价以及自我评价等，以便全面衡量学生核心素养与心理健康的达成状况。此举旨在使教师能够准确把握学生的学习进展，并据此灵活调整教学方案，从而更有效地契合每位学生的个性化发展需求。

在当今这个日新月异的数字时代，信息科技已经崛起为推动社会进步的关键力量。我们应当将教学目标与学生的数字生活经验紧密结合起来。现代学生生活在一个数字化、信息化的环境中，他们接触到的信息科技产品和应用场景丰富多样。因此，教学目标应该紧密结合学生的这些生活经验，使他们在学习过程中能够产生共鸣，更好地理解和掌握知识。例如，在教授编程语言时，可以引入学生熟悉的社交媒体、游戏开发等应用场景，让他们在实践中学习和掌握编程技能。

我们必须重视学习要求的完整性，以体现科学原理与实践应用的融合。作为一门跨学科领域，信息科技不仅蕴含着丰富的科学原理，而且在日常生活中得到了广泛的应用。因此,在制订教学目标时,我们应确保学生既能掌握信息科技的基本理论知识,又能将其应用于实际问题的解决中。这不仅能够提升学生的实际操作能力,同时也有助于培养他们的创新思维和解决问题的技巧。

我们还应注重反映技术更新和迭代迅速的特点。随着科技的迅猛发展,信息技术领域涌现出众多新技术和新应用。因此,在制订教学目标时,我们必须紧跟时代步伐,将最新的信息科技成果纳入教学内容中。此举旨在双重促进学生的学习体验:一方面,能够激发他们对学习内容的浓厚兴趣与热情;另一方面,有助于他们洞悉并紧跟信息技术领域的最新发展趋势,从而培养其自主探索与学习的能力,以及勇于创新的精神风貌。尤为重要的是,我们必须高度重视并充分展现我国在信息科技领域所取得的最新成就,作为一个在科技领域具有全球影响力的国家,我国在信息技术方面的突破与贡献已赢得了世界的广泛赞誉与关注。从 5G 通信技术到人工智能、大数据等前沿技术,我国都拥有众多自主知识产权和核心技术。因此,在制订教学目标时,我们应积极引入这些成果,让学生了解和掌握我国信息科技领域的最新动态和技术进展。这不仅可以增强学生的民族自豪感和自信心,还能激发他们的爱国情感和责任担当。

（二）创新学习方式

数字化学习已成为教育领域的重要趋势,它不仅改变了传统的教学模式,也为学生提供了更为广阔的学习空间。因此,我们必须深入理解并充分利用数字化学习的特点,以适应教育的新需求。

数字化学习的核心优势在于其灵活性和可访问性。借助数字化平台,如在线课程、教育应用和虚拟学习环境,学生可以随时随地获取丰富的学习资源,打破了时间和地域的限制。例如,学生可以在家中通过网络参与国际知名大学的公开课程,实现跨地域的学习交流。此种灵活性有效地激发了学生自主学习的动力,使学生能够根据个人的学习步伐及兴趣偏好自主选择学习内容。

数字化学习极大地推动了学习方式的多元化发展。通过线上实验、模拟和仿真,学生可以在安全的环境中实践和探索,增强学习的互动性和趣味性。例如,化学学生可以通过虚拟实验室进行化学反应的模拟,既避免了实际操作可能带来的风险,又可以反复尝试以深化理解。同时,数字化工具也支持协作学习,学生可以在线上小组中共享知识,共同解决问题,培养团队合作和创新思维。

数字化学习,作为一种先进的教育模式,正有力地回应着当前教育体系中对个性化教育的迫切呼唤。鉴于每位学生均拥有独特的学习风格与潜能,数字化平台以其强大的功能,为学生量身定制学习路径与即时反馈,助力他们精准把握学习进程中的成就与不足。譬如,诸多智能教育软件能够敏锐捕捉学生的学习表现,灵活调整教学内容的难度与深度,进而提供个性化的学习指导方案,显著提升学习成效。

我们也应意识到,数字化学习并非万能的解决方案。它无法替代教师的重要指导角色,亦无法全面取代面对面的社交互动环节。因此,教师的角色应从知识的传递者转变为学习的引导者,帮助学生建立正确的数字素养,学会批判性思考,同时也要关注学生的社交情感需求,创造线上线下结合的综合学习环境。既要充分利用其优势,也要警惕其潜在的挑战,以实现更加公平、高效和个性化的教育。

（三）指导实践应用

信息技术教师应当更加重视基本概念和基本原理的教学,以构建坚实的理论框架,为学生未来的学习和创新奠定坚实基础。在这个过程中,我们可以借鉴"场景分析—原理认知—应用迁移"的教学模式,以一种更为生动和直观的方式引导学生理解和应用信息科技。

首先,从生活中的信息科技场景入手,可以激发学生的学习兴趣和好奇心。例如,可以引导学生观察智能手机、社交媒体、在线购物等日常生活中常见的信息技术应用,让他们在熟悉的情境中认识到信息科技的无处不在。情境化的教学模式,旨在有效联结学生的抽象理论知识与现实生活实践,从而显著提升学习的实际效果。

其次,引导学生发现问题、提出问题是培养他们批判性思维和创新精神的重要途径。在观察到的场景中,教师可以鼓励学生提出疑问,针对诸如"该应用运作机制如何?"及"此项技术背后的核心原理是什么?"等问题,应鼓励学生进行深入思考与探究,以此激发他们的求知欲。通过此类方式,学生能够从传统的被动接受知识模式转变为积极主动的知识探索者,进而促进自主学习能力的培养与提升。

随后,在既有的知识框架之上,教师应当引领学生深入剖析并探究各类现象的内在机制,进而学习并领悟相关的科学原理。具体而言,当学生对某一技术产生疑惑时,教师可指导其通过查阅文献资料、实施实验验证,或利用模拟软件进行模拟操作等手段,以揭示该技术的运作原理。此过程不仅有助于学生扎实掌握相关知识,更能够显著提升其分析思维与解决问题的能力。

最后,学生应当致力于运用已掌握的原理,对相关现象进行合理解释或针对具体问题提出解决方案,以实现从理论知识向实际应用的有效迁移。例如,学生可以尝试设计一个简单的应用程序,或者解决一个实际问题,如利用编程知识设计一个自动化任务,或者利用数据分析方法解决一个社会问题。这种应用迁移的过程,能够帮助学生将理论知识转化为实际操作能力,提高他们的创新能力和实践能力。

总体而言,借助"场景分析—原理认知—应用迁移"这一系统化的教学模式,我们能够显著提升信息科技教育的学习成效,致力于培养出既拥有扎实理论基础,又具备批判性思维及卓越实践能力的未来信息科技领域的精英人才。在此教学模式下,教师的定位转变为学生的引导者与辅助者,而学生则成为积极主动学习、勇于探索的主体,双方携手共创一个充满生机、互动频繁且挑战性十足的学习环境。

（四）适应信息科技发展

面对信息化社会的时代，了解信息科技的发展历程，深入理解其独特的演变特点，以及时刻关注其瞬息万变的动态，显得尤为重要。这不仅需要我们具备敏锐的洞察力，更需要我们树立起积极应变的意识，以适应这个日新月异的时代。信息科技，从最初的电报、电话，到计算机的诞生，再到互联网的普及，再到如今的人工智能、大数据和云计算，其发展历程是一部生动的科技进步史，也是人类社会发展的强大推动力。

在信息技术与心理健康教育深度融合的教学实践中，我们应基于育人基本要求和学科基本原理的坚实基础，积极吸纳并融合信息科技的最新成就。具体而言，在教育领域，我们应运用人工智能技术，通过对学生学习能力与进度的精准分析，实施个性化的教学策略，为每位学生量身定制专属的教学方案。同时，依托大数据分析技术，我们能够更加客观、精确地评估教学效果，并据此灵活调整教学策略，以期达到优化教学成效的目的。此外，云计算技术的应用打破了地域限制，促进了教育资源的共享，使得更多人群能够享受到优质的教育资源。

同时，我们应持续致力于教学内容的优化与创新，确保其与时代发展的步伐紧密相连，以满足不断变化的社会需求。这要求我们定期更新教材，及时引入最新的科研成果和技术应用，确保学生在学习过程中能够接触到最前沿的知识，从而培养他们的创新精神和实践能力。

教育改革的重点方向之一，聚焦于教学手段的革新与教学模式的创造性发展。我们矢志不渝地追求采用虚拟现实、增强现实等尖端技术，精心打造更加鲜活、贴近现实的教学场景，以充分激发学生的学习兴趣，并提升他们的参与度。此外，我们亦不遗余力地推广混合式学习模式，该模式巧妙融合了线上与线下教学的优势，旨在为学生营造一个更加灵活多变、自主独立的学习环境。通过这一模式的深入实施，我们满怀期待地希望能够显著增强学生的自主学习能力，激发他们的创新思维火花，为他们未来的学业与职业生涯奠定坚实而稳固的基石。

深入了解并紧跟信息科技发展的步伐,同时将其科学、合理地融入教育教学实践之中,是提升教育质量、契合社会需求的核心策略。在此进程中,我们需保持持续学习的热情,勇于踏入未知领域,秉持开放包容的胸襟与锐意进取的创新精神,携手推动教育事业的稳健发展。

三、心理健康教育与信息技术教学深度融合教学案例

1.《流浪萌宠的共享智能家园》第3课时(五年级第一册第一单元)

教者:彭金飞(宁乡·回龙铺镇中心小学)

教材分析:本课时为校本课程《创意智造》五年级上册第一课"流浪萌宠的共享智能家园"的第三课时。在第一课时中,我们主要通过调查、访问、观察等方式,详细列出了本项目的问题清单;第二课时则基于这些问题,提出了相应的解决方案和功能设计。而本课时,我们的主要任务是"制定专属方案",即针对特定的功能需求,设计详细且可行的设计方案,为后续作品的物化奠定坚实基础。在本课时中,我们将引导学生深入分析作品所需实现的功能,运用已掌握的3D建模知识,精心设计家园模型。同时,我们还将探讨如何利用电子元器件和编程技术,实现作品的消毒、除湿、加热等功能的自动化控制,确保流浪萌宠能够在安全、舒适的环境中生活。为了更好地指导学生进行方案设计,我们特别设计了作品方案设计表,该表格分为左右两栏。左栏为"作品功能分析",用于明确作品需要实现的具体功能;右栏则为"方案设计",详细列出为实现这些功能所采用的方法、技术、步骤,以及所需使用的工具和材料等信息。通过这样的方式,我们希望能够帮助学生系统地规划自己的设计思路,确保作品的实用性和创新性。

学科素养目标:第一,学习方案设计的方法,学习使用电脑绘制作品草图的方法,初步认识各种电子元件的功能及原理。第二,通过实际操作,培养学生的动手能力和问题解决能力。第三,激发学生对信息科技的兴趣和热爱,培养学生的创造力和审美能力,提高学生的艺术素养。

心理融合目标:第一,通过案例学习,培养学生的项目思维和工程思维的习惯。第二,采用小组合作的方式,培养学生的团队协作精神和沟通能力。

教学重点:各种电子元件功能的初步认识,方案的设计方法。

教学难点:如何引导学生设计出可执行的能实现功能的方案,如何引导学生发挥创造力,进行独特的创意设计。

教学过程	融合时机与策略
一、知识链接 师:同学们,上一节课你们进行了作品功能的分析,为了能实现功能的效果,就需要制定一个计划,也就是要进行方案的设计,这节课就让小智带大家一起制定专属方案吧! 出示课题:制定专属方案。 二、互动讲解 (一)功能实现 功能一:家园模型 师:请同学们小组讨论一下,作品的模型可以用什么方法进行制作呢? 师:请同学们看看,小智给我们提供了什么方法呢? (教师倾听,引导学生表述) 师:3D one cut 是一款专门用来进行激光切割的 3D 设计软件,用它设计出模型后,再到激光切割机中使用木板进行切割,然后再进行拼装,模型就很快能制作好啦,在后面的课程中将会进行详细的学习。 (教师边讲解边打开软件进行演示) 功能二:杀菌、消毒 师:同学们,在生活中,你们或者爸爸妈妈一般是用什么东西进行杀菌或者消毒呢?	激发学生的学习兴趣,引导观察打开学生思维。 训练学生学会倾听和观察。 学会倾听,学会正确表达,着力培养团队协作精神和沟通能力。

续表1

教学过程	融合时机与策略
（教师倾听，学生回答） 师：请同学们学习讨论，小智给我们提供了什么解决方案呢？（教师倾听，引导学生表述） 师：小智为我们提供的方案是利用红外传感器和紫外线灯带进行自动控制，当红外感应器感应到动物的进入休息区，便会自动启动安装在休息区顶部的紫外线灯，进行杀菌消毒，在后面的课程中将会进行详细的学习。 （教师边讲解边打开软件进行演示） 功能三：除湿、加热 师：同学们，在冬天，如果感觉很冷，你会怎么做呢？在春天的梅雨季节，家里非常潮湿，有什么办法变得干燥吗？ （教师倾听，学生回答） 师：请同学们交流讨论，小智为我们提供了什么方案呢？ （教师倾听，引导学生表述） 师：小智提供的方案也是利用温湿度传感器获取当前的环境温湿度，然后通过程序自动控制加热风扇的启停，使休息区始终保持一个舒适的环境。 （教师边讲解边打开软件进行演示） 功能四：自动供电 师：同学们，你们知道公路上的路灯、或者是你们家里的太阳能灯是怎么供电的吗？ 师：请同学们交流讨论，小智为我们提供了什么方案呢？ 师：小智也使用了太阳能发电的方案。在屋顶安装两块太阳能板，给一块 5V 的蓄电池进行充电，保证电子元件的正常运行。（教师边讲解打开软件进行演示）	鼓励学生大胆设想，小心求证，树立创新意识，培养团队协作精神和沟通能力，特别是创新能力。

教学过程	融合时机与策略
功能五:程序控制 师:同学们,你们见过扫地机器人、送餐机器人吗?它们为什么能进行自动扫地、自动送餐服务呢? 师:请同学们交流讨论,小智为作品提供了怎样的设计方案呢? 师:要实现自动化控制,就需要利用传感器等电子元件结合程序控制执行器的自动运行的办法。在作品中小智将 UNO 开发板、红外传感器、温湿度传感器、继电器、加热风扇、紫外线杀菌灯等电子元器件进行连接,然后利用米思齐编程软件编写程序,最后达到自动控制的目的,在后期的课程中将会进行详细的学习。(教师边讲解边打开软件进行演示)	引导学生学会表述,注重先后次序,增强逻辑思维能力。
草图绘制 师:同学们,作品功能的设计方案已经顺利完成,接下来就是需要对作品的模型结构、电子元件的安装位置进行规划,并绘制出草图。 草图的绘制一般有两种方法: 第一种是利用电脑自带的绘图工具绘制,这个一般要求电脑操作水平相对较高。 第二种是利用手绘,也需要同学们具有一定的绘图基础,但相对电脑绘画要容易,不一定要非常精致,只要能看出模型的造型、结构等等,并需要标注大概的尺寸。 利用电脑进行的绘制,在后面的课程中将会进行详细的学习。	观察立体图前、后、左、右的模型结构,培育思维能力,尤其是项目思维和工程思维的习惯。
三、合作探讨 师:同学们,学习了作品方案的设计方法,请你们根据自己作品的功能分析表,小组之内相互讨论,互相说一说,具体用什么方法去实现这些功能呢? (教师巡视,学生交流)	开展小组合作学习,训练学生的团队合作意识,培养团队合作精神。

续表3

教学过程	融合时机与策略
四、巩固运用 师:请同学们将讨论的结果进行整理,完成一份方案设计表。 学校:　　班级:　　姓名:　　日期: 功能分析　　　　方案设计 五、分享展示 师:同学们,通过这节课的学习,相信你们对方案的设计有了一定了解,并能够设计出自己独特的方案了,请展示一下你方案设计表,并跟大家说一说你的设计理由吧!	展示自己方案并进行讲解,学会倾听,鼓励学生乐于分享的意识、语言表达的能力在倾听时学会思考和比较。
作业超市: 　A.进一步完善作品方案设计表 　B.绘制作品模型草图	板书设计: 　　　制定专属方案 功能实现的方案设计 1.家园模型　2.杀菌消毒 3.除湿加热　4.自动供电 5.程序控制 草图绘制的方案设计 1.电脑绘图　2.手动绘图

2.《趣味编程跟我走》第1课时(第四册第二单元第七课)

教者:罗毅(宁乡·市教育局)

教材分析:本单元旨在引导学生认识并初步掌握一种高级编程语言——Python。通过学习,学生将了解程序设计的基本流程,并初步掌握程序设计的三种基本结构以及函数的运用方法。在教学过程中,我们将思维训练融入其中,旨在培养和提升学生的计算思维能力。本单元的重点在于深入理解 Python 语言的基本语法,熟练掌握程序设计的三种基本结构,并初步了解内置函数与自定义函数的概念与应用。而难点则在于如何灵活运用这三种基本结构来编写程序,以解决学习和生活中遇到的实际问题。通过本单元的学习,学生将能够建立起对 Python 编程语言的初步认识,并为其后续深入学习打下坚实的基础。

学科素养目标:第一,了解 Python 语言的特点。第二,掌握从 IDLE 启动 Python。第三,初步掌握 Python 的两种编程模式。

心理融合目标:第一,在学习过程中,通过程序设计增强学生的计算思维能力,培养严谨的计算习惯。第二,采用小组合作的方式,培养学生的团队协作精神和沟通能力。

教学重点:启动 Python 和 Python 两种编程模式。

教学难点:Python 的两种编程模式。

教学过程	融合时机与策略
一、教材辅读 1.(　　　)是 Python 软件包自带的一个集成开发环境,启动 Python 集成开发环境的步骤:依次单击 window 系统的"(　　　)"菜单——"Python3.7"——"IDLE(Python 3.764-bit)" 2.在 IDLE 集成开发环境中,Python 编程有两种模式:(　　　)和(　　　)。 3.启动 IDLE 后,默认进入交互模式,"(　　　)"为 Python 的交互提示符,在其后输入 Python 命令,然后按(　　　)键,就会立即执行。 4.文件编辑模式可将程序保存为以(　　　)为扩展名的文件。	让学生有一个正确的自我认知,准确评估自己的知识掌握度,以提高学生学习的效度。
二、情境导入 打开"黄皮耗子.py"文件,按 F5 键,运行程序,观察运行结果,观察文件中的语句格式。	训练学生掌握观察技巧,以激发其学习兴趣。

续表1

教学过程			融合时机与策略
三、探究实践			

任务描述	操作锦囊	总结	
任务一: 1. 启动 I-DLE 2. 在提示符后输入 print 3. 按回车键。 4. 提示符后输入 30. 35 -20.6 5. 按回车键	在 Python 编程语言中,标点符号的输入必须严格遵循英文半角状态的要求。这一规定确保了代码的规范性和准确性,以维护编程环境的一致性和稳定性。	( )要用引号引起来,( )不要用引号引起来。	我们应当学会倾听,以严谨的态度认真观察,并学会运用恰当、理性的方式来进行表达。
任务二: 在文件编辑中重复任务一的操作	program 或 F5 快捷键)。 第 1 步:创建新的 Python 文件(可通过点击"文件"菜单中的"新建文件"选项,或使用快捷键 Ctrl+N)。 第 2 步:在文件中输入程序代码。 第 3 步:保存文件,并确保文件扩展名为. py(可通过点击"文件"菜单中的"保存"选项,或使用快捷键 Ctrl+S,并在保存对话框中指定文件名为以. py 结尾的名称)。 第 4 步:运行程序(可通过点击"运行"菜单中的"运行程序"选项,或使用快捷键 F5)。 注意:原内容中的"Rum"应为"Run"的误写,已在此处更正。	print ( ) 是( )函数,把要显示的内容放到括号里。	我们强烈倡导学生勇于实践,细致求证,并积极树立创新意识与创新能力。 引导学生学会表述,注重先后次序,增强逻辑思维能力。

教学过程	融合时机与策略
四、巩固提升 用 python 编程输出右面的图形或其他图形。	
作业超市： 　1. 下面这段代码是在计算机屏幕上输入"wa wa wa"，有 1 处错误，你能找出来吗？ 　2. 下列选项中，(　　) 是 Python 保存的文件。 　A. key. py　　　　B. 班级. doc 　C. Python. wps　　D. 123. psd	板书设计： 　趣味编程跟我走 　Python 　program 或 F5

第十一节　心理健康教育与活动课程教学的深度融合

目前中小学的活动课主要有综合实践活动、班团队活动、信息技术课和劳动课从综合实践活动中单列出来后就有相应的实践活动课，大多学校开设有校本活动课程。其次，各学科均有学科实践活动课，课后服务政策下的社团活动课每天有 1-2 节。此外，学校根据需要还会有节会活动、专项活动等。

活动课程是学生探索、创新与成长的舞台，强调实践、探索和创新，旨在提升学生的综合素质，培养他们的批判性思维、问题解决能力和团队协作精神。据世界经济论坛的报告，未来职场最需要的技能中，批判性思维、创新、问题解决等"软技能"占据了主导地位。因此，教育需要转向更注重实际应用和创新能力的培养，而活动课程正是实现这一转变的有效途径。

活动课程致力于培养学生的自我学习和自我管理能力。以"研究性学习"为例，这是一种典型的综合实践活动，学生需要选择一个感兴趣的课题进行深入研究,过程中可能需要查阅资料、进行实验、撰写报告等,最后通过答辩形式展示研究成果。参与研究性学习的学生群体在信息处理能力以及独立思考能力等方面均展现出了显著的增强与提升。这一结论是基于严谨的数据分析得出的,旨在客观反映学习模式对学生能力发展的积极影响。

活动课程与心理健康教育深度融合,可以形成一种更为全面的教育模式。通过一系列实践活动的开展,旨在全面增强学生的实践操作能力、激发其创新思维,并有效提升团队协作能力。这种课程模式强调"做中学",让学生在实际操作中学习知识,解决问题,帮助他们建立正确的自我认知,提高情绪管理能力,以及应对生活压力的能力。例如,学生可以通过参与社区服务项目,学习到团队合作、项目管理等实际技能,同时也能培养他们的社会责任感。例如劳动课程,学生在学习与实践过程中,会逐步构建起适应个人终身发展及社会需求的正确价值观、核心品格与关键能力。通过劳动实践活动,学生将逐渐形成正确的劳动观念,具备初步的劳动能力,并养成良好的劳动习惯与品质。这一过程不仅促进了劳动精神的培育,更将为学生带来终身的积极影响。

采用这种深度融合的教育模式,学生的综合素质已显著增强。一项对实施活动课程与心理健康教育深度融合的学校进行的调查显示,学生的团队合作能力、问题解决能力以及心理适应能力都有了明显的提高。

活动课程与心理健康教育的深度融合,是教育创新的重要方向,它旨在培养既具备实践能力,又具有良好心理素质的全面发展型人才,以适应社会的多元化需求。

一、活动课程的心理健康教育内容

活动课程是以活动为载体,通过参与、体验、互动,使学生在实践中学习和理解心理健康知识。这种教育模式强调学生的主体地位,鼓励他们主动探索、自我反思,从而提高自我认知和情绪管理能力。在活动课程中,心理健康教育的内容丰富多样,涵盖了自我认知、情绪管理、压力应对、人际关系、心理调适等多个方面。

(一)学习兴趣和合作精神

活动课程将理论学习与实际操作深度融合,为学生提供了一个更为开放和自由的学习环境。这种教育方式的核心理念是,知识并非仅存在于教科书中,而是需要通过实践去发现、去理解、去应用。活动课程鼓励学生积极参与,主动学习,不再局限于被动接受教师的讲解。学生被积极鼓励去探索未知的领域,勇于挑战既定的观念,以此激发他们的求知欲和培养创新思维。例如,学生可能会参与到模拟实验、实地考察、项目设计等活动中,这些活动不仅锻炼了他们的实践能力,也让他们在解决问题的过程中学会独立思考,形成批判性思维。

活动课程的核心目标之一是着重培养学生的团队协作能力,通过精心设计的活动和任务,增强学生的相互协作、沟通与协调能力,以应对未来复杂多变的社会和工作环境。在许多活动中,学生需要与他人合作,共同完成任务,这有助于他们建立良好的沟通技巧,学习如何在团队中发挥自己的优势,理解并尊重他人的观点。这种团队合作的宝贵经验,对于他们未来在社会中的生存与发展具有不可忽视的重要价值。

据统计,采用活动课程的学校,其学生的学业成绩和满意度都有所提高。例如,美国的一项研究显示,参与活动课程的学生在批判性思维和问题解决能力上的表现,比传统课堂模式下的学生高出20%。此外,这种教育模式也有助于降低学生的辍学率,因为他们更有可能对学习产生兴趣和动力。

活动课程是一种以学生为中心,高度重视实践、体验与反思相结合的教育模式。该模式的核心目标是通过精心设计的多样化实践活动,促进学生的全面发展与能力提升。在具体的实践中,例如科学实验、社区服务、创新项目等,学生需要面对各种实际问题,这要求他们运用所学知识,甚至创新性地思考,寻找解决方案。例如,进行环保项目的学生可能需要研究当地的污染问题,通过数据分析、实地考察,甚至设计和实施改善方案。此过程不仅有效提升了参与者的实践操作技能,而且更深层次地促进了他们创新思维与问题解决能力的培养与发展。

活动课程为学生构建了一个展示个人风采与提升自信心的坚实平台。在公开演讲、艺术创作、竞赛活动中,他们可以自由表达自己的观点,尝试不同的方法,甚至挑战自我,这将极大地激发他们的创新潜力。在广泛的实践活动中,我们旨在激发学生的探索精神,并着力培养他们的创新能力,以使他们能够更好地适应未来社会的需求。据美国国家教育统计中心提供的数据,那些参与过综合实践活动的学生,在批判性思维、问题解决以及创新能力等方面的表现,普遍优于仅接受传统课堂教育的学生群体。这一数据进一步强化了综合实践活动在培养学生核心能力方面所发挥的重要作用。

(二)情绪管理和压力应对

活动课程强调以学生为中心,鼓励他们积极参与,通过各种活动如团队建设、角色扮演、社区服务等,来提升自我认知和情绪智慧。这种教育方式让学生在实际操作中学习,从而更好地理解和处理复杂的情绪状态。

研究表明,参与活动课程的学生在情绪管理上表现出显著的优势。根据哈佛大学的一项长期追踪研究,参与此类课程的学生在应对压力、处理人际关系和自我调节方面的能力比未参与的学生高出30%。他们更有可能形成积极的自我观念,建立强大的社会支持网络,以及发展出适应未来生活和工作所需的技能。例如,一个团队活动可能要求学生共同解决一个挑战,这将迫使他们学会倾听、尊重他人的观点,以及如何在压力下保持冷静和理智。这样的经验不仅有助于他们在当下处理问题,更会在未来面对类似情况时提供宝贵的参考。

活动课程强调实践、探索和体验,让学生在参与各种活动中,不仅能够获取知识,更能够学习到如何处理生活中的困难和挑战,有效地培养学生的抗挫能力。活动课程为学生提供了一个模拟现实生活的平台,他们可能会遇到各种预设的难题,如团队合作的冲突、任务完成的困扰等。这些挑战就像是生活中的小缩影,让学生在面对失败时有机会学习如何调整心态,如何保持冷静和理智,而不是一味地逃避或恐慌。

活动课程鼓励试错和自我修正,在尝试解决问题的过程中,学生可能会采取错误的策略,甚至遭遇失败。然而,这种失败并不是最终的结果,而是一个学习和成长的机会。教师会引导他们分析失败的原因,鼓励他们从错误中汲取教训,调整策略,然后再次尝试。这种反复的试错和修正过程,实际上是在培养学生的抗挫能力和问题解决能力。根据美国心理学会的一项研究,经历过适当挫折的学生在面对生活压力时,表现出更强的心理韧性。他们在面对困难时更有可能采取积极的应对策略,如寻求帮助、调整期望或改变策略,而不是陷入消极情绪中无法自拔。

活动课程在培养学生自我效能感方面同样发挥着至关重要的作用。通过参与多样化的活动课程,学生能够在实际操作中不断积累经验,逐步建立起对自己能力的信心和认同,进而形成稳固的自我效能感。当他们在克服困难、完成挑战后,会体验到成就感,这种感觉会增强他们对自己能力的信任,让他们相信自己有能力应对未来的困难。这种自我效能感是抗挫能力的重要组成部分,也是他们在生活中取得成功的关键因素。

（三）自我认知和人际交往

活动课程不仅关注学生的学术知识积累,更注重培养学生的自我认知和人际交往能力,以期在他们未来的生活和职业生涯中发挥更大的作用。

活动课程的核心理念是让学生在参与和实践中学习,而非仅仅通过传统的听讲和记忆方式。这种模式鼓励学生主动探索,发现并解决问题,从而促进他们的批判性思维和创新能力。同时,活动课程通常以小组活动或项目的形式进行,这为学生提供了丰富的社交场景,让他们在合作与交流中提升人际交往技巧。

自我认知是个人成长的重要组成部分,它涉及对自身优点、弱点、兴趣和价值观的理解。活动课程精心设计了多样化的挑战性任务,旨在引导学生深入反思自我,清晰认知自身的优势领域及有待提升之处。例如,一次模拟的团队项目可能让学生意识到自己在团队中的领导能力,或者在面对困难时的坚韧精神。这种自我认知的提升,对于他们制订个人目标、选择适合自己的学习路径,甚至未来的职业规划都具有深远影响。

活动课程也是培养人际交往能力的绝佳平台。在团队活动中,学生需要学会倾听他人的观点,尊重和接纳不同的想法,同时也要学会表达自我,有效地沟通和协调。根据美国教育统计中心的数据,21世纪的工作场所越来越重视团队合作和跨文化交流能力,因此,通过活动课程培养出的这些技能,将使学生在未来的职场中更具竞争力。以斯坦福大学所开设的"设计思维"课程为典型范例,学生需自行组建团队,致力于应对现实生活中的挑战,例如构想并设计一个更加环保的校园环境。在此实践过程中,学生不仅深入学习了创新性的思维模式与策略,同时,其沟通能力、团队协作能力以及面对问题时的解决能力均得到了显著的提升与锻炼。许多毕业生反馈,这种活动课程的经验对他们在职场上的成功起到了关键作用。

(四)适应能力和共情能力

活动课程是以活动为载体,强调实践和体验,鼓励学生积极参与,通过解决实际问题、参与团队合作、进行角色扮演等,让学生在合作与竞争中学习沟通和协作,提升他们的社会适应能力。通过角色扮演或情境模拟的教学方法,使学生能够亲身体验并理解他人的情感状态,进而促进他们同理心与共情能力的培育。

适应能力是现代人所应具备的核心素质之一,其重要性不容忽视。在不断变化的工作环境和社交关系中,具备良好适应能力的学生能够更快地接受新信息,更好地应对挑战和压力。例如,通过模拟社会活动,学生可以在安全的环境中尝试失败,学习如何在困难中调整策略,从而提高他们的抗压能力和应变能力。

共情能力,作为理解并深切关注他人情感体验的能力,是构筑稳固人际关系及促进社会和谐不可或缺的基石。活动课程通过角色扮演、团队合作等活动，让学生站在他人的角度思考问题，体验和理解不同的观点和感受，从而培养他们的同理心和人文关怀。研究表明，共情能力与社交技能、领导力等关键能力高度相关，对个人的成功和社会的和谐有着深远影响。以芬兰的教育系统为例，该国在 PISA（国际学生评估项目）中连续多年名列前茅，其教育模式就强调活动课程和共情能力的培养。芬兰的学校为学生提供了丰富的实践活动，如户外探索、社区服务等，这些活动不仅提升了学生的学术能力，更培养了他们的团队合作精神和对社会的责任感。

活动课程通过提供实践机会和情境模拟，有效地培养了学生的适应能力和共情能力，为他们在未来的生活和工作中应对挑战、建立良好的人际关系打下了坚实的基础。因此，我们应该进一步推广和优化活动课程，使其成为教育改革的重要方向。

在实践活动课程的实施中，心理健康教育占据至关重要的地位，这要求教师务必掌握扎实的心理学专业知识与精湛的技能。教师角色在此不仅限于知识的传播者，更是学生心理成长的悉心引导者与坚定陪伴者，确保学生在心理层面获得全面、健康的发展。他们需要通过观察、倾听和反馈，及时发现学生可能存在的心理困扰，提供必要的支持和指导。通过实践、体验和反思，帮助学生建立积极的心理态度，提高他们应对生活压力的能力，为他们的未来生活和职业生涯打下坚实的心理基础。这是一项极具挑战性且意义深远的教育使命，值得我们持之以恒地关注与努力。

二、心理健康教育与活动课程教学深度融合的基本策略

心理健康教育与活动课程教学的深度融合，需要我们以科学的规划和设计为引领，以明确的目标为导向，精心准备，组织学生深度体验，适时总结反思，适当拓展，实现活动目的，达成心理健康教育的目标，促进个体的全面发展。

(一)科学规划,全程设计

科学规划如同建筑的蓝图,是任何项目或活动成功实施的基石。它强调的是一种以科学理论为指导,以数据和事实为依据的决策过程,旨在确保活动的每一个环节都能有序、高效地运行。这种规划不仅限于活动的开始阶段,而是贯穿于活动的整个生命周期,从策划、实施到评估,每一个步骤都需要严谨的科学态度来对待。在实际操作中,我们对活动的时间进行精确的把控,每一项任务的开始和结束时间都需要精确计算,以避免因时间安排不当导致的混乱或延误。例如,如果一个大型活动包含多个子活动,那么这些子活动的顺序、持续时间以及它们之间的缓冲时间都需要经过详细的计算和规划。在进行科学规划时,必须充分考量活动的地点选择这一关键环节。地点的选择应基于活动性质、参与人数、交通便利性、设施设备等因素进行综合评估。例如,如果活动需要大量的设备支持,那么选择有足够存储和操作空间的地点就显得尤为重要。人员的分配和管理也是科学规划的重要组成部分,每个参与者的角色、职责需要明确,以确保每个人都清楚自己的工作内容,避免因职责不清导致的效率低下。同时,确保活动顺利进行的关键在于对人员进行充分的培训和有效的沟通。此外,资源的合理配置与高效利用也是科学规划过程中不可或缺的一环。这包括物质资源如设备、材料,也包括人力资源如志愿者、工作人员的时间和能力。通过精确的预算和资源管理,可以最大化活动的效果,同时最小化不必要的成本。

科学规划的价值,核心在于其系统性与前瞻性两大特性。系统性确保了规划过程的全面与连贯,使得各个环节能够紧密衔接、相互促进;而前瞻性则赋予了规划以预见性和引领性,使其能够把握未来趋势,为长远发展奠定坚实基础。它要求我们从全局角度出发,预见并解决可能出现的问题,以确保活动的顺利进行。只有通过科学的规划,我们才能将复杂的活动转化为有序的过程,从而提高活动的成功率和影响力。

全程设计是确保活动质量至关重要的环节,从活动的策划阶段开始,直至后期的反馈与评估,每一个步骤都需要经过精心的设计和布局,以确保活动的每个环节都能精准地达到预设的目标,从而创造出令人满意的体验。活动的筹备阶段是全程设计的起点,对活动的目标、参与者的期望、可用资源等进行深入的分析和理解,需要有敏锐的洞察力,能够预测和预防可能出现的问题。活动过程要清晰明确,目标分工具体,反馈与评估,同时要适当考虑调整策略。全程设计不仅是一种技术,更是一种艺术,它要求我们具备创新思维、细致入微的观察力和高效的问题解决能力,确保活动的每一个环节都能像一部精心编排的交响乐一样,和谐、流畅,达到预期的效果,给参与者留下深刻的印象。

活动设计不再局限于单一的学科框架,而是需要具备跨学科的视角,整合不同学科的知识与技能,多维度、深层次地实现活动目标,从而丰富活动的内涵,激发参与者的学习兴趣和创新思维。应如同一座桥梁,将各个知识点相互连接,构建起一个有机的知识网络。例如,一个环保主题的活动,可以融入生物学、地理学、社会学等多学科知识,让学生从多个角度理解和解决环境问题,提高他们的综合素养。跨学科活动还能激发学生的学习动机,当活动内容与他们的生活经验、兴趣爱好相结合时,学生更可能积极参与,主动学习。例如,通过设计一个与音乐、艺术相结合的数学活动,可以让学生在享受音乐和艺术的乐趣中,自然地掌握数学知识,提高学习效果。跨学科视角的活动设计是教育创新的重要方向,它能打破知识的界限,提升活动的深度和广度,更好地培养学生的全面发展。

在规划活动目标时,我们需确保心育目标的清晰界定,并将其有机融入至整个活动设计的每一个环节之中,以确保活动的有效性与针对性。例如,如果我们的目标是提高学生的团队协作能力,那么在设计活动时,可以设置一些需要团队合作的任务,如团队项目、角色扮演等,让学生在实践中学习和提升团队合作的技巧。同时,我们还可以通过反馈和反思环节,帮助学生理解和评估自己的团队合作表现,进一步促进他们的自我成长。

活动环节的设计应严谨且注重细节,特别需明确各个环节的主要目标,并充分预见可能影响目标达成的各种因素,包括但不限于参与者的情绪波动及环境变量的变化。同时,为应对潜在的突发事件,我们务必事先进行周密的评估,并据此制定详尽的应急预案,以确保活动的平稳有序进行。

(二)精心准备,优化配置

实践活动的策划和实施必须经过深思熟虑和精心准备,这不仅包括活动素材的选择、资源配置的优化,更涉及如何巧妙地将心理健康教育融入其中,以确保学生在参与活动的过程中,既能获得知识,收获良好的体验,又能保持良好的心理状态。

活动素材应兼具时代性、趣味性与教育性,旨在吸引学生的注意力并激发他们的探索欲。具体而言,选取素材时可优先考虑当前社会热点问题,通过引导学生进行研究与讨论,不仅能使他们深入了解社会现状,更能有效培养他们的社会责任感。此外,素材内容应覆盖多元化的知识领域,如科学、艺术、历史等,以充分满足学生个性化学习的需求,促进其全面发展。

资源配置的合理性直接影响活动的效果,这包括物质资源,如实验设备、场地设施等,也包括人力资源,如指导教师、志愿者等。物质资源应能满足活动的开展,而人力资源则需要具备专业知识和良好的沟通能力,以引导学生有效地进行实践活动。

将心理健康教育无缝衔接至综合实践活动之中,是当前教育体系中一个不容忽视的重要课题,需要教育工作者深入思考和积极探索。这不仅要求在活动中设置适当的挑战,以帮助学生建立面对困难的勇气和解决问题的能力,还需要在活动设计中融入团队合作环节,培养学生的社交技巧和团队精神。同时,教师应当始终关注学生的心理状态变化,为学生提供必要的心理支持与指导。例如,可以设计一些团队合作项目,如团队游戏、社区服务等,让学生在合作中体验成功与失败,学习如何处理人际关系,如何理解和接纳他人的差异。在活动过程中,教师可以适时引导学生反思自己的情绪反应和处理方式,帮助他们建立积极的自我认知和情绪管理能力。

实践活动的准备是一个系统性的工作,需要教育者从多角度、多层次进行考虑和规划。只有这样,才能确保活动的实施既能达到预期的教育目标,又能关注学生的全面发展,尤其是他们的心理健康。

(三) 全程参与,深度体验

活动课程的教学是以实践和体验为核心,强调的不仅仅是学生的参与,更关键的是要求学生能够全身心地投入到学习过程中,以达到深度理解和创新的目标。这无疑对传统的教师主导、学生被动接受的教学模式提出了挑战,也对学生的自我驱动力和批判性思维能力提出了更高的要求。在活动课程中,学生不再是被动的接受者,而是活动的主体,他们需要主动参与每一个环节,如策划、实施、反思和评价。全身心的投入态度也是活动课程的关键,这意味着学生需要以开放的心态去接纳新的信息,以敏锐的观察力去发现隐藏的问题,以坚韧的毅力去克服困难,以创新的思维去寻找解决方案。这种深度体验不仅能够激发学生的学习兴趣,也能够培养他们的自我认知和情绪管理能力,对于他们的全面发展具有深远影响。

引入活动的方式至关重要,不仅需要我们具备创新思维,以激发参与者的兴趣,同时也要确保活动的目标和过程能够有效地达成预期的效果。这可能涉及一系列的策略,包括制订详尽的活动计划、设计引人入胜的任务,以及利用最新的工具和技术来吸引参与者的注意力。在探讨提升教学效果的策略时,以团队活动为具体案例,我们可以精心策划并实施一系列团队合作性质的游戏。此类游戏旨在通过互动与协作,不仅增进团队成员之间的沟通与默契,同时实现既定的教学目的,确保学习过程既富有成效又充满乐趣。这些游戏不仅可以让学生在轻松愉快的环境中学习,同时也能让他们在实践中体验到团队合作的重要性。比如,我们可以设计一个需要团队共同完成的拼图游戏,每个成员需要与他人沟通,协调各自的任务,才能成功完成拼图。此类活动不仅有效地提升了学生的沟通与协作技能,更在实践过程中,使他们深刻领悟到了团队合作的宝贵价值。又如我们要组织一次

"烹饪"劳动实践活动,创新地引入方式同样关键。我们可以通过展示一盘精心炒制的菜肴,让学生在品尝的过程中感受到烹饪的乐趣,或者播放一段生动的炒菜视频,用视觉的吸引力激发他们的学习欲望。这样,当学生被成功地吸引到活动中,我们再逐步引导他们学习烹饪技巧,如切菜、调味等,整个活动的进行就会变得顺畅而富有成效。

明确的职责划分是确保活动顺利进行的核心要素。每个人都有自己的长处和短处,通过合理的分工,可以让每个人都在自己擅长的领域发挥出最大的价值。同时,通过合理的分工,我们能够有效地防止工作的重复与遗漏,进而提升团队的整体效率。此外,确立明晰的目标至关重要。无论是个人还是团队,都应当清晰地认识到自身的任务、目的以及期望达成的成果。唯有目标明确,我们才能确保方向正确,避免在行进过程中偏离轨道。而在追求目标的过程中,注重团队合作同样具有不可忽视的重要性。合作不仅仅是简单的协同工作,更是一种理解和接纳差异的能力。每个人都有自己的观点和想法,这些差异可能会引发冲突,但如果我们能以开放的心态去理解和接纳,那么这些差异就会变成推动我们前进的动力。研究显示,多元化的团队在创新和问题解决上往往表现得更出色。差异化的背景与经验积累,可以催生出新颖独特的视角,为创新思维的拓展提供源源不断的动力。

全程参与并深度体验,不仅是一种积极负责的态度,更被视为一种行之有效的方法论。它要求我们全身心地投入到每一次活动中,通过恰当的方法、明确的分工、明晰的目标和良好的合作,去理解和接纳差异,从而实现自我成长和团队的成功。

(四)适时总结,引导反思

活动课程教学无论是课堂讨论、团队合作,还是社区服务、户外探索,都是学生获取知识、提升技能、塑造人格的重要途径。而在这个过程中,适时的总结和深度的反思,能够帮助学生更好地理解自我,提升自我认知,从而实现心理健康成长。

　　总结是一种将零散的实践经验转化为有序知识的重要手段。它要求我们将日常生活、学习活动甚至是挑战与困难中的点滴收获，进行深度的提炼和归纳，使之形成有条理、有系统的知识体系。对于学生而言，此过程所带来的价值是极其深远的，其重要性远远超出了我们的想象。总结有助于知识的巩固和技能的提升，在实践中接触到大量的信息和数据，只有通过总结，才能将这些碎片化的信息转化为可理解、可应用的知识。例如，学生在完成一次科研项目后，通过总结实验步骤、分析结果，可以更深入地理解相关理论，提升问题解决能力。

　　总结作为一种学习工具，能够有效协助学生审视自身学习进程中的成长与收获，进而激发并巩固其自信心。通过总结，学生能够更加清晰地认识到自己在知识掌握、技能提升等方面的进步，这种自我认知的增强对于促进学习动力、提升自我效能感具有积极作用。在总结过程中，学生可以清晰地看到自己从开始的困惑到后来的熟练，从面对困难的无助到解决问题的成就感。通过此种自我审视与反思，个体能够清晰地认识到自身的成长轨迹，进而增强自我效能感。例如，一个学生在反复修改论文的过程中，可能会感到困扰，但当他看到论文质量的逐步提高，他会明白自己的努力是值得的，这将极大地提升他的自信心。

　　总结能够让学生认识到团队合作的重要性，理解每个人在团队中的独特价值。在团队项目中，每个人都有自己的角色和责任，通过总结，学生可以看到每个人如何通过发挥自己的优势，共同推动项目的成功。这种体验将对他们的未来生活和职业生涯产生深远影响，他们将更懂得如何与他人协作，如何尊重和欣赏他人的贡献。

　　反思是一种基于自我观察和自我评价的批判性思维过程，它在个人成长和学习中扮演着至关重要的角色。在这一过程中，个体不仅对自身的行为、思维模式和情感反应进行深入剖析，更是在尝试理解这些现象背后的深层原因和影响。例如，当学生在公开演讲中体验到紧张和不安，反思可以帮助他们超越表面的不适感，深入探索这种情绪的根源，可能是对未知的恐惧,或者是对自我表达能力的不自信。自我洞察力的提升,能够有效地激发学生的内在动力,促使他们进行自我改进。他们可能会开始寻找克服恐惧的策略,如参加公共演讲训练,或者通过阅读和实践提高自我表达能力。同时,他们也可能开始意识到,这些挑战实际上是个人成长的机会,是塑造更强大、更适应社会的自我过程中的必要步骤。

教师不仅是知识的传递者,更扮演着学生自我探索与反思过程中的关键引导角色。教师需要创造一个安全、无评判的环境,让学生敢于面对和表达自己的弱点和困扰。他们能够通过提出问题、展开讨论以及提供反馈的方式,有效促进学生的自我认知深化,进一步激发学生的思考,拓宽其思维的深度与广度。要提供心理学知识和应对策略,以帮助学生理解和处理各种情绪和心理问题。例如,他们可以教授学生如何识别和管理焦虑,如何有效地应对压力,以及如何建立健康的自我认同感。通过这些方法,教师可以培养学生的自我调节能力,使他们更好地应对生活中的挑战,实现全面的个人发展。

适时总结和引导反思是心理健康教育的重要手段,它能够帮助学生在实践中学习,在反思中成长,培养他们健康的心理素质,以更好地应对生活的挑战和机遇。

(五)适当拓展,升华主题

活动课程旨在培养学生的实践能力、团队协作精神以及创新思维等,同时,它们也是理论知识与实际操作相结合的重要桥梁。然而,我们不能忽视的是,在活动的开展过程中,学生的心理健康教育同样至关重要,需要在适当拓展和主题升华的过程中巧妙融入。

在设计和实施任何活动的拓展时,我们必须采取一种全面和深思熟虑的方法。这不仅涉及活动的外在形式和内容,也包括对参与者内在心理需求的敏锐洞察,以及对活动环境安全性的严格把控。这样的多维度考虑旨在激发参与者的潜力,推动他们的全面发展,而不仅仅是满足短暂的娱乐需求。

活动拓展的核心在于对活动形式的创新以及活动内容的充实与多样化。在信息爆炸的时代,我们应利用现代科技,如虚拟现实、增强现实等,打破传统活动的界限,创造出新颖、有趣的体验。同时,活动内容应涵盖知识学习、技能训练、团队合作等多个方面,以满足参与者多元化的需求。例如,我们可以组织科学实验工作坊,让学生在动手实践中学习科学知识,或者举办模拟联合国会议,提升他们的公共演讲和批判性思维能力。

确保学生心理需求的关注是活动取得成功的核心要素。每个参与者都有自己的兴趣、恐惧和期望,活动设计者需要深入了解这些需求,创造出让他们感到被尊重和理解的环境。这可能意味着为胆小的学生提供安全的探索空间,为有竞争欲望的学生设置适当的挑战,或者为寻求归属感的学生提供团队合作的机会。当然,创造安全的环境是保证活动顺利进行的必要条件,这不仅包括物理环境的安全,如确保活动场地无安全隐患,也包括心理环境的安全,如建立无压力、无歧视的氛围。我们应鼓励学生在活动中自由表达,不怕犯错,因为这是他们学习和成长的过程。

活动主题的升华,不应仅仅局限于传递知识的层面,而应更深层次地激发学生的思考,引导他们关注活动对个人成长和价值观塑造的深远影响。以社区服务活动为例,这不仅仅是一次简单的实践活动,让学生体验到帮助他人的快乐,更是一个引导他们深入反思的过程。他们需要理解,服务的意义远超于行为本身,它包含了对他人的尊重、关爱,以及对社会的担当和责任。这种深度的反思和理解,将如同一场心灵的洗礼,对学生的心理健康产生积极且深远的影响。

在这一环节中,心理健康教育的深度融合显得至关重要且不可或缺。我们可邀请专业的心理咨询师参与到活动的设计和指导中,他们可以提供专业的心理支持,帮助学生在面对困难和挑战时,更好地理解和处理自己的情绪。同时,教师和家长也需要提升对心理健康教育的认识,通过学习和掌握一些基本的心理疏导技巧,能够在活动中敏锐地发现学生可能出现的心理困扰,及时给予适当的引导和帮助。例如,当学生在服务过程中感到困惑、挫败或者焦虑时,教师和家长可以运用所学的心理疏导技巧,帮助他们表达情绪,理解这些情绪背后的原因,从而找到解决问题的途径。这样,不仅能够预防和解决可能的心理问题,还能培养学生的自我调适能力和良好的心理素质,使他们在面对生活中的各种挑战时,都能保持积极、健康的心态。

综合实践活动的开展,应当充分认识到心理健康教育的重要性,通过活动的适当拓展和主题升华,将心理健康教育融入其中,以此促进学生的全面发展,帮助他们在面对生活挑战时拥有更健康、更积极的心态。

三、心理健康教育与活动课程教学深度融合教学案例

1.《对不起,谢谢你》主题班会活动设计(二年级)

教者:喻佩鸣(宁乡·城郊街道中心小学)

情况分析:本节课为班会课校本课程,专注于人际交往中的重要道德修养——学会道歉与表达感谢。在日常生活中,语言是不可或缺的交际媒介,而文明用语则是打开人心扉的金钥匙。能否准确、恰当地运用文明用语,不仅体现了个人的修养水平,更深刻地影响着整个社会的风气。我们深知,一个充斥着脏话粗话的校园环境,必然是冷漠而压抑的;相反,一个处处洋溢着文明用语的校园,则洋溢着蓬勃的朝气与活力。因此,文明礼仪的教育必须从娃娃抓起,让文明礼貌用语成为孩子们生活中的一部分。生活中,文明礼貌用语丰富多样,适用于不同的场合与情境。低年级学生需要了解与学习如何在不同情境下使用恰当的文明用语,以养成良好的文明用语习惯。这不仅是对他们个人的成长负责,更是对社会未来的文明与进步贡献力量。

活动目标:第一,通过班会让学生懂得不文明的语言会让人感到不舒服甚至造成大麻烦。第二,帮助学生形成文明用语的意识,在日常生活中使用文明用语,养成良好的文明用语习惯。

心理融合目标:第一,增强学生的自信心和自尊心,通过正确使用文明用语获得他人的认可和尊重,促进心理健康发展。第二,培养学生的情绪管理能力,学会在情绪波动时保持冷静,避免因情绪失控而使用不文明用语伤害他人或自己。第三,通过活动促进学生间的相互理解和支持,建立良好的人际关系网,为心理健康和全面成长奠定坚实基础。

活动重点:学会使用文明用语。

活动难点:养成良好习惯。

活动过程	融合时机与策略
活动一:游戏导入(认识文明用语) 暖场活动:PPT出示文明用语小卡片,通过"你大我小,我小你大"的游戏方式初步认识文明用语。 活动二:笨狼和知了的故事(情景剧) 观看情景剧《笨狼与知了》,讨论: 　1.你知道笨狼和知了为什么吵架吗?（听了这个故事,你知道笨狼和知了这对好朋友是怎么吵起来的吗?） 　2.如果你听到你的好朋友对你说这样的话,你的心情怎么样?（听到这样的语言,你的感受如何?） 　3.是啊,这些冲动时说出来的话,听上去非常难听,让人不舒服,搞不好还会伤害我们和朋友之间的关系,我们把这样的话叫"不文明用语"。 活动三:我为笨狼出主意(森林调解员) 　笨狼和知了现在非常难过,也非常的懊恼,他们彼此都在后悔对对方说出了难听的话,特别是笨狼,在家里思考了一个晚上后,它觉得自己大错特错,可是又不好意思主动去找知了和好,于是,它来到了森林调解中心找文明兔帮忙。如果你是文明兔,你会怎样帮助笨狼呢?请大家四人小组讨论后汇报。	观看后讨论:在讨论笨狼和知了为什么吵架时,引导学生思考冲动言语对情绪和心理的负面影响,以及它们如何破坏人际关系。 　情感共鸣:当讨论到听到不友好语言时的感受时,鼓励学生分享自己的经历和情感,培养他们的同理心和情绪识别能力。

活动过程	融合时机与策略
活动四：森林文明用语大比拼 森林王国正在进行文明创建活动，作为掌管森林文明礼仪的负责人文明兔通过这一件事后决定要在森林里举办一场文明用语大赛，笨狼和知了立马就报名参加了！我们一起来现场看看吧！ 第一关：文明用语送回家 将文明用语进行分类（问候语、道歉语、感谢语等） 第二关：森林文明劝导员 遇到下列情况你会怎么做？ 1. 在学校吃早餐时，旋风猴拿起饭盒就往打饭台冲，不小心撞到了刚刚打完饭回座位的乖乖鸟，此时，旋风猴应该对乖乖鸟说（　　） 2. 自习课上，动物同学们在认真练习书法，马虎熊写错了一个字，并且忘记带橡皮擦了，它的同桌细心羊把自己的橡皮擦借给了马虎熊，此时，马虎熊应该对细心羊说（　　） 3. 小笨狼有一道数学题不会做，下课时聪明猪把解题方法教给了小笨狼，小笨狼应该对聪明猪说（　　） 4. 午睡时，调皮狗玩铁皮文具盒，不小心把文具盒弄掉到地上，发出一个巨大又刺耳的响声，吵醒了很多动物同学，调皮狗应该对大家说（　　） 5. 今天是长臂猿值日擦黑板，可是它的手在昨天打篮球时骨折了，长颈鹿兄弟帮它把黑板擦干净了，长臂猿应该对长颈鹿兄弟说（　　） 6. 大象老师的红笔忘记在办公室了，它请旋风猴去办公室把红笔拿来，大象老师应该对旋风猴说（　　），旋风猴应该对大象老师说（　　） 7. 森林学校举办全校集会，动物们排好队伍往前走，跳跳鼠把憨憨狗新买的白鞋子踩掉了，跳跳鼠应该对憨憨狗说（　　），憨憨狗可以对跳跳鼠说（　　）	小组讨论：在小组讨论如何帮助笨狼时，引导学生思考解决问题的积极方式，如使用文明用语、主动道歉等，培养他们的冲突解决能力和社交技能。 角色扮演：在角色扮演中，让学生亲身体验使用文明用语的效果，感受其带来的和谐氛围，增强他们的心理韧性和适应性。 自我反思：在引导学生回忆过去是否使用过不文明用语时，鼓励他们诚实地面对自己的过去，培养他们的自我认知能力和自我接纳能力。

续表2

活动过程	融合时机与策略
8.美术课上,贪吃蛙借用漂亮鸟的水彩笔,他应该对漂亮鸟说(　　),可是下课后,它把漂亮鸟的水彩笔弄丢了,这时贪吃蛙应该说(　　)	制定计划:在制定改正计划时,帮助学生设定具体、可行的目标,并鼓励他们持续努力,培养他们的自我管理和自我激励能力。
9.今天森林学校举办大型活动,有很多客人前来参观,同学们见到客人可以对他们说(　　) 活动五:穿越时空隧道 穿越时空的隧道,回到过去,想一想,在没有学习这节课之前,当你遇到事情的时候,有没有说过不文明用语? 如果你说过,你接下来准备怎么改正?	

2.《走近老师》主题班会活动设计

教者:何胜(宁乡·松柏小学)

教材分析:良好的师生关系,是学生学习好、生活好的重要前提。学生要尊敬老师,对老师有礼貌,尊重老师劳动,听从老师的教诲,把自己的学习情况反馈给老师,以帮助老师改进教学工作等;还要理解老师,关心老师身心健康,当老师偶尔发火时,应理解老师发火的原因。经常与老师沟通与交流,苦闷、烦忧时请老师指点迷津,自己的看法与老师沟通。如何与老师交往,是学生应该学会的。

学科素养目标:第一,理解教育工作的特点和老师的烦恼,加强与老师的沟通,帮助老师改进教育教学工作。第二,帮助学生认识师生关系的性质。第三,促进学生学习如何处理师生关系。

心理融合目标:第一,初步学会与人沟通的方法。第二,学会感恩,理解老师的工作,树立尊师生的观念。第三,培养学生的团队协作意识和人际交往能力。

教学重点:认识师生关系与师生交往。

教学难点:尊敬老师。

活动过程	融合时机与策略
一、引入课题 音乐《长大后我就成了你》。 二、遭遇问题 　　一曲《长大后我就成了你》让我们听得入迷，教师被人们尊为人类灵魂的工程师，在人们眼中，教师这个职业是伟大而神圣的，我们与老师朝夕相处，与老师关系的好坏直接影响到一个人学习生活，如果我们喜欢的老师，也就会喜欢这位老师所上的这门课，如果我们讨厌某位老师，我们也会相应地讨厌那门课程了。面对各种不同个性的老师，我们将如何和他们交往呢？ 三、模仿性教学活动 　　在讨论和老师如何交往之前，我们先来尝试一下当老师的滋味。 　　注：教师事先布置作业，划定内容，轮流请一个学生当小老师，模拟真实课堂，给同学们上课。（人数与人员由教师根据实际决定，课内容教师可根据实际自拟，难度大小由教师把握。） 四、交流讨论 　　1.请上台的同学谈当老师的感觉 　　2.如果上课时，课堂上有几个同学在大声说话，结果会怎样？ 　　3.如果同学们上课听不见老师的讲课，作业不会做，怎么办？ 　　4.同学上课不遵守纪律，对不对？如果同学上课不遵守纪律，老师应该怎么办？ 　　5.老师为什么要给学生辅导作业？ 　　师讲评：老师上课前需要作很多的准备工作，要使同学们能听得懂。下课后，还要批改作业、辅导功课等，是十分辛苦的。所以同学们上课要遵守课堂纪律，认真听课，课后要认真做作业，不要再让老师劳心。	音乐的引入，能够有效激发学生的歌曲学习兴趣。 　　通过对歌曲内容的深入剖析，我们可以初步界定并明确师生之间的关系，进而促进对自我身份的准确认知。 　　在参与体验活动的过程中，我们应当学会进行换位思考，以更加精准地把握自身定位。 　　在组织学生的交流活动中，应着重培养学生的倾听能力，并引导他们学会准确、清晰地表达自己的想法。通过这一过程，学生不仅能够提升沟通能力，还能增进相互之间的理解和尊重。

活动过程	融合时机与策略
五、指点迷津 　　每个同学都希望能和老师成为朋友,得到老师更多的关心,赏识和重视,应该怎样去做呢? 生自由发表意见。 　　师小结:建立良好的师生关系,是老师和学生双方的事情,老师当然应该热爱学生,不断改进自己的教学和工作方式,作为学生,正如前面一些同学说的,要尊敬老师,对老师有礼貌,尊重老师劳动,听从老师的教诲,把自己的学习情况反馈给老师,以帮助老师改进教学工作等;还要理解老师,关心老师身心健康,当老师偶尔发火时,应理解老师发火的原因。经常与老师沟通与交流,苦闷、烦忧时请老师指点迷津,自己的看法与老师沟通。 六、模拟活动 　　1.讨论:下面几种情境下,你会怎么做,你应该怎么做? 　　出示情境 　　A.你早上到校,看见校长背对你站着。B.老师要你去隔壁办公室找另一个老师借东西。C.你的老师正对一个同学讲解数学题,而你也有问题要问老师。D.你匆匆忙忙去上学,不小心撞在老师的身上。 　　2.根据讨论结果将同学分成若干组,请一个同学当校长(老师),其他同学模拟真实情境作表演,根据表演的情况老师和同学一起提出改进意见。 七、交际指南 　　你愿意更接近老师,与老师成为朋友吗? 以下一些建议供你参考: 　　1.写封信和老师说说心里话。 　　2.在教师节的时候,送一张贺卡给老师,在贺卡上写明自己的衷心祝愿。	学会感恩,认识到尊重是相互的,同时掌握与老师进行有效沟通的正确方法。 　　在表演活动中,应当注重学会合作,以培养团队意识和合作精神。通过相互协作、共同努力,参与者能够深刻理解到团队合作的重要性,进而增强自身的团队协作能力,为未来的发展奠定坚实的基础。

活动过程	融合时机与策略
3. 在惹老师生气时,课后主动去拜访老师,听取他的意见。 4. 在老师生病和身体不适(如嗓子嘶哑)时,关心慰问老师。 5. 课后与老师共同参加一些活动,如打球、下棋等。 6. 了解老师的苦闷与烦恼,做一些力所能及的事情。 7. 就班集体建设问题积极向老师提建议,做实事。 8. 在发现老师对自己有误解时,课后单独与老师沟通看法。 八、总结 爱其师、才能信其道,希望老师能和同学之间多一份理解、多一分融洽,创设一个良好的和蔼的师生关系。	
作业超市: 课后试着与老师单独沟通交流。	板书设计: 走近老师

3.《缝沙包》小学劳动教学设计(四年级下册)

教者:张杰(宁乡·滨江中学)

教材分析:缝制沙包体现了实践操作的重要价值与深远意义。它作为一门学科,综合了知识、技能、态度、方法及能力等多个维度,其核心价值深深根植于实际操作之中。在学习的过程中,学生们将循序渐进地掌握基础的针法技巧,并通过与教师的精心指导相结合,不断磨炼与提升,最终能够创作出形态丰富多样、独具个人特色的沙包作品。

学科素养目标:第一,掌握基本针法:学习手工针缝的平针、挑针(或其他如回针、卷针等)等基本针法,理解并掌握这些针法的应用技巧。第二,了解缝制过程:明确沙包的缝制步骤,了解从材料准备到成品完成的整个制作流程。第三,自主探究:鼓励学生通过自主探究的方式,发现并掌握缝制沙包的方法和技巧。在小组内合作完成沙包缝制任务,培养学生的团队协作能力。

心理融合目标:第一,在缝制沙包的过程中,让学生体验到劳动的艰辛与乐趣,增强他们的劳动意识和责任感。第二,缝制沙包需要精细的操作和认真的态度,通过这一活动,培养学生认真、细心的良好习惯。第三,培养学生的团队协作意识和人际交往能力。

教学重点:掌握平针、回针等基本针法,并学会运用这些针法缝制沙包。

教学难点:用回针法缝沙包口,确保沙包口缝合紧密且不留毛边。

活动过程	融合时机与策略
课前准备 布置课前作业:准备好布料、沙子以及缝纫工具 一、创设情景,引入课题 1. 展示图片:课件出示玩沙包的图片,引导学生观察并讨论。 2. 老师提问:"同学们,你们看,他们在干什么? 他们玩得开心吗?" 引导学生分享自己玩沙包的经验和感受。 3. 激发兴趣: 老师提问:"沙包你玩过吗? 怎么玩呢? 你还知道沙包的其他玩法吗?"引导学生思考并分享沙包的不同玩法。 引入课题:老师:"很好,同学们都想到了很多的玩沙包的游戏,可是我们没有这么多沙包,怎么办呢? 别着急,今天我们就来学习缝沙包吧。" 板书课题 二、学习针法,掌握技巧 1. 材料准备: 老师提问:"你知道做沙包需要哪些材料吗?" 学生回答后,老师总结并展示所需材料。 2. 针法学习: 老师介绍并演示平针、回针和藏针等基本针法。	通过展示学生熟悉的玩沙包图片,迅速拉近与学生的情感距离,激发学生的共鸣和兴趣。鼓励学生分享自己的经验和感受,让学生感受到自己的声音被重视,增强参与感。 组织学生交流针法的特点和缝制方法,让学生之间产生互动,增强学习的趣味性。

续表1

活动过程	融合时机与策略
组织学生交流,指名说说每种针法的特点和缝制方法。 三、自行设计、制作沙包 1.步骤概述: 老师提问:"缝制沙包需要哪几个步骤呢?" 学生汇报后,老师板书步骤:裁剪、对折、缝合(留口)、翻面、装沙、封口。 2.细节指导: 老师展示自己制作的沙包,引导学生观察并讨论制作过程中需要注意的细节。 学生回答后,老师总结并强调裁剪大小适中、对折正面朝里、缝合紧密匀称、翻面完全、装沙适量、封口不留毛边等要点。 3.动手制作: 学生以小组为单位,运用所学针法和步骤制作沙包。 老师巡视指导,解答学生疑问,鼓励学生发挥想象,设计自己喜欢的形状。 四、展示评议、总结交流 1.小组评议:小组内评选出最佳作品,准备全班展示。 2.全班展示:各组派代表向全班同学展示作品,并交流缝沙包的经验。老师引导学生从花样、形状、针脚等方面进行评价。 3.评选最佳沙包:学生提议并评选出最佳沙包,老师颁发"缝沙包小能手"称号。 五、游戏活动,体验快乐 1.游戏体验:老师引导学生用自己缝制的沙包进行游戏,体验沙包的结实和乐趣。	以小组为单位制作沙包,鼓励学生相互帮助,共同解决问题,培养团队合作精神。鼓励学生发挥想象,设计自己喜欢的形状,激发学生的创造力和想象力。 通过游戏体验,让学生亲自感受自己制作的沙包的结实和乐趣,增强实践能力和成就感。鼓励学生分享玩沙包的快乐,进一步加深学生的情感体验。

续表2

活动过程	融合时机与策略
2. 分享快乐:老师鼓励学生分享玩沙包的快乐,并邀请学生课后与家长一起分享。 六、课堂总结与拓展 1. 课堂总结:老师总结本节课所学内容,强调手缝技能的重要性和实用性。 2. 拓展延伸: 鼓励学生继续制作沙包或其他手工作品,提高动手能力。 提醒学生注意安全,正确使用针线等工具。	
作业超市: A. 为自己缝制的沙包编写一份使用说明,包括沙包的玩法、保养方法、注意事项等。 B. 挑战更高难度的手缝项目,如缝制小钱包、钥匙包或布艺挂件等。	板书设计: 缝沙包 针法:平针、回针、藏针 步骤:裁剪、对折(正面朝里)、缝合、翻面、装沙、封口

4.《包饺子》小学劳动教学设计(四年级)

教者:文国民(宁乡·流沙河镇中心小学)

教材分析:在《课程标准》的"课程实施"章节中,清晰阐述了应"基于真实的劳动需求,创设贴近实际的教学情境"。此外,劳动教育的执行阶段,作为劳动实践的核心组成部分,尤为注重学生亲自投身于真实任务之中,全面体验劳动的全过程。针对劳动中的关键环节和操作步骤,鼓励学生进行多次练习,旨在培养其精益求精、不断追求卓越的职业态度和工匠精神。同时,《课程标准》在"核心素养"的培育目标上,亦设定了明确的标准:学生需在劳动实践活动中,不仅需持续增强体能,还需提升智力与创造力,并掌握完成各类劳动任务所不可或缺的设计规划、动手操作以及团队协作与沟通等多方面的能力。

学科素养目标:第一,使用简单的烹饪器具对食材进行切配,按照一般流程制作:包饺子,学习用蒸、煮方法加工食材。第二,能用简单的蒸、煮等烹饪方法,满足自己基本的饮食需求。形成生活自理能力,初步建立健康饮食的观念。具有初步的食品安全意识。能正确认识烹饪劳动的价值,形成热爱劳动、尊重普通劳动者的观念。第三,在劳动过程中,通过动手动脑,亲历实践,促进技术素养的形成,获得基本技术知识与技能,体会劳动的乐趣,感受团体合作的力量。

心理融合目标:第一,设计具有挑战性的学习任务和活动,利用现代技术工具进行数据分析,以及与学生进行深入的交流和沟通。第二,全方位促进心理健康水平的提升特别是学习过程中的态度、参与度、合作能力以及应对挑战的心理素质。

教学重点:学会包饺子、煮饺子。

教学难点:学会包饺子的基本步骤。

活动过程	融合时机与策略
一、复习导入 　1.在上一节劳技课上,我们已经学会了怎样调馅和如何做饺子皮。谁能说一说调馅的技术关键是什么?(放好调料后,始终朝着一个方向搅拌上劲。)上劲就是——(馅很黏,不杀汤) 　2.要包好饺子,除了调好馅之外,饺子皮也很关键,什么样的皮比较好用呢?(薄厚均匀,皮的四周略薄) 二、学习包饺子 　1.拿起一个饺子皮问学生:"这样的饺子皮可以吗?"这是老师课前准备好的,还有馅。(向学生出示馅)这节课我们就来学习包饺子。板书课题:包饺子。 　2.在家包过饺子的同学请举手。谁愿意到前面来包给大家看?其他同学认真观察她(他)是怎么包的。 　教师在前面做解说:	培养学生的学习兴趣,体验学习成功的乐趣。

续表1

活动过程	融合时机与策略
第一步:拿起饺子皮,把皮放在手上,(看馅的多少,如果多的话要指出来:塌方的馅比较多。再看压没压馅,如果没有要强调:馅好像很散,压的话要给予肯定:嗯,还压了压,真细心啊。看集中不集中,集中的话要以肯定的语气:把馅集中在饺子皮中央了,很聪明,这样包起来,馅就不会流出来了。) 第二步:将饺子皮对折成半圆,捏牢中间。 第三步:由两边向中间封口。 第四步:双手拇指和食指按住边,同时向中间微微一挤(中间鼓起了饺子肚)这步如果学生说不出来的话,教师就拿起饺子托在手心里,问:"这个饺子的小肚子和家里妈妈做的一样吗? 差在哪里了?"(妈妈做的饺子肚是鼓的)咱们帮他(她)加工一下,看老师把饺子馅往中间微微一挤,小肚子出来了吧? 这个小饺子像什么? 为什么像? 还记得吗? (饺子的由来)记忆力真好! 同学们再看,找一个有元宝耳朵的同学,将饺子放到他的耳朵旁边,问:"还像什么?"(耳朵)真聪明! 东汉河南的张仲景用"去寒娇耳汤"治好了百姓们的耳疮,至今河南仍有"冬至不端饺子碗,冻掉耳朵没人管"的民谣。 现在,包饺子的基本步骤你们知道了吗? 这样,咱们每个小组说出一个步骤,哪个小组先说包饺子的第一步要干什么? 第二步呢? 第三、四、五步呢?	协助学生解决在学习过程中可能遇到的种种疑惑和难题,树立学生自信心,提升耐挫能力。
三、包饺子 同学们真棒! 这么快就掌握了包饺子的基本步骤,不过,这还只是纸上谈兵,为了不让你们成为光说不练的假把式,老师决定,带你们去一个地方,哪里? (厨房) 走进厨房,有哪些注意事项吗? 准备好了吗? 现在,各小组拿出饺子馅,每个同学包一个试试看。	帮助学生解决学习过程中的困惑和问题,还能促进学生的自我认知和自我发展,提高学生的心理素质和综合能力。

续表2

活动过程	融合时机与策略
教师巡视指导,等大家包好一个后,举起自己包的饺子,互相评价一下,每组选出一个包得好的,教师奖励他们一个巧手星。包的失败的也在用心包,你们知道失败在哪里吗?要善于总结经验。目前为止,哪一组包的最好?口说无凭,咱们赛场上见。比赛马上就要开始了,听好比赛规则:比赛时间,3分钟,数量最多,质量最好的组获胜。预备——开始!	学生在亲自参与的过程中掌握心理健康知识,从而提升自身的心理素质。
时间到,我们评审团要到各组检验比赛结果,请各组派一名代表和老师一起组成评审团,注意:各组派出的代表一定要公平公正。 万众期待的评审结果已经出来了,根据评审团评审:获得摆放整齐奖的小组是:——获得质量最佳奖的小组是:——获得最整洁奖的小组是:——获得数量最多奖的小组是:—— 最后颁发比赛获胜小组巧手奖的获得组是:—— 四、拓展活动你会煮饺子吗? 把包好的饺子放入沸水中,用勺背沿锅边轻轻推动,以防粘锅;待水 开,饺子自然浮起后,加入少许冷水;水开半分钟后再加冷水;待第三次水开后即可食用。	养成良好的时间管理意识,计时能让学生更好地集中注意力,更快地完成任务。这不仅能提升学生的自主时间管理能力,还能促进学生形成健康的身心以及良好的学习秩序。
作业超市: A.回家自己包一次饺子送给爷爷奶奶吃。 B.试做煎饺。	板书设计: 包饺子 擀饺子皮 放馅 折封口

5.《走进中国传统文化节日》综合实践活动教学设计(五年级)

教者:吴少平(宁乡·回龙铺镇中心小学)

教材分析:在《课程标准》的"课程实施"部分,明确指出需"根据真实的劳动需求构建情境",并着重强调在"劳动实践的核心阶段——实施环节",学生应获得执行真实任务的机会,以便亲身体验并完整经历劳动的全过程。此环节倡导学生对关键操作步骤进行反复训练,目的在于内化并培养精益求精、追求卓越的职业品质,即我们常说的工匠精神。此外,《课程标准》针对"核心素养"也设定了明确的期望,要求学生能在劳动实践中显著提升体力、智力及创造水平,同时,还需熟练掌握完成特定劳动任务所必需的设计技巧、实践操作能力及团队协作与有效沟通等关键能力。

学科素养目标:第一,通过组织活动,使学生深入了解中华传统文化的精髓,并系统掌握传统文化节日的起源、相关传说、传统习俗及其背后的深远意义。第二,引导学生积极主动地发现问题、提出问题,并鼓励他们探索多元化的解决途径,以培养其独立解决问题的能力和创新思维。第三,致力于培养学生的民族自豪感和社会责任感,激发学生对传统文化的热爱之情,并强化他们传承和弘扬祖国文化的使命感。

心理融合目标:第一,为促进学生实践活动能力、人际交往能力、口头表达能力及自我评价能力等综合素质的全面发展,我们致力于推动相关教育措施的实施。第二,我们实施全方位的评价体系,旨在准确评估学生在多个知识领域的学习成果及心理健康水平的提升情况。第三,我们注重提升学生在学习过程中的积极态度、高参与度、良好合作能力以及面对挑战时展现出的优秀心理素质。

教学重点:了解传统文化节日的由来和传说、传统的习俗和意义。

教学难点:激发学生热爱传统文化的情感和传承祖国文化的使命感。

活动过程	融合时机与策略
一、导入 　拥有五千年悠久历史的中华民族,孕育了灿烂的中华文明,并孕育了众多丰富多彩、独具魅力的传统节日。同学们,你们对这些传统节日的深厚底蕴了解多少呢? 　今天,就让我们一同踏上这段有趣的探索之旅,深入探究这些节日的独特魅力吧!	过节是孩子们的最爱,从传统节日介绍入手激发学习兴趣。

续表1

活动过程	融合时机与策略
二、新授 1. 发现问题 　　在这一环节中,教师应当积极引导学生参考教材内的经典案例,同时紧密结合生活实际,运用小组讨论等多种方法,引导学生主动提出相关问题。在学生讨论的过程中,适时提供帮助和鼓励,引导学生拓宽思维,激发他们的探索欲望。例如,让学生思考自己还了解哪些传统节日,并鼓励他们探究关于这些节日的深层问题。 　　想探究这一节日的哪些方面? 打算如何策划并实施相关活动? 为何选择这样的活动方式? 这项探究实践活动的意义和价值何在?	在合作讨论中拓宽思路,激发学生的探索兴趣。
2. 活动准备 组建研究团队 　　根据学生确立的研究课题,在尊重学生自主选择的基础上,强调参与和合作。 　　端午节资料的收集整理汇总、访谈、包粽子实践体验、端午诗歌朗诵会、活动展示等几个主要方面的内容,因而在人员分工方面要充分考虑这些内容。	协助学生解决在学习过程中可能遇到的种种疑惑和难题,引导合作与分工,鼓励学生勇于质疑,敢于创新。
制订活动计划 　　指导学生根据确立的研究及实践主题及参考案例,通过小组讨论,从时间、地点、条件、人员分工、具体任务等方面安排研究过程中的各种因素,制订清晰、可行、比较周密的研究步骤或活动过程并给出建议。指导学生围绕问题可能解决的途径、周边可利用的资源、方案的清晰、具体化程度,考虑方案的可行性,并尝试提出改进建议。	引导学生通过阅读书籍、查阅文献资料、网络浏览、访谈等方式收集和筛选资料,提醒学生养成归类整理的良好习惯。
三、实施阶段 1. 收集资料和信息 　　教师指导学生通过"上网"、"多途径阅读"、"多层次	

活动过程	融合时机与策略
调查"、" 访谈"、"实践"等方式开展研究。 2.动手实践 包粽子,开展这一活动可以采用教材中的方法,也可以采用多种体验方式,如和班里的同学一起包粽子等。 指导学生在动手实践活动中如何合理安排体验活动的方式,制订实践活动计划,提出活动要求。 四、总结 1.汇报与展示 帮助学生了解成果展示的不同方法,指导并建议学生采用多元方式展示成果。 过程实录手册、研究报告、幻灯片、成果发布会等。 协助学生制订展示方案,并为学生的成果展示提供帮助。 2.评价与反思 指导学生以小组形式客观公正地对活动做出评价,提出合理化建议。	帮助学生解决学习过程中的困惑和问题,还能促进学生的自我认知和自我发展,提高学生的心理素质和综合能力。 　　学生在亲自参与的过程中掌握心理健康知识,从而提升自身的心理素质。 　　养成良好的自我评价意识,提升心理素质。
作业超市: 背诵并写一写我国的传统节日。	板书设计: 走进中国传统文化节日 端午节:吃粽子

第五章
心理健康教育与学科融合的教学评价

心理健康教育与学科融合的教学评价，是一项极具关键性的工作任务，其核心目标，在于通过全面深入的教学过程分析与评估，从而有效提升教学的品质，确保学生在心理健康方面得到良好的发展。这种评价模式的特点在于，它不仅关注学生对学科知识的掌握程度，更重视学生在情感、态度、价值观等方面的全面发展。这种评价模式要求教师具备较高的专业素养，既要有深入理解教材内容的能力，也要能够把握学生的心理发展需求。教师需持续深化学习与实践，以增强其专业素养，从而更有效地满足此评价模式所提出的标准与要求。

在具体的教学实践活动中，教师需要运用丰富多样的评价方式，这包括但不限于笔试、口试、课堂表现、作业完成情况、项目研究、实验操作等，全面地收集学生在学习过程中的数据信息。通过对这些数据深入分析和综合考量，教师能够对学生的学习状况有一个全面而深入的了解，从而做出全方位的评价。此评估模式在衡量学生知识掌握情况的基础上，亦将学生的技能提升、思维演进及情感价值取向纳入考量范畴。

这种全面而细致的评价方式，能够在很大程度上激发学生的学习兴趣，鼓励他们在学习过程中更加主动参与和积极探索。这种教学评价模式，旨在全面促进学生的各项能力的发展，尤其注重对学生创新精神与实践能力的培育，具有显著的积极作用。创新精神是指学生能够不拘泥于传统，勇于尝试新的方法和思路，而实践能力则是指学生能够将理论知识应用到实际操作中去，这两者都是现代社会对人才的重要要求。这是对传统教学评价模式的一次深刻革新，不再仅仅依赖考试成绩单一指标，而是采用了更为全面和多元化的评价标准，更贴近教育的本质和现代教育的发展趋势。这种评价方式有助于提升教学效果，因为它能够及时发现和纠正教学中存在的问题，同时也能够更好地激励学生。

第一节　心理健康教育
与学科融合教学的评价原则

　　心理健康教育与学科融合教学的评价原则,是在进行相关教育教学活动过程中,为了确保教育教学效果达到预期目标,所遵循的一系列评价标准和准则。这些原则旨在对教育教学过程进行全面、科学的监督和指导,以便更好地促进学生的心理健康和学科知识的学习。这一理念要求教师在进行教学设计时,不仅要关注学生的学科知识掌握程度,还要关注学生的情感态度、价值观等方面的发展,从而实现学科知识与心理健康教育的有机结合。

　　心理健康教育与学科融合教学的评价原则,是为了更好地实现教育教学目标,提高学生的学科知识和心理健康水平而制定的一系列评价标准和准则。教师在教学实施过程中,应当严格遵循既定原则,并持续调整与优化教学策略,旨在提升教育教学质量,进而全面促进学生的综合素质发展。同时,也要关注学生的个体差异,因材施教,使每个学生都能在心理健康和学科知识学习方面取得良好的成绩。

一、客观性原则

　　在心理健康教育与学科融合教学的实施过程中,必须严格遵循客观性原则,以确保评价结果的公正性和真实性。这意味着,评价过程中要尽量避免主观偏见的影响,确保评价标准一致,评价方法科学,评价结果可靠。评价者需要具备专业的心理健康教育和学科教学知识,能够全面、深入地理解评价内容,从而做出准确的评价。评价结果应当及时且有效地反馈给教学者与学习者,以便双方能够清晰认识教学及学习过程中的不足之处,并据此调整教学策略,从而提升整体的教学质量。

　　客观性原则要求我们在评价过程中坚持以事实为依据,避免任何形式的个人偏见和主观臆断。这意味着,我们需要设计科学、合理的评价指标,如学生的心理健康状况、学科知识的掌握程度、学生的情感态度等,以确保评价内容全面、准确。同时,在收集评价数据时,我们要采用客观、公正的方法,如问卷调查、课堂观察、学生作品分析等,以获取真实、有效的数据。在评价过程中,我们要确保评价标准的一致性和公平性,避免因为个人喜好或偏见而影响评价结果。同时,我们还要关注评价结果的反馈和应用,将评价结果及时反馈给教学者和学习者,帮助他们了解教学和学习的不足,从而调整教学策略和学习方法,提高教学质量和学习效果。

客观性原则强调我们必须秉持开放与包容的心态。心理健康教育与学科融合教学这一领域,其复杂性与多维度性不容忽视,它涵盖并交织着多个方面的关键要素。因此,在评价过程中,我们要尊重不同观点和意见,倾听教学者和学习者的声音,从而更全面地了解教学和学习的实际情况。同时,我们还要鼓励创新和实践,支持教学者和学习者在心理健康教育与学科融合教学中探索新的方法和策略,以推动教学和学习的不断进步。只有评价结果的公正、真实和可靠,才能为教学和学习提供有力的支持。

二、科学性原则

科学性原则旨在确保心理健康教育与学科融合教学活动的有效性和准确性,以保证教学活动达到预期的教育目标。这要求我们在教学设计和实施过程中,都要以科学研究为依据,尊重教育教学的客观规律,充分利用心理学和各学科领域的知识体系,提高教学的针对性和实效性。同时,科学性原则也体现在我们对学生的认知和行为规律的深入理解上,通过科学的方法来分析学生的心理需求,制定合理的教育目标,选择恰当的教学内容,采用有效的教学策略和技术手段,以促进学生心理健康和学科知识的全面发展。只有坚持科学性原则,我们的教学才能真正达到提升学生心理素质和学科能力的双重目标,为学生的终身发展奠定坚实的基础。

我们需清晰界定心理健康教育的宗旨,它不仅是处理学生心理困扰的手段,更是促进学生全面素质提升的核心路径。因此,在教学设计上,我们需要将心理健康教育与学科知识深度融合,让学生在获取学科知识的同时,也能提升心理素质,培养积极健康的心理状态。要创新教学方法和手段,传统的讲授式教学已经无法满足心理健康教育与学科融合教学的需求,我们需要引入更多互动性强、体验性好的教学方法,如小组讨论、角色扮演、案例分析等,让学生在实践中感受心理健康的重要性,增强自我认知和自我调节能力。

我们还要注重个体差异的尊重,因为每个学生都是独一无二的,他们的心理需求和学科能力都存在着差异。因此,在教学过程中,我们需要充分关注每个学生的特点,因材施教,提供个性化的教学方案,让每个学生都能在心理健康与学科知识的融合中得到发展。心理健康教育与学科融合教学需要教师具备较高的专业素养和沟通能力,能够与学生建立良好的师生关系,及时了解学生的心理状况和学习需求,为他们提供有针对性的指导和帮助。

为了确保评价工作的准确性和公正性,我们亟须构建一个科学且合理的评价体系。评价是教学的重要环节,它不仅能够检验教学效果,还能够为教学提供反馈和改进的依据。要建立科学的评价体系,将心理健康教育与学科融合教学的成果纳入评价范围,通过多元化的评价方式,全面评估学生的心理素质和学科能力,为教学提供科学的指导。

三、发展性原则

发展性原则旨在通过这种评价方式促进学生心理健康水平的提高和学科知识的深度融合。这种原则要求评价体系能够全面、客观地反映学生在心理健康和学科学习方面的进步情况,不仅关注学生的短期成绩,更注重其长期发展和潜能的挖掘。具体而言,发展性原则在多个维度上得以体现,包括评价目标的设定、评价内容的涵盖范围、评价方法的运用以及评价反馈的提供方式。

在评价目标上,应当从单一的知识技能掌握程度,扩展到包括学生的情感、态度、价值观、心理健康状态等多维度的综合能力评估。这意味着评价目标要更加全面，不仅涵盖学科知识的掌握情况，也包含学生在心理健康教育方面的成长和自我认知的提升。

在评价内容上，除了传统的学科知识点，还应包含与心理健康相关的教学内容，如情绪管理、压力调适、人际交往能力等。这将丰富评价内容，使之更贴近学生的实际需求和成长轨迹。

在评价方法上，应采用多元化的评价工具和手段，例如综合运用笔试、口试、实践操作、自我评价、同伴评价以及教师评价等多种形式，来全面评估学生在心理健康和学科学习上的表现。该方法能够更为全面且真实地反映学生的学习进展与心理状态。

在评价反馈上，发展性原则要求评价结果能够及时、有效地反馈给学生、教师以及教育管理者，帮助他们了解学生的学习成效和心理状况，从而制订出更加个性化的教学策略和辅导计划，促进学生的全面发展。

四、激励性原则

在评价的过程中，我们应当将重点放在发掘和肯定正面因素上，对于学生在学习过程中的任何进步和亮点，都要及时地进行认可和激励。这样的做法能够有效地提升师生的学习和工作热情以及对自身能力的信心。遵循激励性原则，评价者不仅要深入洞察学生在知识与技能方面的掌握水平，更要全面考虑他们在学习过程中的态度取向、付出的努力程度以及在团队合作中所展现的协作精神。通过这样的方式，可以更加深入地挖掘每一个学生的潜在能力，为他们未来的发展奠定坚实的基础。

评价者需要敏锐地捕捉师生在课堂内外的表现，从多个角度和维度来评价他们的成长和进步。例如，在关注学生的学习态度时，我们可以观察他们是否积极参与课堂讨论，是否主动寻求知识，是否对学习内容保持浓厚的兴趣。在评价学生努力程度时，我们可以查看他们的作业完成情况，了解他们是否认真对待每一次学习任务，是否愿意花时间去钻研和深化知识。而在评估学生合作精神时,我们可以通过观察他们在小组项目中的表现,看他们是否能够与他人有效沟通,是否愿意为团队的成功付出努力。

全面评价可以更加准确地了解师生的状况,同时也能够发现他们的优势和不足。对于其优势,要及时给予肯定和鼓励,让他们更加自信地面对未来的挑战。对于他们的不足,我们也要给予积极的指导和帮助,让他们明确改进的方向,并在实践中不断提升自己。

五、全面性原则

全面性原则就是全面考虑师生的心理健康、学科知识掌握程度、技能水平和态度等多方面因素,这样的评价方式可以让我们更全面地了解学生在学习过程中的表现以及教师在教学活动中的实际水平。全面性原则要求评价者在进行评价时,不能只看到学生的成绩和教师的教学成果,还要深入了解他们的综合素质。只有这样,我们才能确保评价结果公正、客观,真实地反映出师生的实际能力。

在评价学生的学习状况时,除了关注他们的学科知识掌握程度和技能水平,还需要关注他们在学习过程中的态度,如是否积极主动、是否有足够的耐心和毅力等。同时,还要关注学生的心理健康,了解他们在学习过程中是否感到压力过大,是否能够正确应对学习中的困难和挫折等。

对于教师的评价,除了关注他们的教学成果,如学生成绩的提升、学生的满意度等,还需要关注教师在教学过程中的教学态度,如是否认真负责、是否能够有效地激发学生的学习兴趣等。同时,我们还需要对教师的专业素养进行全面评价,这包括考察其是否具备深厚的学科知识基础,以及是否能够灵活而有效地运用各种教学方法和策略。

全面性原则要求我们在评价过程中,既要关注学生的学习成绩和教师的教学效果,也要关注他们的综合素质,从而确保评价结果能够全面、准确地反映师生的实际水平。这样的评价方式有助于我们更好地了解师生在教学过程中的表现,为他们的成长和发展提供有效的指导和帮助。

心理健康教育与学科融合教学的评价原则,是在进行教育教学活动的过程中,为了确保教育教学的效果能够达到预期的目标,所需要遵循的一系列评价标准和准则。这些原则的存在,是为了对教育教学过程进行全面的、科学的监督和指导,以便更好地促进学生的心理健康和学科知识的学习。如果我们能够遵循这些原则,那么将有助于提高教育教学质量,促进学生的全面发展。这样的教学原则,不仅能够帮助学生建立健康的心理状态,还能够帮助他们更好地学习和掌握学科知识,从而实现他们的个人发展和成长。因此,将心理健康教育与学科融合教学的评价原则视为教育教学过程中至关重要的一环,其对于学生的学习及成长过程具有深远的影响与意义。

第二节　心理健康教育与学科融合教学的评价指标

心理健康教育与学科融合教学的评价,是一种旨在提升学生心理健康素养与学科学习成效的教学策略评估体系。此评价过程强调在心理健康教育活动中,巧妙融入各学科知识,实现心理健康教育与学科教学的有机结合,进而综合评价学生的心理健康状态及学科知识的掌握程度,以期达到促进学生全面发展的教育目标。这种教学评价要求教师在教学过程中不仅要关注学生的学科知识掌握情况,还要关注学生的心理健康状况,从而使学生在学习学科知识的同时,也能够得到心理健康的培养和提升。心理健康教育与学科融合教学不仅有助于提升学生的学习成绩,更关乎他们的全面发展和终身幸福。为了有效评估和衡量这一教学模式的效果,必须构建一套全面且科学的评价指标体系。此体系应涵盖多个维度,以确保评估的全面性和准确性,从而为教学模式的优化提供有力支撑。评价指标的构建应涵盖以下几个方面:学生的心理适应性、学科知识的掌握程度、教学活动的参与度以及教师的教学能力。

一、学生的心理适应性

学生的心理适应性作为现代教育体系中的一个关键环节,其重要性不容忽视。它对于学生的全面发展、心理健康以及未来面对社会挑战的能力都具有深远的影响。在快节奏、高压力的学习环境中,学生的心理健康状况直接影响到他们的学习效果、社交互动以及个人成长。因此,对学生的心理适应性进行定期评估和适当的干预,已经成为教育者和心理学家关注的焦点。

为了确保学生能够有效地应对学习和生活中的挑战,评估他们的心理健康状况显得尤为关键。首要的策略就是实施定期的心理健康筛查,这不仅有助于早期识别潜在的心理问题,还能促进及时的干预和治疗,以防止问题的恶化。

心理健康筛查是一个系统性、全面性的过程,旨在深入理解学生的情绪状态、行为模式以及应对压力的能力。这一过程通常包括使用标准化的心理量表和问卷调查,以确保数据的可靠性和有效性。例如,美国心理学会推荐的《儿童和青少年心理症状自评量表》是一个被广泛接受和使用的工具。这个量表涵盖了焦虑、抑郁、自我价值感等多个维度,通过学生自我报告的方式,可以揭示他们可能存在的心理困扰,从而帮助教师和心理咨询师识别出需要进一步关注和支持的学生。

心理健康筛查并非旨在诊断心理疾病,而是作为预防和早期干预的手段。一旦发现学生可能存在的心理问题,学校应提供专业的心理咨询和指导,帮助他们建立健康的应对策略,提升心理韧性。同时,家长的参与也至关重要,他们需要了解孩子的心理状况,与学校共同构建一个支持和理解的环境。此外,学校应将心理健康教育纳入日常课程,通过心理健康课程、工作坊和讲座等方式,提高学生的心理健康素养,帮助他们理解和处理各种情绪问题。根据美国疾病控制和预防中心的数据,接受过心理健康教育的学生在应对压力、建立积极人际关系和做出健康生活决策方面的能力显著提高。

个体咨询记录是评估心理适应性的另一个关键环节。通过一对一的咨询,专业心理咨询师可以更深入地了解学生的内心世界,发现他们可能隐藏的心理困扰。这些记录具备双重重要性:它们既能够系统性地追踪学生的心理动态变化,同时也为教育工作者在制定具有针对性的个性化干预策略时,提供了坚实的实证基础。例如,如果一个学生在咨询中反复提到对学业的焦虑,那么学校可能需要提供学习策略指导或者压力管理课程来帮助他。评估过程应尊重学生的隐私权,所有的筛查结果和咨询记录都应严格保密,以消除学生对寻求帮助的恐惧和顾虑。同时,家长和教师的参与也至关重要,他们可以提供学生的日常行为观察,帮助识别可能的警告信号,并共同参与到学生的心理支持网络中。

评估学生的心理适应性是一个持续的过程,需要定期进行,以适应他们不断变化的需求。通过综合的心理健康筛查和个体咨询,我们可以更好地理解学生的心理状态,及时提供必要的支持,帮助他们在学术、社交和个人发展上取得成功。

二、学科知识的掌握程度

在评估学生的学习成果时,我们通常会关注他们对学科知识的掌握程度。这不仅包括对基本概念的理解,也包括对复杂问题的解决能力,以及将所学知识应用于实际情境中的能力。衡量这种掌握程度的方法多种多样,其中最常见的是标准化测试和项目式学习的成果。

标准化测试,如 SAT、ACT、GRE 等,是一种量化评估学生知识水平的工具。这些测试通常包括选择题、填空题和写作题,旨在评估学生的阅读理解、数学技能、批判性思维和问题解决能力。标准化测试的结果可以提供一个相对客观的比较标准,帮助教育者了解学生在特定学科领域的表现,以及他们在同龄人中的位置。

标准化测试并不能全面反映学生的学习成果,许多重要的技能,如创新思维、团队合作、项目管理等,可能在这些测试中无法得到充分展示,这就是项目式学习的重要性所在。在项目式学习框架下,学生被要求直面现实世界的挑战,通过系统性的研究、精心的设计、有效的实施以及全面的评估等环节,将所学知识应用于实践,并在此过程中不断深化和拓展其知识领域。这种学习方式可以更全面地评估学生的综合能力,包括他们的沟通技巧、问题解决策略以及创新思维。例如,一个关于环保的项目可能要求学生研究特定的环境问题,设计并实施一项减少污染的计划,然后评估其效果。在这个过程中,学生不仅需要运用科学知识,还需要进行数据分析,制定策略,甚至可能需要与社区成员进行沟通。这样的项目可以展示学生的实际操作能力和问题解决技巧,这些都是未来工作场所中非常重要的技能。

因此,衡量学科知识的掌握程度不应仅仅依赖于标准化测试,而应结合项目式学习的成果进行综合评估。这样,我们才能更准确地了解学生的学习情况,为他们提供更有效的支持和指导,以帮助他们在学术和职业生涯中取得成功。

三、教学活动的参与度

教学活动的参与度是衡量学生学习积极性和课堂效果的重要指标,它不仅体现在学生对知识的吸收程度,更反映在他们对课堂的投入度和参与热情上。评估学生的参与度,我们可以通过多角度、多层次的观察和分析,而不仅仅是关注他们在课堂上的发言次数。

首先,评估学生在课堂上的参与度,一个基本且关键的方式是观察其在课堂上的互动情况。这包括他们是否愿意倾听同学的观点,是否能积极提出自己的问题或见解,以及他们是否能有效地与他人交流思想。例如,一个学生在课堂上频繁与同学进行眼神交流,积极回应教师的问题,这通常表明他正在积极参与课堂讨论,对学习内容保持高度关注。

其次,讨论环节是评估学生参与度的一个至关重要的环节。小组讨论作为一种有效的教学方法,能够锻炼学生的批判性思维、沟通技巧和团队协作能力。在这个过程中,我们常常发现,那些积极参与的学生扮演着至关重要的角色。他们不仅勇于表达自己的观点,而且善于倾听和理解他人的立场,这种开放和包容的态度有助于激发讨论的深度和广度。他们就像是小型社区的"领航员",引导讨论的方向,推动团队向着共同的目标前进。例如,当讨论一个复杂的社会问题时,积极的学生可能会提出自己的见解,如引用相关研究、统计数据或实际案例来支持他们的观点。他们也会鼓励其他成员提出不同的看法,甚至挑战既定的观念,以促进大家对问题的全面理解。这种积极的互动不仅丰富了讨论的内容,也锻炼了他们的论据支持和反驳能力。然而,小组中总有一部分学生显得较为沉默,他们可能因为缺乏自信、害怕犯错或者对主题理解不深而选择保持低调。这些学生常倾向于依赖外部观点,而忽视了自我表达的核心价值。在此情境下,教师的角色至关重要。教师需构建一个安全且包容的氛围,激励学生勇于阐述个人见解,即便这些观点可能尚显稚嫩或包含谬误。此外,教师应运用提问、提供反馈及认可其贡献的方式,增强学生的参与感与自信心。值得注意的是,积极参与并不意味着必须始终主导讨论进程。事实上,优秀的讨论者往往懂得何时倾听,何时发言,他们能够在尊重他人观点的同时,适时地提出自己的见解,以平衡讨论的动态。因此,教师也需要引导所有学生理解,积极参与不仅体现在说话的多少,更在于能否有效地沟通和协作。

再者,合作活动是评估学生参与度的另一个重要场景。团队项目作为一种重要途径,已经被广泛地用于培养和评估个人的能力。通过这种方式,个人能够在实践中锻炼自己的技能,同时也在团队中展现出自己的优势与潜力。因此,团队项目对于个人成长和发展具有不可忽视的价值。那些在团队项目中积极参与的学生,他们所展现出的不仅仅是对任务的承诺,更是一种对团队协作的深刻理解和尊重。他们不仅会一丝不苟地完成自己分内的工作,更会主动地伸出援手,帮助团队中的其他成员,以推动整个项目的进程。这种积极参与的态度,往往源于他们强大的合作精神和领导能力。他们懂得,一个项目的成功并非单靠个人的力量,而是需要团队的共同努力。因此,他们会主动协调团队成员,解决可能出现的冲突,确保每个人都能够在最佳状态下工作。在此过程中,个体的沟通技巧、决策能力以及问题解决能力均将经历显著的锻炼与提升。例如,一项由哈佛商学院进行的研究显示,那些在团队项目中表现出高参与度的学生,他们的领导力评分平均提高了30%。这不仅体现在他们能够有效地组织和指导团队,更体现在他们能够激发团队的潜力,创造出更大的价值。积极参与团队项目的经历,也为他们未来的职业生涯打下了坚实的基础。在职场上,团队合作和领导能力是衡量员工价值的重要标准。这样的学生在毕业后,往往能够更快地适应工作环境,更有可能在职业生涯中取得显著的成就。

此外,教师在评估学生参与度时,可采取多元化手段,包括但不限于观察学生在课堂活动中的参与程度、评估其课后作业的完成情况,以及监测其在线学习平台的活跃状态等。这些都可以作为评估学生参与度的参考,帮助教师更全面、更深入地了解每个学生的学习状态和需求。

评估教学活动的参与度需要教师具备敏锐的观察力和全面的分析能力,通过多角度、多维度的观察,才能准确地把握学生的学习动态,从而制定出更有效的教学策略,激发学生的学习潜力,提高教学效果。

四、教师的教学能力

教师的教学能力是教育体系中至关重要的一环,它不仅影响着学生的学术成就,也塑造着他们的人生观和价值观。因此,对教师教学能力的考量不应仅仅停留在表面的成绩单上,而应采取多元化的评估方式,以全面、公正地反映出教师的教学水平和专业素养。

首先,同行评价作为一种评估方式,其有效性得到了广泛认可。同行教师的观察和反馈在教育领域中扮演着至关重要的角色,它为教师的专业发展提供了一种多元、公正且深入的评估方式。这种方式强调了教学实践的复杂性和独特性,强调了教育工作者之间理解和尊重彼此的教育理念和方法。

同行教师的观察为课堂管理的全面审视提供了重要视角,有助于深入洞察其各个环节。他们细致关注教师维护课堂纪律的方式、时间分配的效率,以及在应对突发事件时所展现出的能力,从而促进了教学质量的持续优化与提升。这些细节往往在日常的教学过程中被忽视,但它们对创建一个积极、有序的学习环境至关重要。通过收集同行的反馈意见,教师可以获得关于其教学策略是否具备有效性的深入了解,并据此明确需要做出哪些调整以实现进一步优化。同为教育工作者,他们能够理解各种教学策略的理论基础,以及这些策略在实际应用中的效果。他们可能会指出教师在讲解复杂概念时的清晰度,或者在引导学生参与讨论时的技巧。同行教师的观察和反馈对于评估教师与学生之间的互动质量具有重要意义。这些反馈能够提供一个客观、全面的视角,帮助教师了解自己在课堂互动中的表现,并识别潜在的问题和改进空间。通过同行教师的评价,教师可以更好地理解学生的需求,优化教学策略,从而进一步提升教学效果。因此,同行教师的观察和反馈是教师专业成长和教学质量提升不可或缺的一环。他们能够观察到教师是否建立了尊重和理解的师生关系,是否鼓励学生积极参与,以及是否能够适应不同学生的学习风格和需求。此类反馈机制能够辅助教师更为准确地把握学生的实际需求,进而适时调整教学策略,旨在提升学生的学习成效。

该评价方式的显著优势在于其能够有效规避单一视角所带来的偏见与局限性。由于同行教师同样身处教育一线,他们更能够理解教学过程中的细微差异和创新之处,能够更公正地评价教师的实践。同时,这种互动过程也促进了教师之间的专业对话和学习,有助于整个教育团队的共同进步。

其次,进行教学反思是提升教师教学能力的一种至关重要的手段。教师定期进行教学反思是一个深度审视自己教育实践的过程,旨在评估和改进教学策略,以满足学生不断变化的需求。这个过程涵盖了教学目标的设定、教学方法的选择,以及教学效果的评估等多个方面,旨在发现并改正潜在的教学问题。

设定具有明确导向与挑战性的教学目标,是开展教学反思的首要步骤。教师需要审慎考量,明确学生完成课程学习后应达到的知识深度与技能高度,以此为依据展开教学实践活动。这些目标不仅应符合课程大纲的要求,还应考虑到学生个体差异,激发他们的学习动力。

教学方法的选取是达成优质教学效果的决定性因素。教师需要反思,他们所采用的教学策略是否能够有效地传递知识,是否有助于培养学生的批判性思维和问题解决能力。在教育教学实践中,教师或需探索并试验多种教学模式,诸如探究式学习及合作学习等策略,旨在精准匹配并促进每位学生的最佳学习路径。

教学效果的评估是教学反思的关键构成部分。为了准确把握学生的学习状况,教师应当定期系统性地收集并深入分析学生的学习数据。这些数据应全面覆盖学生的学习进度、理解深度及掌握情况,可能涵盖考试成绩、作业完成情况及反馈、课堂互动与参与度等多个维度。借助这些详尽且客观的反馈信息,教师可以敏锐地识别教学过程中可能存在的不足与问题,进而有针对性地调整与优化教学策略,旨在持续提升教学效果,确保教学质量达到预期目标。

教学反思乃一持续且自我驱动的过程,旨在激励教师不断挑战自我,进而提升教学能力。正如美国教育家艾尔·布鲁姆所说:"教学是一种艺术,而艺术的提升需要不断地反思和实践。"通过教学反思,教师能够更好地理解学生,更有效地传授知识,从而在教学旅程中不断成长,实现自我与学生的共同进步。

此外,教师参与专业发展活动的程度也被视为评估其教学能力的一个重要标准。教育是一个不断演进的领域,为了保持教学的活力和有效性,教师需要积极参与各种专业发展活动。这不仅限于参加教育研讨会和工作坊,也包括深入阅读教育研究文献,以及投身于教学创新项目。这些活动构成了教师专业成长的重要路径,有助于他们紧跟教育领域的前沿趋势,不断更新和丰富自己的知识库。

教育研讨会和工作坊是教师获取新思想、新方法的重要平台。在参与这些活动之际，教师们能够有机会与业界同仁进行深入交流，分享并借鉴各自的教学经验。同时，他们还能借此平台学习并吸收先进的教育理念与实践技巧，从而不断提升自身的教学水平。以 STEM 教育研讨会为例，此类活动为教师提供了一个宝贵的窗口，使他们能够深入了解如何将科学、技术、工程和数学等多元化知识元素巧妙地融入课堂教学之中，进而有效激发学生的学习兴趣，并培养他们的创新思维与综合能力。

阅读教育研究文献是深化理论理解的关键。学术研究提供了对教育问题的深入洞察，揭示了教学方法的有效性和局限性。通过阅读这些文献，教师可以了解到最新的教育研究成果，如学习动机理论、差异化教学策略等，从而在课堂上做出更为科学和有针对性的教学决策。

教学创新项目是将理论知识转化为实际行动、实现教育目标的核心环节。通过设计和实施创新项目，教师可以尝试新的教学模式，如项目式学习、翻转课堂等，以适应学生多元化的需求和快速变化的社会环境。同时，这些项目也是教师反思和改进教学的有效途径，有助于他们在实践中提升教学技能。

通过同行评价、教学反思和专业发展活动的参与度，我们可以从多个维度全面评估教师的教学能力，这不仅有助于教师自身的成长，也有利于整个教育系统的优化和发展。

第三节　心理健康教育 与学科融合教学的课堂评价

课堂教学评价在教育体系中占据着核心地位，它是过程性评价的主要实施途径，旨在全面、准确地了解学生的学习状况，促进教学效果的提升。在进行课堂教学评价的过程中，我们应当坚持"教—学—评"一体化的教育理念,即将教学、学习与评价视为紧密相连、不可分割的有机整体。这一理念旨在促进教学过程的持续优化与良性循环,确保教学活动的有效性与针对性。通过整合教学、学习与评价三大环节,我们能够更加全面地把握学生的学习进展,及时调整教学策略,以达成更佳的教学效果。

一、学生学习活动评价

在过去的教育体系中,评估学生的方式往往过于单一,主要关注他们的知识积累和技能应用,如考试分数、作业质量、实验操作等硬性指标。这些评价标准在一定程度上确实反映了学生的学习水平,但它们往往忽视了一个至关重要的方面——学生的心理素质。这包括自我认知、情绪管理、团队合作、创新思维、抗压能力等软性技能,这些能力在当今社会中显得尤为重要,因为它们直接影响到学生的学习效果、职业发展以及生活幸福感。

随着教育研究的深入,我们逐渐认识到,心理素质是决定学生能否成功应对未来挑战的关键因素。例如,自我认知能力可以帮助学生更好地理解自己的优势和弱点,从而制定出更有效的学习策略;情绪管理能力则能让他们在面对困难和压力时保持冷静,避免情绪波动对学习和生活产生负面影响。此外,社会适应能力,如沟通技巧、团队合作精神,更是影响学生能否在职场和人际关系中取得成功的重要因素。因此,现代教育已逐渐超越传统的知识传授范畴,转而将重心放在增强学生的心理素质上。这可能需要教师在课堂上设计多元化的教学活动,如小组讨论、角色扮演、项目合作等,以促进学生的批判性思维、创新精神和团队协作能力。

心理健康教育与学科教学的深度融合教学模式,致力于在注重学生学业成绩的同时,尤为关注学生心理发展的全面性。此模式旨在提升学生知识技能的同时,强化其社会情感技能的培养,以促进学生全面成长。据此,新的评价体系应涵盖学生在团队协作中的角色定位与贡献度,评估其在解决问题过程中展现的创新思维与批判性思考能力,并关注其在应对压力与挫折时所采取的策略与态度。

当然,知识与技能同样重要,课堂教学是知识传递的主要途径,而对学生知识掌握的评价除了传统的考试和作业,教师可以采用自我反思报告、同伴评价、项目展示等多种评价方式,以更全面地了解学生的心理状态和学习进步。例如,教师可以观察学生在小组讨论中是否能有效地表达自己的观点,是否能接纳和尊重他人的想法,这既是对学科知识应用的评价,也是对团队协作和社交技巧的考察。学生在团队项目中的合作态度和冲突解决能力,可以反映他们的社会情感技能;而他们对学习困难的态度和应对策略,则可以揭示其心理韧性的水平。同时,教师还可以通过观察学生在面对困难任务时的态度和应对策略,评估他们的抗压能力和问题解决能力。

教师可策划并推行项目式学习方案,以实践为平台,增强学生的心理素质。具体而言,教师可安排学生负责策划并执行社区服务项目,这一举措旨在锻炼学生的组织协调与领导潜能,并促使他们在应对挑战与困境时掌握自我调整的方法,进而巩固自信心。此类活动中,学生的参与度、解决问题的创造性以及自我反思能力均将作为核心评价指标。

评价方式的多元化体现在引入同伴评价、自我评价以及教师的观察评价等多种手段。这一举措旨在激励学生从不同维度审视自身学习过程,从而促进其自我认知能力的提升。此外,教师亦能借此机会从多渠道获得关于学生的全面信息,进而为他们量身定制更为个性化且高效的支持措施。

在此过程中,教师的角色经历了一次深刻的转型,由传统的知识传授者转变为学生学习过程中的引导者与促进者。为了实现这一转型,教师们必须不断审视并更新其教育理念,致力于提升个人在心理健康教育领域的专业素养,以全方位地促进学生的全面发展。

心理健康教育与学科教学的深度融合,在评估学生学习活动时,必须秉持全面、深入的原则。具体而言,这既包括对学业成绩的重视,更需加强对社会情感技能的关注。唯有如此,我们才能有效培养出既掌握扎实知识技能,又具备健康心理品质的优秀未来公民,为社会的持续发展贡献力量。

二、教师教学活动评价

心理健康教育与学科教学的融合,不仅强调了对学生全面发展的重视,也对教师的教学活动评价提出了新的要求和挑战。心理健康教育并不仅仅是心理咨询师的职责,而是所有教育工作者共同的责任。在学科教学中融入心理健康教育,可以帮助学生建立积极的自我认知,提高他们的情绪管理能力,以及培养良好的人际关系技巧。例如,数学教师可以通过团队合作解决问题的活动,让学生在学习数学知识的同时,学习如何与他人协作,处理冲突,增强自信心。然而,实现这一融合的过程并非轻而易举,需要克服诸多挑战与困难。教师需要接受专门的培训,以了解如何在课堂上自然地引入心理健康元素,如何识别和应对学生的心理问题,以及如何创建一个支持和接纳所有学生的课堂环境。据美国心理学会统计,近 70% 的教师表示,他们希望在学校中获得更多的心理健康教育支持和资源。

教师教学活动的评价,必须进行必要的调整与完善。传统评价体系往往过分聚焦于学科知识的传授效果,却忽视了对学生心理健康状况的关注与考量。因此,在构建新的评价体系时,应明确将教师能否成功地将心理健康教育融入学科教学之中,以及学生在心理社会技能方面的成长与进步,作为至关重要的评价标准。在具体实践过程中,这要求评价者不仅要审视教师是否设计了旨在促进学生自我反思的教学活动,还要关注其是否在课堂上营造了一个安全、包容的环境,使学生能够自由表达个人感受与想法。同时,评价者还需考察学生在面对学习、生活中的困难与挑战时,是否展现出更为坚韧不拔的适应能力与心理韧性。通过这些维度的综合考量,才能更加全面、准确地评价教师的教学活动质量及其对学生心理健康的积极影响。

心理健康教育与学科教学的融合,是教育领域的一项重要任务,它要求教师在规划教学内容时,务必深入考量学生的心理需求。这一要求旨在确保教学活动能够全面覆盖学生的成长需求,不仅传授知识,更关注学生的心理健康发展,以促进学生全面发展。例如,在数学教学中,教师可以设计一些团队合作的项目,以培养学生的团队协作能力和自信心,同时也能帮助他们克服对数学的恐惧。在语文教学中,教师可以通过讲述历史人物面对困难和挫折的故事,引导学生理解和接纳生活中的困难,培养他们的抗压能力。

在教育实践活动中,教师应当具备必要的心理辅导技能,以便能够敏锐地识别并妥善处理学生的心理问题。这要求教师群体积极投身于心理健康教育培训之中,通过持续不断的学习与提升,强化自身的心理素质和辅导能力,从而为学生的健康成长提供更为稳固的保障。美国心理学会发布的统计数据显示,那些接受过心理健康教育培训的教师,在识别和干预学生心理健康问题方面表现出更高的效能,有效降低了学生心理困扰的发生率。

家长与社会的积极参与,是实现学生心理健康与学业融合发展的至关重要的一环。学校应当建立并维护常态化的沟通机制,定期与家长进行深入的对话,以确保他们全面理解心理健康教育在促进学生全面发展中的核心作用。双方应当携手并进,共同努力,营造一个积极、健康、有益于学生心理健康发展的教育氛围。此外,社会也需承担起相应的责任,提供更多的心理健康资源和支持,包括但不限于设立心理咨询热线,以及提供专业的心理咨询服务等,以助力学生的全面健康成长。

心理健康教育与学科教学的深度融合,已成为教育发展的必然趋势。这一趋势迫切要求我们对教师的角色进行重新审视与定位,并对教学评价体系进行必要的革新,以确保教育能够全面、有效地促进学生的发展。确实,要实现对学生全面而健康的教育,帮助他们更好地适应社会、实现个人价值,离不开教师、学校、家长以及社会各界的共同协作与不懈努力。

三、课堂教学综合评价

心理健康教育与学科教学深度整合的课堂评价,需要学科教学与心理健康教育并重,知识、技能、情感态度和心理素质多赢,因此,我们要在一个教学流程从两大方面来考察评价。

(一)课堂教学综合评价基本思路

心理健康教育与学科教学深度融合的教学模式,宛若一幅精妙绝伦的双线交织画卷,明暗交错,相互映衬,展现出独特的和谐之美。其中,明线犹如画卷的主脉,清晰而鲜明,代表着学科教学这一核心环节。学科教学的根本目的在于全方位地培养学生的学科素养,使他们在知识的海洋中扎根生长,掌握学科知识和基本技能,从而能够自信地面对瞬息万变的世界挑战。在这一教学过程中,教师扮演着至关重要的角色。他们通过精心策划的教学活动,巧妙地引导学生深入探索知识的广阔天地,不仅追求知识的深度挖掘,还注重知识的广度拓展。同时,教师还致力于培养学生的批判性思维和创新能力,鼓励他们勇于质疑、敢于创新,以更加开放和包容的心态去拥抱这个充满未知与可能的世界。心理健康教育与学科教学的深度融合的教学模式,是一种既注重知识传授又强调能力培养的教学模式。它犹如一幅生动绚丽的画卷,展现了教育的美好愿景和深远意义。

暗线所指的是心理健康教育,它如同画卷中细腻的暗纹,不动声色地融入各学科的教学之中。这一教育形式,其核心不仅限于心理学基础知识的传授,更着重于构建一种积极、健康的教学环境,以促进学生的心理健康发展。这需要教师具备敏锐的心理洞察力,能够关注学生的情感反应,及时发现和处理他们的心理困扰。同时,通过学科教学,可以潜移默化地培养学生的心理品质,如自信心、抗压能力、团队合作精神等,这些都是他们在未来生活和工作中不可或缺的能力。

因此,对于这种深度整合的课堂评价,既不能忽视学科教学的成效,也不能轻视心理健康教育的影响。评价应兼顾两者,形成一个全面的评价流程,从知识掌握、技能应用、心理素质提升等多方面进行考察。教学评价的重要指标包括教师的教学设计、教学实施过程,以及学生的学习反馈和心理状态改善情况等。这些指标共同构成了评价教育质量和教学效果的综合标准。这样的评价方式有助于促进教师在教学实践中更好地平衡和融合学科教学与心理健康教育,以实现学生的全面发展。

依据心理健康教育与学科深度融合"536"教学模式的基本内涵,对于课堂教学的六个基本环节,即学前反馈、目标导入、自主探究、合作交流、展示提升、反馈拓展,按基本环节实施心理健康教育和学科教学双目标达成情况进行量化评价。课堂教学评价表设计如下:

课堂教学评价表

教者		科目		年级		
授课内容				课型		
教学流程	评价要点			分值	评价依据	记分
	学科素养教学	心理健康教育				
一 学前反馈	师生问答或依据《导学案》及学习组长反馈,选择合适难度和题量,预计 2~5 分钟。	温馨互动,营造安全、尊重氛围,为新课学习情绪铺垫。		10		
二 目标导入	教师应当以简明扼要的方式阐述本课的学习目标,确保学生能够清晰地了解本节课的学习内容和预期的学习成果。	为了构建一个积极和谐的课堂氛围,我们应当致力于让学生感受到充分的尊重与关爱,从而有效减轻其心理压力,促使学生更加积极地投身于学习之中。		15		
三 自主学习	学生独立阅读教材,标注疑惑,为对学做准备。	教师关注学生情感,鼓励他们体验成功。		20		
四 合作交流	学生分组讨论自学问题,共同求解。	教师巡回指导,强化团队精神与情感共鸣。		20		
五 展示提升	学生积极展示学习成果,解决疑惑,构建知识网络。	教师鼓励表达,提升自信,增强心理韧性,实现情感升华。		20		

六反馈拓展	通过进行课堂即时检测或提交学习报告,学生可以迅速掌握自身的学习进展状况,一旦发现不足之处,即可及时调整学习策略,以优化学习效果。	在教学过程中,应高度重视并引导学生进行深入反思与自我成长,积极营造一个充满关爱与尊重的课堂环境。此外,教师应基于学生的学习反馈,持续优化后续教学策略,并对教学内容进行恰当的拓展与深化。	15		

(二)评价依据及分析

1. 学生的学科知识掌握情况

目标:评价学生通过心理健康教育与学科融合教学,是否能够更好地掌握学科知识,提高学科学习成绩。

方式:学生回答问题、学习成果展示、当堂检测、学习成果报告等。

分析:评估学生在经历了心理健康教育与学科教学相融合的教学模式之后,是否能够在学科知识的掌握上更为熟练,并在学科学习成绩上有所提升,这是一个涉及学生心理素质、认知发展以及学科知识吸收等多方面因素的复杂问题。通过对这种教学模式的深入研究,我们可以更全面地理解其在学生学习过程中的作用,以及如何更有效地促进学生的全面发展。

心理健康教育与学科教学应当实现深度融合,旨在助力学生构建积极健康的学习心态,进而激发他们的学习兴趣与内在动力,促进学习成效的显著提升。在传统的学科教学中,学生往往面临较大的压力,容易产生焦虑和抵触情绪,而心理健康教育的融入可以帮助学生缓解这些负面情绪,使他们能够更加放松地面对学习挑战。

在教育教学实践中,通过深度融合心理健康教育与各学科教学,教师们能够更为精准地识别并关注学生的个体差异,从而实施更加具有针对性的因材施教策略,以促进学生全面而个性化的发展。在传统的教学模式中,教师往往难以兼顾所有学生的需求,而融合教学模式可以让教师在关注学生学科知识学习的同时,也关注他们的心理需求,从而制订更为个性化的教学方案。

心理健康教育与学科教学的深度融合,旨在有效推动学生创新思维与批判性思维能力的全面发展。通过这一融合策略,我们致力于在传授学科知识的同时,增强学生的心理素质,激发其创新思维,并培养其批判性审视问题的能力。这一举措不仅有助于提升学生的综合素质,更为其未来的学术探索与职业发展奠定坚实基础。在教学过程中,教师可以引导学生从心理健康的角度去思考问题,鼓励他们提出不同的观点和见解,从而激发他们的创新潜能,提高他们的批判性思维能力。

要评估这种教学模式是否能够提高学生的学科学习成绩,还需要进行长期的研究和观察。因为学科学习成绩的提高不仅仅取决于学生对知识的掌握程度,还受到许多其他因素的影响,如学生的学习习惯、家庭环境等。

2.学生的心理健康状况

目标:评价学生在心理健康教育与学科融合教学的过程中,心理健康水平是否得到提高,是否能够更好地应对学习和生活中的压力和挑战。

方式:观察、表现、心理测量等。

分析:我们应当对学生的学科成绩与心理健康水平均给予充分关注。在注重学生学习成绩的同时,也必须关注其心理状态的稳定性与健康程度。学生的心理健康水平是否在教学过程中得到了显著提高,他们是否能够更加熟练地应对学习和生活中的压力与挑战。

我们需要对心理健康教育的成效进行全面而深入的评估。具体而言,这涵盖了学生自我认知的提升程度、情绪调节能力的增强状况,以及人际交往能力的改善情况。此外,我们还将重点关注学生在面对困境时所展现出的应对策略,以评估其是否变得更加积极且成熟。我们必须仔细分析学科融合教学对学生心理健康的潜在影响。学科融合教学模式旨在帮助学生构建不同学科知识之间的有机联系,进而激发其学习兴趣与内在动力,从而有效缓解学生的学习压力,促进其心理健康的全面发展。同时,学科融合教学也能够培养学生的创新思维和解决问题的能力,使他们在面对生活挑战时更加从容和自信。

为了确保学生心理健康教育与学科融合教学的有效性与质量,我们必须依据评估结果,进行必要的调整与优化。这一过程旨在进一步提升教学效果,满足学生的心理健康教育需求,并促进学科知识的深度融合。我们要确保心理健康教育与学科教学相互促进、相得益彰,以达到提高学生心理健康水平和学科成绩的双重目标。

3. 学生的学习兴趣和积极性

目标:评价学生通过心理健康教育与学科融合教学,是否能够提高学习兴趣,增强学习的积极性和主动性。

方式:观察、表现、参与度、学习成果展示等。

分析:评价学生在经历了心理健康教育与学科融合教学之后,是否能在学习过程中体验到更多的兴趣,从而有效提升学习的热情和积极性,同时增强主动探索知识的能力。这种评价不仅关注学生在知识掌握上的进步,更侧重于他们心理层面的成长和变化。心理健康教育与学科融合教学的结合,旨在为学生创造一个更加积极、健康的学习环境,让他们在学习过程中感受到更多的快乐和满足。

在此教学模式的引领下,学生们或可观察到自身学习态度呈现出的积极变化。他们可能更加愿意主动参与到课堂讨论中,积极提出自己的观点和疑问,与老师和同学进行深入的交流和探讨。这种积极的互动不仅能够增强他们的学习动力,还能够培养他们的批判性思维和解决问题的能力。

同时,心理健康教育在学科融合教学中的融入,也有助于学生更好地理解和应用所学知识。通过引导学生关注自己的情感和心理状态,教师能够帮助学生建立积极的学习心态,减少学习压力和焦虑感。这种心理状态的变化,将进一步促进学生对学科知识的兴趣和热爱,从而更加主动地投入到学习中去。融合教学是否能够提高学习兴趣、增强学习的积极性和主动性,需要关注学生在知识、心理和情感等多个方面的成长和变化。这种评价不仅有助于我们更好地了解学生的学习状况,还能够为我们提供改进教学方法和策略的依据,进一步推动学生全面、健康发展。

4.学生的自我认知和自我管理能力

目标:评价学生在心理健康教育与学科融合教学的过程中,是否能够提高自我认知和自我管理能力,更好地规划自己的学习和人生。

方式:观察、表现、学习成果展示等。

分析:学生是否能有效促进学生自我认知和自我管理能力的提升,以及他们在个人学习与人生发展道路上的规划能力是否因此得到加强。旨在分析这一教学过程对学生自我意识发展、自我控制和决策制定能力的具体影响,进而评估其对学生综合素质提高的贡献度。通过对学生的长期追踪与细致观察,我们试图揭示心理健康教育与学科融合教学如何相互作用,以促进学生在认识自我内在需求、能力及兴趣方面的深化,以及如何在实际操作中提高自我规划与目标设定的能力。这不仅关系到学生当前学业成绩的优化,更关乎其未来可持续发展,包括职业选择、社会适应等多方面的综合能力。因此,评价学生在这样的教学背景下的发展情况,对于我们优化教学方法、制定更为科学的教育政策具有重要的实践意义和长远的教育价值。

在增强个人自我认知的层面,此融合教学模式为学生创造了一个双重学习的契机,即学生在学习学科知识的过程中,也同步促进了对自我内在世界的深度剖析与反思。他们开始思考自己的兴趣所在,理解自己的长处和短处,明确自己的价值观和人生目标。这种自我认知的提升,不仅有助于学生更好地选择适合自己的学习方法和策略,还能让他们在面对困难和挑战时,更加坚定自己的信念和决心。

对于自我管理能力的提高,心理健康教育与学科融合教学强调学生的主动参与和自主学习。在此教学模式的框架内,学生被要求自主设定学习计划,有效管理学习时间与进度,并对自身学习成果进行自我评估与深入反思。这种自我管理的实践锻炼,使学生逐步掌握资源优化配置的能力,学会高效应对学业压力,并保持持久的学习驱动力。这些能力对于学生长远的学业发展及未来生活均具有举足轻重的价值。

对于更好地规划自己的学习和人生,心理健康教育与学科融合教学为学生提供了一个更为广阔和深入的视角。学生们逐渐认识到自己的学习目标和人生目标之间的紧密联系,他们开始深思如何在追求个人价值实现的同时,也为社会作出积极贡献。这种思考方式体现了学生们对于个人成长与社会责任的深刻理解和高度重视。他们学会了制订长远的人生规划,明确自己在不同阶段的目标和任务,以及实现这些目标所需的策略和步骤。这种规划能力的提升,不仅有助于学生更好地实现自我价值,还能让他们在未来的职业生涯中,更加从容和自信地面对各种挑战。

5.学生的团队合作和沟通能力

目标:评价学生在心理健康教育与学科融合教学的过程中,是否能够提高团队合作和沟通能力,更好地与他人合作和交流。观察和评估教学方法是否能有效促进学生在团队合作方面的技能发展,以及他们沟通能力的提升。

方式:观察、展示、表现、小组学习成果汇报等。

分析:我们期待通过这样的教学模式,能够使学生在与同伴的互动中,更加懂得如何协调个人的行动与集体目标,如何在小组活动中发挥自己的长处,并与他人进行有效的沟通与协作。我们关注的是,学生是否能在学习的过程中展现出良好的团队精神,是否能通过有效的沟通来解决问题,以及是否能在完成学习任务的同时建立起健康的人际关系。通过定期的评估和反馈,教师可以了解学生在团队合作和沟通技能上的进步,并据此调整教学策略,以便更好地满足学生的学习需求,促进他们在心理健康和社会交往能力上的全面发展。

在心理健康教育中,学生将学习情绪管理、自我认知以及人际交往等关键技能。这些技能不仅有助于他们更好地理解自己,也能让他们在与他人合作时更加敏锐地察觉他人的情绪和需求。当学生在学科融合教学过程中运用这些技能去解决问题、完成项目时,他们的团队合作和沟通能力自然会得到提升。

融合教学强调跨学科的学习,让学生在不同学科之间建立联系,形成更为全面的知识体系。在这样的学习环境中,学生需要与来自不同学科背景的同学进行交流和合作,这无疑会增强他们的跨文化沟通和团队协作能力。学生将学会倾听不同的观点,尊重不同的思考方式,这种能力在今后的工作和社会生活中将非常宝贵。

教师在融合教学过程中,会设计各种团队活动和项目,让学生在实践中培养团队合作和沟通能力。这些活动可能包括小组讨论、角色扮演、团队竞赛等,它们不仅能激发学生的学习兴趣,也能让他们在实践中体验团队合作的力量,感受到有效沟通的重要性。

我们还需要注意到,学生的团队合作和沟通能力并非一蹴而就,而是需要在长期的学习和实践中逐渐培养。因此,我们需要持续关注学生的进步,为他们提供必要的支持和指导。同时,我们也需要鼓励学生积极参与各种团队活动和社交活动,让他们在实践中不断提升自己的团队合作和沟通能力。

心理健康教育与学科融合教学的课堂评价,是对学生在心理健康教育与学科融合教学过程中的学习效果和心理健康状况的全面评价,旨在通过评价找出教学中存在的问题,从而不断优化教学方法,提高教学效果。